新法学ライブラリ―16

国際私法
第2版

石黒一憲 著

新世社

編者のことば

　私たちの身のまわりに生じ，かつ，多くの人びとに利害をもたらす社会的，政治的，経済的な現象は，あまりにもたくさんある。そして，これらにかかわる認識の仕方や評価のありようは，人によってずいぶん違う。つまり，私たちにとって，ある意味で共通の利害関係がある事柄がたくさん出てきたばかりではなくて——たぶんたくさん出てきたということと関連して——，それらをめぐる議論の方もまた，大いに枝葉を出して活発に展開している。これが現代の特徴であると言えよう。

　法律学は，この特徴をいやおうなく反映している。法律学が現実に適合的であり，効果的な役割を果たすことができるためには，どうしても大胆に新分野を切り開き，それに合わせた特殊化・細分化をはかってゆかないわけにはゆかない。

　法律学の領域には，たくさんの教科書のたぐいが出まわっているが，私たちがあえて「新法学ライブラリ」の刊行に踏み切ったのは，うえに述べた状況に深いかかわりがある。このライブラリでは，ごく少数の例外を除き，年齢層の若い法律研究者，俗に言うイキのいい研究者がそれぞれの専門分野で現代に肉薄する考察を自由闊達に展開する仕組みになっている。

　えてして，現実に合わせた考察となると，樹を見て森を見ない，制度従属的・技術的な方向へと走ってしまい勝ちである。私たちは，この傾向を排斥する。

　現実を直視するが，現実に追随すべきではない。とくに法律の場合，現実がもたらす紛争を解決することを主要眼目においている以上，原理・原則を踏まえて出発し，最後にもう一度，原理・原則に立ち戻って点検することが大事である。原理・原則と矛盾した解決というのは，一時的な効果や気休めという点を別にすれば，けっして長続きしないからである。

　このライブラリは，原則として，各巻単独の書き手によって執筆される。それぞれの研究者が，包懐する哲学，原理・原則を踏まえて，その者の責任のもと，思う存分考察してもらうよう意図している。新進気鋭の執筆者たちはすべて，この期待に応える十分な力量の持ち主であることを私たちは誇りに思う。

奥平　康弘

小林　秀之

松本　恒雄

第2版へのはしがき

　本書を13年ぶりに改訂するにあたり，極力簡潔に，思うところを述べる。基本的に，すべては「国境を越える知的財産」（2005年），そして，緊急出版たる「国際私法の危機」（2004年——ともに信山社刊）の「はしがき」にも書いたこと，ではあるのだが。

　私は，本書初版（1994年）を出した後，"長い学問的な旅"に出た。岩波書店刊の「法と経済」（1998年）・「電子社会の法と経済」（2003年）の2冊に象徴されるようなそれ，である。市場原理主義的な嵐の吹き荒れる現実の世界，そして日本社会の，基本的なあり方を問う，文字通り身を挺しての戦いであった（"わが生涯の大作"としての，「IT戦略の法と技術」［信山社，2003年］も，そうして生まれた）。それは，「規制改革」（「規制緩和」を部分集合とするそれ）の基礎にある「新古典派経済学」の，学問的基盤の脆弱性と非人間性（WTO［世界貿易機関］の「更なる自由化」の根底にもあるそれ）に対する，正面切っての挑戦でもあった。

　その間，本来「弱きを助け，強きを挫く」ためのものであるはずの法律学にも，"ある種の逆転現象"が生じていた。私にとって見れば，テレコム等の個別分野での戦いに一区切りつけて，ふと後を振り返れば，私の古巣たる「法律学」の世界が，いわば一周遅れで，私がこれまで戦ってきたのと同じ類の火の手に，包まれていたのである。

　本書1の注13-c）に引用した，私の「貿易と関税」2006年12月号の連載論文の51〜56頁と，その注にも示した「あるべき法解釈論の姿」というキイ・ワードに，どうかご注意頂きたい（「新会社法の制定」と，「最近の貸金業法関連の果敢な最高裁の挑戦」等とが，そこで対比されている）。昨今の"抗し難い

流れ"の中で，一個の人間として如何にあるべきかについての，前記の"長い旅"を経た上での私の，痛切なる思いが，其処にある。

かくて本書第2版は，もろもろの流れに抗し，社会がこうした状況であるがゆえに「学問の典型」を一層端的に示す，本来の「体系書」を目指すものとして，世に送り出されることになる。その改訂作業は，2006年5月12日（「法の適用に関する通則法」の国会通過前！）には済んでいたのだが，結果論として，初校を，同年12月15日まで待って始めてよかった。（いわれなき）未曾有の法改正の嵐の中で，各種の法制度改革の結果が2007年版の「六法」に定着されるまで，危なくて作業を始められない状況が，（これは私だけではないと思うが）あったのである。

「新会社法」関連の，あまりにも浮き足立った議論も一応落ち着き，本書にそれに関する論点も，少なからず盛り込めた。本書4の注798-c）の，「エンロン以前のアメリカの（日本への）強制的追体験」要求という，「日米摩擦」の文脈における「新会社法制定」の位置づけが，それを象徴する。

このことからも知られるように，本書第2版は，初版に比して一層，狭い「国際私法」のみならず，他の法の諸分野での問題に，深く踏み込むものとなっている。日本法と外国法との狭間にあって，適切な「国際的インタフェイス」を提供するのが，「国際私法（牴触法）」の本来の任務である。法の全分野を鳥瞰する統一的視座なしに，「国際私法」（最狭義の「準拠法選択」）を論じても，単なる無意味な「旗振り」に近い。そのことへの強烈なメッセージが，この第2版には，一層多面的にちりばめられてもいる（本書の，抜本的に拡充された注とクロス・レファレンスとを，十分に活用して頂きたい。なお，本書初版との連続性を維持するため，本書初版の注の番号は原則的にすべて維持され，注752）〜760）のみを組み替えるにとどめていることを，付け加える）。

最後になるが，新世社編集部（取締役）御園生晴彦氏の，日本学術振興会「電子社会システム」研究プロジェクト以来の，更なるご支援・ご厚情，そして，本書の「索引」をご作成頂き，種々のアドバイスも頂いた同社編集部

安原弘樹氏のご協力に，深く感謝したい。

   2006 年 12 月 25 日

 これから始まる，私の唯一無二の理解者・支持者たる妻裕美子の，本書初校の詳細チェックの大変さを思いつつ——

                石黒　一憲

初版へのはしがき

　本のはしがきというものは，大体本文を全部書き終えてから書くものだと私は了解しているし，これまで書いた十数冊の本でも，そうしてきた。だが，本書に限っては，順序を逆にする。書かねばならぬことがあるからだ。

　本書は，本当の意味で分かり易い「国際私法」の教科書・体系書を目指して，これから執筆されようとしているものである。こう言うのも，私には既に，『国際私法〔新版〕』（有斐閣プリマ・シリーズ双書，平成2年——初版は昭和59年），そして，いまだ上巻を出したのみの，本格的な体系書としての『現代国際私法〔上〕』（東京大学出版会，昭和61年）がある。本来ならば，後者の「下巻」を刊行したあとで本書のような性格の書物を書くべきであり，とくにそれは，「上巻」の執筆と刊行とを強くバック・アップして下さった英米法の故田中英夫先生との，約束でもあった。私が狭義の国際私法のみの研究に終始するならばそれは可能であったのだが，上記の上巻執筆がまさに契機となって，私の研究は国際経済法や国際的な情報通信法制等の方に，一挙に広がってしまった。これを理由に，田中英夫先生との約束につき事情の変更をもって対抗する意図は，全く無い。だが，それは一研究者としての，やむにやまれぬ選択であったことを，ここに告白する。

　平成4年6月16日，田中先生からは，ある著書を謹呈させて頂いたことについて，「つぎつぎに大著を公にされていることに敬意を表するとともに，『現代国際私法』の下巻もそろそろではないかと，たのしみにいたしております」との御手紙を頂いた。そしてそれが最後の御手紙となってしまった。「田中英夫」という御署名のみ手書きだったが，当時先生は既に手が御不自由になっておられた。わずか4文字の御署名とその字のゆがみ，そしてワー

プロのキイも，1つ1つ全身の痛みを押さえつつのものだった……——そう考えると，私は居ても立ってもいられなくなる。「『現代国際私法〔上〕』を何としても出版するように」との東大出版会への御電話は，文字通り生死の淵をさまよわれ東大法学部を騒然とさせた先生の，かつての御入院中に先生が病室からかけられた2本の電話のうちの，1本だったと聞く（もう1本は総長宛。当時先生は総長特別補佐であり，東大出版会の代表者でもあった）。

お前は人間ではない，という声が身の内に谺（こだま）するのを押さえつつ，これから私は本書を書く。『現代国際私法〔下〕』を書き上げることは，もろもろの事情から，少し先にせざるを得ない（もっとも，本書執筆は同書〔上〕第Ⅰ部の実質的改訂と，その〔下〕の前段階としての意味を，有するものである）。そのもろもろの中身は，いずれ別な形で書くつもりだ。

さて，本書では，昭和55年以来，東京大学法学部で担当してきた国際私法の講義の経験に基づき，図表の類を比較的多く用いながら，国際私法（牴触法）学の全体像を描くこととする。といっても，それは国際民事手続法の部分を除いたものであり，それについては本シリーズで，別に『国際民事訴訟法』を，引き続き執筆・刊行する計画になっている。

国際私法（牴触法）学の全体像と言う際，本書の特徴をなすのは，必ずしも日本の判例という形にはいまだ凝縮していない理論的・実務的諸問題についても，極力広くとり上げ，その際，日本の民商法との接点での問題に関する論述にもとくに意を用いるという点が，まずもってある。本書冒頭の書き出しは，それを象徴する。なお，いわゆる域外適用問題，即ち国家管轄権論の諸相については，『現代国際私法〔上〕』等を踏まえ，本書に引き続いて執筆される予定の『国際民事訴訟法』の中で論ずる。これは専ら本書の頁数との関係でそうするのみのことである。ちなみに，それらのエッセンスも，前記の有斐閣のプリマ・シリーズ双書『国際私法』の中にちりばめてはあるが，改訂の形では限度があり，それが本書（『国際民事訴訟法』とあわせてワン・セットとなる）の執筆に，当面踏み切らざるを得なかった1つの理由となる。このプリマ・シリーズ双書は，文字通り私の講義と研究のエッセンスのみを凝

縮したものであるため，新版での大幅な頁増の際に十分努力したつもりだが，なお，分かりにくい点は多かろうと思う。すべての問題について極めて限られた頁数の中でともかく触れるとなると，どうしてもこうなってしまう。それを補うのが注なのだが，シリーズの性格上，それが殆ど出来なかった。そうしたことから，本書では最低限の注を，各所で付することとした。と言っても，効率性の観点から，私の論文等が別に一応あって細かな文献引用等がそれでまかなえる場合には，まずもって私自身のもののみを引用することとした。専ら紙数節約の観点からかかる文献引用方針をとるのであって，誤解のないようこの点御了承頂きたい（本書巻末の文献リスト参照）。ただ，あくまで本書は，私のこれまでの全研究の軌跡の上にあり，かつ，それらのサーヴェイ的な意味あいを，比較的強く有するものである。それは事実である。

　なお，これまでの実際の講義に際し，私は手書きのものも含めて「国際私法講義資料」をかなりの数出してきていたが，それらの中の図表の若干を，本書自体の中に盛り込むこととした。新世社の母体たるサイエンス社がコンピュータ関係の出版社ゆえ，この点が実にスムーズであり，有難いことである。読者による問題の全体像の把握の上で，大いに助けとなるはずだと，期待している。新世社社長の森平勇三氏，そして同社編集部の高橋耕氏には，これまでもいろいろと御無理をお願いしたりしたが，ともかく執筆の態勢の整った今日，あらかじめ御礼を申し上げる（なお，最新判例の整理等については，東京大学大学院博士課程陳一氏の，実に周到な御助力を得た）。また，本書の校正等は，妻裕美子が腕まくりをして待っていてくれる。いつもながら嬉しいことである。「あの資料はどこに行った!?」といった類の，私のいつものパニックへの，わが妻の献身には，真実頭の下がる思いがする。

　さて，これからいよいよ本書を書き始める！

　　　　平成5年8月2日

　　　　　　　　　　　　　　　　　　　　　　　　　　石黒　一憲

* 本書巻末索引は高橋耕氏の御手を煩わせた。深く感謝する。

目　　次

1　日本社会の真の国際化と国際私法　　1

1.1　夏目漱石と「現代日本の開化」，そして平成18年の「法例廃止」（全面改正）……… 1

1.2　日本社会の国際性の欠如？ ……………………… 4

スモン訴訟の場合(4)　いわゆる単位株制度とユーロ転換社債市場(5)　日本の会社法は日本の株式会社にしか適用されない？(8)　属地主義的呪縛？(13)　国際的養子斡旋の法的規制——海を渡る赤ちゃんの問題(14)　相続財産の国際的な清算(15)　判決の反射的効果と準拠法(16)

1.3　国際私法（牴触法）学の基本的任務 ……………… 18

不平等条約改正問題と「法例」等の制定(18)　国際私法か牴触法か？——いわゆる「公法的法律関係」の取り扱いをめぐって(19)　牴触法学の全射程(24)

注1)〜50) …………………………………………………… 25

2　準拠法選択の基礎理論　　37

2.1　国際的民事紛争の処理プロセス ………………… 37

法廷地の設定（forum fixing）に伴う諸問題(37)　準拠法の選択に向けての具体的プロセス(41)　準拠法の具体的な適用プロセス(47)　選択された準拠法への具体的な送致範囲の問題(49)

2.2 準拠法選択を論ずる具体的意義
　　——国際金融紛争を例に …………………………………54
　　　アメリカの資産凍結措置とユーロ市場(54)　国際的民事紛争における基本的な法の適用関係(60)　イラク・クウェート資産凍結の場合(65)

2.3 現代国際私法の歴史的位相をめぐって ………………… 69
　　　国際私法の歴史(69)　アメリカの牴触法革命とその後(75)　伝統的な準拠法選択方法論と暗闇への跳躍(78)　準拠法選択規則の基本的構造(80)　準拠法選択上の一般条項(86)

2.4 伝統的国際私法の第2の危機？
　　——平成元年法例改正との関係を含めて ……………… 89
　　　選択（択一）的連結(90)　限定的当事者自治の拡大化傾向(97)　国際私法上の弱者保護——通則法11・12条との関係を含めて(102)

2.5 国際私法と憲法 …………………………………………… 107
　　　国際私法と憲法とのかかわり方(107)　ドイツ国際私法改正と違憲論議(108)　平成元年法例改正と憲法(110)　人の氏名と国際家族法——渉外戸籍先例の「家」制度的前提(113)　昭和59年の国籍法改正と両性平等論議，そして平成18年の「法例廃止」までに至る全体的シナリオ(118)

2.6 統一法と国際私法 ………………………………………… 124
　　　統一法運動の展開過程(124)　問題の所在(126)　統一法優位の法的イデオロギー(129)　見解の対立と論点のズレ(131)　実質法統一作業の今後(139)

2.7 法の国内的な牴触の諸相と国家の分裂・統合 ………… 143
　　　戦前の日本と今の日本——時際法的問題を含めて(143)　ドイツ統一の法的構造(147)　国内的な法の人的牴触——共通本国法主義との関係を含めて(152)

注 50-a)〜408) ………………………………………………… 156

3　準拠法選択の技術的諸問題——国際私法総論　195

3.1　国際私法上の性質決定 …………………………………… 195

国際私法上の性質決定とは何か？(195)　具体的な性質決定のなされ方：その1——いわゆる「債権質」の準拠法に関する最高裁判決(204)　具体的な性質決定のなされ方：その2——国際的な知的財産権侵害に関する最高裁判決(206)　具体的な性質決定のなされ方：その3——「親権」と「後見」との狭間で(209)　具体的な性質決定のなされ方：その4——「準拠法選択上の事案の分断」の回避と「内部関係・外部関係」論(211)　具体的な性質決定のなされ方：その5——事案の個性と性質決定(214)　具体的な性質決定のなされ方：その6——いわゆる「法定担保物権の準拠法」について：わが通説の矛盾！(216)　複数準拠法の接合のさせ方と準拠法のモザイク(222)　手続問題と実体問題——その区分への基本的スタンス(226)

3.2　国際私法上の反致 ……………………………………… 231

反致とは何か？——従来の一般の見方(231)　そもそも反致は何のための法技術だったのか？(237)　いわゆる「隠れた反致」論をめぐって(242)　平成元年法例改正後の状況と反致(244)

3.3　先決問題 ………………………………………………… 245

先決問題とは何か？(245)　いわゆる従属連結説（準拠法説）と準拠法選択上の一般条項(249)　先決問題の準拠法とわが最高裁判決(252)

3.4　適応（調整）問題 ……………………………………… 253

適応（調整）問題とは何か？(253)　表見的な適応（調整）問題(258)

3.5　外国法の適用と裁判所 ………………………………… 264

問題の所在(264)　外国法は法か事実か？(265)　外国法の解釈(271)

3.6 国際私法上の公序 ………………………………… 274

　　国際私法上の公序の基本的機能(274)　真に忍び難い事態とは？——別訴の可能性と公序(280)　公序で排除される具体的範囲とその排除後の処理(282)

注 409) ～ 682) ……………………………………………… 287

4　国際私法各論　　315

4.1 国際契約法 ………………………………………… 315

　　国際私法上の当事者自治の原則(315)　実質法的指定と牴触法的指定——いわゆる分割指定・部分指定と関係づけつつ(319)　主観的法選択なき場合——「黙示の準拠法指定」から通則法8条へ？(325)　特徴的給付の理論——通則法8条2項の問題に焦点を当てて(327)　主観的法選択なき場合と「特徴的給付」？——ユーロ市場でのインターバンク取引等を例に(329)　準拠法の事後的変更（通則法9条）——契約外債務に関する通則法16条・21条との関係を含めて(334)　強行法規の特別連結論？(339)　契約関係における事案の「客観的」な分断——「補助準拠法」と「方式」，等(341)　「いわゆる代理」の準拠法——「法人格否認の準拠法」論，等との関係において(345)

4.2 契約外債務の準拠法 ……………………………… 348

　　不法行為地法（lex loci delicti）主義をめぐって——「法的安定性 vs. 具体的妥当性（柔軟性）」(348)　法例11条1項について穂積陳重起草委員が掲げていた「例」を出発点として(351)　従来の判例と契約外債務の準拠法(354)　不法行為の特則規定？——通則法18・19条(359)　通則法18条（生産物責任の準拠法）の硬直性！(360)　通則法19条（名誉・信用の毀損の準拠法）の硬直性！(362)　通則法22条（法例11条2項・3項）の問題——知的財産権侵害，等に重点を置いて(364)

4.3	国際債権法に共通する諸問題 ………………………………………	367
	三面的債権関係と準拠法(367)　いわゆる「相殺」の準拠法(375)	
4.4	国際企業法 ………………………………………………………	378
	外人法と牴触法——新会社法上の「外国会社」規定との関係を含めて(378)　いわゆる法人の属人法とその射程(380)	
4.5	国際物権法 ………………………………………………………	387
	目的物所在地法主義とその射程(387)　国際的な物品運送と証券(393)	
4.6	国際家族法 ………………………………………………………	395
	後見等及び失踪宣告(395)　国際婚姻法・親子法再説(399)　扶養の準拠法——日本の条約遵守義務違反！(405)　国際相続法(407)	

注 683)～895) ……………………………………………………… 412

主要邦語文献 …………………………………………………………… 439
索引 ……………………………………………………………………… 443
　　事項・人名索引(443)　判例索引(458)

1

日本社会の真の国際化と国際私法

1.1 夏目漱石と「現代日本の開化」，そして平成18年の「法例廃止」（全面改正）

　明治44年に夏目漱石は，「現代日本の開化」という重要な講演を行なった[1)]。黒船が来てからの日本は急に発展の方向が曲折を始め，「今まで内発的に展開してきたのが，急に自己本位の能力を失って外から無理押しに押されて否応なしにそのいう通りにしなければ立ち行かないという有様になったのであります。……それが一時ではない。……時時に押され刻刻に押されて今日に至ったばかりでなく……恐らく永久に今日のごとく押されて行かなければ日本が日本として存在できない」ことになってしまった，と漱石は嘆く。

　"太い針でぽつぽつ縫って過ぎる" だけで，必要な階段を一歩一歩，確かめつつ慎重に踏んでゆくことをしなくなった日本。――その日本という国・社会に対する嘆きを，私は，全く漱石と共通のものとして，抱くのである。

　漱石は，明治以来の日本社会の「開化」を外発的なものとし，「借り着」に甘んじる日本人を「悲酸な国民」と断じた。漱石は，日本社会の真の国際性の欠如について言及してはいないが，その観点をインプットすれば，それはまさしく今の私の立脚点と同じになる。日本社会の真の国際化は，まさにこれから（！）の問題であるし，その根底には，いまだに借り着に甘んじ，外圧には敏感だが，他方，ともすれば内にこもりがちで内発的発展と国際化

に鈍な，島国日本の社会的惰性がある。私はここで文明論を展開するつもりはないが，国際的な法律問題（国と国との間の制度間摩擦等を取り扱う「国際私法学」，一層正確に言えば「牴触法（conflict of laws）学」——後述）を専門とする者として，如何に日本社会に「国際的」な発想が欠如しているかを，日々嘆いている。

1996年刊の『国際民事訴訟法』（新世社）と一対をなす本書は，「牴触法学」のうち，国際的な企業間取引や家族関係等につき，一体どこの国の法を適用すべきかという，「準拠法の選択及び適用」の問題を扱う。日本の裁判所で，国際的な事案においては，外国法が「準拠法」とされ，適用され得るのである。この「準拠法の選択」についてのルール作りは，本書1.3で示すように，明治期の日本において，「不平等条約の改正」のため，必須のものとされた。そのために明治31年に制定されたのが，「法例」という名称の法律であった。

実は，「国際私法」・「法例」・「準拠法」の語は，すべて当時の起草者穂積陳重博士の命名によるものだった。とくに一般には分かりにくいとされてきた「法例」という法律の名称について言えば，それは，「一般に各種の法律に通ずる通則」・「汎く法律適用に関する総則」として，中国における法典編纂の歴史を十分に踏まえたものだったのである[1-a]。

その「法例」が，平成18（2006）年，（形の上では"全面改正"だが）遂に廃止され，「法の適用に関する通則法」が制定された（以下，本書では，問題のマグニチュードに鑑み，あえてこれを「法例」の「廃止」と言い，かつ，「法例」の旧条文と対比させつつ，「通則法」の何条，として新法を引用する）。歴史よりも分かり易さが優先された形だが，かえって前記の穂積博士の「法例」制定に向けた当時の気概が想起されるべき名称変更とも言える。

ただし，その間，「法例」の六法における掲載箇所には，重大な変更が加わっていた。明治期以来，まさに各種法典の「通則」として，国籍法（まさに，国家の人的構成員に関する，基本法である）や皇室典範と並んで，六法の最初の方に掲載されていた「法例」は，昭和の終わり頃からだったか，民法

1.1 夏目漱石と「現代日本の開化」，そして平成18年の「法例廃止」（全面改正）

関係あるいは民事手続法関連の各種法律の最後などに，いわば"格下げ"され，六法の中を彷徨(さまよ)うことになった。それは，国際化が叫ばれる中で実は進行していた「日本社会の更なる非国際化」を，象徴する出来事であった。

ところで，本書の初版では，問題ある平成元年法例改正（本書2.4）までをフォローしていた（本書において，この改正までの法例規定を「法例旧何条」，この改正以後のそれを「法例新何条」として，「通則法」の対応条文とともに表記する。明治31年制定の「法例」の前に「旧法例」というものがあり，紛らわしいが，致し方ない）。

そして，マイナーではあるが理論的な問題の大きいその後の平成11年法例改正[1-b]を経て，今般の「法例」の「廃止」に至った訳だが，今般の「法例改正」に向けた動きは，およそ国際私法的な思考方法やこの学問の本質を理解しない，つまりは「非国際的」な暴論の類に，実は支配されたものであった[1-c]。「規制改革」[1-d]サイドから，法例12条（平成元年改正の射程外）の債権譲渡の規定（本書4.3）が，債権のバルク・セールの阻害要因となるとのクレイムがつき，ついでに全面改正を，ということでなされたその作業のおぞましい全容については，『国際私法の危機』と題した前出・注1-b)所掲の私の著書に譲り，本書では極力淡々と，改正前・改正後の状況を叙述することに徹するが，穂積博士が平成の世のこの改正をもし御覧になったら，烈火の如く怒るのは，必至である。

さて，個別には本書の中で示してゆくように，まさに平成18年の「法例」の「廃止」という国際私法の大改正にも，実は色濃く反映されていたのが，前記の「日本社会の国際性の欠如」の点なのだが，ここで，「国際私法」（牴触法）それ自体とは別な法レベルでの問題に焦点をあて，日本の法の制定・改正や一般の意識に根強く巣食う「問題把握の"非国際性"」について，若干論じておこう。

つまり，例えば日本の法制度の改革，等の際にも，神経過敏とも言える程に諸外国（といってもかつての西欧列強がいまだに中心であり，昨今は，外国といえばアメリカと"短絡"する傾向が一層顕著になっている）の動向に注意は

するが[1-e]，いざ作られた制度は全くドメスティックな視座の下に把握される。そうした傾向が随所で顕著なような印象を，私は日々の研究の過程で強く有しているのである[2]。

1.2 日本社会の国際性の欠如？

いくつか例を挙げて説明しよう。

■ スモン訴訟の場合

かのスモン訴訟，つまりキノホルムという薬の大量服用によって発生した大薬害訴訟は，専ら純粋に国内事件として処理された[3]。つまり，日本の製薬会社3社を被告とする訴訟が日本各地で起き，大きな社会問題化したのだが，この事件で何故，外国企業をあわせて訴えることがなされなかったのか。

と言うのも，被告の中の1社は，スイスの巨大企業チバ・ガイギー社の100％子会社であり，他の被告も含めて，キノホルムの日本での製造販売のかなりの部分を，スイスの同社からの原末輸入に頼っていたからである。原末を輸入して錠剤にして売ったのは日本の被告3社だが，もともとはスイスの会社の製造した医薬品によって大きな被害が生じた。ならば，なぜこのスイス法人をも被告とすることが考えられなかったのか。日本各地での「スモン訴訟」において，（判例の掲載誌を見れば分かるように）チバ・ガイギー本社側は，同種の大量投与によっても日本（や韓国）以外では薬害が起きていないことを，疫学的鑑定を自ら申し出て，行っていたというのに[4]。

要するに，本来，かのスモン訴訟は，国際的製造物責任訴訟となるはずのものだったのである。それなのに，問題を純粋に国内的にのみとらえてしまったという，当のスイス法人の法務担当者までもが首を傾げる展開について，なぜ日本ではこれまで十分なコメント等がなされてこなかったのか。原告側弁護士達の国際的センスはどのようなものであったのか。彼らは原告1人1人に対し，この点につき十分な説明を行なっていたのか，等々，大いに気に

なるのである[5]。

■ **いわゆる単位株制度とユーロ転換社債市場**[6] ───────

　昭和56年の商法改正で，単位株制度なるものが創設された。当時の日本としてはそれなりに重要な意味を有する改正であったが，問題は，この改正が純粋に国内的な視野の下に行なわれてしまった点にある。その結果，大変なことになりかけたということは，それ自体余り知られていない。それで済んでいるという日本社会の体質が，むしろ大きな問題である。

　「単位株制度」（平成13年の商法改正で導入され，新会社法188条以下に受け継がれた「単元株制度」の，前身である）自体の説明は当時の商法の教科書等に譲るが[6-a]，問題の骨子は以下の通りである。日本の企業はロンドン等を中心とするユーロ市場[7]で，従来から大量の転換社債を出していた。その転換社債への投資パターンとして，市場の動向を見ながら転換権を行使し，社債を株式にかえたのち，すぐにそれを売却してその差額を利益とする，という典型的なものがある。そのつもりで転換社債を買うのである。そして，そうした通常の社債にはないうま味が別にあるため，転換社債（convertible bond）の発行金利を普通社債（straight bond）よりも若干低く設定できるのである。

　ところが，単位株制度の実施により，「転換権行使，即売却」という上記のメカニズムがうまく働かなくなる。細かな説明は注6）引用のものに譲るが，次のようなことになるのである。ユーロ転換社債の場合，日本にとっての非居住者（ロンドン等所在の外国人や外国企業）がこれを買う際，多くが上記のメカニズムに着目して，それを購入する。その人達は，社債発行企業たる日本企業の株主だったわけではなく，いわば転換権行使の際に瞬間的に株主になってすぐ換金する立場の人々である。その人達に対する配慮も，単位株制度創設時にあって然るべきところ，それが全く無かった。と言うか，そもそも転換社債と言えば，当時日本国内よりもユーロ市場で，といった傾向が強かったし，ユーロ転換社債市場はむしろ日本企業の起債で活性化してい

た，という基本的事実も，信じられないことに，日本での前記の制度構築の際，全く忘れられていたのである。

　しかも，ユーロ転換社債の場合，非居住者たる個々の社債権者と発行体たる日本企業との間には，カスタディアン（保管機関）が介在する形になっており，転換権行使から株式売却までの流れは，このカスタディアンが自己の名でそれを担当することになっていた。ところが，単位株制度との関係で必然的に生じて来る単位未満株式の取扱いにつき，上記の商法改正で厳しい制限があったため，個々の社債権者が思うように前記のメカニズムからの利益を得られないことになってしまったのである。

　それでは社債権者が一体何のために日本企業のユーロ転換社債を買ったのか分からなくなる。——そこから，日本で単位株制度が実施される昭和57年10月1日をもって，既に（正確に言えば単位株制度が議論される前に）発行されていた日本企業の大量・巨額のユーロ転換社債については，すべてデフォルト（債務不履行による期限の利益の喪失）の危険あり，とのイギリスの有力弁護士事務所の強い懸念が，日本側に伝えられることとなったのである。

　日本側は，当初，日本企業はわが商法によって規律されているのであり，その商法（会社法）が事後的に改正されるのだから，妙なことを言うものだ，といった対応をしたようだが，実はそう考えるのはおかしい。これから先は，国際私法上の，準拠法選択の問題となる。

　本書4.4で後述するように，日本企業の国際的な活動において，社債発行は，会社外の第三者との一般の取引と同様，必ずしも日本法のみを見ているだけでは十分でない。国際取引については，準拠法（applicable law），つまり，どの国の法によってその取引を規律するかが問題となる。そして，ユーロ転換社債の場合，社債契約の準拠法は，多くの場合イングランド法とされていた。それを前提として，上記のロンドンの有力法律事務所の見解が，強く示されたのである。

　つまり，発行体たる日本企業の内部的問題（社債発行決議や株主と会社との関係，等）は日本法によるが，社債権者の債権法的地位はイングランド法

による，ということになる。そして，当面する問題は，たしかに2つの準拠法のいずれによるかの限界近くに存するが，基本的な社債権者の法的地位にかかわることとして，理論的にもイングランド法によらざるを得ないことになる。この点は，イングランドでも日本でも，基本的には同じことになるはずである。

　それから先の日本の当局のあわて方は，実にミゼラブルだった。放置すれば最悪の場合，個々の社債につき即時全額償還という"パニック"にも陥り得るため，非居住者のみについて，特例的な扱いを，結局するに至った[8]。

　日本企業の起債は，当時，ユーロ転換社債市場の半分以上を占めていた。それらの多くがデフォルトとなるが，1本の社債でデフォルトがあると，同じ起債者の他のすべての社債もデフォルトとなるという，いわゆる"クロス・デフォルト条項"が一般的であるため（更に後述する），このパニックは，世界中を巻き込むものとなり得た。こうした状況でロンドンで訴訟が起きれば，文字通り破滅的状況になるというのが，同地の有力法律事務所からの緊急クレイムだったのである。

　私が日本社会における国際性の欠如を嘆く気持ちの一端が，お分かり頂けるだろうか。しかも，このようなことは何度となくくり返されて今日に至っているのである。

　例えば，平成5年の商法改正でその設置が強制されるに至った「社債管理会社」（当時の商法297条以下――新会社法702条以下では「社債管理者」）についても，ユーロ市場での日本企業の社債の発行の場合の取扱いが，既述の単位株制度の場合と同様に，問題となった。さすがに上記の一件があったためか，多少の議論は立法段階でなされたようだが，規定上は何も書かれていない。やはり，国際的側面については十分議論が詰められることなく，見切り発車的に法改正がなされてしまった疑いがある（新会社法との関係を含め，この点は，注の中で論じよう[9]）。

　このようなことが今後もくり返されるであろうと思うと，私は実に暗い気分になる。ボーダーレス・エコノミーが叫ばれて久しいのに，どうして日本

では国際的な問題の自然な広がりについて，十分な認識がないまま，ピュアリー・ドメスティックな問題関心の下に議論が先に進んでしまうのであろうか。

■ 日本の会社法は日本の株式会社にしか適用されない？

　実は，もっと深刻な問題がある。やはり直接には社債に絡んだ問題だが，その根は実に深い[10]。日本市場で外国の企業等（外国の政府や公的団体を含む）が公社債を出す場合，業界ではこれをサムライ債と言う[10-a]。その場合，社債の契約的側面の準拠法は，（ほぼ）例外なく日本法とされてきている。これに対して，発行体の内部組織等の点は，別に準拠法が定められる（理論的なことは本書4.4で後述する）。韓国の事業体が起債するのであれば，後者の準拠法は韓国法となるのである。

　ところで，社債権者にとって，起債者（発行体）の信用状態の変化が大きな関心事となるのは，もとよりのことである。そこで，一定の事由があるときには，起債者の有する期限の利益を喪失させるべく，いわゆるデフォルト事由が契約書に列記される。そのいずれかにあたる場合，社債権者集会が開かれ，その決議をもって総社債権者の意思とするのである。だが，日本法が社債契約の準拠法とされている関係で，わが会社法上の「社債権者集会」の規定（新会社法では715条以下）の適用が，問題となる。

　従来は，決議事項の許可についての商法旧319条の規定があり，また，決議の効力が発生する要件としての認可（商法旧327条）の面でも，わが商法は裁判所の後見的介入を求めていた。平成5年の商法改正でも，これらの点は不変であった。その後，決議事項の許可の点は，新会社法724条で規制緩和されたものの，決議発効要件としての裁判所の認可の規定は，新会社法にも受け継がれている（新会社法732～735条）。しかも，これは強行法規である。日本法が契約準拠法となる以上，その手続を踏む必要がある。

　ところが，実際に平成4年中に生じた或る案件（韓国電力公社〔KEPCO〕のケース）で，次のような問題が表面化した。即ち，日本法が準拠法とされ

ていても，商法の上記の如き社債権者集会の規定は外国会社には適用されないから，ということで，何ら裁判所の手続を踏むことなく決議がなされ，それを有効なものとした上で，同じ発行体（韓国の独占的電力会社）のアメリカ市場での別な起債（3億米ドル）がなされてしまったのである。国際的な債券発行の場合，既述の如く，クロス・デフォルトといって，1つの債券発行につき債務不履行的事態になると，他のすべての債券へとそれが波及し得ることになる。上記の場合，日本市場でのサムライ債発行に関する債務不履行的事態を解消すべく社債権者集会が開催されたのだが，その決議が有効でないとなると，かくて大問題に発展する[11)]。

この具体的案件の場合，すべては「日本の会社法は外国会社には適用されない」という，その実出所不明の単なるドグマによって処理されてしまった[11-a)]。従来の（即ち，新会社法制定前の）わが商法の場合，その479条以下に「外国会社」の規定[12)]があり，昭和25年改正で新設された485条の2には，外国会社は「他の法律の適用に付ては」日本に成立する同種の又は最も之に類似する会社とみなす，との規定があった。上記の外国会社についての諸規定の中には社債権者集会の規定は含まれておらず（商法旧483条参照），だから前記の如き処理でよいのだ，とされたのである（更に後述する）。

だが，これは実におかしい。詳細は本書でも後述するが，上記の理解だと，日本の商法は原則として外国会社に適用しない，という恐ろしく排外主義的な結果になってしまう。社債契約の準拠法として日本法が指定されている以上，裁判所による決議の認可がなくては，本件の場合，社債権者集会の決議は，いまだ発効しないままなのである（！）。

そうなるとどうなるか。既述の如く，KEPCOの米国での起債にも，そして，KEPCOの他の地域（例えばロンドン等）での起債にも，既述のクロス・デフォルトの波が押し寄せることになる。KEPCOが韓国全体の電力を一手に引き受けていただけに，日韓関係にも悪影響を及ぼし得るし，世界各地の社債（債券）市場への多大な迷惑をかけることにもなる。

もとをただせば，そもそも日本では，商法に規定はあっても実際に社債権

者集会を開いたケースがまれであって，だから前記のサムライ債の場合にも，ぐずぐずしていたところ，米国での起債の前提として，日本でのデフォルト状態の解消が求められ，困ったKEPCO側に懇願されて日本での社債権者集会が，ともかくも開かれた，という経緯がある。制度はあっても使われないという，日本の金融界の暗い因習が，前記の"排外主義"とは別に，問題の背景として明確にあったのである[13)]。

ただ，この問題の根には，既述の如く実に深いものがある。先に言ってしまえば，今般の新会社法制定との関係で，例えば以下の指摘がなされている。即ち，「外国会社」規定「以外の日本の会社法の規定について，すなわち，会社法が『会社』という場合に外国会社はつねに含まれるかについては，改正前商法のもとでは明らかではなく個々の商法……の規定ごとに検討する必要があったが，会社法は，明記することにした（例えば［新会社法］10［条］以下……等……）」，との指摘である[13-a)]。

その意味は，新会社法2条1・2項で「会社」と「外国会社」とを区別して定義し，外国会社を含む場合には，同法10条のように，個別にその旨明記する，ということである。だが，新会社法676条の「社債」関係の冒頭規定には「会社は……」とのみあり，社債権者集会決議の不認可に関する733条でも，単に「社債発行会社」，とある。"杓子定規"に解すれば，KEPCO事件でも問題となった新会社法上の諸規定（732条以下）は，いくら社債契約の準拠法が日本法となっても，外国会社の起債については一切不適用と，なってしまうのである（！）[13-b)]。

もとより，かかる処理は不当である。法務省サイドの意図がいかなるものであろうとも，「学説・判例」の良識が，こうした"いわれなき排外主義"を覆してゆくことを，強く期待すべきところであろう（なお，本書4の注810）に注意せよ！）[13-c)]。

実質論として考えても（！），新会社法732条以下による裁判所の介入は，社債権者保護のためのもののはずである。同じように日本国内に多数の社債権者がいるのに，日本の会社の起債の場合にはこの諸規定で保護され，外国

の会社の起債だと保護されないというのは、おかしかろう。こうした場面では、外国会社を商法（新会社法）の適用から締め出すという、"いわれなき排外主義"が、結局、保護すべき日本の社債権者達を外国の会社の起債について差別・排除し、法の保護の埒外に置くことになるのである（！）。そこを考えるべきである。

　ちなみに、例えば商法旧211条の2の場合につき、法務省側の従来の見解は、前記の出所不明の"閉鎖的・排外主義的ドグマ"と同様の立場を示して来ていた。同条は、子会社による親会社株式の取得を禁止した規定であった（自己株取得の点は、一連の規制緩和のターゲットとなったが、子会社による取得は、新会社法135条においても原則禁止のまま、である[13-d]）。だが、海外子会社、つまり外国の会社にはそもそもわが商法は適用されない、とされてしまっていた[14]。かかる法務省見解に安易に同調する商法学説もないではなかったが、これは全くの思いこみによる誤解の類であり、不当である。かく解してしまうと、海外で子会社を設立することが容易化している今日、大きな規制上のループホールが生じてしまう。何故海外子会社（外国会社）に対してわが商法規定が不適用となるのかについての、何らの"実質的"説明も無く、そこには「主権」ないし「国家管轄権」に関する基本的誤解があるようにさえ思える[14-a]。

　こうした法務省サイドの"思い込み"は、"形式的"には、戦後の昭和25年商法改正で商法485条の2が新設されたことに起因するようにも思われる（既述）。この規定は新会社法823条に受け継がれているのだが、「外国会社は、他の法律の適用については、日本における同種の会社……とみなす」とされる際の、その「他の法律」との文言からは、「他の法律」ではない商法（新会社法）については、外国会社をそうみなさ「ない」という、"単純な反対解釈"が生まれる。

　だが、昭和25年改正でのこの規定の真意は、戦後新設された独禁法との関係を主に考えてのものであって、立法の拙劣さはともかく、それを超えてかかる"反対解釈"を施すことには、大きな問題がある[14-b]。そして、それ

以上に，前記の"排外主義"の実質的理由があるのか否かを，冷静に考えるべきである。

　もとを辿れば，これは，明治期の外国会社規定の立法経緯の分析が従来十分ではなかったこととも関係する。1983年の『金融取引と国際訴訟』という私の著書における起草過程の検討[14-c]（概要は，本書4.4冒頭の，注792）の本文以降の部分に記してある）も，永く振り返られることなく推移していたのである。

　ところで，この商法旧211条の2は，平成4年改正までのわが銀行法において，国際銀行監督に関する規定の中で準用されていた。同法24条2項である。この規定は銀行の子会社に関する監督規定であるが，仮に前記の法務省見解を前提とすると，海外の銀行子会社に対しては，（あいまいな行政指導は別として）日本法の規制が及ばないことになってしまう。だが，国際銀行監督に関しては，1970年代から，スイスのバーゼルにある国際決済銀行（BIS）という国際機関において，各国中央銀行を中心とする国際銀行監督のための取り決め（バーゼル・コンコルダートと言う）が，なされてきている[15]。その法的性格は，同じBISの自己資本比率規制[15-a]と同様，厳密な法的拘束力は欠くものの，非常に重要な規制である。それによれば，銀行の母国と（支店・子会社等の形態による）進出先の国とは，協調しつつ相当突っ込んだ監督を，連結ベースですべきことになる。海外子会社の監督も，もとよりその射程内にある。然るにわが銀行法は海外子会社に対して眼をつぶっている――ということになるのかどうか。

　ところが，平成4年の銀行法改正で，その24条2項における商法旧211条の2の準用部分は削除された。けれども，その改正の経緯を私のゼミで手分けして調べても，上記の法務省見解との関係は，何も説明されていない。一体，上記の問題を意識した上での準用部分の削除かどうかが，判然としないのである。いずれにしても，前記のドグマは不当であるから，妙な自己抑制に陥らぬ方向で銀行法が運用されるとすれば喜ばしいことではある。

　だが，そう安心できないのは，日本の行政的規制一般について，次の点が

大いに気にかかるからである。

■ 属地主義的呪縛？

　島国日本の悲しい性癖は，行政的規制の国際的側面についても随所にあらわれている。規制対象行為の一部でも日本国内で行なわれておれば日本の規制は及ぶが，否ならば規制できない，という思い込みがあまりにも強いのである。これを属地主義といい，その枠を踏み越えることは一般国際法上許されない，などとされる。これは，別著『国際民事訴訟法』で取扱った国家管轄権（state jurisdiction）の問題である[16]。外国企業が専ら外国で行なった日本市場の分割工作についても，日本国内の手足となる者は規制できても，海外にある本体は規制できず，もし規制すれば直ちにその外国の主権の侵害になるかの如く説かれることが多い。

　だが，この属地主義が絶対のものだとすると，刑法2条以下の国外犯処罰の規定は直ちに国際法違反となりかねないことになる。平成9年改正前の外為法21条1項2号による非居住者のユーロ円債の発行及び募集はどうだったのかも問題となる。後者は純然たる行政的規制であるが，非居住者の海外での行為を常に大蔵大臣の許可の下に行なえとし，違反に対しては同法70条11号で重い罰則までついていた。属地主義が絶対だとしたら，そもそもこの規定は説明がつかないはずだったのに，である[17]。

　実際のところ，各分野につき，行政的規制の国際的射程の問題を総合的に検討することがなされぬまま，属地主義的呪縛に陥っていた，と言ってよい状況にある。それが日本社会の現状である。私はそれと斗って来たのだが，霞が関の官庁街の説得には，いまだに苦労する[18]。公正取引委員会は実質上かかる呪縛を断ち切ったし[19]，証券取引法（現在の金融商品取引法）についても，同様の姿勢が堅持されつつある[20]。こうした流れを，1日も早く法的規制の全分野に定着させることが，必要なのである。あるいは，既述の如き「日本の会社法は外国会社には適用されない」といった類の思い込みも，ここで一言した属地主義的呪縛と基本を同じくするものなのかも知れない。

いずれにしても，国家管轄権をめぐる問題は，本書と一体をなす『国際民事訴訟法』において，まとまった形で論じてある。

■ **国際的養子斡旋の法的規制——海を渡る赤ちゃんの問題**[21]

さて，日本社会の国際性の欠如は，家族法の領域においても，その例を見出すことができる。昭和62年の民法改正で同法817条の2以下に，特別養子制度が新設された。実親子関係を断絶する特別養子（完全養子・断絶養子とも言う）制度の創設は，かの菊田昇医師の運動等を通した永年の懸案であった。だが，この民法改正前から，実は日本で未婚の母のもとで生まれた赤ちゃんを，生後間もない頃に海外に連れ出して外国で養子縁組をさせることを業とする者の活動が，目立っていた。そうした中で国際的な人身保護請求事件も実際に生じていたのである[22]。この種の国際養子斡旋は，社会福祉事業法（現在の社会福祉法）等の規制に服すべきものだが，実効的な規制は，実際上何らなされていない。諸外国の完全養子制度を実に神経質に検討しつつ上記の民法改正がなされたのだが，それらの国々で「国際的」な養子斡旋が厳しく規制されているという現実には，さして目が向けられることなく，民法改正がなされてしまった。まさに純粋国内的な視座の下に，それがなされてしまったのである。

そのため，いわば国境におけるゲート・キーパー不在の状況が生じ，今日に至っている。つまり，上記民法改正により，わが家裁による縁組手続全般への慎重な関与が規定され，その上で特別養子としての法的地位が設定される。実親子関係の断絶は，当の子供の人権問題と深くかかわるからである。だが，その子供（殆どは生後間もない赤ちゃん）が，斡旋業者の手でどんどん海外に連れてゆかれ，わが家裁は見事にバイパスされているのである。しかも，「海を渡る赤ちゃん」の問題は，発展途上国や旧東側諸国の問題だ，位に考えている人々が，あまりにも多い。どうしてこうまで日本社会は，国際的な問題の広がりを直視しようとしないのか，私には分からない。この問題を本気でフォローしている研究者が，私以外に一体何人居ると言うのか。

何故、厚生労働省も実態調査すら殆どせず[22-a]、手をこまねいているのか。1人でも多くの人に実態を知り、深く考えて欲しいものである。例えば日本が上記の民法改正に際して大いに参考としたはずの、ヨーロッパ養子協定（1967年）の5条4項は、実母の同意は出産後少なくとも「6週間」経過後にはじめて与えられ得るものとしている（当時同様に参考とされたはずのドイツ民法典〔BGB〕1747条3項では、同じくこの期間は、「8週間」とあった）。実母の熟慮を重視するが故である。ところが、日本では、産院で（！）いわゆる親権放棄承諾書なるものに実母がサインするや、直ちに赤ちゃんは海外への連れ出しへのレールに乗ってしまう。前記の国際的人身保護請求事件も、こうした流れ作業的処理の中で生じた悲劇なのである。それなのに、斡旋業者を美化するマスコミの取扱ばかりが目立っていた。児童の権利に関する国連条約の規定との関係もあまり認識されぬ日本。なぜそうなのか。いつまでこうした状態にとどまるつもりなのか。そもそも赤ちゃんの人権は、この国ではどうとらえられているのか。

■ 相続財産の国際的な清算[23]

バブル経済全盛に至る以前から、日本人・日本企業の海外不動産投資が目立っていた。海外不動産を所有する日本人の数は、相当多数に及ぶ。そこでその所有者が死亡したとする。相続が問題となる。この場合の相続には国際性が伴うので相続の準拠法が問題となるが、後述の如く、それは日本法となる。わが民法の規定によるとして、実際に相続財産の換価の必要が生じたとする。民法932条は「相続財産を売却する必要があるときは……これを競売に付さなければならない」と規定する（その但書も、一定の場合に「その競売を」止めることができる、とするにとどまる）。この規定は限定承認の場合の規定であるが、財産分離の場合（同947条3項・950条2項）、相続人不存在の場合（同957条2項）にも、それが準用されている。競売とは、民事執行法195条、同181条以下の手続のことである。だが、例えばハワイ所在の相続財産たる不動産を、どうやって日本の民事執行手続の中に直接組み込んで

競売し得るのか。

　実は，これは日本法が相続準拠法とされた場合の相続財産の国際的清算をめぐる諸問題[24]の，一端でしかない。果たして在外相続財産は日本法に基づく清算（民法上のそれ）の対象となるのかならないのか。このような，日本人の国際的活動を直視した議論は，まさに民法の解釈論上十分になされて然るべきものと考えるが，実際にはどうだったのか。国際的な問題の広がりには言及せず，それらはすべて国際私法に委ねる，というスタンスが，余りにも当然のようにとられてはこなかったか。だが，国際と国内とをあっさり分けて専ら後者を研究する，というスタンス[25]は，必ずしも諸外国の民法学者のそれとは一致しない。民法学者も国際私法学者も相互にこの種の問題を論じあう，という自然な相互的参入の中で，この種の問題が議論されてきているはずである。日本も早くそうならねばならない。

■ 判決の反射的効果と準拠法

　民商法サイドでの，上記諸点にその一端を示したスタンスに対して，わが民訴法研究者においては，比較的早くからいわゆる国際民事訴訟法（非訟事件を含めて言えば国際民事手続法）への関心が強まって来ていた。実は，わが民法上の相続財産の清算につき上に一言した点は，相続財産の破産（破産法旧12・129・131条等──新破産法238～242条）というメカニズムを通して，いわゆる国際倒産法上の問題[26]と直結する。そのようなものとして処理すべきだ，というのが私見である。

　だが，民訴法プロパーの議論を見ていると，果たして当該問題の準拠法が外国法となった場合にどうなるのかが，大いに気になる場面に，しばしば直面する。これはむしろ国際私法の仕事だと言われそうだが，あえて一言する。

　例として，新堂幸司教授の，いわゆる判決の反射効に関する論述を挙げておこう[27]。主債務者・債権者間の判決の効力が，第三者たる保証人に及ぶか否かを論ずる際のその理由づけに着目する必要がある。新堂教授はかかる反射効を，裁判を受ける権利や紛争の蒸し返し防止等の手続法的観点のみで

はなく，保証債務の附従性といった実体法的観点からも考察しておられる。そこで言う保証債務の附従性とは，わが民法上のそれである。

それでは，主債務の準拠法・保証債務の準拠法が外国法（それらが相互に異なる国の法である場合も，理論的にはあり得る）であったとする。新堂教授の議論は，その場合どういった展開を示すのか。いわゆる国際民訴法への熱狂（その流れで，わが国際倒産法も大改革を受けた）に続く，いわば第2期の問題として，この種の国際的問題に対しても民訴法研究者の熱い視線の注がれることを，私は強く期待する。

日本国内の実体法と手続法との接合のさせ方自体が大きな問題であるところに，外国法が準拠法となった場合にどうなるかまで論ぜよ，と言うのでは酷ではないか，とも思われる。だが，こうした国際的な問題意識を常に持ちつつ，その上でピュアリー・ドメスティックな問題を論ずる，というスタンスが重要と思われる。上記の問題にしても，「保証債務」の「附従性」という問題の立て方やその中身は，各国法ごとに十分異なり得る。だが，上に提示したスタンスと逆にはなるが，純粋国内事件用に用意された実体法・手続法の接合のさせ方，つまりその接合のメカニズムを応用しつつ，個々の事案に対処する，という視座の設定が必要になる。

反射効は論じ易いからここでとり上げたまでで，同様の問題は随所に見出され得る。実は私自身としては，新たなる国際私法学の発展の契機は，このような点にも存し得る，と考えている。純粋な国内問題のみが議論されているそれら法規における「規範構造の解明」を行い，それを踏まえた国際的事案への対処を考えるという，極めて重要な機能が，国際私法（牴触法）に期待されることになるのである（例えば，「国際的な税務否認」関連でも，同種の作業が必要となる[28]）。

1.3 国際私法（牴触法）学の基本的任務

■ 不平等条約改正問題と「法例」等の制定 ―――――――――

　以上，若干の例を通して，（その程度・態様は様々だが）ともすればピュアリー・ドメスティックになりがちな日本社会の問題性を素描してきた。この意味での日本の（真の）国際化の上で，国際私法（牴触法）学が本来担うべき責務についても，そこでいわば裏から説明しようと試みたつもりである。

　日本社会の真の国際化のために，その最前線で真価を問われているのが国際私法（牴触法）学だ，というのが，私の偽らざる実感であるが[29]，明治期のいわゆる不平等条約の改正問題と国際私法（牴触法）の制度整備とが深く結びついていた，との点には，まずもって注意しておくべきである。

　最狭義の国際私法（牴触法）は，準拠法の選択・適用を扱う分野である。契約には契約の，相続には相続の準拠法が定められる。こうしたルールは，明治31年6月21日法律第10号の「法例」という名の法律によって定められていた（本書冒頭の1.1参照）。とくに法例3条以下の諸規定（平成18年の法例廃止に伴って制定された「法の適用に関する通則法」〔通則法〕4条以下）が，そのためのものである[29-a]。

　当時の日本が西欧列強に認められ，不平等条約の改正をしてもらうためには，外国人・外国法人の法的地位が，しっかりと日本の法制度上，実体法・手続法の両面で整備されていることが前提となる。明治期の一連の法典編纂作業の流れ[30]の中で，「法例」の制定は，格別の意味を有していた，とも言えるのである[30-a]。

　そして一層重要なのは，今のように法制審議会の各部会がそれぞれの法分野の専門家ごとに縦割りになっているのとは異なり，民法・商法・民訴法等の起草者や審議に参加した各委員が，法例制定にもほぼ同様に関与する，といった形で，当時の立法過程の連続性が強く見られる，という点である。実際にも，民法の3起草者のうち穂積陳重・梅謙次郎の2人が法例の起草者と

なっており[31]，民法36条（現在の35条）の外国法人の認許の規定や商法旧479条以下の外国法人規定（新会社法817条以下），そして法例3条（通則法4条に対応）の制定に至る明治期の立法の流れには，本書4.4冒頭で示すように，実は一貫したものがあった[32]。

にもかかわらず，わが国には外国法人に関する国際私法（牴触法）的規定は何ら存在せず，法例の起草者はこれを規定し忘れたのだ，といった誤った見方が，その後も支配的であった。当時の時代背景からしても，いかにも不自然な前提である。こういったことは，従来必ずしも法例についての立法趣旨的検討が十分でなかったこととも関係する[33]。そして，この明治期の一貫した思想が"分断"され，昨今の一連の法の改正・改革（「現代化」という美名の下でのそれ）がなされてしまったのである。

実は同様の事情は，国際裁判管轄や外国判決承認[34]についてもあり，例えばいまだにわが国には国際裁判管轄について定めた規定は一切ない，との前提の下にすべての語られる傾向が強く，遺憾である[35]。民訴法上の土地管轄規定（民訴新4条以下——旧1条以下）にこめられた，当時の（そして大正15年の同法改正時の）起草者達の真の意図[36]も，何故かその後忘れ去られてしまったようである。

不平等条約の改正がなされ，日本が西欧列強の仲間入りをするや，日本社会は再び長い鎖国の頃の惰性の中に身を置くことを，暗黙のうちに求めてしまったのであろうか。私は，本書1.2で例示した諸点と1.3でこれまで略記した点とが，どこかでつながっているような気がしてならないのである。

さて，以上のまわり道をあえてした上で，「国際私法（牴触法）とは何か？」という，本来本書がまずもって扱うべき問題を，論ずることとする。

■ 国際私法か牴触法か？——いわゆる「公法的法律関係」の取り扱いをめぐって ———

私は，これまでの論述においても「国際私法（牴触法）」という書き方を多用してきた。まず，この点から論ずる必要がある。国際私法（private international law）と牴触法（conflict of laws）とは殆ど同義で用いられる場合が

多い。英米ではむしろ後者の用語法に従う場合が多いとも言えるが，必ずしも常にそうではない。いずれにしても，国ごとに法の内容的相違があること（それを「法の牴触〔conflict of laws〕」と言う[37]）を前提した上で，複数国にまたがる法律問題を，いずれの国の法で処理すべきか，というのが国際私法ないし牴触法の，古典的任務となる。本書でも既に何度か出て来た準拠法選択（これを単に choice of law と言う場合が多い）の問題である。

　その前提として，国際的な法律問題を処理する上では，従来各国とも，常に自国法を適用する，という訳ではなかった，との事実がある。自国で裁判等を行なう場合，かかる地を伝統的に「法廷地（forum）」と呼ぶ。つまり，各国とも，常に「法廷地法（lex fori）」を適用してこの種の問題を処理する，という前提は，必ずしもとってこなかったのである。言い換えれば，そこには自国の裁判所等において「外国法の適用（application of foreign law）」のなされる場合が，あらかじめ予定されている，ということになる[38]。それでは，如何なる場合に外国法が，そして具体的にどの国の法が適用されることになるのか。それを定めるルールが準拠法選択規則（choice of law rules）ないし，単に法選択規則と言われるものである。法例3条（通則法4条）以下の規定の基本も，個々の事項ごとに準拠法の決め方を定めるものである[39]。

　だが，法の牴触は，国ごとに生じているのみでは必ずしもない。例えばアメリカでは，州ごとに法が異なる。会社法・契約法・不法行為法等々は州がそれぞれの主権に基づきこれを定めている。各州の間での法の牴触を処理するためのルール（これも conflict of laws と言う）も，州ごとに異なる[40]。アメリカでは，むしろ，州と州との間の法の牴触（これを正確に表現すれば interstate conflict of laws となる。「州際私法」と言ってもよい）の方に重点があり，インターナショナルな問題はむしろ前者に準ずる，とされる傾向が強い[41]。州際・国際を問わず，conflict of laws と言うのである。連邦国家では，程度の差はあれこうしたことがある。

　そして，例えば国際契約紛争につき，日本を法廷地国として外国法（foreign law[42]）を準拠法とするとき，それがアメリカの法だと言っても，上記

1.3 国際私法（牴触法）学の基本的任務

の事情からして，適用される法規範はいまだ確定されない。国際契約の準拠法については，後述の如く，従来の法例 7 条 1 項（通則法 7 条）により契約の両当事者が準拠法を合意すればそれによることになる，とされるが，かつて日本の某銀行が「本契約はアメリカ法に準拠するものとする」との契約書ドラフト案を私の知りあいのアメリカ人弁護士に示したことがある。このような非常識なことは，実務界でも稀にしか起きない（と期待する）。

だが，例えば既述の法例 3 条（通則法 4 条）の 1 項のように，「本国法」（つまりは国籍所属国法[42-a]）によるとされる場合，アメリカ人の本国法と言っても，家族法分野でもアメリカでは法が異なる。さらに突っ込んで，どの州の法が適用されるかを論じなければならないことになる。法例（通則法）には，このような場合の処理のためのルールが別にある。（平成元年改正後の）法例新 28 条 3 項（現在の通則法 38 条 3 項——実質的変更はない）である[43]。アメリカでは，準拠法選択のルールも基本的に州法マターだが，ともかく前記条項を使って準拠法を定めるのである。

以上は，1 国内での法の場所的・地域的牴触についてだが，詳しくは後述するように，宗教上の理由等により，1 国内で法が人的に異なる場合がある。実際にも，離婚準拠法が（平成元年改正前の）法例旧 16 条によりインド法とされた際，同国離婚法が各宗派によって異なることを踏まえ，（平成元年改正後の）法例新 28 条 3 項にあたる法例旧 27 条 3 項を準用し，インド国内でのかかる法牴触問題の処理に関する規定に基づいて最終的な準拠法を定めた事例も，つとに存在する（東京家審昭和 50 年 3 月 13 日家月 28 巻 4 号 121 頁）。

このように，必ずしも国際私法ないし牴触法が処理すべきは，国と国との間の，international な法の牴触には限られない。そうした法の国内的牴触を処理するルールも含めて国際私法が扱ってきているが，紛らわしさを避ける意味では，より包括的なこの法分野の呼称たる牴触法の語の方が，ベターであると言える[44]。

以上は，国際私法という学問の名称における「国際」の部分がかえってミスリーディングである，という問題であるが，同様の問題は「私法」の部分

についてもある。伝統的には，たしかに民商法レヴェルの，いわゆる私法についての法の牴触状態を処理するのが国際私法の基本的任務である，と一応は言える。だが，後述の如く，各国の公法の牴触についても，いわば私法のそれとワン・セットでそれを扱う必要が，実際にはある。そもそも私法・公法の峻別論は，少なくともこの場面では[44-a]（ただし，重要な問題があり，後述する。例えば本書2.2の本文冒頭を見よ）決め手とはならないのである。そして，例えば19世紀半ば（1862年）のドイツにおけるフォン・バール（L. von Bar）の体系書は，『国際的な私法及び刑事法（Das internationale Privat- und Strafrecht）』というタイトルを有していたし，現在のドイツの最もスタンダードな体系書たるケーゲル゠シューリッヒ（G. Kegel/K. Schurig）の『国際私法（Internationales Privatrecht）』（9. Aufl. 2004）も，「国際的な公法（internationales öffentliches Recht）」の牴触問題として，国際的な収用法・通貨法・経済法・独禁法・労働法・社会保障法等についての論述をも行なっている。

　この点は，所詮は学問の名称の問題に過ぎないようにも思われがちだが，そうでもない。まず，太平洋戦争中の中国人等の強制連行・強制労働等に関する損害賠償請求について，直接「サヴィニー」に言及する東京地判平成11年9月22日判タ1028号92頁のほか，東京地判平成13年7月12日判タ1067号119頁，東京地判平成15年4月24日判時1823号61頁等，最近，少なからぬ事例がある。国を被告とするそれらの訴訟において，国側は，伝統的な（後述の，サヴィニー的な）国際私法はおよそ公法的法律関係には不適用だとする主張をし，それに従った前記3例の如き判決が，出されている（東京地判平成13年5月30日判タ1138号167頁などは，多少なりともまとも，である。なお，当時関与した私人たる，建設会社を被告とする訴訟では，広島高判平成16年7月9日判時1865号62頁のように，不法行為準拠法が問題とされている）。

　だが，本書2.3で示す国際私法（牴触法）の歴史への正しい理解からは，後述のサヴィニー以来の伝統的な国際私法において，一般の準拠法選択とは別枠で（後述の1980年EC契約準拠法条約7条2項に端的に示されているよう

に！），自国の公法的な強行規定の適用が（本書2.2の，後出・注130〜131の間の本文，および後出・注133で示すように）認められ，それらの総体が「国際私法」の体系として提示されて来ていることに，まずもって注意すべきである。

　実際にも，本書2.2で示す「米・イラン」，「米・リビア」の金融紛争において，ロンドンの裁判所ですべての前提となったのは，イギリス国際私法を通して定まる契約準拠法がアメリカの，例えばニューヨーク州法となるならば，連邦法としてのアメリカの資産凍結措置（大統領命令としてのそれ）もワンセットで（ただし，処罰規定等はもとより別として），「適用」され，米銀側が支払を免れる，ということであった。国際政治の文脈における明確な対抗措置たる「資産凍結措置」は，明らかに「公法」である。その適用の有無が，法廷地国際私法を通して，準拠法の如何で決定される，ということが当然の前提とされ，全ヨーロッパを巻き込む「国際契約法」上の大論争が，後述の1980年EC契約準拠法条約7条1項との関係を含め，展開していたのである。

　他方，例えばスイス国際私法典13条第2文が，「外国の法規範は，それが公法的性格を有することのみによっては，その適用を排除されない」と，明確に規定していること，そして，ドイツの学説などでも，「外国公法不適用の原則なるものは存在しない」とされていることとの関係[44-b]を，前記の如き閉鎖的な立場が，一体どう考えるのかが，問題となる。内国・外国いずれの公法（強行法規）であろうと，私法的法律関係にかかわる限りは，その適用関係が「国際私法」を介して決定されるというのは，各国の共通の理解，なのである。前記の如き国側（法務省サイド）の理解は，全く支持できない（ganz unhaltbar!）。

　日本の前記諸事例についても，国の責任を問う民事請求ということであれば不法行為準拠法が問題となり，それが中国等の外国法となればその法を適用するが，日本国内にかかる請求を拒む公法的な強行法規がもしあれば，それにより当該請求が排除される形となる。かかる法規がなくとも，後述の

「国際私法上の公序」(平成元年法例改正後の, 法例新 33 条——通則法 42 条)によって当該外国法の適用の排除はなし得るのだが, 当該事案と日本社会との密接関連性が問題となる (本書 3.6 冒頭参照)。

　おそらくは, こうした請求を認めるべきではないという国側 (法務省サイド) の政治的価値判断が先にあり, サヴィニー以来の伝統的国際私法への"歴史認識"が歪められてしまったのであろう。ちなみに, 後出・注 171 の本文の最判昭和 52 年 3 月 31 日民集 31 巻 2 号 365 頁は, 韓国法の適用を国際私法上の公序によって排斥した事案だが, 韓国のマスコミは, センセーショナルにこれを批判した。前記事例でこの公序を使うと, 同様の, あるいはそれ以上の政治問題化が懸念されていたのでは, とさえ思われる[45]。

　他方, 国際的な知的財産権侵害については, 何と「法例廃止」を導いたわが学説の側から, とくに特許制度等は公法だから国際私法は不適用だ, といった暴論が説かれている。幸い, 最判平成 14 年 9 月 26 日民集 56 巻 7 号 1551 頁 (いわゆる「カードリーダー事件」), およびその調査官解説は, かかる立場に立つものではないが, 海外文献の引用もなく, 「これが国際私法というものです」的な誤った見方を示す彼らに対しては, 猛省を求めるべきである[45-a]。

　ともかく, 「国際私法」と言えば国際結婚などの家族法領域のみで, しかも, これこれの問題は何国法による, と言っただけであとは知らぬとする単なる旗振りに過ぎぬ, といった旧態依然たる認識 (?) がいまだに prevail している日本[46]。学界の体質は別として, そのような理解が, 日本の真の国際化の最前線に立つべきこの学問, しかも国家管轄権 (state jurisdiction) 論をも広くとり込んで国際公法 (国際法) 上の諸問題にもどんどん論及すべきこの学問の本質[47]を曇らせていることは, やはり否めない。私がむしろ「牴触法」という名称に若干こだわるのには, こうした理由もあるのである。

■ 牴触法学の全射程

　さて, この辺で, 国際私法 (牴触法) 学の全射程を若干整理しておこう。

表1

抵触法学
- ①準拠法の選択・適用（最狭義の国際私法）
  - 国際私法総論（性質決定・反致・公序等の技術的諸問題）
  - 国際私法各論（契約・物権・相続等の事項別の処理）
- ②国際民事手続法──国際裁判管轄，国際的訴訟競合，外国判決の承認・執行，国際倒産，国際仲裁等
- ③国家管轄権論
  - いわゆる国家法の域外適用（立法管轄権）の問題（独禁法・証取法・銀行法・資産凍結措置・労働法，等々）
  - 執行管轄権をめぐる諸問題（訴状等の国外送達，国有化・収用措置等の国際的効力，外国租税債権等の取扱い，等々）
  - 執行共助をめぐる諸問題[48]（2国間租税条約上の徴収共助，麻薬2法〔国際的マネー・ローンダリング規制〕における外国没収裁判の共助ルートでの執行，等）
- ④国際通商摩擦──いわゆる（不）公正貿易論と自由貿易主義との相剋における基本的視座の設定，等[49]

　表1の整理において端的に示されているように，そこに法の抵触ないし衝突（conflict of laws）のある限り，常に抵触法学からの学問的な光が投げかけられるべきである。上記の全射程を貫く統一的な視座の設定と，そこから発する光のなお一層の凝縮とが，これまでの，そして恐らく今後もずっと続くであろう私の研究の，窮極目的となるのである。

　本書では，上記の①〜④のうち，とくに①，即ち最狭義の国際私法（抵触法）に重点を置いた論述を行なうこととする[50]。

注

1)　三好行雄編・漱石文明論集（岩波文庫・昭61）所収。とくにその26〜27，32頁参照。なお，石黒・ボーダーレス社会への法的警鐘（平3）296頁以下。

1-a)　穂積陳重・法窓夜話（岩波文庫・昭55［復刻版］）186頁以下の，「国際私法」・「法例の由来」・「準拠法」の各項目を参照せよ。

1-b)　石黒・国際私法の危機（平16）9頁以下。

1-c)　同前書，及び同「法例（国際私法）改正論議への批判的考察」法曹時報57巻

1号（平17）1頁以下，森田博志「国際私法の現代化における法例10条・12条関連の改正作業の問題点」千葉大学法学論集20巻2号（平17）93頁以下，そして，電子商取引を切り口とした経済産業省商務情報政策局（豊田正和局長――平成18年夏からは通商政策局長）サイドからの，日弁連・産業界の代表をまじえた報告書たる『電子商取引からみた「法例」のあり方検討会』（鈴木五十三座長）報告書（平16［11月刊］・公正貿易センター）を見よ。ちなみに，法曹界・産業界からも「法例大改正」への具体的要望は特にないのに，なぜ今全面改正までする必要があるのかというのが，この最後の報告書の基調である。鈴木五十三氏を中心とする日弁連の検討グループと経済産業省の前記検討会（そして私）との連携で，「改悪」を最低限に押しとどめたというのが，今般の「法例廃止」・「通則法制定」に至る，水面下での実際の動きとなっていたことを，あえてここで示しておく。私なりの「歴史への責任」のとり方の問題として（！）。なお，本書4.2の注758）に続く本文，及び，同じく本書4.2の通則法19条に関する項目の本文末尾参照。

1-d）「規制改革」とその背後にある問題については，石黒・法と経済（平10）9頁以下，169頁以下，205頁以下，等。

1-e） だが，新会社法の制定については，そうではなかった。岩原紳作「新会社法の意義と問題点」商事法務1775号（平18）5頁。なお，新会社法制定につき，この岩原論文が直接言及しない"日米摩擦の影"のあったことにつき，後出・注13-c），及び本書4の注798-c）参照。また，法務省令の問題性につき，後出・注810）参照。

2） 若干の具体例については，石黒・前掲注1）法的警鐘293頁以下，同「国際課税と牴触法（国際私法）［上］」貿易と関税2005年9月号57頁以下，等。

3） 同・国際的相剋の中の国家と企業（昭63）213頁以下，同「ボーダレス化と法――化学・製薬産業の場合」リーガルマインド（医薬品企業法務研究会）109号（平5）3頁以下。

4） 同・前掲相剋214頁を見よ。実は，スモン病については，「薬の副作用と人種差」という深刻な問題が伏在していた。対外門戸開放・規制緩和一色の動向との関係で，いわゆる基準・認証制度の改善問題とこの事例との接点について言及した石黒・通商摩擦と日本の進路（平8）315頁以下参照。

5） 国際的製造物責任訴訟については，本書が扱う準拠法の選択・適用の問題と共に，国際裁判管轄や外国判決の承認・執行の問題が生ずる（本件の場合，日本の判決のスイスあるいは第3国での承認・執行が問題となる）。スイス連邦憲法59条の問題を含めて，石黒・国境を越える環境汚染（平3）110頁以下，141頁以下参照。また，一般的には，同・国際民事訴訟法（平8）133頁以下，211頁以下。製造物責任にせよ環境汚染にせよ，国境を越えた問題の処理枠組は，基本的には同じである。なお，小林秀之・製造物責任訴訟（平2）139頁以下，松岡博・国際取引と国際私法（平5）288頁以下，等。

6) 詳細は，石黒・金融取引と国際訴訟（昭58）269頁以下を見よ。なお，同・国際私法〔新版〕（平2——プリマシリーズ双書）356頁以下。

6-a) ここで論ずる問題との関係では，竹内昭夫・改正会社法解説（昭56）54頁以下，67頁，等の記述に注意せよ。また，昭和56年改正以来の制度の展開については，神田秀樹・会社法（第8版・平18）107頁以下。

7) 通貨発行国以外の地で取引の対象とされる通貨をユーロ・カレンシー（域外通貨——なお，石黒・前掲金融取引と国際訴訟1頁）と言い，かかる通貨にかかわる取引が行なわれる市場をユーロ市場（域外通貨市場）と言う。なお，本書2.2冒頭の項目を参照せよ。ちなみに，欧州共通通貨の名称がECUからユーロに変更されたのは，欧州共通通貨と「ユーロ市場」とを言葉の上でダブらせ，世界の中心に欧州があるとイメージさせるための，極めて戦略的なものであった。石黒・世界情報通信基盤の構築（平9）229頁以下と対比せよ。

8) だが，それで済んだことについては，ある種の神風が吹いて助かったという面があることを忘れてはならない。急にマーケットの状況が悪くなり，誰も転換権行使など考えられない状況になったことが，救いとなったにとどまる。それから先の問題については，石黒・前掲金融取引と国際訴訟276頁以下。

9) 河本一郎「外債発行と社債管理会社の設置強制」IFR DEAL WATCH (Issue 52 April 19, 1993) 26頁以下。とくにその28頁以下に外債発行との関係での論述がある。「外国で発行される社債については……外国法が準拠法として指定され……れば，社債の管理会社の設置強制についてのわが商法の規定の適用は排除される」（同・28頁）とされている。

　　具体的には，日本企業がユーロ市場で，仮に日本法を社債の契約関係の準拠法として起債した場合，ロンドン所在等の外国の金融機関（外国会社！）が社債権者の取りまとめ役になるのが自然な流れだが，そうした外国金融機関が，日本法上の「社債管理会社」としてのその「設置」を，果たして「強制」されるのかが，問題とされた。問題の全体像につき，石黒「社債管理会社の設置強制とユーロ市場」（同・新制度大学院用国際私法・国際金融法教材［平16］65頁以下），その概要につき，同・前掲国際私法の危機209頁以下。

　　法務省サイドは，日本法が契約準拠法なら，設置強制になるとしていた。だが，その際，後出・注10）の本文以下の"排外主義"的理解とは異なり（！），当時の商法297条の2（社債管理会社となりうる者として「銀行」，「信託会社」等を列記——新会社法では703条）について，外国会社も同条の適用を受け得る（！）とした。石黒・前掲新制度大学院用教材68頁以下（貿易と関税1995年1月号74頁以下）に引用した，原田晃「社債をめぐる法律関係とその準拠法（下）」商事法務1358号（平6）10頁，法務省民事局参事官室編・一問一答平成5年改正商法（平5）179頁，岡光民雄・逐条新担保付社債信託法（平6）165頁という，法務省サイドの著作が，一致してこの点を認めていたのである。

これは誠に画期的な出来事である。法務省サイドは，後述の如く，いくら日本法が準拠法となっても，外国会社は日本の会社ではないから（ひょっとして，外国人は日本人ではないから，というのと同じ理屈なのか??），商法（会社法）の適用対象外だと，こだわっていたからである。だが，これは"この場限り"だったようで，新会社法制定との関係では，後出・注13-a）の本文以下に示すように，"排外主義的な古巣"へと，彼ら，戻ってしまっている（!!）。

　なお，「社債管理会社設置強制」との関係では，"法律解釈によるデフォルト事由"の"創設"（石黒・前掲教材66頁）という，いかにも野蛮な，あまり聞いたこともない処理が問題となる。当時の商法314条1項が用いられるのである（新会社法では，714条2項）。もともと社債管理会社（社債管理者）の事務の承継に関する規定なのだが，設置強制に反すると，この規定が"類推適用"される，というのが法務省サイドの見解であった（同前頁を見よ）。ユーロ市場との関係での前記の状況下で，ぐずぐずしていると，「当該社債の総額について期限の利益を喪失する」（同項），即ちデフォルトとなる，というのである。「社債発行限度規制の廃止」（規制緩和）の代償なのだから厳格に，ということだが，いかにも性急であり，釈然としない（なお，この法務省サイドの対応は，本書2.5で扱う昭和59年国籍法改正に伴う「国籍選択制度」の導入［後出・注317）の本文以下参照］と，同じ周波数のものと，私には思われる）。だが，神田・前掲会社法（第8版）272頁は，「すみやかに社債管理者を設置しないと，社債総額につき期限の利益を喪失すると解すべきである」として，法務省見解に従っている。

　前記の状況下での牴触法的処理の詳細は，石黒・前掲教材65〜70頁に譲るが，通常の「準拠法選択の論理」によるのが唯一ではない。江頭教授は，「設置強制」の規定は「属地的強行規定」だとして，日本で募集するならそれが適用され，そうでなければ不適用としていた（ただし，江頭憲治郎・株式会社・有限会社法［平13］458頁と同・株式会社法［平18］648頁とを対比すると，とくに後者においては，議論にかなりの"曇り"が見られる。なお，本書4の注810）と対比せよ）。私も，江頭教授ほどには割り切れないが（規定の仕方が何ともまずいから，でもある），当該の規定は本書2.2の図6に示した「絶対的強行法規」だとして，通常の「準拠法選択の論理」とは別枠で，その適用関係を考えるべきだ，との見解である（同前・67頁）。

　だが，法務省サイドは，江頭説に対して，「属地的な私法上の強行法規という概念が確立したものといえるかどうか疑問である」（同前頁に引用の，原田・前掲［下］10頁）などという不見識ぶりを，示していた。本書2.2で扱う1980年EC契約準拠法条約7条の「2項」を，一体どう考えるのか，と言いたいところである。なお，石黒・前掲国際私法の危機209頁以下。また，後出・注14）の本文等と，対比せよ。

10）　詳細については，石黒・貿易と関税1993年4・5月号所収論文（同・前掲教材29頁以下）を見よ。

10-a)　なお，同「アルゼンチン政府サムライ債デフォルト事件──"日本の国際金融界の問題ある体質" vs. "一般投資家の立場"」貿易と関税2005年6月号55頁以下をも見よ。この債券を買った数万人の年金生活者等が，法の庇護なきまま（！），悲惨な思いをした事件，である。しかも，2005年までの（そして，現在も一部続く）出来事，である。なお，本書4.1の，後出・注729-a）を見よ。

11)　前出・注10）に引用のもの参照。

11-a)　公社債引受法制研究会・社債の多様化・国際化に関する諸問題の研究（平成6年7月）77頁以下，とくに98頁以下では，龍田節教授が，私見と同様の立場から，本文で示した問題ある処理を，批判しておられる。なお，私は，龍田教授の「報告助言者」の資格で同研究会に参加した。石黒・前掲教材66頁。

12)　それらをどう解するかについては，石黒・前掲国際私法〔新版──プリマシリーズ双書〕357頁以下。なお，同・前掲金融取引と国際訴訟278頁。以下の論点も含め，詳細は，同・前掲教材29頁以下。

13)　「臭い物には蓋を」の論理で，本件サムライ債は，その後，人知れず全額償還されたようである。それは，日本の国際金融界の体質をよく示す，前出・注10-a）の事件と対比すべき展開，であった。

13-a)　神田・前掲注6-a）350頁。

13-b)　新会社法における「社債管理者」の問題を含めて，江頭・前掲株式会社法640頁以下，647頁以下も，残念ながら同旨。ただし，本書4の注810）を，この観点から"注視"すべきである。

13-c)　"文言解釈"に終始する，かかる神田・江頭両教授の所説を，利息制限法の本旨に立ち戻った最高裁の，貸金業法に関する最近の果敢な判断等と対比し，"あるべき法解釈論の姿"を論じた，石黒・貿易と関税2006年12月号51〜56頁を是非見よ（同前・55〜56頁には，今般の新会社法制定の背景に，アメリカからの対日規制緩和要求があったこと［本書4の注798-c）参照］との関係で，法務省の排外主義的な思い込みが，会社法による"規制"の緩和を狙うアメリカにとって，非常に都合よく機能していることへの"警鐘"も，鳴らされている！）。

13-d)　同前・87頁以下，89頁注6）。なお，新会社法制定に至る過程での，「日本法が海外子会社に適用されないことは当然」とする法務省見解と，商法学者（藤田友敬教授）の商法旧211条の2についての健全なる見解との，"緊張関係"にも言及した，石黒・前掲国際私法の危機228頁参照。

14)　石黒・前掲教材34頁以下。なお，前出・注9）と対比せよ。

14-a)　わが銀行法の国際的適用について，木下信行編・解説改正銀行法（平11）154頁が，国家管轄権論をしかるべく踏まえ，日本に拠点なき海外の銀行をも，その規制の射程におさめていることを，想起すべきである。もっとも，そのような正当な認識が，いまだ金融行政の全般に及ぶものではない点が，問題として残る。

14-b)　戦後の商法485条の2の新設に絡む問題については，石黒・前掲教材35頁

以下（貿易と関税1993年5月号58頁以下）。

14-c）　同・前掲金融取引と国際訴訟256頁以下。

15）　前田重行「銀行の国際的活動の規制」証券研究102巻（平4）201頁以下，石黒・前掲国際的相剋の中の国家と企業92頁，同・前掲教材40頁。

15-a）　その問題性につき，石黒・グローバル経済と法（平12）363頁以下。

16）　なお，石黒・現代国際私法〔上〕（昭61）188頁以下，同・前掲教材20頁以下，24頁以下，同・ボーダーレス・エコノミーへの法的視座（平4）58頁以下，同・前掲国境を越える環境汚染149頁以下，等。そしてそれらをさらに体系化して示した同・前掲国際民事訴訟法13頁以下，とくに18頁以下参照。

17）　なお，石黒・前掲相剋152頁，同・前掲国際民事訴訟法17頁。なお，後者との関係で，その後の法改正につき一言する。本文に示したユーロ円債規制の規定は現在も外為法20条7号にあるが，規制緩和により21条の有事規制（許可義務を課し得るとするそれ）の対象となった。ただし，55条の3の1項9号で，非居住者に別途報告義務が課されており，その違反には71条3号で罰則がある。

18）　なお，労働省職業安定局・国外にわたる労働力需給調整制度研究会報告書（平5）15頁以下，郵政省放送行政局監修・国境を越えるテレビ（放送分野の国際化に関する調査研究会報告書・平5）23頁以下，204頁以下，等。それらにつき，簡単には，石黒・国際摩擦と法（新版・平14）69頁以下。

19）　公取委事務局編・独占禁止法渉外問題研究会報告書（平2）51頁以下，とくに67頁以下。なお，石黒・前掲教材20頁以下，経済産業省通商政策局編・2006年版不公正貿易報告書（平18）327頁以下。

20）　大きな転機となった証券研究102巻（平4）所収の各論文を見よ。ただし，刑事処罰については刑法8条の問題がある。同102巻11頁以下（石黒）。

21）　重大な人権問題（！）である。石黒「国際的養子斡旋・養子縁組の諸問題」川井健他編・講座現代家族法3巻（平4）387頁以下，とくに同・400頁注1所掲の私の諸論稿，そして，石黒「出入国管理・国際養子縁組」石川稔＝森田明編・児童の権利条約（平7）284頁以下参照。

22）　大阪地決昭和55年6月16日判タ417号129頁（石黒・ジュリスト733号〔昭56〕156頁以下）。同・前掲国際民事訴訟法6，167頁。なお，後出・注863）の本文参照。

22-a）　私自身へのインタビューを含む朝日新聞大阪社会部・海を渡る赤ちゃん（平7）169頁以下の，当時の厚生省児童家庭局長通知（「養子縁組あっせん事業の指導について」）とて，同局前局長だった私の叔父に確認したところ，「国際的」な斡旋は対象外とのことで，がっかりした記憶がある。ただし，その後2006年2月に，（財）こども未来財団・要保護児童支援のための国際国内養子縁組斡旋事業の調査研究（主任研究者・湯沢雍彦）が出てはいる。

23）　石黒・国際私法の解釈論的構造（昭55）259頁以下，同・国際家族法入門（昭

56) 207 頁以下。

24) 前注所掲のもの，及び石黒「渉外相続関係等家事審判事件の現状と問題点」沼辺愛一=太田武男=久貴忠彦編・家事審判事件の研究（2）（昭63）269頁以下，等。なお，松岡章夫「海外財産の相続と相続税法──ハワイ州におけるジョイント・テナンシーを糸口として」（国際商事法務23巻11号～24巻8号〔平7-8〕所掲）は，国際課税の現場に携わる著者の手による，国際私法的にも優れた論文である。なお，石黒・貿易と関税2005年10月号53頁以下では，同論文の更にその先にある，極めて困難な理論的・実務的諸問題（国際課税の根幹にかかわるそれ）についても，言及しておいた。

25) この傾向は例えば会社法についても，最近に至るまで顕著であった。例えば，従来の日本の会社法に関する体系書・教科書において，国際会社法に直接言及するものは，極めて少なく，本書初版の段階では，龍田節・会社法〔第3版〕（平5）399頁以下，落合誠一=近藤光男=神田秀樹・商法Ⅱ〔会社〕（平4）247頁以下（落合），等が目立つ程度であった（そうした中で特筆すべきは龍田節「国際化と企業組織法」竹内昭夫=龍田節編・現代企業法講座2（昭60）259頁以下の存在であった。なお，その319頁に「門外漢の私に国際私法はむずかしい。術語・訳語が難解である。呪文のように響く。いま少し国内化と学際化をお願いできないものであろうか」とある点は，従来のわが国際私法学界の基本的問題を抉る指摘として，極めて重要である。本書もまた，龍田教授のかかる指摘に大いに共感する私なりの営為の一環である）。

ただし，新会社法制定過程において，この状況はがらりと変わったのだが，いまだに会社法研究者達の論述の仕方には，国際私法的に見て種々の問題がある。石黒・前掲国際私法の危機203頁以下。なお，最も分かり易いであろう例として，同前・238頁以下の，「法人格否認の準拠法」に関する落合誠一・江頭憲治郎両教授の論述を対比させた部分を，参照せよ。民商法（「実質法」）上の論理から出発する江頭教授の類型論が，果たして成り立つのかに関する，「国際私法的な論理の基本」にかかわる重要な問題である。なお，後出・注146-a）参照。具体的には，本書3.1の注465-c）で論ずる。ちなみに，「実質法」とは，法律関係の中身（実質）を定める法，という意味であり，「牴触法（国際私法）」と対比される概念である。

26) 平成12年の外国倒産手続の承認援助に関する法律，そして平成16年の新破産法制定に至るまでの論議については，石黒・前掲国際民事訴訟法289頁以下，石黒=貝瀬幸雄=佐藤鉄男=弥永真生=真船秀郎=土橋哲朗・国際金融倒産（平7）1頁以下，369頁以下，398頁以下（石黒）。理論的には，上記の平成12年法のタイトルに「承認」と「援助」（英語で言えば "recognition" と "assistance"）とある点が，象徴的である。後者は理論上，「外国判決等の承認・執行」（民訴118条，民執24条2項）（石黒・前掲国際民事訴訟法211頁以下）と厳密に区別された，国家間の「共助」の世界（同前・59頁以下）での問題である。一連の国際倒産法改正論議の中で，この「承認」と「共助」との区別が十分ではなく，租税債権等の「非民事」分野での

問題の取り扱いが曖昧であったこと（「承認」と「共助」との"交錯"）への批判として，更に同・前掲新制度大学院用教材71頁以下。また，英米に特有な"comity"概念（同・前掲国際民事訴訟法の「コミティ」の索引項目を見よ。また，後出・注100）・327））の介在に対する根源的批判として，同・前掲通商摩擦と日本の進路207〜240頁（同「コミティ批判」法曹時報44巻8号〔平4〕所収論文），同・前掲国境を越える知的財産462頁注25，同「国際課税と牴触法（国際私法）〔中─4〕」貿易と関税2006年1月号65頁以下，同〔中─5〕・同2006年2月号53頁以下。わが国際倒産法制との関係で，この点は，最後に示した論文の四3で更に扱い，論文完成を待って慈学社出版より出版する予定である。

27)　新堂幸司・民事訴訟法〔第2版〕（昭57）440頁以下（同〔第3版補正版〕〔平17〕では670頁以下）。なお，石黒・前掲現代国際私法〔上〕426頁以下，584頁，同・前掲国際私法〔新版──プリマシリーズ双書〕89頁，同・前掲解釈論的構造290頁。

28)　一般的には，同・前掲国際私法の危機208頁以下。「国際的な税務否認」については，同・前掲教材82頁以下，同・前掲論文（「国際課税と牴触法〔国際私法〕」）貿易と関税2005年9月号65頁以下，2006年3月号54頁以下。

29)　私の国際通商摩擦についての一連の研究の出発点にも，この認識がある。石黒・前掲国際私法〔新版──プリマシリーズ双書〕417頁以下（「終章──国際経済摩擦と牴触法」），同・前掲ボーダーレス社会への法的警鐘275頁以下，等。

29-a)　通則法4条は「人の行為能力は……」とするが，法例3条には「人の能力は……」とあった。そして，この規定は，人の「身分」（家族法上の法的地位）・「能力」の一般規定として，制定されていた。同・前掲国際民訴法106頁以下。なお，本書4.4の冒頭参照。

30)　それについては石黒・前掲金融取引と国際訴訟256頁以下。

30-a)　同・前掲国際私法の危機4頁以下。

31)　穂積博士が法例を起草した際に，いかなる資料を用いていたのか，といった点についての私なりの分析については，石黒・前掲国際私法と国際民事訴訟法との交錯45頁以下，83頁以下。なお，山田三良博士が実質的に法例を起草した，という一般の理解は，実は正しくない。同前・240頁注493-aを見よ。

32)　前出・注30)参照。

33)　久保岩太郎「現行法例の成立について」同・国際身分法の研究（昭48）所収，1頁以下の論文において，法例議事速記録への包括的言及が初めてなされた。石黒・前掲解釈論的構造163頁注382参照。なお，前出・注30に引用したもので示した商法旧479条以下の外国会社の諸規定の立法趣旨についても，同様の無理解が，支配的であった。

34)　法例の起草者が，こうした問題をどうとらえた上で規定を作成していたかについては，石黒・前掲国際私法と国際民事訴訟法の交錯191頁以下，同・前掲現代国

際私法〔上〕283頁以下，570頁以下。
35) 同・前掲国際民訴法145頁以下。なお，外国判決承認については，民訴旧200条（現118条）と法例3条以下（通則法4条以下）の準拠法選択規定との関係をどう解するかが，問題の焦点となる。前注引用のもの，及び同・前掲国際民訴法99頁以下。
36) 石黒・前掲現代国際私法〔上〕259頁以下。
37) このように，各国法の牴触（そして，各国内での人的・地域〔場所〕的・時間的な法の牴触）自体と，それを処理するためのルールが，ともに牴触法（conflict of laws）と呼ばれるために，たしかに用語法としては紛らわしい。これは慣れて頂くしかない。なお，後出・注39），及び後出・注396）につづく本文をも参照。
38) オーストリアでは，外国法を自国裁判所が適用して事案を処理することに対して，それを同国憲法秩序においてどう位置づけるかが，従来より大きな理論的問題とされて来ていた。同様の問題は英米にもあり（石黒・国際民事紛争処理の深層（平4）220頁。なお，後出・注261）の本文参照），他方，19世紀末のドイツの国際私法，つまり民法施行法（EGBGB）の制定過程でも，いわゆるゲープハルト草案が外国法の適用に好意的であったことに対する議会の反情が強く示されていた。この点については石黒・前掲解釈論的構造122頁注331所掲のHartwiegの論稿を参照せよ。また，同・前掲現代国際私法〔上〕13頁。さらに，後出・注156）参照。
39) ただし，それ自体が同時に牴触規則ないし牴触規定（conflict of law rules）と呼ばれることもあるので紛らわしい。前出・注37）。なお，牴触規定（規則）の語は，民訴118条（旧200条）の外国判決の承認のような，国際民訴法上のルールをも包含した上で用いられる場合もあるので，文脈に即して適宜その意味内容を判断する必要がある。
40) アメリカ合衆国憲法との緊張関係については，石黒・前掲現代国際私法〔上〕74頁以下。この緊張関係は各州の裁判管轄（ジュリスディクション）や他州（ないし他国）判決の承認・執行のルール（それらも州ごとに異なる）についてもある。同前・295頁以下，408頁以下，534頁以下（とくに同・536頁以下に注意せよ）。
41) そのようなアメリカ特有の発想上の逆転現象が，根底において，今日のアメリカの攻撃的な対外通商政策の問題性にもつながることについては，石黒・法的警鐘292，296頁。
42) アメリカでforeign lawと言うとき，それが他州法・他国法いずれを指すのかを個々的に見きわめる必要がある。foreign judgmentと言う場合にも同様の問題がある。
42-a) 法務省サイドの問題ある理解については，後出・注235）を見よ。
43) ただし，後述の平成元年の法例改正との関係で，例えばアメリカ人夫婦の離婚準拠法をどう定めるべきかが問題となる。法例新16条（通則法27条―実質的変更はない）によれば，まずもって夫婦の共通本国法によることになる。夫婦が共にア

メリカ人ゆえ，アメリカの中のいずれかの州法をまずもって選択すべきことになるはずである。ところが，横浜地判平成3年10月31日判時1418号113頁は，一方の本国法はアリゾナ州法，他方配偶者のそれはメリーランド州法だとして，この夫婦に共通本国法はないとした。不当である。石黒・前掲国際私法〔新版――プリマシリーズ双書〕66頁以下，同「法例改正の意義と問題点」法律時報61巻13号（平1）38頁と，沢木敬郎=南敏文編著・新しい国際私法（平2）33頁（沢木），281頁（木棚照一）とを対比せよ。なお本書2.7参照。

44) なお，極めて重要な問題として，国際私法による準拠法の指定（Verweisung――「送致」とも言うが，準拠法選択と同義）が果たして国単位のものか，一定の法秩序が実際に存在する「法域」単位のものか，という問題がある。戦前のある時点が準拠法選択の基準時とされた最判昭和49年12月23日民集28巻10号2098頁（石黒・判民63事件評釈法協95巻6号1092頁）については，この問題がある。後述の如く戦前の日本は，例えば朝鮮地域と内地とで（ただし，後述の如く区別の基準は戸籍〔本籍〕の所在地によっていた）法が異なる状態にあった。本件の場合，当該の地は朝鮮地域に属したが，その地は戦後日本の領土を離れ，しかも南北に分断されてそれぞれが別個の法秩序を形成し，時際法の問題も発生した。そのために困難な問題が生ずるのである。この点については，本書2.7（後出・注368）につづく本文）で論ずるが，さしあたり上記評釈，及び石黒・前掲国際私法〔新版――プリマシリーズ双書〕64頁，同・前掲現代国際私法〔上〕7頁以下。

44-a) これに対して，国境を越えた各国（例えばアメリカ）の「非民事」法規のスピルオーヴァー現象への対処，という場面では，「牴触法上の民事・非民事の基本的区別」が，極めて重要な問題となる。石黒・前掲国際民事訴訟法8頁以下。

44-b) 同・国境を越える知的財産（平17）390頁。

45) 同・前掲国際私法の危機48～49頁，187～188頁。なお，「国際的な税務否認」との関係でも，公法たる租税法に関しては国際私法の適用が一切ないといった誤った見方が，法務省サイドから示されている。それへの批判としては，本文で示した諸事例との関係を含め，同・貿易と関税2005年9月号61頁，67頁以下。前出・注24）の松岡論文と対比すべきである。

45-a) 石黒・前掲国境を越える知的財産387頁以下。なお，同「知的財産権と属地主義」中山信弘先生還暦記念論文集・知的財産法の理論と現代的課題（平17）511頁以下。

46) 石黒・前掲国際私法の危機208頁以下。

47) かつては，国際公法と国際私法とをあわせて国際法と呼んでいた時期もあった。石黒・前掲現代国際私法〔上〕55頁。なお，国家管轄権論の体系的叙述については，同前・188頁以下，同・前掲国際民訴法13頁以下。

48) 石黒・前掲教材1頁以下において，「外国判決の承認・執行」と「執行共助」との理論的境界に関するまとまった論述を，国連麻薬新条約との関係を含め，試みて

おいた。なお，その後の国際刑事法関連の条約や法改正等については，同・貿易と関税 2006 年 5 月号所掲の連載論文参照。
49) 前出・注 29) 所掲のもののほか，同・法と経済（平 10 —— Law *vs.* Economics としてのそれ）129 頁以下。
50) 国際通商摩擦関連の論述は，本書の性格からも，また紙数の関係からも，これを割愛する。前注引用のもののほか，伊藤元重=石黒・提言通商摩擦——法と経済の対話（平 5），石黒・前掲通商摩擦と日本の進路，同・前掲国際摩擦と法（新版），同・電子社会の法と経済（平 15）等々，更に，米国の世界覇権願望と，それに資する点の余りに多い新古典派経済学の在り方とを，最新の基準時点において徹底批判したところの，同・世界経済体制の法と経済（平 19）を見よ。

2

準拠法選択の基礎理論

2.1 国際的民事紛争の処理プロセス

■ 法廷地の設定（forum fixing）に伴う諸問題 ─────────

　本書 1.3 の表 1 に示した整理の中の①と②，とりわけ①，即ち，最狭義の国際私法（牴触法）たる準拠法の選択・適用の，基本枠組について，以下に述べておく。ここで民事紛争と言うのは，後述の非民事的諸問題（例えばアメリカの 3 倍額賠償・懲罰的損害賠償等の，実損害〔actual damages〕を越えた部分の取扱の問題，等[50-a]）を除く，通常の民商事紛争のことである。

　原告側は，まずどこの国で訴訟を起こすべきかを考えることになる。なぜこの点が重要かと言えば，どこの国を法廷地国（forum）とするかによって，そこで選択される準拠法が異なり得るからである。つまり，わが国の国際私法（通則法──従来の法例）は，わが国の choice of law rules であるにとどまり，外国にはそれぞれ独自の国際私法（より一般的に言えば法選択規則ないし牴触規則──既述[51]）があるのである。

　このように，各国法の牴触を規律する国際私法（牴触法）が，基本的には国ごとに（さらにアメリカのように州ごとに）バラバラなのが現実である。もとより各国国際私法を統一しようとする営みは，別途 19 世紀末から，いわゆるハーグ国際私法会議（The Hague Conference on Private International Law）

等の場で進んできている[52]。また，EC域内での統一作業等も別にある[53]。

けれども，現実に日本が批准したその種の条約の数は未だ少ないし（そうであるのに，二つの扶養関係の条約の批准に際して制定された特別法で，条約違反の規定を置いたりしている！）[54]，最近数十年近くのヨーロッパ諸国の大きなトレンドは，個々の条約の批准とは別に，自国国際私法の独自の法典化への急速な流れでもあった。そうした各国での急速な国際私法法典化への流れの中で，ともすれば伝統的な国際私法の方法論における最も重要な価値が見失われがちであったこと等々，論ずべき点は多々ある（後述）。だが，かつて説かれた「国際私法の統一性」，つまり，各国国際私法を統一してゆくことはいわば法論理的必然であり，かくて田中耕太郎博士の掲げた「世界法（Weltrecht）」の理想の下に，すべてが収斂すべきだ，といった理論的熱狂[55]とは，若干離れたところに，現実の各国国際私法があるのである。

こうしたことから，現実の国際的民事事件においては，法廷地の設定（forum fixing）が極めて重要な意味を持つことになる。もとより，ある国が法廷地国（forum——もとより例えばアメリカで言えば法廷地州〔forum state〕ということになる）となることを不都合とする被告の側は，これを争うことになろうし，少なくともわが国の場合には職権で，国際裁判管轄が自国にあるかどうかを判断すべきことになる[56]。

ただし，かかる法廷地が外国に設定される場合の自国（日本）の対応も，問題となる。国際二重起訴（国際的訴訟競合）といって，同一の内容の紛争が内外2国（3国以上も，もとよりあり得る）で処理さるべく，それぞれ訴が提起される場合の処理[57]も，もちろん問題となる。自国（日本）にとっては，内国での訴提起（訴訟係属）を維持すべきか否かの選択となる。だが，それを維持したとしても，内国での訴訟の係属中にそれと重複する訴訟についての外国判決が確定すると，外国判決の承認・執行制度（民訴旧200〔新118〕条・民執24条）との関係が生ずる[58]。こうした国際民事訴訟法（より一般的に言えば国際民事手続法）の問題は，かくて，国際私法（最狭義のそれ）を通した国際的民事紛争の処理と，切っても切れない関係に立つのである。

2.1 国際的民事紛争の処理プロセス   39

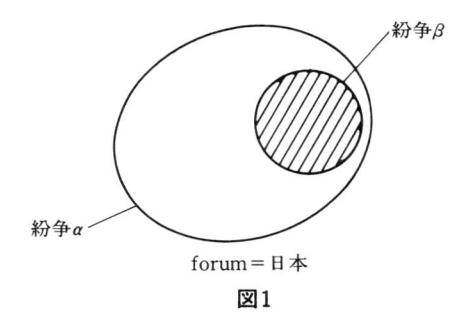

[図: 大きな楕円の中に斜線の円。楕円が「紛争α」、円が「紛争β」、下部に「forum＝日本」]

図1

　ところで，図1の如く，日本をforumとして紛争αにつき訴が提起された場合，その争点の一部たる紛争βの部分につき，既に民訴旧200（新118）条の承認要件を満たす外国判決があったとする。紛争α全体についてわが国際私法を介してA国法が準拠法とされたとしても，既に外国判決承認ルートで"処理済"のβの部分については，もとよりA国法（つまりは準拠法ルートでの処理）の射程は及ばない。外国判決承認・執行制度の基本は，民執24条2項に示されている通り，当該外国判決の内容的当否は問わず，ただ民訴旧200（新118）条所定の要件のみで，いわば外形的チェックを行なう点にある。当該外国判決が紛争βの部分につき何国法を適用したかについてのチェックを，してはならないのである[59]。紛争βの部分についての当該外国の判断がB国法に基づくものであれば，承認された外国判決の効力[60]の問題として，原則としてはそれによって紛争βの部分が処理される。

　図1をめぐる問題は，実は若干高度なものゆえ，読みとばして次の項目に移って頂いて一向構わないのだが，書く方の私はそうはゆかない。話がかなり抽象的ゆえ，具体的な例を出そう。

　紛争βがXという者を扶養義務者とし，XにYへの扶養料支払を命じたものだったとする。B国法を準拠法としてかかる判断を下した外国判決が，既に承認されていたとする。ところが，この点につき日本で逆にYを相手に訴えれば，そもそもXを扶養義務者としないA国法が準拠法となることに気づいたXが，当該外国判決以降の事情の変更（αマイナスβの部分――

例えばXYの経済状態が変化した，等）をも理由として，日本で紛争αにつき，訴を提起したとせよ。日本が紛争αをすべてA国法によるとすると，直ちにX勝訴となり得るが，そうはならない，ということになるのである。内国後訴においては，既に決定済（"処理済"）の事項として当該外国判決の効力を受け入れ，あくまでそれを前提として，外国判決によって未だ決着のついていない点（事情変更の点）についてのみ，自国国際私法の定める準拠法（A国法）によって判断を下すことになる。そもそもA国法はXをYに対する扶養義務者とはしていないが，XがA国法上扶養義務者だったと仮定して，以後の処理のみをA国法に委ねることになるのである[61]。

これでもまだややこしいので，図1に即して設定した例におけるA国法・B国法の関係について，別な図2を示しておこう。

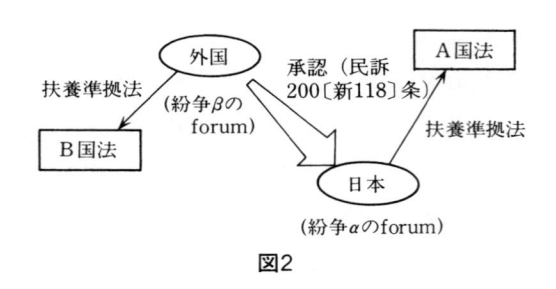

図2

上記のように，外国判決承認ルートで既に"処理済"の事項につき，それを前提とした，新たな自国を法廷地とする紛争において，当該外国とは異なる準拠法が選択される場合には，けっこう面倒な問題が生じて来る。そして，こうした問題は，国際私法（最狭義のそれ）と国際民事訴訟法との交錯領域の問題でもある。実際にこんな面倒な問題は生じないだろうと思われる方々も少なくないであろうが，これに近い実例は既にある。東京家審昭和44年6月20日家月22巻3号110頁がそれである。

簡単に言えば，メキシコでなされた，離婚判決に伴う子の監護に関する裁判の日本での承認を前提としつつ，その変更が日本で求められたものである。

同審判は，わが国際私法上，子の監護についてはコロラド州法が準拠法となる，とした上で，「本件はメキシコの裁判所においてなされた監護決定の変更を求めているものであるが，コロラド州法によれば，離婚裁判所のなした子の監護に関する裁判を，子の福祉のための必要により変更することができるとされており，外国裁判所のなした離婚判決にともなう子の監護の決定についても同様であるとされている」として，監護権者の変更を認めたのである[62]。

外国判決が既に日本で承認されたことを前提としつつも，日本で選択される準拠法の規定内容自体がそもそも当該外国の既決事項（既判事項）を覆し得ることを奇貨として，内国後訴が提起される，という場合も，既述の如く想定し得る。私が（悪徳？）国際弁護士だったら，まずそんなことを forum fixing に際して考えるだろう，ということで，以上の（考えてみれば若干高度な）問題につき，一言した次第である。国際私法と国際民訴法とを，そう簡単に別領域だと言って切り離せないことも，あわせて側面から示しておきたかったわけである[63]。

■ 準拠法の選択に向けての具体的プロセス

さて，ともかくも forum が決まったとする。そして，それが自国であったとすれば，準拠法の選択へと問題は移行する。だが，出発点での問題として，そもそも準拠法選択が問題となる国際的な事案と，純粋な国内事件とをどう区別するのか，という点が気になる向きも少なくないであろう。

一応一般には，1つでも外国的（渉外的とも言う）要素があれば国際私法の問題になる，とされている[64]。例えば後述する1980年のEC契約準拠法条約3条3項は，契約準拠法の当事者による選択（日本の従来の法例7条1項〔通則法7条〕と対応する問題）に関し，次の如く規定する。即ち，「〔準拠〕法選択のなされた時点で当該事実関係の他のすべての部分が単一の国に位置づけられている場合には……当事者の法選択はその国の法上，契約によってそれと異なることを定められない法（以後これを強行法規と言う）には

反し得ない」としている[65)]。

　実はかかる規定の背景として，契約の両当事者に契約準拠法の選択を認める，いわゆる国際私法上の当事者自治の原則[66)]がある以上，純粋に国内的な事案であっても，両当事者が外国法を契約準拠法とすることによって国際的事案（渉外事件）となる，との見方があった。それではあまりにおかしかろう，ということで，いわば妥協として設けられたのが，前記の条約規定なのである。前出・注66）に示したような当事者の準拠法指定の強い法的効果が，そこで明確に排除されていることに，注意すべきである[67)]。

　なお，わが国の国際金融界において，1980年代はじめ頃の世界的高金利時代に，ユーロ市場からの資金調達についての，わが「利息制限法」との関係が問題とされていた。ユーロ市場からの資金調達コストが既に同法の制限金利を既にオーバーし得る状況下で，それに自己収益分の金利を上乗せしてわが国内で貸した場合，かの最大判昭和43年11月13日民集22巻12号2526頁等との関係がどうなるのかが，大いに懸念されたのである。

　この種の取引，つまりいわゆるインパクト・ローン（使途制限のない居住者向け外貨貸付）の場合，外貨が取引の対象となる点で，それなりの渉外性（国際性）はあるが，取引自体は，わが国との圧倒的な牽連性（内国牽連性）を有する，というのが通常である。日本が法廷地国になるとして，契約準拠法を外国法とすれば，直ちに利息制限法の適用が回避され得るのか否か。本書執筆時点では，あまりの低金利傾向ゆえ実感がわかないかも知れないが，実はこれは積み残しのまま今日に至っている，cloudyな問題の1つなのである[68)]。

　ところで，純粋な国内事件と渉外的（国際的）なそれとの区別は，別な角度からも問題となる。平成元年改正前の法例は，国際家族法上の準拠法選択の基準（連結点〔connecting factor; Anknüpfungspunkt〕[69)]）を，広く父や夫の本国法（Heimatrecht——国籍所属国の法[69-a)]）によらしめていた[70)]。婚姻・親子を中心とする同年の改正後も，かかる「本国法主義」が相当広汎にとられており，それが平成18年の通則法24条以下に，基本的にはそのまま受け

継がれている。

　ところが，従来のわが国の国際家族法上の事件の大半は，いわゆる在日朝鮮人・中国人関係のものであり，それらの人々の多くは，サンフランシスコ平和条約（や日華平和条約）の発効時点で，自動的に日本国籍を剥奪され[71]，「外国人」となった人々，あるいはその子供等，であった。そのため，当事者の生活実態が何ら日本の純粋に国内的なそれと異ならぬのに，わが国際私法上，直ちに外国法が適用されてしまう，といった事例が数多く登場することになった。こうした「擬似渉外事件[72]」の処理が，わが国際私法解釈論上の重要なテーマとなるのであり，平成元年法例改正後も，そして，平成18年の通則法制定以後においても（！），基本的にはかかる視座が堅持されねばならない[73]。

　さて，事案の渉外性が肯定されたとする。準拠法選択へのプロセスはどう進行することになるのか。まず，紛争事実関係が呈示される。それがある程度まとまったところで法律的（牴触法的）に構成されることになるが，その際，まずもって問題となるのは，当該事案を準拠法選択上，一体いくつに「分断」すべきか，ということのはずである。理論的には，ここでの作業は，本書3.1で論ずる国際私法総論上のいわゆる「性質決定（characterization; classification）」の問題の一環だ，ということになる。それに伴うもろもろの理論的問題については後述するが，そこでの具体的作業は，当該事案をトータルに処理するために必要にして十分な準拠法の数を，如何にして決定するか，という（牴触法〔国際私法〕上の）政策決定ないし利益衡量の問題である[74]。

　と言うのも，この段階で「準拠法選択上の事案の分断」を徹底してしまうと，あまりに沢山の数の準拠法が単一の事案の処理のために登場してしまい，「準拠法のモザイク」状態が，極端に推し進められることになる[75]。もとより，準拠法の数が例えば10個になったとしても，それらを個々的に極力同じ国の法とするためのテクニックは別にあるが，常にそれが可能という保証はない。

この点が何故問題かと言えば，国際私法的処理の場合，各事項ごとに選択された準拠法所属国の法秩序は，全体としては（ちょうど日本の法秩序がそうであるように）それなりの調和を保っているのであろうが，それらの一部分ずつを，それぞれ切り取って法廷地国で，当該事案の処理のために適用することになる。それらの，相互に断片的に切り取られた国を異にする法規範群の接合面では，決定的な矛盾・牴触（本書3.4で後述の，講学上の「適応問題」ないし「調整問題」）には至らずとも，結構面倒な作業を要求されることが，実は少なくない。そのあたりを見据えた処理が，既にこの段階において，かなりの程度行なわれていて然るべきなのである。

ところで，各事項ごとに準拠法を選択する上でのルールを呈示する従来の法例（従ってまた，通則法）では，当該事項の基本的な区切り方につき，以下のような概念を細かく掲げている。つまり，準拠法と言ってもいろいろなものが，婚姻なら婚姻という1つの問題を考えても，登場し得るのである[76]。

表2　準拠法のカタログ

準拠法　┬　実体問題の準拠法　┬　成立問題の準拠法　┬　実質的成立要件の準拠法
　　　　│　　　　　　　　　　│　　　　　　　　　　└　形式的成立要件（方式）の準拠法
　　　　│　　　　　　　　　　└　効力問題の準拠法
　　　　└　手続問題の準拠法……「手続は法廷地法による」の原則（不文の法理としてのそれ）

上記の如き準拠法のカタログは，最も基本的なものとして重要である。そこにおける「実体」と「実質」の語の区別は，とくにややこしいが，注意せねばならない。例えば婚姻を例にとれば，通則法24条1項（法例13条1項）が「婚姻成立〔の要件〕は……」と言う際，同条2・3項が，別に「婚姻」の「方式は……」としていることからしても，そこ（1項）で言う「成立」とは，上記のカタログにおける「実質的成立要件」をさすのだ，ということが分かる。そして婚姻の「効力」については，別に，通則法25～27条

（法例新 14 〜 16 条に対応。実質的変更はなく，新 14 条は「婚姻の効力」，新 15 条は「夫婦財産制」，16 条は「離婚」とあったのが，通則法の 25 〜 27 条に受け継がれた）。そのうち通則法 25・26 条（法例新 14・15 条）の関係からして，通則法 25 条（法例新 14 条）は，婚姻の財産的効力（夫婦財産制）を除いた問題（婚姻の一般的な効力）のための規定だ，と理解される[77]。そして，それらは，（実体法と手続法，といった一般の概念区分に従った用語法としての）「実体問題の準拠法」の中に位置づけられることになる。

　もっとも，通則法 4 条（法例 3 条）以下の法選択規則（牴触規定[78]）のすべてが，婚姻の場合のような細かな準拠法の区分をしている訳ではない。例えば通則法 7 条（法例 7 条 1 項に対応）は「法律行為の成立及び効力は……」という定め方をしている。成立・効力を分けずに，実体問題の準拠法（実体準拠法とも言う）を一本化しているのである[79]。

　ちなみに，同条（及び通則法 8 〜 10 条〔法例 8・9 条〕）は「法律行為」という言葉を用いている。だが，実際上はこれを「契約」と読みかえて運用して来ている（新設された通則法 11・12 条の特則規定は，そのことと対応する）。

　実は，起草者穂積陳重博士は，明治 30 年 12 月の法例作成のための審議の際に，当時のドイツで流行していたいわゆる「法律行為論」との関係を強く意識しつつ，法例の 7 条と，つづく 8 条（法律行為の方式〔通則法 10 条の 1・2・5 項に対応〕）の規定を作った。法例 8 条 1 項は「法律行為ノ方式ハ其行為ノ効力ヲ定ムル法律ニ依ル」としていたが，そこで言う「効力を定むる法律」とは，前記の表 2 で「成立」と区別された「効力」ではなく，上記論争との関係で当時ドイツで流行っていた用語法たる Wirkungsstatut を，直訳したものであった。

　Wirkungsstatut は「効果法」などとも訳され得るが，重要なのは，それが lex causae（レックス・カウゼ）などという用語法とも同義とされるものであること，である。lex causae という言葉もあいまいなもので，当該事項（その実体面）を広く規律する法（当該事項の準拠法）といった程度の押さえ方しか出来ないが，離婚準拠法とか契約準拠法とか言うかわりに，単に lex causae と書いて議論を進める場合が多いので，注意して頂きたい[80]。

ともかく，平成元年法例改正段階では，「法律行為」の「方式」を「効力」の準拠法によるとする法例 8 条 1 項をそのままとし，「親族関係」の「法律行為」の「方式」は「成立」の準拠法によるとする法例 22 条（通則法 34 条に対応）が新設され，実に体裁の悪い状況があった。今般，通則法 10 条 1 項が「効力」の文言を「成立」と改めたことにより，この点での問題は，解決されたとは言える。だが，それが明治期の穂積博士の先見性に満ちた前記の用語法の背後に潜む問題の全体像を，どこまで的確に捉えた上でのものかは，疑問である。

さて，前記の表 2 に戻る。「実体問題」の準拠法として，かくて様々なものが登場し得ることになり，しかも，具体的事案において，仮に物権・相続・親子・婚姻の各準拠法がそれぞれ別個に問題となるとすれば[81]，いわば表 2 が何枚も重なることになってしまう。そもそも，少なくとも家族法上の連結（Anknüpfung＝準拠法選択[82]）において，各事項ごとに細かく準拠法選択を分けて考えてゆくことが，どこまで妥当なのかという，極めて重要な立法政策上の課題が，実はここにはあるのである。

ヨーロッパ諸国の国際私法の新たな法典化への流れの中で顕在化してきていたのは，婚姻の一般的効力の準拠法の決め方を軸に，それを夫婦財産制や離婚，親子関係にも極力広く及ぼし，これを統一的な「家族の準拠法（Familienstatut）」として定立することだった[83]。平成元年法例改正において，法例新 14 条（通則法 25 条に対応）が，同 15・16 条で準用されていたこと（通則法 26・27 条も同じ）の背景には，こうした事情もあるのである[84]。家族がいずれかの地を生活上の現実的本拠（Sitz; center of gravity）としている場合，その地の法を「最も密接な関係（die engste Beziehung）」を有する法として準拠法とすべきことが，準拠法選択の基本であり（後述），かえって細かな差異を事項ごとに設けてゆくことには，そもそも問題があるのである。

いずれにしても，こうした一連の配慮の下に，個々的な準拠法選択作業が進行することになる。そして，ある事項につき，ともかくある外国の法が準

拠法とされたとする。だが、そこにさらに、国際私法総論上の様々な法技術が介在することになる。一定の事項（例えば相続）の前提として他の事項（相続権の有無を判定する前提としての婚姻・親子関係の成立等）が問題となる場合について、本書3.3のいわゆる「先決問題（Vorfrage; preliminary question）」論をどう考えるかが問題となるし、「当事者の本国法によるべき場合において」は、本書3.2で扱う通則法41条（法例新32条）のいわゆる「反致（renvoi; Rückverweisung）[85]」が問題となる。さらに、実際に準拠法を適用してゆく際に、複数の準拠法の接合面で、どうしても忍び難い矛盾・牴触が複数の（国を異にする）法規範の間で生ずれば、一度なされた準拠法選択の手直しにまで遡った「適応〔調整〕問題（Angleichung）」としての処理（本書3.4）が、必要となる。

　もっとも、それらの作業（とりわけ先決問題論や反致論——後述）とも理論的には深く関係しつつ、「準拠法選択上の一般条項」が問題となる。「手続は法廷地法による」の原則という前記表2中の不文の法理ほどではないが、この点につき法例にも、通則法にも、（事項ごとに射程の限定された規定はあるものの[86]）正面からの規定はなく、論ずべき点は多い。だが、国籍だけですべてが決まってしまう本国法主義との関係では、とくにかかる準拠法選択上の一般条項（いわゆる最も密接な関係の原則）が問題となる。1987年12月18日のスイス新国際私法典15条1項は、かかる一般条項（Ausnahmeklausel）として著名である。なぜそうしたものが今更のように必要とされるのかについては、後述する。

■ 準拠法の具体的な適用プロセス ────────────

　上記の「適応（調整）問題」は、既に準拠法適用段階（application of law process）に入ってからの問題であるが、ともかく、ある問題につき外国法が準拠法として指定されたならば、その外国法の中身を確定せねばならない。そこでまずもって問題となるのが、「外国法の適用と裁判所[87]」として議論される一連の問題（本書3.5）である。日本の場合、国内法と同様のスタン

スで，準拠外国法の内容を職権で調査する必要がある（後述）。ただ，外国法と一口に言っても，その内容は，もとより単なる 1 個の Sein ではあり得ず，もろもろの Sollen の集積の中で，常にと言ってよい程に解釈の幅がある。わが民法 4 条（前は 3 条であった）の「年齢二十歳をもって，成年とする」といった類の規定は，むしろ例外であろう。いかなる "解釈" を当該外国法について行なうべきか。そこに，国際的民事紛争の処理を担当する法廷地国裁判官の，力量と見識とが問われることになるのである。

　もっとも，裁判官のこうした営為に対して，訴訟当事者達も様々な資料等を提出して，裁判官を自らの側に引き寄せることになる。外国法の内容を当事者の主張・立証に委ね，事実と同視する，といった伝統を引きずる国もあるが，日本はそうではない。だが，いくら調べても外国法の内容が判明しない場合は，もちろん生じ得る。その国で適用されるように当該外国法を法廷地国で適用する，というのが基本だが，最終的には「準拠外国法の不明[88]」という事態にどう対処すべきかが，問題となる。

　他方，1 審判決に対し，控訴がなされれば，控訴審では，これまで略述した準拠法の選択・適用のプロセスがくり返されることになるが，控訴審段階で当該準拠法に改正等がなされれば，（当該外国で適用されるように準拠外国法を適用する，という基本からも）その点を考慮してその適用がなされることになる[89]。そして，上告段階でわが最高裁が準拠法の選択・準拠外国法の適用につき，如何なる審査をなし得るか[90]も，問題となるのである。

　さて，こうして準拠外国法の規定内容が確定され，いざ当該事案に適用される段になると，当該外国法の規定内容によっては，実際にそのままそれを適用してしまっては，わが国内で真に忍び難い事態が生ずる場合も出て来る。そのような最後の安全弁となるのが，法例新 33 条（旧 30 条）をそのまま引き継いだ，通則法 42 条の「国際私法上の公序」である。わざわざ「国際私法上の……」というのは，概念の相対性からして，それが民法 90 条の公序と直結するものではない，という以上に，伝統的国際私法（牴触法）の基本が，外国法制度への寛容の精神，そして各国法（内・外国法）の基本的平等

の観念に，強く裏付けられたものだからである。なお，平成元年法例改正で，法例旧30条が，新33条となる際，「外国法に依るべき場合に於て其規定が……」とあったのを「……其規定の適用が……」と改めていた。これは，従来より広く認められていた点，即ち，国際私法上の公序が何ら外国法それ自体を弾劾するものではないのだ，との点を一層明確に示すためのものである。

　なお，以上の説明においては，当該事項の準拠法（lex causae [91]）が外国法となることを前提として議論を進めてきた。だが，もとよりそれが日本法とされるべき場合もある。ただ，その際に，日本法が実際に適用されるとしても，事案の国際性（渉外性）をどう勘案してゆくか，という重要な問題が生ずる[92]。

　この点で極めて貴重な先例は，最判昭和49年12月24日民集28巻10号2152頁である[93]。このケースは，ロシア革命以来40年間日本に居住し，遺言書作成の1年9か月前に日本に帰化した白系ロシア人女性の遺言の方式に関するものである。本国法主義の下で，日本法が準拠法とされることになるが，この遺言は自筆によるものであるにもかかわらず，署名のみで，わが民法968条1項で要件とされる押印を欠いていた。だが本判決はこれを有効な自筆証書遺言とした。この女性が長期の日本在住中も通常はロシア語や英語で生活し，交際範囲もヨーロッパ系の人々に限られていた点を考慮し，この者は押印の「慣行になじまない者」であるから民法968条1項を「適用すべき実質的根拠はない」，としたのである。事案の十分な渉外性を，いわば特段の事情として強く考慮した本判決は，（事案の渉外性・国際性に思い至らずこれを批判する民法学説はあるが）高く評価さるべきものと考える。

■ **選択された準拠法への具体的な送致範囲の問題**[94]

　「送致（Verweisung）」とは，前出・注85）に示した通り，ある事項につきどこかの国の法を準拠法として「指定」する際に，その国（の法）へ「送致」すると言う，例の用語法である。そして，ここで問題とするのは，実際に準拠法所属国の法規範（民商法規定[95]）のうち，どの部分を，いかにして

切り取り，法廷地国（forum）で適用するのか，という問題である。以下，図3，図4として，2つの場合を想定する。

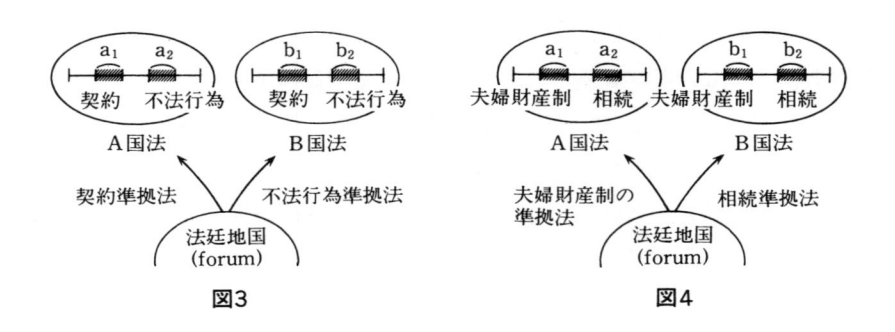

図3

A国法： a_1 契約　a_2 不法行為
B国法： b_1 契約　b_2 不法行為
法廷地国（forum）← 契約準拠法（A国法）／不法行為準拠法（B国法）

図4

A国法： a_1 夫婦財産制　a_2 相続
B国法： b_1 夫婦財産制　b_2 相続
法廷地国（forum）← 夫婦財産制の準拠法（A国法）／相続準拠法（B国法）

　既述の準拠法選択・適用の具体的プロセスに関する諸点との関係で，かかる2つの図の場合を考えてみる。別にそれぞれ2つの準拠法が登場することを必然と考えるのが私の立場ではなく，むしろ，「準拠法選択上の事案の分断」を最小限に押さえる観点から，極力準拠法（実体準拠法）を一本化すべきだ，というのが，既述（前出・注75）の本文）の如く，私の基本的な考え方である。その場合，当該事案との関係で実体準拠法（実体問題の準拠法）を2つ，図3，図4の如く選択せざるを得なかったとしても，A国イコールB国として，当該紛争事実関係と最も密接な関係を有する単一の法秩序の法に全体をよらしめるべく，手を尽くす必要もある。けれども，そうした努力もむなしく，図3，図4の如く，別々の国（A国とB国）の法が選択されたとする。

　法廷地国で適用される法規範は，それぞれの図の a_1・a_2，b_1・b_2 のいずれであるか。こう問題を設定してしまうと，図3，図4とも，法廷地国で適用される実質法規範[96)]は，a_1 と b_2 である，という答が当たり前のように返って来るであろう。だが，具体的に（つまり図式的にではなく）特定の2国の法規範群を前に考えてゆくと，これは場合によって結構面倒な作業になり得る。そもそも，ある法規範（紛争処理規範）が契約・不法行為いずれに分類

され得るか。また，夫婦財産制・相続のいずれに分類され得るのか。「分類」という言葉にも抵抗はあるが，とくに図4の場合の方が，問題の微妙さは理解し易いであろう。

実は図4は，後述の「適応（調整）問題」（本書3.4）との関係でも意味を有する図なのである。夫死亡の際の妻の相続権の場合が，よく持ち出される[97]。問題を単純化して下に表3を示す。

表3

	夫婦財産制	相続	それぞれの国の法におけるトータルの取り分
夫婦財産制の準拠法 （A国法）	0円 （規範 a_1）	100万円 （規範 a_2）	100万円
相続準拠法 （B国法）	100万円 （規範 b_1）	0円 （規範 b_2）	100万円

結果：$a_1 + b_2 = 0$ 円？……生存配偶者の取り分？

この表3のように，機械的に各準拠法への具体的送致範囲を決し，規範 a_1・規範 b_2 を法廷地国で適用すると，A国法・B国法ともに生存配偶者に100万円を与える点で一致しているのに，結果としての取り分はゼロとなる。これは忍び難い矛盾だ，と認識し，「適応問題（調整問題──Angleichung）」として処理し，何とか100万円を与えよう，と努めるのである。同様のことは，$a_1 = 100$万円，$a_2 = 0$円，$b_1 = 0$円，$b_2 = 100$万円の組み合わせでも生ずる。この場合は，生存配偶者（妻とする）の二重取りになってしまう[98]。これも同様の処理が志向される，ということになる[99]。

だが，こうした議論の前提として，それぞれの準拠法（A国法・B国法）の具体的な規範の切り取り作業を如何に行なうべきか，という既述の問題のあることを，忘れてはならない。ドイツや日本のようなガッシリとした体系の民商法の法典を有する国の場合，その編別・章別で考えればよいではないか，といった形式基準を重んじるゆき方も1つの選択としてはあり得るが

（私は反対），判例法国[100]ではどうか，あるいは法典重視の国でも特別法がいろいろとある場合の扱いはどうか，といった問題が残る。

このあたりの問題は，諸般の事情を考慮し，当該外国法制度への全体的評価をした上で処理する，といった御題目程度のことしか今は言えない。具体的事例を前に細かく検討すべき問題だからである。

ただ，むしろ今重要なのは，この法規範の切り取り方（「選択された準拠法への具体的送致範囲の決定」）は，法廷地国際私法の側から，主体的にこれを行なうべきだ，との点を明確化しておくことだろう。これは，一体何のために準拠法を定めるのかという，基本的な問題にかかわる事柄である。

ともかく，当面する問題は，「調整問題（適応問題）」のみならず，「国際私法上の性質決定」（本書3.1）という，若干既に触れた問題とも深く関係する[100-a]。いわゆる国際私法総論上のこの2つのテーマについて，独特の立場をとるウォルフ（M. Wolff）は，この点につき，次の如く述べている[101]。

"[A] judge applying foreign internal law [101-a] is bound to apply all those foreign rules that result from the classification embodied in that foreign law and to refrain from applying any foreign legal rules which would be applicable if the classification were different."

ウォルフの英語は極めて平易ゆえ，あまりコメントは要しないと思うが，要するに，前記の図3，図4のような場合に具体的な準拠外国法上の法規範（実質法規範）の切り取り方は，あくまで当該外国法の側から行なうべきだ，と彼は主張するのである。だが，そうなると，法廷地国で実際に或るケースを裁くために準拠法上の実質規範を求めているのに，当該外国法の立場次第で，然るべき法規範を引っ張って来ることが出来なくなる，といったことが生じ得る。そして，図3，図4のA国法・B国法にかかる規範の切り取りを全面的に委ねるため，それだけ規範牴触（cumulation or vacuum[102]）が増える，という図式になる。

ウォルフの上記の所説は，実は，国際私法上の性質決定（classification[103]）に関する叙述の冒頭に掲げられた，ある種のドグマなのである。そのドグマ

が，性質決定・適応（調整）問題の双方にかかわるものとして呈示されていることに，最も注意すべきである。なお，上記の2つの問題については，もとより本書において後述するが，既述の如く，私としてはウォルフの所説に反対である[104]。

さて，若干前記の図4の方にウェイトを置き過ぎたきらいがあるので，図3の，契約準拠法と不法行為準拠法との関係に戻る。ともかくも，前者の準拠法たるA国法の実質法上の規範 a_1 と，後者の準拠法たるB国法上の実質法規範 b_2 とが切り取られたとする[105]。規範 a_1 と規範 b_2 との関係はどうなるのか。それが次の問題である。請求権 a_1 と請求権 b_2 と言ってもよい。

実は，図3の如き場合について，四宮和夫教授は，「国際私法の問題がからむので，ここでは立ち入らない[106]」とされつつも，「請求権競合論」に絡んで重要な指摘をしておられた[107]。即ち，図3の場合，「契約責任が……A国法によって判断されるべき旨の契約は，不法行為責任のほうにも及ぶと解することはできないか」，あるいは，「両責任に関する準拠法は一応異なるとしても，紛争解決のために現実に規範を適用する場合には，A国の契約責任法とB国の不法行為法から統一的な規範を創ることは許されないか」，といった問題提起をしておられたのである[108]。

四宮教授の前者の問題提起は，つまり当該問題を契約準拠法に一本化し（要するに，それとは別に不法行為準拠法を考えずに），その上で契約準拠法への具体的な送致（Verweisung）範囲を不法行為の部分にも拡大し，結局，契約準拠法所属国の規範 $a_1 \cdot a_2$ によって事案を処理してはどうか，ということになる。これは1つの立場である。だが，準拠法を一本化するにしても，契約・不法行為いずれの準拠法に一本化すべきかは，準拠法選択上の（国際私法上の）利益衡量の問題である。（便宜，通則法制定前の状況に即して言えば）法例7条・11条いずれによった方が一層柔軟な処理をなし得るか，といった観点からの考察も，重要である。四宮教授も，請求権競合問題の処理の実際上の困難さを意識されてか，"準拠法の一本化"を，まずもって志向されているようであり，私も同意見である[109]。

同教授の前記引用部分の第2の問題提起は、A国法・B国法それぞれ別々に準拠法選択をした場合の"規範統合"についてのものである。だが、それぞれ国を異にする請求権（規範）相互の位置づけを、四宮教授は専ら法廷地国の側からとらえておられるやに見受けられる。私も結論としてそれでよいと考えている（ただし、それぞれの法規範の性格をそれぞれの属する国の法に照らして正確に判断することが、もとより前提となる）。

だが、ここに前記のウォルフの如き立場をインプットすると、実にややこしいことになり得る。A国法の側からA国の規範a_1とB国法上の規範b_2との関係を考察し、かつ、B国法の立場からB国の規範b_2とA国の規範a_1との関係を判断し、それらを総合する、あるいはその判断結果を累積する、といったこともそこから導かれ得ないではない。ウォルフももともとはドイツの国際私法学者であったが、準拠法所属国にすべてを委ねる無私の精神に（少なくとも表向きには）満ち満ちたかの如き、私の言う「ドイツ型牴触規定観[110]」からは、そうした帰結が導かれかねない。そこまで徹底するとしても、ある国の法の趣旨として、他国の請求権（規範）との関係につき、どこまでの情報が実際に得られるか、といった懸念もある[111]。現場の法廷地国裁判官に対する負担も問題である。準拠外国法の趣旨を重んずることはすべての基本だが、そこまでしなくともよい、と私は考えているのである。

2.2 準拠法選択を論ずる具体的意義
──国際金融紛争を例に

■ アメリカの資産凍結措置とユーロ市場 ─────────

以下の事例は、数十年にわたる私の経験からして、準拠法選択問題の重要性をヴィヴィッドに理解していただく上で最も適切なものとして、ここで掲げられる。「米・イラン」・「米・リビア」の金融紛争、そして、かの湾岸戦争時の、いずれも国際金融の基本にかかわる重大問題である。だが、説明は、一から行わねばならない。

既述[112]の如く、「牴触法」（国際私法）上の準拠法選択によって、特定国

の「実質法（materielles Recht）」が，当該問題の紛争の中身（「実質」）を処理すべく指定される。準拠法の選択（指定）の仕方が，各国ごとに異なるのは，国ごとに国際私法が基本的にバラバラな状態が，続いているからである（本書2.6で「統一法と国際私法」の問題を扱う）。

或る紛争を処理するための準拠法が法廷地国の選択如何で異なると言う場合，本書2.1の表2[113]に言う「実体問題の準拠法」が異なり得るのみではない。「手続問題の準拠法」は，各国国際私法上むしろそれぞれの法廷地法によることで大筋の一致があるものと一応考えられるが，逆にそのことによって，適用される法廷地手続法の中身は，法廷地国の如何で直ちに変わってくることになる[114]。

国際的民事紛争の処理については，実に複雑な要素が様々なレヴェルで絡んでくる。それはそのまま，我々の現実の世界の縮図でもあり，それを直視する国際私法学の苦悩は，とりも直さず我々の世界の苦悩へとつながる。そこから眼を離し，purely domestic な世界に閉じこもろうとするが如きことは，島国日本においても，もはや許されることではない。この点は本書1.1及び1.2において既に示したところである。

ところが，実務的には，いまだに，準拠法選択という問題の重みがなかなか実感されにくい土壌の中に，現実の日本社会がある。そうした土着的思考方法からの覚醒を促すため，既述の趣旨で私自身がしばしば用いてきた例を，以下に示す。米・イラン金融紛争，米・リビア金融紛争，そして，かの湾岸戦争に絡んで日本も具体的措置を発動したイラク・クウェート資産の凍結問題，である。まず，前2者について述べる。

米・イラン金融紛争[115]は，在イランのアメリカ大使館占拠・人質事件に端を発する。1979年11月14日，当時のカーター大統領が，イラン資産凍結措置を発動し，イラン側への資産引渡や金銭支払を禁止し，違反には刑事制裁をも科する，とした。その際，このアメリカ側の大統領命令に基づく措置には，詳しくは別著『国際民事訴訟法』で論じたところの域外適用（extra-territorial application）[116]が伴っていた。そのため，ロンドン（やパリ）で，

米・イラン間で既になされていた国際的銀行間取引をめぐる訴訟が起きたのである。その基本的構図は，その後の米・リビア金融紛争とも同じものであり，まず，米・イラン紛争の場合に即して，図5を示しておこう。

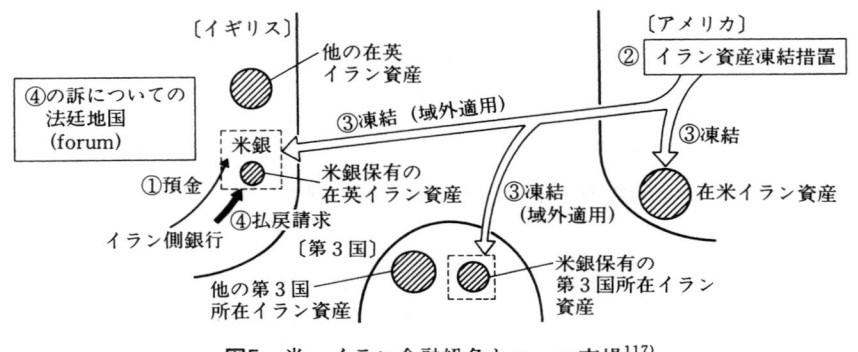

図5　米・イラン金融紛争とユーロ市場[117]

若干こみ入った図ではあるが，実際にはこれよりずっと複雑たり得る図[118]が必要なことをメンションした上で，上記図5の説明をする。図中の①〜④は，時間の経過の順番を示したもので，同様の流れの中でパリでの訴訟も起きたが，以後，ロンドンでの④の訴訟に集中する。

ロンドンを中心とするユーロ市場（域外通貨市場）[119]では，そこに進出した各国金融機関相互で活発な預金取引が行なわれ，とくに中東産油国からの巨額のオイル・マネーがこうした形でユーロ市場の先進諸国の銀行に預けられることを通して，それを原資とした世界各国へのユーロ市場からの潤沢な投資が行なわれていた（「オイル・マネーの還流」——米ドルを基軸とする）。その一環として，イラン側銀行から在ロンドンの米銀支店への本件預金（30億米ドル程度）がなされていた。この預金は，一般に短期定期預金の形をとり，本件の場合もそうであった。

ところが，期日よりも前に，図5中の②の措置がアメリカによってとられた。そして，この措置はアメリカ国内のイラン資産のみをターゲットとする

ものではなく，広くアメリカの管轄（ジュリスディクション）に服する限り域外適用され得るとの一般論の下に，ただし，ある種の配慮（政治的配慮）から，その射程を幾分狭めた形で域外適用されていた。その詳細はここでは省略するが，一言のみすることとする。

国家管轄権（state jurisdiction）論の1側面たる，この種の措置の域外適用にあたって，アメリカは従来より，極めてアグレッシヴな態度を示してきているが，その本来の姿でこの場面での問題解決にあたるとなると，海外の国際金融センターを擁する諸国，とりわけイギリスの，正面切っての反発が予想される。そこで，具体的にアメリカは，（こうした形での措置がユーロ市場との関係では，実質的に初めてだったこともあり）域外適用される部分（図5を見よ）を「米銀海外支店」保有のイラン資産（しかも「米ドル建て資産」）に限っていた[120]。

こうした中で，図5の④の払戻請求が，イラン側銀行によってなされたのである。とりわけロンドンでの訴訟のなりゆきは，各国の国際金融界，というよりはユーロ市場全体で大きな注目の的となった。しかも，その主たる関心事は，ロンドンの裁判所で，アメリカの資産凍結措置が適用され得るか否か（！），にあった。もしこの点が肯定されれば，後述の如く米銀側が勝つことになる。それはそれで，ユーロ市場にとっては大問題となる。これに対して，もし前記の点が否定されれば，イラン側が勝訴し，30億米ドルもの巨額の支払ないし強制執行が，或る日行なわれることになる。そうなれば，為替相場等への影響も無視し得ないことになる。円・ドル相場の安定化のために日銀等が市場介入するときの額も，30億米ドルといった額には通常ははるかに及ばないことに，注意する必要がある。

上には，アメリカの資産凍結措置のイギリス（正確にはイングランド――イギリスも，イングランド・スコットランド等で，法の国内的な牴触状態にあるのである）での適用の有無，という書き方をしたが，それは若干立ち入った説明を要する問題（「第3国のいわゆる絶対的強行法規の介入問題」――後述）が別にあるからである。要するに，ロンドンでのこの④の訴訟における米

銀・イラン側銀行間の取引契約の準拠法の如何が、まずもって問題となる。

この取引に関して、準拠法を決めるのは、法廷地国たるイングランドの国際私法である。ともかく、そこで訴が提起されているし、そこに国際裁判管轄が無い、とする事情は、本件の場合、存在しない（ともかく、そう前提しても本件では何ら問題がない）。

当該取引契約の準拠法決定の仕方については、日本の従来の法例7条1項（通則法では、7条と8条に分断して規定）と同様のルールが、イングランドの国際私法にもある。つまり、明示の準拠法指定があればそれによるが、明示の指定がなくとも、黙示（implied）の指定があると判断されればそれによる。ちなみに、黙示の準拠法指定までを考慮すべきことは、わが法例7条1項においても、通説・判例の認めるところであった（通則法8条1・2項に対応。後述する）。ところが、本件の場合、図5の①にあたる預金取引は、電話等による流れ作業的な、いわば瞬時の取引が、市場と金利の動向等をベースに行なわれてゆくもの（いわゆるユーロ預金）[121]であり、本件の場合も含めて通常、明示の準拠法指定はおろか、書面も一々とりかわされない性格のものであった。

こうした場合、従来の議論との関係では、「黙示の準拠法指定」（通則法との関係は、後述する）が問題となる。その際、イングランドでも日本でも、諸般の事情を総合的に考慮して、当該取引関係と最も密接な現実的関連を有する法秩序（通則法8条1項の文言と対比せよ）が決定される[122]。取引当事者はそれぞれアメリカ・イランの金融機関であり、取引通貨は米ドルである。取引の舞台はロンドンのシティであり、この種のユーロ・ダラー取引の場合、どこで取引を行なうかという場所的要素が、ここでは詳論しないが、実務的にはかなり重要となる。ユーロ市場（域外通貨市場）、つまり、通貨所属国（米ドルならアメリカ）以外ならどこでもよい、というわけではないのである。

ところで、この米・イラン金融紛争（最終的には米・イラン間の政治決着）において、実際の訴訟は最終的な判決には至らず終了したが、ほぼ同じ紛争パターンが、「米・リビア金融紛争」[123]において再現するところとなった。

そして，後者においては，ロンドン1審判決が出て，確定している。そこで，以下においては，図5をそっくりそのまま，ただし「イラン」を「リビア」に変換した上で用いつつ，説明を続けることとする。

米銀側としては，上記の2つの紛争とも，アメリカのいずれかの州の法が，措置対象国（イラン・リビア）側の銀行との当該取引の準拠法として選択されれば，実に都合がよく，いずれのケースでもそうすべきだとして争った。法廷地国でこうした結論（準拠法選択上のそれ）が得られれば，アメリカの当該州で適用されるすべての法規範のうち，公権力の直接の行使にあたらぬもの[124]が，ワン・セットで法廷地（イングランド）で適用されることになる。連邦法たる資産凍結措置も，違反に対して刑罰を科するといった公権力行使の面での牙を抜いた形で，当該アメリカの州法と共に適用される。資産凍結をする強制的な国家の命令の中には，本件預金を期日が来ても払戻さなくともよい，という民事的な部分が含まれており，その部分はロンドンの裁判所でも適用され得る，ということになる（なお，このあたりの法の適用関係は日本が法廷地の場合にも同じである）。そうすれば，米銀側は前記図5の④の訴訟で勝訴することになる。まさに，そうなるか否かが争われたのが，米・イラン，米・リビアの金融紛争なのである（本書1.3の2番目の項目たる「国際私法か牴触法か？──いわゆる『公法的法律関係』の取扱をめぐって」の個所の後段と，対比せよ）。

そして，かかる米銀側のもくろみに反して，アメリカのどこかの州法ではなく，別な国の法，例えばイングランド法が準拠法とされればどうなるか。その場合には，イングランドで妥当する法規範のみが基本的に適用されることになる（この場合，ロンドン〔イングランド〕が法廷地であるから，実体・手続の両準拠法がすべて法廷地たるイングランドの法になる）。

こうした基本的問題状況の中にあって，1987年9月2日に下され，のちに確定したロンドンの1審判決は，結論としてイングランド法を当該取引契約の準拠法とし，リビア側を勝たせたのである（もっとも，払戻の，そして請求の総額は，米・イラン金融紛争のときの約10分の1の，約3億米ドルであ

った)。準拠法の如何が，かくも全世界から注目された大規模な国際民事紛争の決め手となる，極めて重要な問題なのだ，ということに，十分な注意が向けられねばならない。

■ 国際的民事紛争における基本的な法の適用関係

さて，このあたりで，当面する米・イラン，米・リビアの国際金融紛争に限られない，一般的な各国法の適用関係について，基本的な整理を行なっておこう。図6である。すべての基本として，この図を把握する必要がある。

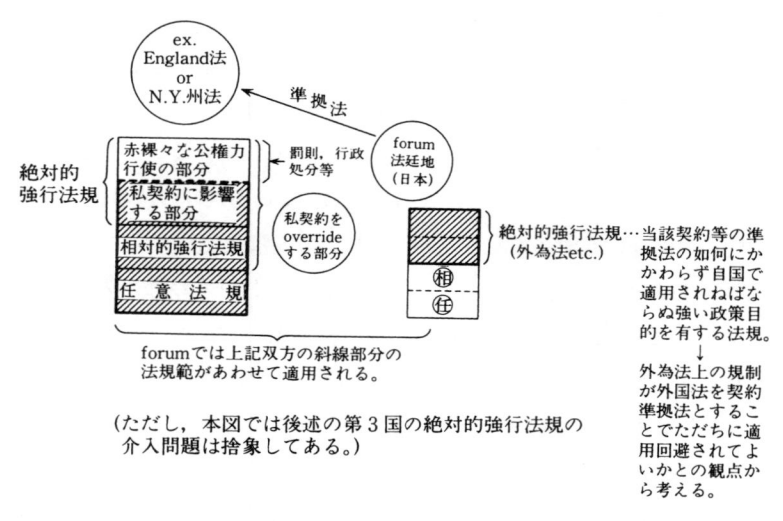

図6 国際民事紛争における基本的な法の適用関係[125]

まず押さえておくべきは，法廷地国をも含めた内外各国の法の適用関係を整理するにあたり，1国の法秩序を，図の如く4種の法規範群に区別する必要がある，ということである。このことが既に日本の民商法の研究者と国際的な法律問題を議論する際，案外根強い（最初の？）バリアとなる。

図6では法廷地（forum）を日本と設定してあるが，既述の米・イラン，

米・リビアの金融紛争を念頭に置けば，法廷地はイングランド（一層具体的にはロンドン）となる。その上で，米銀側との当該取引の準拠法がイングランド法となるのか，アメリカの州法となるのか，等といった法廷地国国際私法を通した準拠法選択が問題となるのである。そして，法廷地国での準拠法（実体問題の準拠法〔lex causae〕[126])）が，これらのケースで米銀側が主張していたようにニューヨーク州法となるならば[127]，アメリカの資産凍結措置は，図6に言う「絶対的強行法規」の中に分類されることになる。そこで言う「絶対的」とは何か。また，それに対立する概念としての「相対的強行法規」とは何か。そこから説明をせねばならぬのは，いつものことながら多少面倒だが，致し方ない。

日本国内に純粋に閉じた法律関係のみを考えていると，せいぜい，ある法規が任意法規か強行法規か，だけを論じていれば済む[128]。だが，国際的な事案では，さらに強行法規性の程度をも問う必要が出て来るのである。

つまり，上の強行法規の二分法において「絶対的」・「相対的」と言うのは，「当該問題の準拠法（lex causae）」に対して絶対的か相対的か，ということである。もっと言えば，準拠法が他国法とされるならばその適用が回避される程度の強行性を有するにとどまるものが相対的強行法規である。前出・注67) につづく本文の個所では，こうした見地からわが「利息制限法」が，相対的・絶対的いずれの強行法規かの問題の一端を，論じたことになる。

ここで，図6の法廷地 (forum) を，仮にニューヨークとし，米・イラン，米・リビア金融紛争がそこでどう裁かれるかを見ておこう。イラン側・リビア側がアメリカ国内にフォーラムを設定することは，この場合，殆ど自殺行為に等しい。大統領命令による資産凍結措置は，当該取引行為の準拠法（lex causae）が外国法だったら適用を差し控えよう，といった中途半端なものではない。それは，アメリカ国内においては，まさに絶対的に適用される法規である。そこで，図6において，lex causae がイングランド法と仮に決定されたとしても[128-a]，この図の右側の4段重ねの箱の上部2段すべてが，当該紛争に適用される。この場合には，4段重ねの一番上の，「赤裸々な公権

力行使の部分（罰則，行政処分等）」も，アメリカ国内の forum において，あわせて適用されることになる[129]。

　このような「強行法規の二分法」を明文の形で示した典型例は，1980年のEC契約準拠法条約7条であると言ってよい。そこでは，まず，同3条3項[130]で一般的な（普通の意味での）強行法規（mandatory rules）が定義されつつ，それとは別に，同7条1・2項で，「契約準拠法の如何にかかわらず適用されねばならぬ強行法規」（the mandatory rules ……〔which〕must be applied whatever the law applicable to the contract; the rules ……〔which are〕mandatory irrespective of the law …… applicable to the contract），即ち，ここで言う絶対的強行法規の取扱について，規定が置かれている。ちなみに，同7条2項は，そうした絶対的強行法規が法廷地国にあった場合には，契約準拠法（lex causae）とは別途，それが適用され得るとする，遡れば19世紀半ばのサヴィニー（後述）以来の伝統的理解を踏まえた規定であるが，前記の同条1項は，最も争いのある規定である[131]。

　法廷地国でも契約準拠法（lex causae）所属国でもない第3国の絶対的強行法規の「介入」（全面的な適用・不適用から，その中間段階のその然るべき「考慮」までを，法廷地国裁判官の裁量によって行なえ，とするもの）を認めるのがこの条項である。前出・注131）に示したように，イングランドではこの条項は，（同条約の発効後の現在も）不適用ゆえ，図6にはこの点を省いておいた。

　詳細は本書で後述するが，実は，1987年のスイス新国際私法典19条は，契約に限らず一般的に，かかる第3国強行法規の介入を（しかも，文言上は，必ずしも絶対的強行法規か否かにかかわらず）認めている[132]。十分な批判をなすべき規定だが，参考までに，その条文をここで示しておこう。かかる規定が日本で設けられたとして，米・イラン，米・リビアの国際金融紛争のような国際民事紛争の法廷地が日本とされた場合，法廷地裁判官が如何なる苦悩の中に身を置くことになるかを，考えて頂きたい。

2.2 準拠法選択を論ずる具体的意義——国際金融紛争を例に　63

スイス新国際私法典 19 条〔外国の強行的規定の考慮〕
1　スイスの法的見解によるとき，一方当事者の，保護に値し，かつ，明らかに優越する諸利益がそれを命じ，かつ，当該事実関係がその法と密接な関係を示すときには，本法によって指示される法のかわりに（〔a〕nstelle），他〔国〕の法規定（die Bestimmung）であって強行的に適用されることを主張するものが考慮され得る（kann）ものとする。
2　かかる規定が考慮されるべきか否かの決定は，その目的及びそれによりもたらされる結果により，スイスの法的見解に基づき正当とされる判断のために，なされるものとする。

　ただ，やはり最低限のコメントをこの条文について付しておく必要があろう。第 3 国強行法規は，そこでは単数形（die Bestimmung）で示され，かつ，本来同国国際私法典の指定する準拠法（lex causae）所属国の法規の「かわりに（anstelle）」それが適用される，となっている。だが，米・イラン，米・リビアの国際金融紛争の如き場合，アメリカの措置と同様の域外的射程を有し，アメリカの措置と矛盾した命令を当事者に対して行なう措置を，イラン・リビアの立場の国が同時に行なっていたならば，この規定の運用は，つまり法廷地裁判官の判断のプロセスは，どうなるのか。そこが 1 つの大きな問題となるのである[133]。

　実は，上記のスイスの規定の "anstelle" の部分は，前記の EC 契約準拠法条約 7 条 1 項において生ずる，本来の契約準拠法（lex causae）上の絶対的強行法規と，第 3 国のそれとが相互にぶつかりあう局面での困難を意識した，苦肉の策とも言えるものなのだが，いずれにしても，かかる処理方法は，牴触法上の政策としても疑問である。ちなみに，EC 契約準拠法条約 7 条 1 項の条文も，下に掲げておこう。

EC 契約準拠法条約 7 条 1 項〔強行規定〕
　この条約に基づき特定の国の法が〔準拠法として〕適用される場合，当該事実関係（Sachverhalt）と密接な関係を有する他国の法規定に対して，その規定が当該国の法により契約準拠法の如何にかかわらず適用されねばならぬ限りにおいて，効力を与えることが出来る（Wirkung verliehen werden …… kann）。この強行的な規定に効力を与えるべきか否かの判断に際しては，その規定の性格，対象，

およびその規定の適用（Anwendung）もしくは不適用からもたらされるであろう結果が，考慮されねばならない。

ちなみに，このEC条約中の条項においても，既述の如き意味での「第3国」は単数形で条文上示されてはいるが，それで済むか，との問題のあること，既述の通りである。それから先の，あるいはこうした規定の登場に至る背景については，国際私法各論（国際債権法）の論述に譲ることとする。

いずれにしても重要なのは，米・イラン金融紛争が起こるや，前記EC条約の7条1項や当時草案段階だったスイス新国際私法典の前記19条に相当する規定に，まさしく正面からかかわる問題だとして，全ヨーロッパ的な関心が高まった，との点である。つまり，（その後の米・リビア金融紛争でもそうなのだが）オーソドックスなイングランド等[134]での牴触法的処理においては，当該紛争における契約準拠法はイングランド法（預金口座がキープされている地［the place where the account is kept］，という意味で，である）とされるべきところ，それでは米銀側が預金払戻請求に敗訴してしまう。アメリカの措置は強硬なものだから，敗訴して執行を受けた場合にもサンクションを受け得る。かくて，米銀側は，アメリカの（域外適用される）資産凍結措置とイギリス裁判所の命令との，板ばさみにあってしまう。

アメリカのこの種の域外適用が，反トラスト法等の場合と同じような形で強化されれば，ドイツやスイス等の銀行も，前記の事例における米銀の立場に立たされることになる。たしかに，アメリカの措置に従ってアメリカの外，例えばヨーロッパの或る国で違反に対する刑罰等が執行されることは，（国際的な共助枠組の存在を別とすれば[135]）無い。けれども，アメリカの領域内，即ちアメリカの執行管轄権（enforcement jurisdiction [136]）の及ぶ場所的範囲内では，かかるサンクションが加えられる。イギリス・ドイツ・スイス（そして日本！）等の金融機関は，広くアメリカに進出しているし，仮にユーロ市場で活動する法人が別法人だったとしても，こうした局面で比較的ラフに用いられるアメリカの法人格否認（piercing of corporate veil）をも考えれば，安心は出来ない。「アメリカ金融市場からの全面締め出し」のリスクさえあ

る。

　こうした場合に，準拠法（lex causae）の決定とは別枠で，ヨーロッパ各国の法廷で，第3国（の絶対的）強行法規としてアメリカの資産凍結措置が「考慮」され得ることになれば好都合ではないか。——実は，前記のスイスの条項につき，当初反対していたスイス銀行協会が一転して賛成にまわったこと（そして，当該条項における前記の anstelle の文言）には，このような配慮があったのである[137]。その判断には疑問の余地が大きく残るが，ともかく日本の国際金融界や規制当局におけるこうした問題への，従来の極端な鈍感さと，まずもって比較をする必要があろう[138]。

■ イラク・クウェート資産凍結[139] の場合 ──────────

　1990年夏の，イラクのクウェート侵攻に端を発するいわゆる湾岸戦争。——その裏で，米・イラン，米・リビア金融紛争に際してのアメリカの資産凍結措置と同様の措置が，それぞれその態様・程度・域外的射程を異にしつつも，各国によってなされることとなった。ただし，それは同年8月6日の国連安保理決議第661号（イラク制裁決議）に基づくものである。これは国連憲章第7章（「平和に対する脅威，平和の破壊及び侵略行為に関する行動」）に基づくものであり，各加盟国に対して基本的に拘束力を有する，強い趣旨のものである。

　そこでは，クウェートの正当な利益の保護とイラクへの制裁のため，既に侵攻を受けてしまったクウェート及びイラクへの輸出入・支払等が，既締約分をも含めて禁止された。主要諸国の規制の経過・態様等の詳細については，前出・注139）引用のものを参照されたいが，支払禁止の面に着目すれば，米・イラン，米・リビア金融紛争について既に述べた点と同様の事態になる。アメリカの規制方法はまさにそれらを受けたものであるが，世界の3大国際金融市場を有する日米英3国が（他の国々と共に）揃って規制を加えた点が，これまでと異なる。

　ここでは，日本の支払規制に着目しておこう。次頁の図7がそれを図示し

たものである。平成 2 年 8 月 10 日付官報（号外特第 19 号）の告示によるものであり，当時の外為法 16 条，同令 6 条に基づく措置である（平成 9 年改正で同法の正式名称も変わったが，支払い等の規制は，改正後の同法 16 条にある）。

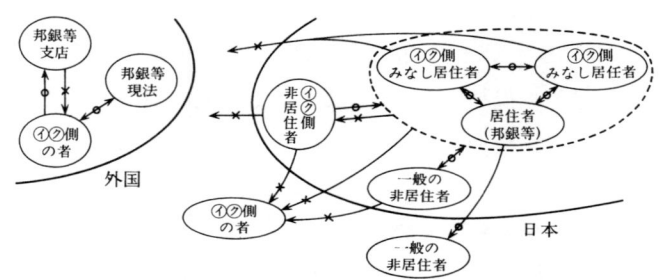

●居　　住　　者……外為法 6 条 5 号第 1 文によれば，「居住者」とは「本邦内に住所又は居所を有する自然人及び本邦内に主たる事務所を有する法人」をいう。
●みなし居住者……同条同号第 2 文に，「非居住者の本邦内の支店，出張所その他の事務所は，法律上代理権があると否とにかかわらず，その主たる事務所が外国にある場合においても居住者とみなす」とある。
●非　居　住　者……「居住者以外の自然人及び法人」を言うものとして同条 6 号で定義されている。
●①⑦側の者……イラク・クウェート側の者。

図 7　イラク・クウェート資産凍結に関する日本の外為法上の措置

　図中の矢印で〇印を付した資金の流れは規制外，×印が罰則をもって禁止される形になる。日本国内でイラク側の息のかかった者が投資等を行なっても，その限りでは規制外（自由）となる点が，米英の措置と大きく異なる。資金が海外あるいは非居住者に流れる際にのみこれをストップする，という形になるのは，外為法を用いざるを得ないための制約と言える。

　注目すべきは，図 7 において，海外の邦銀等の支店にも規制の網がかぶせられている点である。これは外為法 5 条を根拠とする。同条は次のように規定する。「第 5 条　この法律は，本邦内に主たる事務所を有する法人の代表者，代理人，使用人その他の従業者が，外国においてその法人の財産又は業

2.2 準拠法選択を論ずる具体的意義——国際金融紛争を例に 67

務についてした行為にも適用する。本邦内に住所を有する人又はその代理人，使用人その他の従業者が，外国においてその人の財産又は業務についてした行為についても，同様とする」。

　厳密に考えると，この文言で「海外支店」の行為を，本当に規制できるのかが不安になるほど危っかしい条文であるが，ともかく，大蔵省サイドの従来の公定解釈の下に，そうした運用が，辛うじてなされてきていたので，それを使ったことになる[140]。ただ，この5条からは「海外子会社」（現地法人）は規制外となってしまう。そこで，邦銀等の海外現法によるイラク・クウェート側（規制対象者）への支払は規制されず，図7でもそれには○印を付してある。海外の支店と現法とではまるで世界が違うかの如く扱うことには，牴触法上さしたる合理的理由はないと思われるが，それはここでは措く（同条は平成9年改正でもそのままとされた。規制緩和の流れの中での改正ゆえ，というのがその理由だが，問題である）。

　ともかくも，図7の左側の「外国」をイギリス（イングランド）と考えると，ロンドンの邦銀現地支店には，外為法上の規制が及ぶことになる。そこで，仮にイラク・クウェートの規制対象者（わが外為法上のそれ）の側から，ロンドンで邦銀に対する支払請求の訴が提起されたらどうなるのかが，当時，日本のマスコミのレヴェルでも，（かなり混乱した形で）取り上げられた。この問題も，前記の図5・図6をベースに考えるべきことになる。

　その場合，法廷地国たるイギリスも，イラク・クウェート資産凍結措置を行なっている。だが，とくにクウェート資産については，同国資産の大半がイギリス（ロンドンのユーロ市場）で運用されていることもあり，イギリスの規制はかなり緩かった（政策的配慮による）。そこで，当該の支払がイギリスではOKだが，わが外為法では禁止される，という局面がそれなりにあり得たのである[141]。

　ところで，仮に，上記の如き紛争処理の場（法廷地〔forum〕）が，日本に設定されたらどうなるのか。ロンドンでの取引につき，被告たる邦銀の母国たる日本で訴が提起されることについては，国際裁判管轄決定上，日本では

とくに問題はない[142]。日本が法廷地国となる以上，外為法上の本件措置は，図6に言う法廷地国の絶対的強行法規となる。ロンドンでの取引契約の準拠法の如何にかかわらず，それは適用されて然るべきものであろう。

ところが，である。「外為法違反の契約の私法上の効力」につき，最判昭和40年12月23日民集19巻9号2306頁，最判昭和50年7月15日民集29巻6号1029頁，最判昭和62年10月16日金法1200号51頁などは，一致して，外為法違反があっても，私法上の効力に影響はなく，無条件で給付判決を与えよ，としているのである[143]。この点など，実は従来の事案のスジが本来悪く，不払いの理由をさがして債務者側が外為法にとびついたため，最高裁が，そんな状況で外為法を持ち出すが如きは「信義誠実の原則に反する」（前掲最判昭和40年），といった対応をしたにとどまるのである。イラク・クウェート資産凍結関連で既述の如く設定した場合とは，著しく事案を異にするのである。

安保理の前記決議もあることだし，前記最高裁判決とは事案が異なるとしてdistinguishすることは，実際の裁判の場では可能であろうし，そうでなければおかしい。安保理決議などなくとも，外為法上の一般の有事規制の場合（ただし，イラク・クウェート資産凍結の場合には，有事規制のカテゴリーの外であった）でも，この点が大きな問題となる。だが，従来の判例は，紋切り型で私法上の効力に影響なしとするものばかりであり，むしろそれらには一般論としてもそうだ，と言わんばかりのニュアンスさえある。

そのためか，国際金融法に関する海外の基本書では，前記最判昭和40年が（信義則に言及する部分に重点を置きつつ）直接引用され，若干特異な立法例として紹介されてしまっている[144]。十分な先例を自ら築き上げておかないことは，ビジネスをする側の者においても，それだけリスクを，そしていざ紛争が起きた際の種々のコストを，負うことになる。日本の国際金融界が，こうした法的リスク・マネジメントの重要性を，従来どこまで認識していたかが問題となる[145]。また，国際金融関係のわが国の渉外弁護士達が，上記の如き点につき，従来いかなるリーガル・オピニオンを書いていたのかも，

興味深い問題となる。

さて、以上の本書2.2においては、「準拠法選択を論ずる具体的意義」について、実際の国際金融紛争を例に、様々な角度から論ずると共に、本書2.1を別な角度から補充し、準拠法の選択・適用という牴触法（国際私法）学の最も古典的な課題の有する実践的な意味あいについて、光をあててきた。

このあたりで、私が信奉する伝統的な準拠法選択の方法論が成立するプロセス、そして様々な（現在に至る）方法論的対立の軌跡について、眼を転ずることとしよう。なお、ここで言う伝統的な準拠法選択の方法論とは、前記の図6[146]に関連した（法廷地国・第3国の）絶対的強行法規の介入問題は別として、そもそも当該問題の準拠法（実体準拠法〔lex causae〕——本書2.2では契約準拠法に重点を置いた説明をした）の選択において、当該紛争事実関係と最も密接な関係を有する法秩序を、「実質法的価値」、即ち原・被告のいずれを勝たせるべきか、といったような実質法（民商法）レヴェルでの価値判断とは切り離して、極力価値中立的（wertneutral）に行なう方法論を言う。もとよりそれは牴触法的な価値判断に従ってなされる利益衡量のプロセスを、十分伴わねばならないものだが、実質法的なそれらとは截然と一線を画する方法論なのである[146-a]。

2.3 現代国際私法の歴史的位相をめぐって[147]

■ 国際私法の歴史

現代の国際私法的な[148]処理の原型は、意外にもローマ時代にも遡り得るものである。即ち、当時のローマ帝国では、市民法（ius civile）と万民法（ius gentium）という2種類の「実質法」[149]が用意されていた。前者はローマ人間の法律関係に、後者は非ローマ人との関係に適用されていた、とされる。「人」に着目しつつ適用法規を区分するその処理方法は、ある種の牴触法（国際私法）的処理を示したものであると言えるが、国際的な実質法規範たる万民法を、いわば自前で用意していた点が、今日の通常の国際私法的

処理とは異なる点として，むしろ注目される。けれども，万民法は取引法主体のものであり，家族法上の問題については，やはり人的側面に着目した何らかの牴触法的規律がなされていたのではないか，とされている[150)]。

それから始まる国際私法の歴史を，まず図8で示しておこう。

詳細は前出・注147)所掲のものに譲るが，大体のところを図8に即して

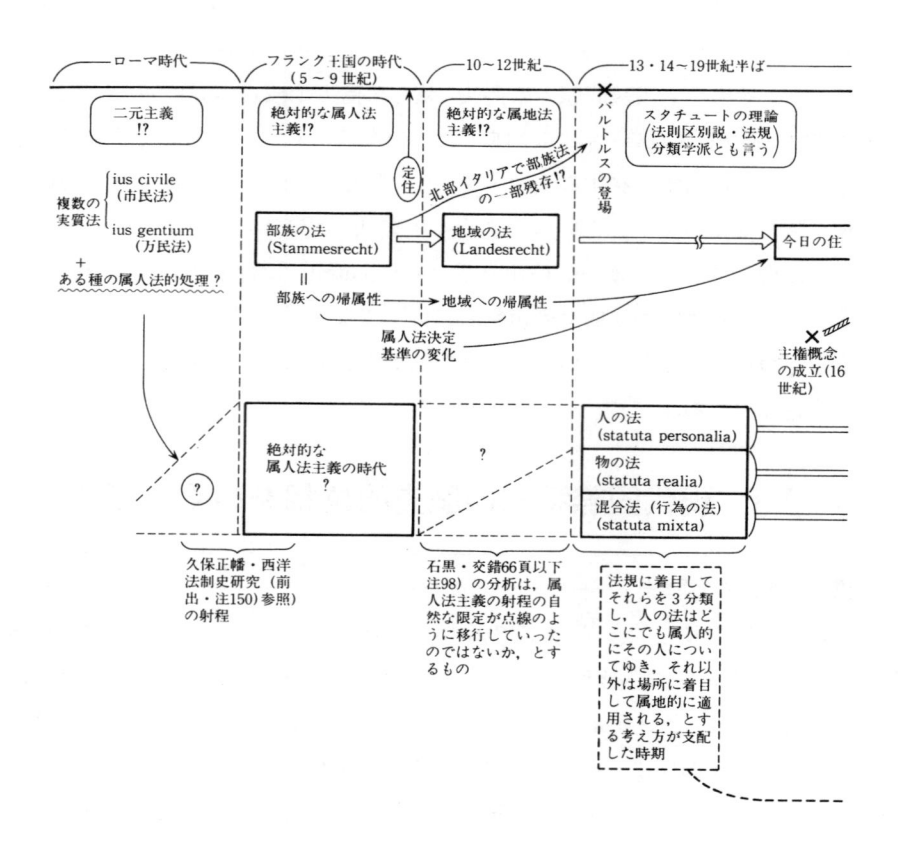

ローマ時代	フランク王国の時代(5～9世紀)	10～12世紀	13・14～19世紀半ば
二元主義!?	絶対的な属人法主義!?	絶対的な属地法主義!?	スタチュートの理論(法則区別説・法規分類学派とも言う)
複数の実質法 { ius civile (市民法) / ius gentium (万民法) } + ある種の属人法的処理?	部族の法(Stammesrecht) = 部族への帰属性	定住 → 地域の法(Landesrecht) 地域への帰属性 北部イタリアで部族法の一部残存!?	バルトルスの登場 → 今日の住
		属人法決定基準の変化	
?	絶対的な属人法主義の時代?	?	人の法(statuta personalia) / 物の法(statuta realia) / 混合法（行為の法）(statuta mixta)
			主権概念の成立(16世紀)
久保正幡・西洋法制史研究(前出・注150)参照)の射程		石黒・交錯66頁以下注98)の分析は，属人法主義の射程の自然な限定が点線のように移行していったのではないか，とするもの	法規に着目してそれらを3分類し，人の法はどこにでも属人的にその人についてゆき，それ以外は場所に着目して属地的に適用される，とする考え方が支配した時期

図8 現代国際私

2.3 現代国際私法の歴史的位相をめぐって　　71

示しておこう。ローマ時代につづき，民族（部族）が法と共に移動する時期を経て，フランク王国の時代の絶対的な「属人法」[151]主義の時代になった，とされる。ここで絶対的な，というのは，家族法上の諸事項のみならず，財産法的諸事項も含めて，一般に属人法が適用された，という意味においてである。この時期の"属人法の決定基準"は「部族（Stamm）」への帰属性で

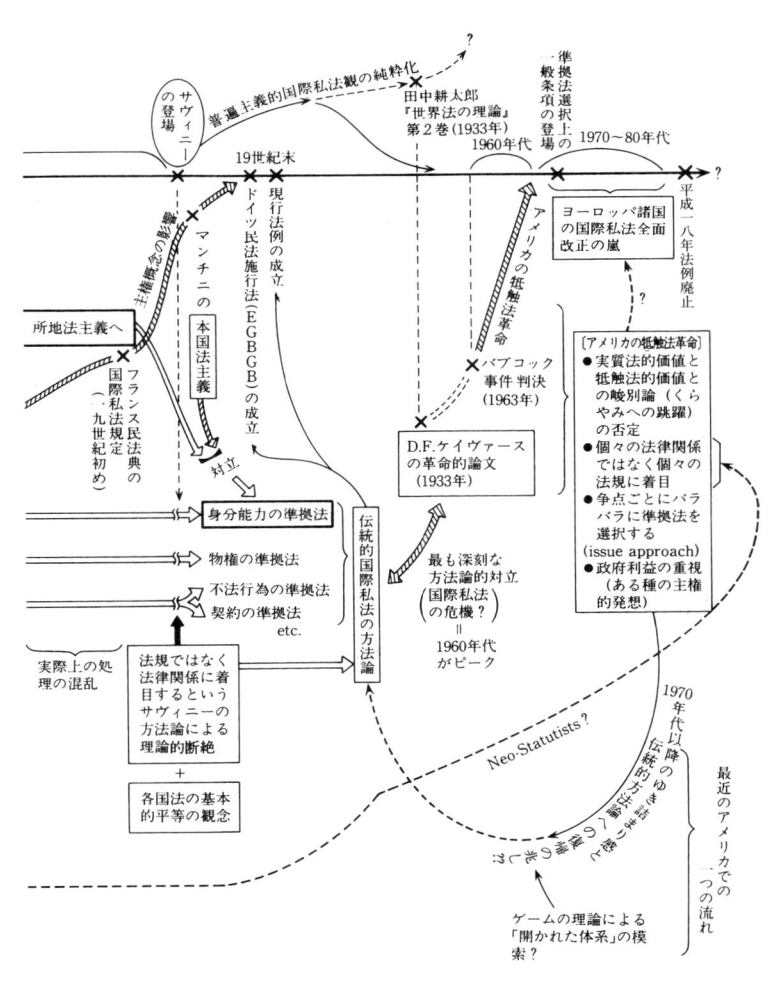

法の歴史的位相

あったが，それが次第に「地域」への帰属性となり，様々な紆余曲折を経て，今日の住所地（さらに常居所）概念へと結びついていった，と考えられる。

10世紀初頭，フランク王国の時代が終わりを告げると共に，一転して絶対的な属地法主義の時代になった，と説明されるが，この時期の全ヨーロッパを1つの歴史が貫いたかの如く，かかる図式的理解をするのみで十分かは，多少疑問である。図8の左下部分にも，その一端のニュアンスは示してある。

13・14世紀あたりから19世紀半ばまでの長期間，「スタチュートの理論」というものが支配した，とされる。バルトルスによる「法規の三分法」である。この考え方においては，各種の法規の性格が問題とされた。その限りで，その発想は，1933年のケイヴァース（D. F. Cavers）の論文に端を発する，後述のアメリカの牴触法革命の諸学説のそれとも共通する（そこで，後者はneo-statutists と呼ばれることもある）。法規を「人の法」と「物の法」，そして「混合法（行為の法）」に3分類し，前者は属人的に，後2者は属地的に，それぞれ適用される，とされた。「人の法」はその人がどこに動こうとその人についてまわるものとされ，その意味で属人的に適用される，といった処理がなされた。

このような法規の三分法には種々の困難が伴うが，ともかくかかるスタチュートの理論が長期にわたり支配する中で，16世紀に国家主権概念が生まれた。それが国際私法に影響するのは1804年のフランス民法典3条，そして，19世紀半ば，イタリアのマンチニが本国法主義を説いたことによる。まず，前者だが，同条は，とくにその3項で「人の身分及び能力に関する〔フランス民法典中の規定〕は，外国に居るフランス人についても適用される」とした。そこでは，「人の法（statuta personalia）」に関するスタチュートの理論を受け継ぎつつも，フランス人か否かという国籍の如何が，属人法決定基準とされるに至ったのである。このような，「国家主権概念の落とし子たる国籍」が，一層明確に国際私法にとりこまれるに至るのは，1851年にトリノで有名な講演をしたマンチニの「本国法主義」の提唱による。

1849年にサヴィニーが，今日の伝統的国際私法学の基礎を築いた現代ロ

ーマ法体系第 8 巻を公表した際には，属人法決定基準は，既述の如き流れを踏まえて住所に求められていた。だが，マンチニは，次のように説いた。即ち，法の国家的統一を果たした国（統一的法典国）においては，属人法の決定基準は住所でなく国籍とすべきである，とされたのである。

ただ，このマンチニの本国法主義は，むしろイタリアの国家的統一のための政治的動機のために説かれたものであり，その主張においても，いまだ統一的法典国の域に達していない国に属する者の属人法は，従来通り住所を基準とする，といった例外が付されていた[152]。けれども，そのような国際私法本来の営為とは別なところから（!）示されたマンチニの本国法主義の異質性は，いつしか捨象されていった。そのため，国際私法の歴史において，属人法決定基準を国籍・住所いずれに求めるべきかという「本国法主義と住所地法主義との対立」が，そこからもたらされることになった。概してヨーロッパの大陸法系諸国（スイスを除く）は前者を，英米法系諸国は後者の住所地法主義をとってきている。ハーグ国際私法会議における各国国際私法の統一作業[153]においても，当初本国法主義への偏りが見られたが，ボル（Boll）という 1 少女の保護をめぐるオランダ・スウェーデン間の，ある多国間条約（1902 年の未成年者の後見に関するハーグ国際私法条約）の解釈をめぐる争い[154]，等をも契機としつつ，両主義の折衷への動きが活発化して久しい。

ところで，スタチュートの理論の法規の三分法を捨て，新しい方法論を説いた点で伝統的国際私法の方法論的基礎を築いたのは，既述の如く，19 世紀半ばのサヴィニーである，とされている。もとより，サヴィニー 1 人のみがかかる方法論的変革を行なったと見るのは，正しくない。既に 1834 年にアメリカのストーリー（J. Story）は，サヴィニーと同様に各法律関係ごとに分けた論述をしていたし，サヴィニーと同時期に，同じドイツのヴェヒター（Wächter）も，スタチュートの理論からの訣別を説いていた。

ストーリーの業績は，その後のアメリカ牴触法学の展開の出発点とも言えるものであり，外国（他州）の法制度に対して極めて好意的な初期のアメリ

カ牴触法学（1934 年の牴触法第 1 リステートメント〔First Restatement of the Conflict of Laws〕に結実したそれ）へとつながってゆく[155]。これに対して，ヴェヒターは，「疑わしき場合は法廷地法による（in dubio lex fori）」との言葉を残し，法廷地法に強く傾斜する姿勢を示した。サヴィニーは，ヴェヒターとは逆に，普遍主義的立場に立ち，「各国法の本質的平等」を説いたのである。

サヴィニーの新たな方法論は，個々の法規ではなく，個々の法律関係に着目すべきであって，各法律関係ごとにその本拠（Sitz）を探求してゆくべきだ，とするものである。そのような発想の下に，スタチュートの理論による実際上の処理の混乱を克服し，新たな地平に立つべきだ，としたのがサヴィニーなのである[155-a]。

かかるサヴィニーの立場によりその基礎を築かれた伝統的な国際私法における準拠法選択の方法論を，最も端的に示すのは，ドイツのラーペ（L. Raape）の，「暗闇への跳躍（Sprung ins Dunkle）」という言葉である。準拠法選択の段階では，当該法律関係（ないし生活事実関係——私は後者の言葉の方を好む。「紛争事実関係」と言い換えてもよい）の本拠（Sitz; Heimat），ないし，それが最も密接な関係を有する法秩序を，虚心に探求するにとどめるという，その作業の本質が，この言葉によって示されているのである。19 世紀末に制定されたわが「法例」は，そのように理解されたサヴィニー的方法論に忠実なものとして，当時は海外では高く評価されていたものなのである。平成 18 年の「法例廃止」に立ち至った今，我々は，かかる先人達の偉業の有していた歴史的意義について，静かに振り返る余裕を，持つべきであろう[156]。

ところで，「各国法の基本的平等」という，普遍主義的観点からのサヴィニー的国際私法の方法論においては，同時に，「主権的発想の排除」ということが強調される。この主権的発想の排除自体は，私自身も，最も重視するものである。例えばある外国の法を準拠法としてわが裁判所が適用したり，その外国の判決等をわが国が承認したりすることは，専ら国際的な活動を営む私人や私企業のためになされるものであり，当該外国の国家ないし政府と

しての承認（一般国際法上のそれ）とは、何らかかわらない[157]。それは、専ら「国際私法的正義」に基づく営為なのである。

だが、この主権的発想の排除を徹底させ、遂に登場するに至ったのが、田中耕太郎博士の『世界法の理論』全3巻である。第1巻は法哲学、第2巻は国際私法、そして第3巻は、現在の手形法・小切手法のもととなったジュネーヴ手形法・小切手法統一条約を中心とする、各国法統一に関する論述（本書2.6）に当てられている。すべてを貫くその「世界法（Weltrecht）」構築への情熱[158]、とりわけ上記第2巻におけるそれは、その後のわが国際私法上の通説の基本に、殆ど決定的な影響を与えたと言ってもよい。

もっとも、その若干の副作用としては、あまりに普遍主義的志向が強過ぎるの余り、その後の通説の営みが、法廷地国裁判官の実際の営為とは若干（かなり？）離れたところで、幾分空理空論に流れたきらいがないではない、といった点もある。「条理」といった、あまり響きもよくない言葉を多用する従来のわが通説の傾向も、案外この点に起因するか、とも思われる。

■ アメリカの牴触法革命とその後

さて、田中博士の『世界法の理論』第2巻の刊行された昭和8（1933）年に、その後のアメリカの牴触法革命の起点となったケイヴァースの論文が公表されていること（前記図8を再度見よ）は、つくづく興味深いことである。ケイヴァースは、その当時のアメリカが、既述の牴触法第1リステートメントに象徴されるように、外国法制度に対して過度なまでの寛容の精神をもってのぞんでいたこと[159]に対する反動[160]の意味も含めて、伝統的な（サヴィニー的な）準拠法選択の方法論を、強く批判した。いわゆる「暗闇への跳躍」的処理は無目的的・機械的であり、実質法的な判断を切り離して準拠法選択を行なうことは不当である、というのが最も核心的な批判である。

例えば当時のアメリカ牴触法（厳密には州ごとに異なることは既述）の基本的傾向として、他のすべての要素がA州とのみ結びつくような場合にも、自動車事故がB州内で起きた場合、厳密な意味での事故地法（クラッシュの

生じた地の法）としてのB州法を，不法行為の準拠法として必ず適用せよ，といった信じ難い程硬直的なルールが妥当していた。そのような事案の処理において，十分な利益衡量を行なって準拠法を決めろ，というのがケイヴァース以来の（そして1963年の1判決を契機に全米に一挙に広がった）方法論だということにはなる。だが，そのような新しい手法を利益衡量的アプローチとして従来の機械的アプローチと対比させる[161]としても，そこで論点が2つあることには，十分注意を要する。

前記の如き，あまりにも厳格な事故地法（それを「不法行為地法〔lex loci delicti〕」として把握する）の適用は，伝統的な方法論内部で考えても異様なほどに硬直的なものであり，その打破の必要性は，伝統的立場においても十分認識され得るところである。だが，ケイヴァースやそれ以後のアメリカの，いわゆる牴触法革命の諸学説の主張は，上記の点の打破と共に，「暗闇への跳躍」自体の放棄をも求めた。そして，この後者の点こそが，伝統的方法論とアメリカの革命的諸学説との真の対立点となるのである。そこを直視せねばならない。

ところで，かかるアメリカの革命的な準拠法選択方法論は，実は論者ごとに相当異なるものであり[162]，かつ，州ごとにその受容のされ方も微妙に異なっているのだが，それらの基本的特徴は，概ね次の通りである。まず，「実質法的価値判断」を表に出して準拠法選択を行なうべきだという，いわゆる「結果選択主義」がその基調をなす。その際，アメリカ法の基本的発展動向，等を踏まえて，"better law approach" なるものが説かれている。関係する諸法域（jurisdictions）の法のうち，実質法的に見てベターなものを準拠法として選択する，というものである。

他方，一見各法域の法が牴触，つまりぶつかりあっているように見えるが，よくよく各法域の法の背後にある法政策にまで遡って考察すると，実際にその適用を主張するのは単一の法域の法でしかない場合があるとし，かかる場合を「虚偽牴触（false conflict）」として，「真正の法の牴触（true conflict）」と区別する，といったこと[162-a]がなされる。そして，かかる作業の前提と

して，法の牴触を処理する際，関係諸法域のそれぞれの法の適用に向けた「政府利益（governmental interest）」の分析を重視せよ，といった根強い主張がなされる[162-b]。

純粋に私法的問題を関係各州（そして各国）の政府の利益から判断する，というその方法論に対して，私は強い異和感を覚えるが，かかる方法論の提唱者たるカリー（B. Currie）において，真正の牴触が法廷地州法と他州法との間にあるとき，いずれの法を適用すべきは議会の決めることだとしてその間の利益衡量が否定され，直ちに法廷地法による，とされることは，一層奇異に思われる。ただし，このカリーの考え方の延長線上で，comparative impairment の理論，即ち，それぞれの州が自州の法の不適用によって害される政府利益の程度を調べ，それを比較する，といった考え方も登場する。

すべてを「主権的発想」の下にしか語れないかかる発想（アメリカ牴触法の最大の弱点とも言える点である）により，法廷地州法の適用が実際上大きく促進する傾向が生ずる。それに対し，ストップをかけるのが再び「主権的発想」である，というのがアメリカの特異かつ宿命的な事情である。即ち，連邦憲法上の full faith and credit 条項（や due process 条項）により，過度な法廷地州法の適用へのブレーキをかける，といった営為をさして，アメリカでは，「牴触法の憲法化（constitutionalization）」[163]，ということが説かれるのである。

なお，前記の図8の右端にも，アメリカ牴触法革命の基本はまとめて示しておいたが，このほかに，「イシュー・アプローチ」と言って，個々の法律関係ないし生活事実関係につき極力単一の準拠法を選択しようとする傾向[164]とは全く逆に，個々の争点ごとに別々の準拠法を選択しようとする傾向が，かかるアメリカの新しい方法論においては顕著である。かかる角度からの「準拠法選択上の事案の分断」ないしはその「細分化（picking and choosing[165]）」が極度に進み，さらにそこに既述の「結果選択主義」が投影されるとき，法廷地裁判官の営為が如何なるものとなるかを，まずもって考える必要が，あるはずである。

ところで、こうしたアメリカの牴触法革命の、判例レヴェルでの展開は、1963年の、Babcock v. Jackson 事件についてのニューヨーク州の1判決[166]を引き金として、文字通り燎原の火の如く全米に広がった。だが、この判決を下した同じ判事が、極めてそれと近似する事例において早くも1972年に、伝統的方法論に復帰するかの如き判決を下す[167]など、次第に、むしろ反革命への動きが生じつつ、方法論的な混乱のうちに現在に至っている[167-a]。

そうした中で、比較的穏当な線を示したのが、1971年の「アメリカ牴触法第2リステートメント」である。種々の新しい方法論を踏まえつつも、その6条に示された「最も重要な関係 (the most significant relationship)」を主軸とするアプローチが、後述の（伝統的方法論内部における）準拠法選択上の一般条項にも通ずるものを有していることに、注目すべきである[168]。

牴触法第1リステートメントの後に、法廷地法重視の閉ざされた体系へと振り子が反対の極へと振れ、今まさに元に戻ろうとする（？）動きを始めつつあるかの如きアメリカ牴触法の動きの中で、若干注意を引くのは、次の点である。即ち、一部の学説が、「囚人のディレンマ」的な「ゲームの理論」を用いつつ、開かれた（伝統的）体系への復帰を、方向として示していることである[169]。急激な方向転換のための苦肉の策とも言えようが、そのような発想によらずとも、伝統的な方法論の内部での自己革新により、一歩一歩進むべきところと思われる。

■ 伝統的な準拠法選択方法論と暗闇への跳躍 ─────

ここで、仮にわが国でアメリカ的方法論（と言っても多様であるが[170]）をとった場合にどのようなことになるかについて、一言しておこう。最判昭和52年3月31日民集31巻2号365頁を素材とする[171]。このケースは、永く日本に居住する在日朝鮮人夫婦の離婚に関するものであり、平成元年改正前の法例旧16条により、夫の本国法として韓国法が離婚準拠法とされた[171-a]。むしろ問題は、離婚に伴う親権者指定の方にあった。つまり、当時の韓国法によれば、離婚に伴い常に父が子の親権者になるものとされ、母は子の親権

者となれないことになっていたのである[172],[173]。

　このケースの十分な内国牽連性を踏まえつつ，最高裁は，本件処理上上記の如き内容の韓国法を適用することは，わが国の公序に反するとして，これを排除し（当該の父が子の監護をなしうる状況になかったことによる），この点を日本法によって処理した。このケースについて，アメリカのヴァン・メーレンのいわゆる functional analysis の考え方の，わが国への導入を試みる学説[174]においては，次のようなことが説かれる。即ち，本件では，事案に関連を有する「韓国法および日本法が実現しようとする法目的ないしはその基礎にある法目的」の探求をすべきであり，「いずれの法がより強い政策的基盤を有し，比較法的にみて有力な法目的をあらわしている法であるか」を考慮すべきだ，とされる。そして，「比較法的にみても 18・19 世紀における親権の家父権的性質から，子の利益・福祉のための親権への一般的傾向は明らかである」のに，「父を自動的に親権者と定める韓国法の基礎にある法目的は……封建的な家制度の維持にあ」り，それは「近時における子の福祉のための親権という一般的傾向に反する」として，韓国法自体が指弾されるのである。その上で，韓国内でも男女平等の観点から，かかる規定への批判が強いことを踏まえ，「この規定が韓国においても弱い政策的基盤を有するにすぎない」から，本件で日本法を適用することが「韓国の利益に反するとは思われない」とされるのである[175]。

　実は，この判決については韓国家族法学の大家たる金容漢教授が，日本語の評釈をしている[176]。同教授は，前記最高裁判決が韓国民法自体を弾劾したものと把握しており，国際私法上の公序自体の理解の上では，その説くところに問題があるのだが，それは措く。重要なのは，同教授が「どのような方法で親権者を決定するかは各国の社会的・歴史的・思想的諸般事情により必ずしも同一でないことは当然であり，またこのような事情は充分に尊重されるべきである」としておられる点である[177]。これは，実は伝統的な準拠法選択方法における各国法の基本的平等の観念を再叙した内容になっており，至当である。

アメリカの革命的方法論の移入を試みる前記の如き考え方を想起して頂きたい。金教授のこの指摘は，まさにそれに対する痛烈かつ痛切なる批判となるはずである。ここには，伝統的なサヴィニー以来の準拠法選択方法論における，最も重要な価値（「暗闇への跳躍」）が，如何なる政策的基盤に立脚するかが，如実に示されている。要するに，準拠法選択にあたっては，他国の法制度が遅れているとか我々の方がすぐれているといった裸の（実質法的）価値判断は，捨ててかからねばならない。「最も密接な関係の原則（der Grundsatz der engsten Beziehung）」に導かれつつ「暗闇への跳躍」を行なおうとし，どうしても忍び難い事態が外国法適用の具体的結果として，当該事案の処理上生じてきてしまう場合に限って（当該外国法自体ではなくその適用の結果を）国際私法上の公序で排斥しようとするのが，伝統的方法論である。それは，一見ひ弱なようでいて，かえってその価値中立性のゆえに，今日の多元的世界のこれほどまでの価値観の分裂の下をたくみにくぐり抜け，各国法の牴触から生ずる諸問題を，スムーズに処理し得るのだという，意外な強さを秘めたものでもあるのである[178]。それはいわば，歴史の教訓としての所産である，とさえ言えよう[179]。

1960年代には，アメリカの牴触法革命による，伝統的な方法論の危機（「国際私法の危機[180]」）が盛んに叫ばれた。だが，アメリカ自身が既述の如く，方法論的な袋小路に突きあたって久しいこと[181]もあり，かくて問題の焦点は，伝統的な国際私法内部での方法論的純化の方に，まずもって絞られるべきことになる。

■ 準拠法選択規則の基本的構造

まず考えるべきは，準拠法選択規則の基本的構造[182]について，である。実質法（民商法）の規定は，法の予定した一定の法律効果（例えば損害賠償責任や代理人の行為の本人への帰属，等々）を与えるべきか否かの，基本的には二者択一の問題である。そして，かかる法律効果の発生の有無を，個別事案の個性に対応して調整する法律要件が置かれる。原理的には，1つの効果

の発生の有無を判断する要件として十分柔軟に機能し得るものが1個置かれておれば，それで一応すべての事案に対応できるが，そうもゆかぬので，多様な要件が置かれる。けれども，それらの要件はオン・オフのスイッチとして機能する。オフのスイッチが作動すれば，一応それでカタがつく。

　けれども，準拠法選択規則（choice of law rules）の場合，一定の法律効果を与えない，即ち，ある法を適用しない，と言っただけでは何ら解決がつかない。まさにそれは，無数の法秩序（法域）からの，基本的には1つのものの「選択」の問題である。仮にある事項について n 個の法律効果の中から1つのものの選択を考えるならば，それら n 個の法律効果を明示しつつ，それらのいずれによるかの決定のための要件を，それぞれの効果につき別途インプットしておく必要がある。そこで，多種多様な事案すべてに対処し，準拠法選択上の，個別事案の個性に即した利益衡量を十分行なっておくためには，いかなる牴触規定を設ければよいのかが問題となる。

　例えば平成元年改正前の法例旧14条は，単に「婚姻の効力は夫の本国法に依る」と規定していた。この規定につき，最も密接な関係の原則に導かれた，サヴィニー的方法論に基づく国際私法上の利益衡量（準拠法選択上のそれ）を十分行なおうとすると，どうなるか。もとより，「夫の本国法」がすべてだと割り切るならば話は別である。だが，人の国籍は親の国籍（血統主義）や出生地（出生地主義）で決められるのが基本であり，具体的な家族生活の営まれ方とは無縁であり得る。当該の人にとっては，その意味で国籍は所与のものである。

　しかも，日本の国際家族法上の事件の大半は，いまだにいわゆる在日朝鮮人・中国人の事案であり，それらの人々は，戦後の平和条約発効と共に，生活の実態とは無縁な形で自動的に日本国籍を剥奪され，外国人となった人々である[183]。しかも，それらの人々の大半は（そしてその子弟等も）日本国内で，純然たる日本人と同様の生活を営んでいる。それらの人々の牴触法的立場を考える際には，それらの人々にとって実際に最も密接な関係を有する国（社会）はどこなのかを，虚心に調べ，その法を準拠法としてゆくべきでは

ないのか。即ち,「国籍がすべてなのか？」との視点から,例えばこうした事案における準拠法選択の個別的妥当性を考えてゆく必要があるはずだ,ということである。

　私は,民商法の判例研究の場で当たり前のように行なわれている個別事案の諸事情に即した柔軟な利益衡量が,何故か法例解釈論,とりわけ本国法主義の広く妥当する家族法領域（平成元年改正後[184]）も,そして,平成18年の「通則法」制定以後も,その基本がかわっていないことに注意——通則法24条以下）においては極めて不十分な形でしかなされていないことを,奇異に感じた。そしてそれを,研究の出発点とした[185]。既述のアメリカの牴触法革命の諸学説が批判した機械的な準拠法選択（そこでは事故地法の例外なき適用が,とくに問題とされていた）は,やはり大きな問題とさるべきである。伝統的方法論を堅持しつつ,個別事案に即した十分な国際私法上の利益衡量の行なえる場を設定しておくことが,伝統的方法論の正当性を維持する上で,必須のものとなる。私はそう考えたのである。

　ところで,ここで前記の平成元年改正前の法例旧14条に戻ると,「夫の本国法に依る」という規定（その文言）ですべてを規律することは,かくて,問題が大きいと言わざるを得ない（なお,後出・注284）の本文参照！）。平成元年改正前の法例の家族法上の連結（準拠法選択）は,単に父や夫の本国法によるとする規定が,実に多かった。離婚に関する旧16条（平成元年改正前）も,旧14条と同様の硬直的なものであった。

　例えば前記の最判昭和52年3月31日民集31巻2号365頁[186]は,国際私法上の公序を適用する前提として,十分な内国牽連性の存在を,次のように認定している。即ち,本件夫婦はともに韓国の国籍を有するが,「婚姻当時日本に居住し,婚姻の届出,婚姻生活等もすべて日本でなされ,2人の未成年の子もいずれも日本で出生し父母の監護教育を受けてきたところ,離婚のやむなきに至った」と認定されている。原判決の引用する1審の認定は一層詳細なものであり,「原告〔妻〕は,日本で生まれ,その母,叔父,3人の弟達とともに日本に居住し,……被告〔夫〕も,遅くとも原告と結婚式を

あげた昭和33年4月30日から引続き現在まで日本に居住している」とされている[187]。

もとより，最も密接な関係の原則に導かれた当該生活事実関係（紛争事実関係）の現実的な本拠（Sitz）ないし重点（center of gravity）の探求においては，居住実態がすべてではない。むしろ，当該の者の生活実態を，隣接諸科学との協力の下に[188]，詳細に調査した上で，当該生活事実関係の「社会学的位置づけ（sociological localization）」をしてゆかねばならない。当事者の日常的な使用言語，生活習慣・家族的・社会的環境，居住社会への定着性とその程度，倫理観，宗教観等々の様々なファクターを，国籍や住所・常居所等と共に総合的に考慮する必要がある[189]。それが，国際家族法上の「連結」（準拠法選択）の，基本とさるべきである。そして，そうした角度から当事者の「素朴な生活実感，ごく具体的な生活の実態の意識[190]」に裏打ちされた現実的本拠の法（最も密接な関係を有する法）が探求され，その自然な結論が法例規定の硬直性によって阻害されるとき，前記の如き意味での解釈論的な「場」の設定が，問題とさるべきことになる。

ところで，第2次大戦後，伝統的方法論をとる各国国際私法においては，rigidでhardな準拠法決定方式からsoftでflexibleなそれへの切り換えが広くなされてきている[191]。そうした諸外国の動きの中で，とくに注目すべきなのが，「段階的連結」ないし「連結階梯（Anknüpfungsleiter）[192]」と呼ばれる手法である。

平成元年法例改正に際して，旧14条は，次のように改められた（法例新14条）。即ち，①夫婦の共通本国法，②夫婦の常居所地法，③夫婦に最も密接な関係ある地の法，という順で段階的に準拠法を決めてゆく形になっている。これが段階的連結ないし連結階梯と言われるものである（通則法25条にそのまま引き継がれている）。

だが，連結階梯的処理によったとしても，とくに上記の①から②への移行は，必ずしも個別事案の個性に即した柔軟なものではあり得ない。①の共通本国法の有無の決定は，もろに当事者の国籍に左右される。たまたま夫婦が

それぞれ単一の国籍を共通に有しておれば，②以下への移行はあり得ない。ちなみに，在日朝鮮人・中国人関係の事案の場合，それらの者の本国法の決定方法については，平成元年法例改正前の考え方が，基本的に維持されている[193]。従来は，細かな理論構成（あまり実益がない）は別として，当事者の住所・居所，等をベースに，例えば韓国・北朝鮮いずれの法を本国法とすべきかを決めるべきだとされてきたが，「在日」朝鮮人についての問題である限り，それらは決め手とならず，旧法下（戦前）における本籍地が38度線の北か南か，といった形式基準によるものも，結構多かった[194]。こうしたことに基づき，たまたま夫婦のかかる本籍地が38度線の北と南ゆえ共通本国法がないとして前記の②に移る，といった処理がなされるとすれば，それは実に不自然なことであろう。また，そうした操作が事案の個性と遊離したところでなされている点も，問題とすべきである。

これに対し，②の「常居所地」連結は，居住実態等をベースに，前記の如き他の諸要素を具体的な共通常居所地の有無の判断に盛り込める点で，かなりの程度柔軟に機能し得る（ただし，具体的な常居所の認定については，法務省サイドの硬直的見方，そして，平成18年の「法例廃止」に至る過程での，問題ある把握，等の点に，別途注意すべきである[195]）。だが，夫婦が共に日本に永く居住していたとしても，当該の者の「生活実態」からして，単に日本法を適用するのみでよいかが問題となる事案[196]もある。そのような場合，日本法を適用する過程で事案の実質的な国際性（渉外性）を加味して処理する[197]，というのも1つのゆき方だが，準拠法選択の個別的妥当性を前記の如き基本的視座から重視するならば，やはり，前記②の連結の当否を，個別事案の処理に即して，ダイレクトに問わねばならない。個別事案の処理上，具体的な常居所の認定でかなりの操作は可能であろうが，それで不十分となれば，かかる事案においては③の連結方式（最も密接な関係の原則そのものを再叙したもの）へと移行すべきことになる。

ただし，平成元年法例改正にあたっては，法務当局の所管する戸籍窓口での処理の単純化を狙って，「日本人条項」と呼ばれる条項が，多く導入され

てしまった。それらがそのまま通則法 24 条以下に引き継がれたのだが[198]，当事者の一方が日本人，あるいは日本に常居所を有する日本人なら，当然に日本法を準拠法とするその姿勢には，「最も密接な関係の原則」を基本とする，サヴィニー的な伝統的国際私法の基本からして，大いに問題がある（かかる「法廷地法（日本法）適用の重視」という歪んだ考え方が，財産法分野での「法例廃止」に至る改正論議の中で，更に広汎かつ赤裸々に示されていたこと[198-a]を，我々は，忘れるべきではない）。

　この最後の点はともかくとして，いわゆる「連結階梯（段階的連結）」の典型例と言うべき平成元年改正による法例新 14 条（通則法 25 条）に戻れば，それによっても，とくに前記①から②への移行においての硬直性が懸念される。また，②の第 2 段階連結が，「生活実態」ではなく単なる「居住実態」（しかも，例えば日本での 2 年の居住で十分といったこと）のみによって判断される場合には，同様の硬直性が懸念される。前出・注 195）とその本文に示した問題である。

　実は，段階的連結の手法を踏まえて考えたとしても，すべての事案を十分柔軟に処理するための牴触規則を作ってゆくことについては，結局は絶望的（helpless）にならざるを得ない，あるいはそれは不可能だということが，ヨーロッパ諸国の国際私法改正作業との関係で，かなり広く認識されてきていた[199]。例えば，「婚姻の効力」に関する法例新 14 条（通則法 25 条）に十分な柔軟性を持たせようとすれば，第 1 段階連結たる前記①の共通本国法の適用を何らかの柔軟な要件にかからしめ，第 2 段階連結（前記②）についても，同様の操作を行なうことになる。そのようなことは立法技術上も煩雑であるし，どうせならその趣旨の「例外条項」を別にインプットしておけば済むことでもある。しかも，同様の配慮は，他の諸事項に共通する問題である（通則法では，25 条の第 3 段階連結の「最も密接な関係がある地」の法と同じ文言のものとして 8 条・12 条が，また，"明らかにより密接な関係がある地"の法によるものとして 15 条・20 条が，個別に置かれることとなった）。

　かくて，どのように規定を作っても残ってしまう硬直性を緩和すべく登場

するのが，「準拠法選択上の一般条項」というものなのである。

■ 準拠法選択上の一般条項[200]

　まず指摘すべきは，準拠法選択という作業の既述の如き性格に即して必要とされるに至る一般条項の，言語的結晶化として適切なものが，従来，何ら見出せていなかったということである。民商法上の権利濫用法理や信義誠実の原則などをこの場面で用いることには，言葉の上でも抵抗がある。準拠法の選択・適用は裁判官の職責として行なわれるものであり[201]，これらの一般条項の wording は，この場面での問題に，そもそもそぐわない。同じく民商法上の一般条項として公序良俗があるが，それらとは一線を画しつつ国際私法上の公序（public policy）が別に存在し，かつ，その機能は，choice of law とは区別された application of law の段階において発揮されるものとして予定されている。準拠法選択段階での作業を，前記の如き意味で実りあるものとするために公序を持ち出すことは，筋が違う[202]。こうして1つ1つ検討してゆくと，準拠法選択上の一般条項については，その機能は殆ど自明であっても，それを表現する適切な"言葉"が無い（無かった），ということが判明する。

　ところで，スイスには，著名なスイス民法典（ZGB）1条2項がある。法律に規定のない場合，最終的には裁判官が自ら立法者であったならば定立するであろうルールによって判断せよ，とする。スイスでのこの規定の射程は，ZGB を離れて広く他の法規に及び，その中にはスイスの国際私法も含まれていた[203]。そうしたスイスの営みを横目でにらみつつ，初めて準拠法選択上の一般条項の言語的結晶化をはかったのは，オーストリアの，1971年のいわゆるシュヴィント草案（同国国際私法草案）1条1項の，「最も密接な関係の原則（Grundsatz der engsten Beziehung）」である。要するに，サヴィニー的な本拠（Sitz）探求への努力の基本自体をルール化したものであり，コロンブスの卵的な意味あいをも有する。

　この条項は，1978年の同国国際私法1条1項[204]に，「外国との関連を有す

2.3　現代国際私法の歴史的位相をめぐって

る事実関係は，私法的な関係においてそれと最も強い関係（die stärkste Beziehung）をもつ法秩序〔の法〕によって判断されるべきものとする」との形で，定着した。それは，同法の個々の準拠法選択規則がそうした基本方針の下に設けられていることを示すのみならず，例外的な場合にそれら個別のルールによる処理に対して介入する一般条項として機能するのである。

　シュヴィント草案1条1項に影響を受けたスイスでは，既述のZGBの1条2項とは別に準拠法選択上の一般条項を設置することが，草案段階から志向され[205]，1987年の同国国際私法典15条1項において，次のような例外条項（Ausnahmeklausel）として定着した。即ち，「この法律によって指定される〔国の〕法は，全体的諸事情からして，その事実関係がその法と乏しい関係しか有せず，他の〔国の〕法との間に，はるかに密接な関係を有する（in viel engerem Zusammenhang steht）ことが明らか（offensichtlich）である場合には，適用されない」という規定である[206]。

　そして，こうした一般条項に対して従来若干消極的であったドイツ[207]においても，1986年の民法施行法（EGBGB）大改正後の積み残し案件であった，契約外債権債務関係の準拠法選択に関する草案を経て，1999年の改正により，契約外債務及び物権の準拠法について，新たに例外条項を設けるに至っていることが注目される。即ち，同法38条〜40条2項（契約外債務），43〜45条（物権）の規定に優先するものとして，前者については41条1項が，また，後者については46条が，それぞれ，「本質的により一層密接な結びつき（eine wesentlich engere Verbindung）が他の国の法との間に存在する場合には，その法を適用する」との例外条項を，置くに至っている[208],[209]。

　ドイツの場合，かかる準拠法選択上の一般条項は，全分野をカヴァーする形ではなく考えられている。それは，1986年のドイツ国際私法（民法施行法〔EGBGB〕）大改正の前後を通して，むしろ一般条項に否定的だったドイツ国際私法学の全体的雰囲気が，徐々に変わりつつある，ということで説明され得るものと，私は考えている。

ところで、ここで1971年のアメリカ牴触法第2リステートメントの§6[210]を見ておく必要がある。アメリカ牴触法革命の流れの中で、かなり穏当な線を示したのがこのリステートメントであること、等は既に示した。この§6は、Choice-of-Law Principles と題し、まさにこのリステートメントの根幹を示したものである。各論的条項の中で示されたルールの例外としてのみならず、これこれの事項については最も重要な関係（the most significant relationship）を有する法による、といった、それ自体が一般条項的な（法律効果をブランクにした）準拠法の定め方が、少なからずなされ、それらとの関係でこの§6がリファーされる。だが、この§6は、最も重要な関係の決定をするに際しての漠然たるファクターを例示的に列挙したものにとどまる。その考え方は、準拠法選択上の一般条項に近いものをも有する、と言える[211]。ただ、この§6に端的に示されたアメリカ牴触法第2リステートメントの基本は、ルールではなく、むしろアプローチの呈示に傾斜するものである。

さて、ここで平成元年改正後の法例の、従ってまた平成18年制定の通則法の解釈論へと、目を転ずる。以上略述した準拠法選択上の一般条項それ自体は、改正後の法例規定を見渡しても見あたらない。個別の事項に限って、いくつかの条項（前出・注206）でも一言したそれら）が例外条項として置かれているにとどまる。とくに、家族法関連では、平成元年の法例改正と同じ状況下に、通則法24条以下がある。

既述の法例新14条（通則法25条）の段階的連結（連結階梯）の第3順位に、最も密接な関係の原則にあたる wording がなされている。それが平成元年の法例改正の前とは、異なる。この法例新14条（通則法25条）の連結方法は、法例新15・16条（通則法26・27条）においても準用されている点で重要だが、問題は、既述の各国国際私法におけるが如き立法をまたねば、準拠法選択上の一般条項の機能（解釈論的なその導入）の余地は全くないのか、にある。私はそうは考えていない。

わが民法上の権利濫用や信義則（民法1条）は、昭和22年の改正で条文

化されたが，もとよりそれは戦前からの学説・判例の蓄積を踏まえての立法であった。同様に，準拠法選択上の一般条項としての最も密接な関係の原則を，まずは解釈論上導入し，いずれかの段階においてそれを法例の中に条文化することが，考えられて然るべきであろう。わが判例が国内事件について一般に好んで用いる「特段の事情」による構成を，過渡的に用いる道もある。「最も密接な関係の原則」という表現が，権利濫用や信義則の如きアトラクティヴな言葉とは，必ずしも言えない面がないではないからである（言語的結晶化の問題）。

法例規定の指示する準拠法の所属国が当該生活事実関係と密接な現実的牽連を殆ど有しない場合には，準拠法選択の個別的妥当性（国際私法上の正義）を実現してゆく上で，「本件の場合には特段の事情があるので……」といった形での，原則からの離反が必要とされるべきであろう[212]。あとは，現場の裁判官の，個別事案の個性に対する鋭い眼差しに期待する。

2.4 伝統的国際私法の第2の危機？
―― 平成元年法例改正との関係を含めて

さて，国際私法の歴史を概観する際に示した前記の図8[213]の右端において，「アメリカの牴触法革命」のところから「ヨーロッパ諸国の国際私法全面改正の嵐」のところに向けて，？マークとともに点線の矢印を付しておいた。そのあたりのことを，次に述べることとする。

これまで論じてきたように，サヴィニー的な伝統的準拠法選択方法論の正当性を維持するためには，「本拠」ないし center of gravity の探求を，一層個々の事案の深みに降りて詳細に行なう必要がある。準拠法選択上の一般条項は，そのための安全弁として機能すべきことになる。だが，そうした国際私法上の正義実現のための営為を，中途で放棄せんとするが如き傾向が，最近のヨーロッパ諸国の国際私法改正への急速な流れの中で顕在化し，遂に平成元年法例改正において，わが国際私法にも飛び火する形になってしまった（同年の改正は，家族法［親族法］関連のものであり，それがそのまま通則法24

条以下に受け継がれている)。

　私としては，アメリカの方法論と伝統的なそれとの対立を一層深刻に受けとめる見地からも，伝統的方法論それ自体の内在的発展を重視すべきだ，と考え，論文等を積極的に発表してきた。だが，そうした私なりの営みは，殆ど無駄だったようにさえ思われる。

　私としては，諸外国の急速な流れとその「複雑で大きな渦の中で示される個々的な，そして一見魅惑的なアイデアのみを，いわばつまみ食いしつつ，脈絡なき全体へとそれらを即座に統合してゆくことが，如何に空しい営みであるかを，暗に示そうと[214]」していたのだが，本書冒頭に示した漱石の嘆きは，相当プリミティヴなレヴェルにおいて，平成元年法例改正についてもあてはまる。残念である。

　ここでは，準拠法選択において，現実的本拠探求への努力を中途で放棄する形での規定方法につき，主要な例を掲げて批判することとする。それらは，いわゆる「選択（択一）的連結（alternative Anknüpfung）」の手法の多用，「当事者自治（Parteiautonomie）」の拡大，そして，1980 年の EC 契約準拠法条約上の消費者契約・個別的労働契約の連結（準拠法選択），等である[215]。

　それらについては，実質法上の価値と牴触法上の価値との安易な混淆が問題となる。また，第 2 のものについては，何故客観的な連結を中途で放棄して当事者の主観的法選択を認めるのか，それに十分な理論的根拠があるのかが，問題となる。

■ 選択（択一）的連結

　まず「選択（択一）的連結」について。選択（択一）的連結とは，一定事項の準拠法を決定する際に，複数の選択肢を掲げ，そのいずれかの法の定める要件を満たしておれば，当該法律効果が発生するものと牴触法上扱う，というものである[216]。従来より，国際私法上の法律行為の方式（法例 8 条——通則法 10 条）については，後述の「場所は行為〔の方式〕を支配する（locus regit actum）」の原則（法例 8 条 2 項本文——通則法 10 条 2 項）との関係で，

2.4 伝統的国際私法の第2の危機？——平成元年法例改正との関係を含めて 91

この選択（択一）的連結が認められていた，と一応はいえる。また，ハーグ国際私法条約の批准に伴い制定された「遺言の方式の準拠法に関する法律」2条は，行為地法，遺言者の「本国法」[217]・住所地法・常居所地法（それぞれ遺言成立時点又は死亡時点におけるそれ），不動産についてはその所在地法，といった広汎な選択肢を掲げ，そのうちいずれかに適合する遺言は，方式上有効としている。「場所は行為を支配する」の原則については，それが，国際民事手続法の発達がいまだ不十分であった頃において，すべてを準拠法選択の論理で説明するための法技術としての側面を有していたこと[218]，そして，上記ハーグ条約については，国際私法上の反致との内在的連関においてその理論的位置づけをはかるべきこと[218-a]等々，論ずべき点が多々あり，それらはいずれも後述する。

そうした理論的背景にまで一々踏み込んで検討をすることなく，単に表面的にのみ問題をとらえ，従来からかくて選択（択一）的連結は認められていて，それを方式（形式的成立要件）から実質的成立要件にまで[219]広げただけの話だ……，といった対応を示す人々の多いことには，真実情なくなる。学問とは，そうした浮わついた存在であってはならない（！）はずである。

さて，かかる選択（択一）的連結は，平成元年法例改正において，親子関係の成立に関する新17条以下（通則法28条以下にそのまま移行）に規定されているのだが，規定の仕方に一貫性が何ら見られない[220]。まず，若干の整理をしておこう。表4である。問題が生じたのは平成元年法例改正によるので，その当時の条文を示すが，（条文番号の移動のみの）通則法制定との関係では，表4左の条文番号にそれぞれ11を足すと，通則法の条文となる（例えば法例新17条が通則法28条，となる）。細かなことより，問題を大局的に把握することのほうが，はるかに重要である。

もとより出来上がった規定を前に，どうして表4のような差が個々の親子関係ごとに生じているかを，もっともらしく説明することは，それとして出来るのかも知れない。だが，なぜこんなことになっているのかの，理由が問題である。

表4 平成元年法例改正と選択（択一）的連結

事項名と法例の条文	選択（択一）的連結の有無	規定上掲げられた準拠法(*)	規定上掲げられた選択肢の総計(**)	(参考)平成元年改正前の法例規定
子の嫡出性（17条[***]）	有	○夫婦の一方の本国法	2（親の側）×2	子の出生当時の母の夫の本国法（旧17条）
非嫡出親子関係の成立一般（18条1項）	無	○[父子関係＝父の本国法／母子関係＝母の本国法]（いずれも子の出生当時のそれ）	1（親の側）×1	条文上は認知のみを規定していた（旧18条）
子の認知（18条1項・2項）	有	○[父子関係＝父の本国法／母子関係＝母の本国法]（いずれも子の出生当時のそれ）○認知する者又は子の本国法（いずれも認知の当時のそれ）	3（親の側）×2（子の側）×1	親の要件・子の要件をそれぞれの認知当時の本国法による（配分的適用主義）（旧18条）
準正（19条）	有	○父もしくは母又は子の本国法（要件事実完成時のそれ）	3（親の側）×2（子の側）×1	規定なし
養子縁組（20条）	無	○養親の本国法（縁組当時のそれ）	1（親の側）×1	各当事者の本国法による（配分的適用主義）（旧19条）

*　子の同意要件等は除く。
**　各人が単一の国籍を有し，それらすべてが異なる国の法であると仮定する。
***　表4との関係では，これらの条文番号に11を足すと通則法の条文となる。

　これらの場合に選択（択一）的連結を認める理由は，牴触法上の「子の保護」にあると説明される。だが，そうした子の保護の程度について，選択肢の数を表4の如く1～3の間でバラつかせる理由は何なのか。とくに婚外（非嫡出）親子関係について，認知主義とそれ以外（血統主義）とで，なぜきわだった保護レヴェルの差を設けるのか[221]。法例新17～20条（通則法28～31条）が，すべて平成元年法例改正前の規定を受け継ぎ，本国法主義を基本とする際，子の側の法の登場の有無が，なぜこうまでバラつくのか。私には全く理解できないのである。更に，養子縁組で選択（択一）的連結を

否定する根拠は何なのか。

　また，そもそも，嫡出・非嫡出で規定を分ける理由（！）が，牴触法上どこまであるのか。つまり，法的親子関係の設定（成立）の有無を決めればよいのであって，それがどのようなものであるか（嫡出・非嫡出の区別，等）は準拠実質法に委ねれば済むのではないか。他方，いわゆる準正は，少なくとも子の嫡出性の一場合という位置づけで十分なのではないか。別に規定を置き，しかも表4の中の17条（通則法28条）と異なる連結方法をとる理由が，どこにあるのか[222]，等々。

　なお，参考までに1986年のドイツ民法施行法（EGBGB）改正における，同種問題の処理を示しておこう。表5である。

　このEGBGBの規定内容を含めて，平成元年法例改正の際には諸外国の立法例がそれなりに参考とされたわけである。表4と表5とをじっくり対比して頂きたい。勿論，これから論ずるように，選択（択一）的連結という手法自体が有する理論的問題は別にある。「子の保護」のために複数の選択肢を掲げるというこの手法においては，ともかく法的親子関係を設定し易くすることが牴触法上の子の保護だ，とのフィクションないし短絡が生ずる（なぜそれが生じるのかの理由は，注で示すこととしよう[223]）。

　表5中の＊＊＊＊＊で示した「子の側からの嫡出性の否認」に関するEGBGB19条1項第4文の規定が，そして，非嫡出性の場合にそうした規定のないことが，何を意味するか[224]も，興味深いところである。「子の保護」を牴触法上無限定に志向し，法的親子関係をともかくも設定し易くすることこそが正義にかなう，とした場合，そのために用意したオプション（正確にはそれによって法的親子関係が設定される複数の選択肢があったとして，それら）は，その否認を子の側が求める場合には，バリアとなる。同項第4文は，そうした点の不都合がようやく意識されてきた結果の苦肉の策と言えるものである。そこに示された理論的不安定性[225]が，やはり「実質法的価値と牴触法的価値との峻別」という基本的視座への回帰を，いずれ強く促すものとなってゆくことを，私は期待している。

表5　ドイツ民法施行法（1986年改正）における親子関係の成立の準拠法

事項名と条文		選択（択一）的連結の有無	規定上掲げられた準拠法（**）	規定上掲げられた選択肢の総計（***）
子の嫡出性 （19条1項） （*）	一　般	有	○婚姻の一般的効力の準拠法 　（14条1項） 　（子の出生当時のそれ）（****） ○上記時点で夫婦異国籍なら夫婦いずれかの本国法	3 （親の側×3）
	子の側からの否認の特則	*****	○子の常居所地法によってもなし得る	*****
子の非嫡出性 （20条1項）	母子関係と父の母への義務	無	○母の本国法 　（子の出生当時のそれ）	1
	父性の確定	有	○母の本国法 　（子の出生当時のそれ） ○父の本国法 　（子の出生当時のそれ） ○子の常居所地法	3 （親の側×2） （子の側×1）
準　正 （21条）	事後的な父母の婚姻による準正	有	○婚姻の一般的効力の準拠法 　（14条1項） 　（婚姻当時のそれ）（****） ○（上記時点で）夫婦異国籍ならば夫婦いずれかの本国法	3 （親の側×3）
	他の理由による準正	無	○当該の親の本国法 　（準正当時のそれ）	1 （親の側×1）
養子縁組 （22条）	一　般	無	○養親の準拠法 　（縁組当時のそれ）	1 （親の側×1）
	養親が婚姻している場合	無	○婚姻の一般的効力の準拠法 　（14条1項） 　（縁組当時のそれ）（****）	

*　　　19条3項は子の福祉が害される場合の保護措置は子の常居所地法によってもなし得るとする。――なお、その後の「1998年改正」については、後出・注227-b）参照。
**　　子の出生当時婚姻が解消されていた場合、等については略。
***　 各人が単一の国籍を有し、それら及び子の常居所地法がすべて異なる国の法であると仮定する。
****　婚姻の一般的効力については14条1項で法例新14条と同様の、3段階の連結階梯が設けられている。
*****　19条1項第4文の「子の側からの嫡出性の否認」は、若干特異な規定である。一般の場合の選択（択一）的連結により、複数の法により嫡出性を得る子にとっては、否認の際にそれらの累積適用によるハードルをすべて越えねば否認を認めてもらえない。それでは酷だろうということで、子の常居所地法のみで否認を認め得るとしたのであるが、非嫡出性（父性の確定）の際にはこうした特則は設けられていない。

2.4 伝統的国際私法の第 2 の危機？——平成元年法例改正との関係を含めて　95

　ところで，表 4 と表 5 とを比較した場合，いくつかのことに気づく。選択（択一）的連結という手法の問題性は別としても，表 5 に示されたドイツのゆき方においては，子の嫡出性と準正（婚姻準正）とで極力準拠法をあわせておこうとする姿勢が見られるし，子の非嫡出性を規定上一本化して考えている。単純な足し算・引き算の問題で済むわけではないが，子の非嫡出性（非嫡出親子関係の成立）のところでは，非嫡出性（nichteheliche Kindschaft[226]），つまり父母の婚姻が存在しない，ということで 14 条 1 項を持って来れず，そのため「子の常居所地法」を選択肢に入れて数をそろえる，といったことがなされたとも見得る。これは皮相的に過ぎる見方とも言えるが，選択（択一）的連結の理論的基盤を危ういものと見る私としては，こうした見方もしたくなる。その上で，表 4 の日本のゆき方と対比する必要もあろうかと思われるのである。

　なお，表 5 において，随所に「婚姻の一般的効力」の準拠法が顔をのぞかせているのは，そこ（EGBGB 14 条 1 項）に示された連結階梯（段階的連結）による準拠法が，広く「家族の準拠法（Familienstatut）」として極力広汎な事項を横断的に規律すべく予定されていること[227]と関係する。また，表 5 において，子の側の準拠法として登場する子の常居所地法についてだが，表 5 で設定された法的親子関係の効力について，嫡出親子関係の場合は 14 条 1 項の婚姻の一般的効力の準拠法によるが，婚姻の存在しない場合（Besteht eine Ehe nicht, so ……）には，やはり子の常居所地法による，とされる（19 条 2 項）。他方，非嫡出（婚外）の場合には，常に子の常居所地法による（20 条 2 項）のであり，それらとあわせた連結点（子の常居所地）が，成立問題に関する表 5 の中に，顔をのぞかせている，という形になる。これに対して，表 4 の場合，法的親子関係の具体的な中身に関する法例新 21 条が，親子（父又は母と子）の共通本国法があれば子の本国法，そうでなければ子の常居所地法による，との規定の仕方をしており，親子関係の成立の準拠法を決める際の子の側の準拠法の出し方が，若干屈折している点も，気にならないではないのである。

ところで，極めて重要なことについて，ここで一言する。その後，1998 年に発効した改正法により，ドイツ国際私法上，「嫡出と非嫡出との区別」が，すべて撤廃されたのである。従って，表 5 の中の，EGBGB の規定（民法施行法 19 ～ 21 条）は，大きく改正され，（養子縁組は別として）EGBGB 新 19 条に"一本化"されることとなった。それによれば，「血統による法的親子関係の成立（Abstammung）」は，まずもって子の常居所地法により，問題となる（いずれか一方の）親との関係では，更に当該の親の本国法にもより得るが，母親が婚姻をしている場合には，婚姻の効力の準拠法によっても肯定される，等の内容のものとなった。「選択的（択一的）連結」は，かくていまだ残ってはいるし，この改正とて，ドイツ民法典（BGB）における「嫡出・非嫡出の区別の撤廃」を受けたものであって，「実質法からの牴触法（国際私法）の解放」[227-a] という点では，問題が残る [227-b]。だが，平成 18 年の「法例廃止」・「通則法制定」に至っても「嫡出・非嫡出の区別」にこだわる日本の状況は，前出・注 222）で示した重要な問題とともに，一体どうしたことなのであろうか [227-c]。

さて，選択（択一）的連結についての具体的イメージをまず明確にしておこう，との趣旨により，表 4 と表 5 の日独比較を，これまで行なってきた。それを踏まえて理論的問題点 [228] を，ここに略述しておく。

まずもって問題とすべきは，「純粋に国内的な法律関係とのアンバランス」である。純粋に国内的な事案では，法的親子関係の設定を切に希望する子が居たとしても，単一の法（日本法）のみによって判断される。だが，国際的事案の場合，とくに親や子の国籍といった，実際の家族生活の営まれ方と切り離された公法的理由に基づき付与されるものにより，オプションがそれだけ広がることになる。本国法主義の規定につき準拠法選択上の一般条項等が然るべく介入すれば，この点でのアンバランスはかなり解消され得るが，そうでないと，たまたま外国人であったというだけのことで，純粋な国内事件において悩む子との間で，つまり子どうしの間での不平等的事態が，生じ得ないではない。

伝統的国際私法の方法論に忠実に，最も密接な関係を有する単一の法秩序を探求してゆくとすれば，その結果選択される法が外国法であって，純然たる国内事件における日本法（その適用も最も密接な関係を有する法，として説明できる）との，実質法的規定内容の差があっても，それはそれで説明のつくことであろう。このあたりの内外不平等的取扱につき，子の側から（！）冷静な分析をしてゆくことが，まずもって必要と思われる[229]。

　なお，ドイツ国際私法（民法施行法）大改正のための1986年までの作業において最も選択（択一）的連結に熱心だったのは，ハンブルクのマックス・プランク研究所であった。だが，同研究所側の実質的な狙いは，外国法の調査にこれ以上忙殺され，本来の研究が妨げられることを回避すべく，オプションを広げればその中にドイツ法の入る場合が多くなるであろうし，そうなればドイツ法だけでカタがつく場合が実際には多いであろうから実に好都合だ，との不純なものでもあった[230]。前出・注223）で一言した点も含めて，かかる選択（択一）的連結の手法については，相当胡散臭いものがある，というのが私の見方である。

　そして，そこにはやはり既述の点，即ち，「子の保護」を考えるとすれば，法的親子関係の設定を覆したいと思う「子の保護」は一体どうなるのか[231]，との点もインプットして考える必要が，あるはずである。闇雲に法的親子関係の成立範囲を広げることこそ「子の保護」だ，と割り切ることの不自然さが，ここにある。妙な者の子とされてしまっては困る，等々の子の側の利益，さらには，逆の立場の親の利益や，それ以外の近親者の利益の錯綜するのが，現実の各国実質法の世界であろう。その実質法的な利害対立の一部のみを切り取って本来の牴触法的価値とすりかえる不自然さに，そもそもの問題がある。

■ 限定的当事者自治の拡大化傾向

　次に，やはり国際家族法上の連結について問題となる「限定的当事者自治の拡大化傾向[232]」について一言しておく。ここで言う当事者自治とは，国

際私法上のそれである[233]。従って、「本来適用されるべき準拠法（otherwise applicable law）」が別にあっても、その国の強行法規の適用は、かかる当事者自治（主観的法選択）によって排除されることになる。本来客観的に選択される準拠法上、強行法規により妻の保護や相続人（遺留分）保護等がなされていても、それらが排除されるのである。そのような強い意味での当事者自治を、ただし、（契約に関する一般の取扱とは異なり——後述）選択され得る準拠法の数（範囲）を具体的に絞って、「限定的」な形で、国際家族法上の連結（準拠法選択）において認めようとする傾向について、ここで論ずる。

もともと、契約準拠法について広く内外の国際私法上、主観的法選択が認められてきた理由は、契約関係の複雑さ・多様さにより一義的で客観的な連結が困難であった、との点に求められる（後述）。同じ事情が国際的家族生活においてどれほどあるのかが、まずもって問題となる。だが、この領域における限定的当事者自治の拡大化傾向については、やはり既述の点、即ち、「実質法的価値と牴触法的価値との安易な混淆」の問題がある。

夫婦財産制については夫婦財産契約を結べば法定財産制によることを回避できるのだし、遺言をすれば法定相続分を回避して、自由に遺産の処分ができる。それらは「当事者の利益（Parteiinteresse）」を重視する各国実質法の判断であるから、これを牴触法（国際私法）上も正面に据えよう、といったことが説かれるに至ったのである。

そもそも、この議論はおかしい。若干既に示唆したように、遺言による遺産の処分と言っても、遺留分権はどうなるのか、また、夫婦財産契約についても、例えばわが民法758条1項では、いつでも夫婦財産契約を自由にできる、とはしておらず、「夫婦の財産関係は、婚姻届出の後は、これを変更することができない」としている。当事者の裸の利益のみで実質法上の制度が組み立てられているわけでは、必ずしもないのである。その点を意図的に捨象した若干プリミティヴな議論が、牴触法上展開されてきた、というのが偽らざる私の実感である。

さて、家族法領域での限定的当事者自治は、わが法例（通則法）の場合、

2.4 伝統的国際私法の第2の危機？——平成元年法例改正との関係を含めて

幸いなことに平成元年法例改正による新15条1項但書（通則法では26条の，「2項」）で導入されたにとどまっている。法例新15条1項本文（通則法26条1項）は，新14条（通則法25条）の段階的連結方式の規定を準用し，夫婦財産制の準拠法につき客観的連結の姿勢を堅持している[234]。だが，「夫婦が，その署名した書面で日付を記載したものにより，次に掲げる法のうちいずれの法によるべきかを定めたとき」はそれによる，とされるに至った。①夫婦いずれかの「本国法」（「本国法」と「国籍を有する国の法」とを区別する法務省見解は，そもそも遺言の方式の準拠法に関するハーグ条約の批准に伴う特別法の制定に際しての不適切な邦訳[235]に端を発するものであり，不当である），②夫婦いずれかの常居所地法，③不動産についてはその所在地法[236]，のいずれかを選択し得るものとされる。だが，かかる主観的法選択をなすべき時点の限定はとくにない。いつそれを行なってもよく，また，事後的変更もなし得ることは「おそらく異論のないところ」ともされる[237]。

ただ，婚姻中に日本法がかくて指定されたとする。前記の民法758条1項との関係はどうなるのか。婚姻成立後の夫婦の財産関係の変更のために，こうした事後的法選択がなされるのであろうが，同条は，実質法レヴェルでの事後的かかる変更を拒絶している。こうした場合にどうなるのか，といった点についての詰めが，平成元年法例改正に際してどの程度なされていたのかも，若干興味を引く点である[238]。

ともあれ，この分野での限定的当事者自治一般について，ここでは論じておこう。まず，いかなる脈絡で，客観的連結が従来内外ともに貫かれていた分野において，こうした考え方が導入されるに至ったかを，若干見ておく。そもそもの問題は，1978年の夫婦財産制の準拠法に関するハーグ条約（その3条3項が限定的当事者自治を認める）の審議過程で，いきなりかかる趣旨のドラフトが呈示された際の，日本代表の対応の仕方にあった，と私は考えている。かなり唐突に呈示された原案に対して日本代表は終始沈黙を守り，帰国後の学会報告では，こんな突飛な考え方が会議では示されたが，と一蹴し，しばらくたって（条約自体は批准しないが）法例改正にそれを盛り込む

——こうした非主体的な日本側の対応[239]には，またしても本書冒頭の漱石の言葉を想起させるものがある。

さて，限定的当事者自治をめぐる議論が，ドイツ・スイスそれぞれの国際私法改正作業の中で，まさにシーソー・ゲームのように展開されてきた点で興味深いのは，相続の場合である[240]。即ち，住所地法主義を主体とするスイスの，従来の国際家族法上の連結の中にあって，相続については，(諸国の立法上も特異なものとして) 限定的当事者自治が認められていた。被相続人の本国法を，彼自身が指定し得る，とされていたのである。

そして，スイスに20年以上も居住していたイギリス人が，スイス人たる娘にスイス法 (被相続人の住所地法) 上認められる遺留分権を，排除する目的でイギリス法を指定したのである。同じようなことが夫婦財産制の場合には，例えば各国法の内容を十分に知らぬ妻に不利な形で，なされ得るようにも思われるが，それは措く。

スイスでは，この事例を踏まえ，同様の限定的当事者自治を認めた草案規定を設けつつ，他面，本来かかる法選択なかりせば相続準拠法たり得た法 (otherwise applicable law) 上の遺留分保護の規定の適用は別途留保される，と規定した。だが，本来の準拠法 (lex causae) 上の強行法規に反し得ない指定 (Verweisung) ということになると，それは国際私法上の指定 (牴触法的指定) というよりは (本書4.1の注692) の本文以下で示す)「実質法的指定」[241]に過ぎなくなる，ということで，そこからドイツ・スイス両国にまたがるシーソー・ゲームが始まったのである。

そのプロセスが実に面白いのだが，その点は前出・注240) 所掲のものに譲るとして，結果のみをここでは記す。ドイツでは，民法施行法 (EGBGB) 25条 (相続準拠法を定める) において，1項が死亡時点の被相続人の本国法によるとの，従前の処理を踏襲しつつ，2項で，極めて限定的な当事者自治が認められた。被相続人はドイツ所在の不動産についてはドイツ法によることを，遺言において選択できる，とされたのである。

ちなみに，かかる形での限定的当事者自治の認められたドイツ固有の事情

は，むしろ別なところにある，とも言える[242]。即ち，ドイツでは，従来よりドイツ相続法と異質な外国（とくに英米）の相続法を，自国手続法のレールの上で適用することの困難を理由に，かかる相続非訟事件でドイツの国際裁判管轄を否定しようとする，いわゆる並行理論（Gleichlauftheorie）[243]が根強く主張されてきた。ドイツに不動産が所在する場合につきドイツ法のみの選択をことさら許す，ということの背景として，この点は無視し得ないことのはずである[244]。これに対して，1987年のスイス新国際私法典における相続問題の取扱では，その90条2項で，原案通りの，本国法のみに限った主観的法選択が，第3者保護（遺留分権者等）の規定を落として認められている。

ところで，限定的当事者自治の国際家族法分野における導入については，ハンブルクのマックス・プランク研究所も熱心にそれを説いたが，選択（択一）的連結の場合と同様の本音が，そこにあったようである。即ち，主観的法選択の幅を広げれば，その中にドイツ法の入ってくる余地は広がるし，実際に，契約準拠法上の当事者自治においても，主観的法選択のなされ得る，あるいは変更され得る時点を，極力遅く（裁判の時点まで）設定しておけば，それだけドイツ法の選択される場合がふえる（！）であろう，とされている[245]。

もとより，この場合，とくに前記のスイスの事例のように，こうした思惑は十分に外れ得るが，ともかく，出発点に戻って考えても，「当事者の利益」の重視，といったことだけから，かかる形で「実質法的価値と牴触法的価値との安易な混淆」をするのは，そもそも疑問である。客観的な当該生活事実関係（家族関係）の本拠探求への努力を，中途で放棄する理由はないと思われるし，従来当事者自治の認められていた契約の分野において，各国強行法規との関係が烈しく議論されていること[246]との対比も，十分になされていないように思われる。

■ 国際私法上の弱者保護──通則法11・12条との関係を含めて ───

　ここで，消費者契約・個別的労働契約の場合に即して，別な形での「実質法的価値と牴触法的価値との安易な混淆」のなされ方について論じておこう。1980年のEC契約準拠法条約の該当規定とその後の1987年のスイス新国際私法典の規定との対比[247]によって，基本的なところを示すこととする。「国際私法上の弱者保護」の問題である。

　なお，平成18年の通則法制定に際して，11条（消費者契約），12条（労働契約──「個別的」なそれ，である[247-a]）の規定が設けられたが，その問題点の基本も，以下の点から明らかとなるはず，である。通則法11・12条プロパーの問題については，この項目の中で，適宜取り扱う。

　さて，1980年のEC契約準拠法条約5条（一定の消費者契約），6条（個別的労働契約）の基本的構造は，次の図9によって示され得る。両条の構造を単純化して示せば，まず，2つの事項とも契約当事者（両当事者）の主観的法選択を認めている。その上で，消費者・労働者，即ち弱者の牴触法上の保護をはかるのである。その場合，かかる主観的法選択（国際私法上の当事者自治）なかりせば客観的に定められ得たであろう準拠法（otherwise applicable law）が，別に設定される。同条約5条3項，6条2項である。つまり，消費者契約については当該消費者の常居所地法がそれとなる。また，個別的労働契約においては，労働者が通常労務を給付する地の法，または（労務給付

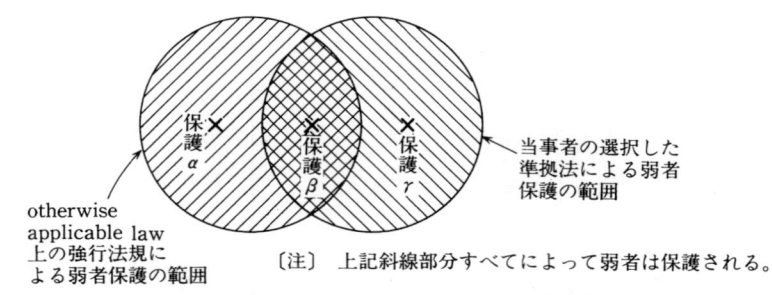

〔注〕　上記斜線部分すべてによって弱者は保護される。

図9　EC契約準拠法条約(1980年)における弱者保護

地国複数の場合についての）当該労働者がそこを通して雇い入れられたところの事業地（the place of business through which he was engaged is situated）の法，である[248]。

　図9に示されたこの5条・6条の考え方は，次のようなものである。当事者の選択した準拠法のみで当該問題を処理するのではなく，かかる主観的法選択は，既述の otherwise applicable law 上の強行法規[249]によってかかる弱者に与えられる保護を，奪う結果となってはならない（a choice of law made by the parties shall not have the result of depriving the consumer〔employee〕of the protection afforded to him by the mandatory rules of the law ……），とされているのである（5条2項，6条1項——文言はその限りで共通である）。

　そこにおいて，「保護を，奪う結果となってはならない」とある点に，まずもって注目すべきである。これに対して，まず通則法11条の，消費者契約についての不必要なまでに細かしく，他と比べていかにもアンバランスな規定では，「消費者」が，「その常居所地法中の特定の強行規定を適用すべき旨の意思を事業者に対し表示したときは……その強行規定をも適用する」とする。

　EC条約の場合に比し，通則法11条では，消費者は，自らを保護する強行規定の「特定」と「意思表示」とを，「事業者に対し」，しなければならない。弱者（消費者）保護のはずなのに，これはどうしたことか。国際的な集団訴訟で，各消費者がばらばらに行動したらどうなるか[249-a]，といった点もあるが，まずもって本人訴訟を考えよ。そんな負担を弱者側に負わせることの問題性は，明らかであろうし，本書3.5で後述する「外国法の適用と裁判所」の問題との不整合も，顕著である。

　通則法11条3項の「消費者契約の方式」についても，消費者側は，これと同様の負担を負う。即ち，この3項は，同条4項とともに，「方式」に関する10条——「場所は行為（の方式）を支配する」の原則に関する10条2項を含めたそれ——の適用を，消費者の意思表示によって細かしく排除し，それに従って専ら消費者の常居所地法に「方式」の点を委ねるとする，趣旨

不明の規定である。主観的法選択なき場合には「方式」は（わざわざ10条の1・2項及び4項を排除した上で）専ら消費者の常居所地法によるとする同条5項も，「場所は行為を支配する」(locus regit actum) の原則の本旨[249-b]からすれば，同様に理解しがたい規定である。

通則法12条の（個別的）労働契約についても，同条1項で，「労働者」側は，2項で「最も密接な関係がある地」と推定される「労務を提供すべき地」（その特定が出来ぬときには「当該労働者を雇い入れた事業所の所在地」）の法における，「特定の強行規定」の「適用」すべき旨の「意思」を，「使用者」に対して「表示」することが，その適用（による保護）の前提となっている。通則法11条と同様の問題がある。特定の強行「規定」とあるが，abcとその種の規定があったとき，acのみに気づき，bには気づかなかった，等の場合に，bが核心的な「規定」だったとして，それに気づかなかった落ち度が弱者側にあるから，それは適用してやらない，といったことでよいかの問題，等もある。

これから山ほど出て来るであろう細かな解釈論（闇雲に「法的安定性」を求めて出発した今般の「法例改正作業」[249-c]の結果がこれ，である）はともかくとして，ここで前記EC条約の規定に戻る。要するに，通常であれば図9の保護αの部分は，別な法が契約準拠法とされたことにより，その適用が排除される（絶対的強行法規の介入の問題[250]は，ここでは措く）。だが，弱者保護のために，当事者の選択した契約準拠法上の保護$\beta\cdot\gamma$とあわせて，保護αの部分も，あわせて適用されることになる。

これは，消費者保護・労働者保護への実質法上の動きを牴触法上反映させたもの，とされる。だが，その「理論史的背景」を，ここで一応見ておく必要がある。

（その定義の仕方に伴う細かな問題は別として）消費者契約についての消費者の常居所地，個別的労働契約 (individual employment contracts) における労務給付地は，いずれも当該契約につき客観的連結をする際の，第1の候補と目されるものである。本来，主観的法選択を排して客観的連結を十分なし得

るはずのところ，国際私法上の当事者自治の原則がこれまで広く認められてきていたがゆえに，そこまでなかなか踏み込めない，というところで呈示された"妥協的"な処理が，これらの条項なのだ，という位置づけになる[251]。

現に，1987年のスイス新国際私法典120条は，消費者契約（Verträge mit Konsumenten）について，消費者の常居所地法による（1項）とした上で，2項において，「当事者の主観的法選択は排除される（Eine Rechtswahl ist ausgeschlossen.）」旨を明文で示すに至っている[252]。本来，そこまで踏み込んで然るべきなのである。

ちなみに，1980年EC契約準拠法条約をEC規則に格上げする作業の中で注目されるのは，2005年12月15日の規則案（「ローマ-Ⅰ」と呼ばれるそれ）の中で，消費者契約に関する5条において，主観的法選択の排除がなされていること，である（個別的労働契約については，そこに至ってはいない）。いまだこの規則案は揺れているものの，二つの法の適用（前記の図9を見よ）への反情（すぐ後述する）が，かかる主義の転換に至る理由であったことには，注意すべきである[252-a]。

さて，前記の図9に戻って考えてみよう。当事者による主観的法選択は，otherwise applicable law上の強行法規（ただし弱者側の保護に関するもののみ）に反し得ないのだから，その限りでは「牴触法的指定」と言うよりは「実質法的指定[253]」たるにとどまる，とも言える。けれども，弱者の保護のためのものを除けば，otherwise applicable law上の強行法規は排除される。他方，主観的に選択された法上の強行法規（絶対的強行法規[254]も含む）は，一応すべて適用される扱いになるから，その意味でも，それは「牴触法的指定」（国際私法上の当事者自治の原則に基づく主観的選択）としての意味を，別途有している。けれども，otherwise applicable law上の強行法規[255]（に基づく弱者保護）が，他の国の法が指定されているにもかかわらず適用されることに，既述の如くなっている。すべては，"鵺"的に処理されているのである。

ところで，弱者側が，かくて2つの法秩序の法による「ダブル・プロテクション」を受ける点を，一体どう考えるべきか。要は，既述の選択（択一）

的連結や限定的当事者自治の場合と同様，実質法的価値（この場合には弱者の保護）を直ちに牴触法上とり上げる点の問題である。

例えば，主観的法選択にかかる法が土・日を労働者にとっての休日とし，otherwise applicable law が，別の2日を休日としていたとせよ。いずれも強行法規とする。ダブル・プロテクションの結果，当該労働者は，週に3日のみ働けば1週間分の給料をもらえるのかどうか，といったような問題が生じ得る[256]。かくて，図9の保護 $\alpha \sim \gamma$ を単純に足し算すればすべてが丸くおさまる，と常には言い難くなり，そこから種々の解釈論が始まることにもなる。

なお，通則法12条1項も，「その強行規定をも適用する」（11条1項も同じ）とする。したがって，この「ダブル・プロテクション」の問題が，やはり起こることに，注意すべきである。

だが，そもそもの出発点において，既に選択（択一）的連結について示したのと同様の点[257]が，問題とされるべきであろう。この点は，イギリスのモース（C. G. J. Morse）も夙に指摘していることであるが，1980年EC契約準拠法条約6条1項による，労働者に対する（複数準拠法による）「重畳的保護（a cumulation of remedies）」はそもそも問題である。彼は言う。「国際的な性格を帯びる雇用における労働者が，このような形で二重に保護されるべきだとする政策上ないし正義上の理由は何らないものと思われる。労働契約のための準拠法選択規則の目的は，雇用関係を規律するに最も適切な法秩序を指示することにある。"国際的"な労働者が"国内的"なそれよりも有利になるようなことは，かかる〔牴触〕規則の目的とされるべきではない[258]」と。

私の言いたいことも，まさにここにある。消費者契約についてスイス新国際私法典が既述の如く辿った道，即ち，「実質法的価値の牴触法的昇華」に，まずもって専心すべきなのである。

以上，3つのポイントから，「伝統的国際私法の第2の危機？」とも言える諸現象[259]につき，それぞれ論じた。このような危機的な波に，平成元年

法例改正が一部幻惑されたかの如き規定を置くに至っているのは、誠に残念なことであったが、平成18年の通則法制定により、問題は更に深刻化してしまった。

規定が出来た以上、その解釈の蟲になるのも1つのゆき方だが、その前に、自らが今いかなる座標軸の中で、奈辺に位置しているのかを、「現代国際私法の歴史的位相」の全体像の中で明確にしておく必要がある。それなしに個々の条文解釈に明け暮れするが如きは、まさに木を見て森を見ざる営みに過ぎない。そのことに気付くべきである。

2.5 国際私法と憲法

■ 国際私法と憲法とのかかわり方

さて、今日に至る一連の混乱の出発点となった平成元年法例改正を、加速せしめた理由の1つに、国際私法と憲法、とりわけ憲法上の両性平等原則との関係での問題がある。わが学説上、この種の議論は、後述の如きドイツの違憲論議を導入することによって、つとに開始されてはいたが[260]、その後数多くの論稿が出されて議論が深められた、というわけではない。

ありがちなこととしての、いわゆる学界の雰囲気がそちらの方向に向かい、当時の女性の地位向上への社会的ムードを追い風として法改正がなされ、それに伴って、本書2.4で論じた諸点の移入も試みられた、というのが本当のところであろう。私はそのように考え、一層地に足をつけた議論をなすべく、主張してきた。

ところで、国際私法（わが法例）もまた、わが憲法秩序のもとにある1つの法律、ということになる。その憲法とのかかわり方は、まず、準拠法選択という作業、そしてそれによって外国法がわが裁判所で適用されるという法現象を、如何に理論的に把握すべきか、というあたりから始めるのが本筋である。ケルゼン流の「根本規範（Grundnorm）」を頂点とする法の位階構造の中で、こうした点をどう把握すべきか、といった問題である[261]。ドイツ

でも，準拠法として適用される外国法は，決して内国法として内国で受容（Rezeption）をされるのでなく，その意味でそれは，内国で適用される（angewendet）が妥当しない（es gilt aber nicht im Inland）といった，微妙な言い回しがなされて来ている。その奥に何があるかの問題である[262]。この点は突き詰めてゆくと際限なく問題が広がり得るものであり，実に重要な問題である（本書3.5の注628）の本文に示す，「外国法に対する英米の理解」と対比せよ）。

だが，巷での国際私法と憲法とのかかわりあいに関する議論は，既述の如き平等原則，とりわけ両性平等との関係での論点に，ほぼ絞られているので，さしあたり，それにインターフェイスをあわせることとする[263]。そして，その上で，これと関連する諸問題について言及してゆくこととする。

■ドイツ国際私法改正と違憲論議

ドイツでの違憲論議[264]は，1986年改正前の民法施行法（EGBGB）の，夫の本国法主義に対して強く向けられてきたものだが，議論に火がついたのは，「スペイン人事件」と呼ばれる1971年5月4日の連邦憲法裁判所の裁判[265]を契機とする。ただし，これは両性平等に関する事例ではなかった。事実関係を次頁の図10に示しておく。

要するに，このケースでは，ドイツで既に図中の①の離婚判決を得ていたドイツ人女性Aとスペイン人男性Bとの，再婚（図中の②）が問題となった。AB間の婚姻の成立につき，EGBGB旧13条1項[266]は，平成元年法例改正による法例新13条1項（旧13条1項本文——通則法24条1項に引き継がれたそれ）と同じく，配分的適用主義をとる。そこで，Aの側の実質的成立要件はドイツ法，Bの側のそれはスペイン法に，それぞれ指定ないし送致（Verweisung）がなされる。

問題の焦点となったのは，①の前婚解消の有効性である[267]。ドイツでは，有効な前婚解消（本件ではAC間のそれ）があったか否かは，本件の場合のAの側のみの要件とされることなく，A・Bそれぞれの要件（「双方要件」[268]）

2.5 国際私法と憲法

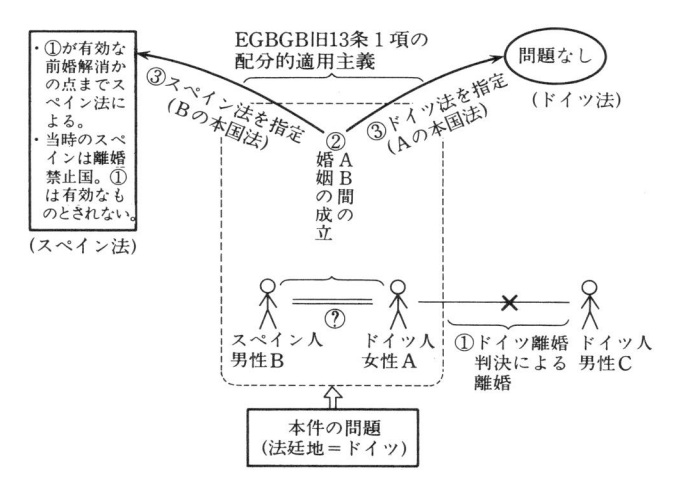

図10 スペイン人事件の事案

とされている[269]。そのため，AC 間のドイツ離婚判決による前婚解消の点が，ドイツ法のみならず，スペイン法によっても判断され，それらのダブル・チェックを受けることになったのである。そして，スペインは，1981年の家族法改正まで，厳格に離婚を禁止していたので，図10中の①のドイツ判決はスペインでは有効なものと扱われず（外国離婚判決も例外なく不承認としていた），そのため図中の②の，AB 間の婚姻が，ドイツでは有効に成立し得ない，といった状況に立ち至るものと，ドイツでは解されていたのである[270]。

こうした状況を前提として，ドイツ連邦憲法裁判所は，かかる帰結は，ドイツの憲法たるボン基本法（GG）6条1項の婚姻締結の自由（Eheschlie-ßungsfreiheit）に反する，としたのである。ただ，このスペイン人事件の処理において，同裁判所は，憲法規範の国際私法への介入の仕方を，必ずしも明快に示してはいなかった。だが，それに続くドイツの判例展開の中では，EGBGB の夫の本国法主義の両性平等違反性が次々と宣言され，また，とくに1983年2月22日の裁判において，連邦憲法裁判所は，EGBGB 15条（夫婦財産制）の夫の本国法主義規定の本質的部分を，無効であると宣言した[271]。

ドイツ連邦憲法裁判所の裁判の効力は非常に強く，無効とされた規定は，もはや適用され得ず，法規範の空白が生ずる。そしてこのことが，違憲論議と並行してなされていたドイツ国際私法改正作業を，一挙に加速させたのである。また，かかる改正論議の速度を高めようとして，活発に違憲論議がなされていた，とも言える。いずれにしても，ドイツでは，通説・判例が挙って違憲論議（両性平等に基づくそれ）に与していたのである。

だが，ここで伝統的な国際私法の方法論たる「暗闇への跳躍」を主軸に据え，冷静に考える必要がある。たしかに，準拠法選択という1つの法的処理において，夫に対して妻は差別されている，とは見得る。だが，夫の本国法の内容（実質法〔民法〕レヴェルでのそれ）を見ずに準拠法選択が行なわれる。その結果，実質法レヴェルで考えると，夫の本国法の方が妻の本国法よりも妻にとってずっと有利，といった場合がもとより生じ得る。

両性平等と言うにしても，それは，通常の場合，即ち様々な国内実質法レヴェルで説かれるそれとは，若干距離を置いたものであることに，注意すべきである。「まさに雲に浮かぶのみの両性平等原則（eine rein in den Wolken schwebende Gleichberechtigung）」との，故 K. フィルシンク教授の言葉[272]に，すべてが集約されている。

そして，夫や父の本国法主義の規定，あるいは平成元年法例改正後も残る（平成18年の通則法にそのまま引き継がれたところの），親子関係につき親の側のみの準拠法によるとする諸規定[273]に対し，憲法上の平等原則から発する光を，強く背後に感じつつ，それがゆえに一層，個別事案に即した柔軟な準拠法選択作業に徹してゆく，というのが本来あるべき姿のはずである。つまり，「国際私法内在的な処理の優先性[274]」ということである。

■ 平成元年法例改正と憲法

わが学界の漠然たるムードはともかくとして，平成元年法例改正に際しても，法案の国会審議において，藤井政府委員（法務省民事局長）は，夫（や父）の本国法主義の規定が両性平等原則に「直接に違反しているということ

は言えない」，あるいは，「現行の法例の決め方が決して両性平等に反しているとは申しません」としている。そうでありながら，「両性の平等を〔よりよく〕実現するための……改正が急務で」あって「これを非常に急いだ」のだとされる。そのアンビヴァレントなスタンスの中に，この改正の本質が示されている[275]，とも言える。

わが判例もまた，ドイツ判例の熱狂とは遠いところに身を置いていた[276]。当事者による違憲主張を含む数少ない事例たる大阪高判昭和 56 年 10 月 14 日判時 1045 号 95 頁の事案において，控訴人（妻）は次の如く主張した。即ち，自らが被控訴人（夫）と共に，日本で生まれ育ち 35 年以上も日本で生活し，すべての面で日本人と差がないのに，離婚に伴う財産分与につき韓国法（夫の本国法——平成元年改正前の，法例旧 16 条）を適用し，同国法上財産分与制度を欠くためにそれを認められなくなる，との結果を招く法例旧 16 条は，憲法 24 条に反し無効だから，当事者双方につき最も牽連性ある，住所地法たる日本法を適用すべきだ，と妻側は主張したのである。

私は，かかる主張が，何故準拠法選択の個別的妥当性に向けた「国際私法内在的な法律構成」（プリミティヴなものとしては「特段の事情あり」とする構成，また，「準拠法選択上の一般条項」，等によるそれ[277]）によってなされなかったのかを，つくづく残念に思う。だが，それはここでは措く。

判旨は，かかる主張を排斥するに際し，憲法 24 条違反に言及する控訴人主張は失当だとし，その上で，"カッコ書き" で，「法例〔旧〕16 条が憲法 14 条に違反しないことは勿論である」として，違憲主張を一蹴している。また，このケースの上告審判決としての，本書でも再三扱う重要事例たる最判昭和 59 年 7 月 20 日民集 38 巻 8 号 1051 頁[278]は，専ら国際私法上の公序の枠内で問題を処理しつつ，韓国法の適用を排除する必要があるほど本件の離婚給付が「わが国の……社会通念に反して著しく低額」とは言えないから，公序条項を適用しなかった原判決の違法を突く上告人主張に理由はなく，「右違法のあることを前提とする所論違憲の主張は前提を欠く」とした。

本件最高裁判決のかかる判旨の中に，「既にして違憲問題……に対する最

高裁の，1つの重要な立場が示されている[279]」，というのが私の見方である。即ち，最高裁は，そこで国際私法上の公序「のフィルターを通して憲法の（しかも実質法レヴェルでの）間接的介入[280]」を考えているにとどまる。その意味で，そのスタンスは，ドイツの違憲論議との関係で示したフィルシンク教授の（そして私の）立場に極めて近い，抑制的な立場と言え，正当である。

もっとも，わが裁判例の中で，唯一両性平等問題に踏み込んだものとして注目されてきたのは，静岡家（熱海出張所）審昭和49年5月29日家月27巻5号155頁[281]である。このケースでは，日本在住の日本人女性と，アメリカ人（オレゴン州）男性との婚姻に伴い，当該妻がその氏を「井野」から夫の氏たる「アース」に変更しようとしたところ，次の項目で後述する如き理由で，戸籍窓口がそれを拒否したため，家裁に対する氏の変更申立がなされた。

本審判は，これにつき判断するに際し，次の如く述べているのである。即ち，「もともと婚姻の効力について夫の本国法を優先させる法例〔旧〕14条〔婚姻の一般的効力の準拠法〕の考え方は現在文明諸国において広く認められ日本国憲法24条にも定められている両性平等の思想とは親しまないものであるから，その適用を婚姻の本質的効力で夫婦について合一的に決定する必要のある事項に限るのが相当」だとして，婚姻に伴う妻の氏の問題は「妻自身の本国法」たる日本法によるとし，申立を認めたのである。

本審判とて，「婚姻の効力は婚姻の当時に於ける夫の本国法に依る」とのみ規定していた法例旧14条自体を，違憲とするものではない。また，もともと，「人の氏名の問題」については，とくにそれが婚姻や養子縁組等に基づく場合には，それら身分行為（家族法上の法律行為）の効力の問題としてとらえるか，それとも，当該の者の人格権の問題として，その者の本国法（属人法[282]としてのそれ）によらしめるべきか，という争いがあった[283]。憲法的配慮をバックに有しつつも，かかる「国際私法内在的な論理」を一層正面に据えた処理を行なうことが，十分に出来たケースなのである。

また，重要であるにもかかわらず，従来の学説が見落としていた重大な点について，ここで一言するならば（！），夫の本国法主義をとる法例旧 14 条にしても，明治期のその立法に際しては，婚姻により妻が夫の国籍を有するに至るとする，当時の各国国籍法の大勢を踏まえ，そうであるから「夫の現在の本国法に依るを以て充分なりとせり」として定立されたものなのである[284]。要するに，それは，夫婦の共通本国法と言っても夫の本国法と言っても同じだから夫の本国法と言ったに過ぎない，とも言える。

そうであるならば，各国国籍法上のかかる主義がもはや過去のものとなった以上，上記の如き立法趣旨に鑑み，この種の夫の本国法主義の規定の射程を，思い切って夫婦に共通本国法のある場合に限定する，等の解釈論的努力が，十分になされて然るべきところであった。ところが，「従来のわが法例解釈論（ないしは学界）の体質」（私はそれと戦いつつ今日に至った）からか，こうした営みは殆ど何らなされず，当事者の国籍がすべてであるかの如き処理がなされてきたのである。そして，そのような極端な受け身の解釈姿勢のまま，一挙に，やはりあいまいなままの両性平等論議に身を委ね，平成元年法例改正へとなだれ込んだ，というのが事柄の実態なのである。

■ 人の氏名と国際家族法──渉外戸籍先例の「家」制度的前提[285]──

ところで，わが国際私法と憲法との関係を論ずる際に，"最も深刻な問題"は何かと言えば，「氏」に関する法務省側の一貫した渉外戸籍先例により，法務省サイドでの処理において，国際私法はおろか，わが民法規定の適用さえも一切拒絶されているという，信じ難い事実である。しかも，これから論ずるように，法務省サイドの理解は，明確に戦前の「家」制度に立脚している（！）。

のみならず，日本国憲法の下でそのような先例を墨守することはなされ得ないはずだ，といった裁判所側の声を圧殺するかの如く，"巧妙な戸籍法改正"を行ない，その実，先例墨守の姿勢を，その後の民法改正の際にも堅持して，今日に至って（！）いるのである。この点は，最高裁事務総局・家庭

局の依頼で執筆した前出・注285) 所掲の家裁月報論文において詳論したところであるが，法務省側に全く先例変更への兆しは見られず，また，憲法学者を含めた一般の関心は，極めて低い。この点も，本書1.2で示した「日本社会の国際性の欠如」の1つの重大な例となる。

　信じ難い排外主義なのに，なぜ人々がこうした問題に目を向けたがらないのか。ともかく，以下において問題の骨子を略述する。詳細は，是非，前出・注285) 所掲の論文を参照されたい。

　実は，前出・注281) の本文で示した静岡家（熱海出張所）審昭和49年5月29日のケースも，そうした法務省サイドの一貫した処理の，あおりを食ったものなのである。即ち，このケースで，日本人女性とアメリカ人男性が婚姻を締結する際の夫婦の氏については，国際私法を通して準拠法が選択される。具体的に当面する問題を婚姻の一般的効力と見るか本件妻の人格権の問題と見るかは，たしかに争いがあるが，本件の場合，妻の氏が「アース」と変更され得ることに，いずれの立場をとったとしても問題はなかった。ともかく，婚姻締結に伴い，既に妻の氏は，妻の意思（選択）に従い，夫の氏たる「アース」に変更されているケースなのである。

　にもかかわらず，戸籍窓口が，当該問題の準拠法（lex causae）上既に生じている妻の氏の変更を拒絶したのは，次のような「一貫した渉外戸籍先例」による。即ち，「外国人と婚姻をした日本人の氏の取扱いについては，現在の〔戸籍〕実務では……民法750条の規定は，外国人と婚姻した者には適用されず，したがって，婚姻によっては氏の変更はしないとして取扱われている」と言うのである。

　また，「外国人に氏があることを民法は予定しておらず，したがって外国人の氏との関係では民法の規定の適用はない」ともされている[286]。しかも，婚姻のみでなく，養子縁組の場合にも，同様の立場が貫かれ，特別養子制度創設のための昭和62年民法改正に際しても，「養父母の双方が外国人である場合は，〔縁組に伴う日本人たる〕養子の氏に変更はな」い，との解説が，やはり法務省サイドからなされている[287]。

これらの「一貫した渉外戸籍先例」の基礎を築いたのは，かの平賀健太氏であり，同氏の"戦前の制度への強い郷愁の念"と，それをバックとする次のような信念，即ち「明治の戸籍は今日の戸籍をもなお支配しつづけている」(!?) との"歪んだ信念"が，すべての出発点となっている。平賀氏はまた，「本質的には旧法において『家』であったものが『氏』または『戸籍』に代ったにすぎぬ」ともしている[288]。

　周知の如く，戦前の「家」制度は，もともと明治初年からの戸籍法サイドの営為により築き上げられ，それが戦前の民法の中に組み込まれたものである。平賀氏は，「家」制度は日本では一度も存在しなかった幻影に過ぎない[289]，との"レトリック"の下に，明治戸籍と戦後の戸籍との一体性を誇示するのである。

　そして，戦後のいわゆる「氏の性格論争[290]」においては，氏はもはや戸籍編製上の基準に過ぎないとする平賀氏の所説と，それは本末転倒だとして，氏については民法がこれを定めるとの批判をした我妻栄博士との間の，若干むなしい論争があったのみであった。かくて，問題は，専ら（！）国際家族法サイドでのみ顕在化することになったのである。

　だが，外国人との婚姻締結等によっては日本人の氏は変動しない（民法も国際私法も適用されない!!）とし，他方，外国人は日本人固有の氏を称し得ない，ということに帰着するこの渉外戸籍先例を，戦前の「家」制度下での問題把握と比較すると，クリアーな線が浮かび上がる。図 11 である[291]。

　戦前の日本の社会秩序の根幹は，平賀氏の言にもかかわらず，「家」制度にあり，かつ，「家」は最も基本的な社会単位であった。そして，それを支える戸籍法には，社会秩序の根幹を支えるものであるがゆえに，その強い政策基盤からして，いわゆる絶対的強行法規性[292]が付与され得た。それは，通常の国際私法的処理を遮断し得る強い性格のものたり得たのである[293]。

　そして，そこでは，図 11 の左側の①図に示したように，「家」と「戸籍」と，そして，（「家」の呼称たる）「氏」との間に，強い三位一体的関係が維持され，外国人は排斥された。外国人が「家」制度，つまり当時の日本の家族

① 「家」制度下における戦前の戸籍・　　Ⅱ　渉外戸籍先例の論理における戦後の
　　氏と外国人の地位：　　　　　　　　　　戸籍・氏と外国人の地位：

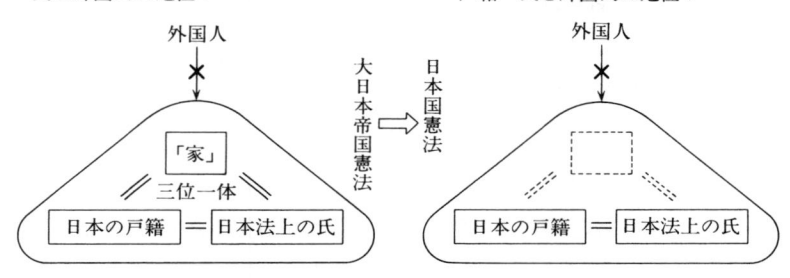

図11　現在の渉外戸籍先例と「家」制度

制度の中に組み込まれるためには、日本人として帰化せねばならず、それによって「家」、即ち「戸籍」を創設する必要があった。

「外国人は日本法上の（「家」の呼称たる）氏を称し得ない」ということも、また、「日本人は外国人と婚姻等をしたのみでは（「家」の呼称たる）氏に変動が生じない」とすることも、戦前の「家」制度的前提に立てば、理解し易いことである。そして、その通りのことが、昭和59年の戸籍法改正、昭和62年の民法上の養子制度の改正において、法務省サイドから、一貫して主張されているのである[294]。信じ難いことかもしれないが、これは事実なのである（!!）。

つまり、図11の右側のⅡ図のように、「家」制度を廃止した日本国憲法下において、今なお法務省サイドは、戦前と同様の絶対的強行法規性を戸籍法に与え、通常の国際私法的処理（準拠法選択という作業そのもの）を拒絶する。のみならず、氏は戸籍法が定める、民法は黙っていろ、と言わんばかりの既述の平賀氏のドグマそのままに、日本法が準拠法とされるべきときにも、民法規定の適用を、既述の如く一切遮断し、日本人の氏は、（戸籍のない）外国人と婚姻しても不変だといった、戦前の「家名不動の原則」そのままの立場が維持されているのである。

ところで、昭和59年の戸籍法改正は、戸籍法107条2項（及び4項）等

の新設にウェイトを置く形でなされた。従来は，上記の如き一貫した渉外戸籍先例からして，婚姻等の身分変動に伴い，当該事項の準拠法（lex causae）上，既に日本人当事者の氏が変更していても，その旨の戸籍上の記載は拒絶され，既述の如く，家裁に対して，屋上屋を架するが如き[295] 氏の変更申立をする他なかった。その際，家裁側は，京都家審昭和 33 年 4 月 21 日家月 10 巻 5 号 64 頁，東京家審昭和 39 年 2 月 14 日家月 16 巻 7 号 77 頁，東京家審昭和 43 年 2 月 5 日家月 20 巻 9 号 116 頁など，かかる戸籍実務を批判してきた。

そして，おそらくは昭和 59 年の戸籍法改正への直接の動機となったと思われる京都家審昭和 55 年 2 月 28 日家月 33 巻 5 号 90 頁[296] が，遂に登場した。そこでは，まさに私がこれまで述べてきたような諸点が，かなり強い調子で示されたのである。法務省サイドは，これに相当は危機感を覚えたものと推察される。"先例墨守" こそが守るべき最も重要な「権益」だ，とする当時の法務省民事局の立場からは，そうなるはずである。

そこで，昭和 59 年の，（国籍法改正に伴うものだとして，真の論点を表に出すことなくなされた）戸籍法改正において，戸籍法 107 条に，2 項が置かれた。要するに，戸籍の窓口で日本人配偶者の氏の変更を拒絶するから裁判所（家裁）にゆくのであって，それを窓口で受けつければよい。その趣旨の改正がなされた。

人はこれを，極めてリベラルな法改正と受けとりがちである。法務省サイドが，前記の図 11 にその本質を示した一貫した渉外戸籍先例の基本を改めたのならば，そう言える。だが，事実は逆である。

この改正について，法務省側は，「氏の取扱いに関するこれまでの実務を前提として，今回の改正は行われたものである[297]」旨，公式に述べているのである。何故このようなことが可能なのであろうか。

実は，前記の「家名不動の原則」との関係で，戦前は氏の変更が厳しく規制されていた。ところが，戦後，家裁が創設され，戸籍法 107 条の氏の変更を担当することになった。法務省サイドとしては，家裁がポンポン氏の変更

をしてしまっては困る，と考えたのであろう。そこで，次のようなことが法務省サイドで主張された。

　同条によって変更される氏は，単なる「呼称上の氏」であって，「本来の氏（民法＝戸籍法上の氏）」ではない，と言うのである。このような論理は，つとに家裁サイドからの論稿等における批判の対象とされてきたものだが，改正戸籍法107条2項によって変更される氏は，かかる意味での「呼称上の氏」にとどまる，というのが，同項新設についての法務省サイドの公式説明なのである[298]。

　どうしてそこまで先例墨守にこだわるのか。日本国憲法の下で，法務省サイドは何を守るべきなのか。当局者の猛省を強く希望する[299]。

　他方，既述の如き家裁サイドの根強い抵抗への流れに対し，ドイツ人男性と婚姻した日本人女性の氏の変更につき，改正戸籍法の既述の如きトリックに幻惑されたかの如き処理を行なった，岐阜家審昭和60年4月11日家月37巻10号101頁（準拠法を何ら論せず，しかも，本来この事案に適用されないはずの改正戸籍法の「趣旨を併わせ考え」，夫の氏のうち「子に承継される部分」への妻の氏の変更を許可したもの）のあることは，極めて残念なことである[300]。

■ 昭和59年の国籍法改正と両性平等論議[301]，そして平成18年の「法例廃止」までに至る全体的シナリオ

　ところで，上記の昭和59年の戸籍法改正は，同年の国籍法改正に伴って行なわれたものであり，また，前記の平成元年法例改正は，両性平等原則を軸に行なわれたこの国籍法改正を受け，同様の視角から，即ち，既述の如く遂にあいまいなままで終った，両性平等原則との関係[302]を軸として，行なわれたものであった。それでは，この国籍法改正と両性平等原則との関係はどうなのか。これがまた，私の視角からは，極めてあいまいなまま，ある種の社会的ムードに押されて，法改正がなされてしまったのである。

　結論を先に言えば，この国籍法改正にあたっては，沖縄の無国籍児童等の，

実に深刻な「子供の人権」の問題が終始念頭にあるべきところ，当時の社会的風潮もあってか，親の側の，両性平等の問題に移しかえて，終始議論がなされ，国籍法改正に至った。そして，本来とことん論ずるべきであった点を先送りしたために，当の子供の人権への大きな皺寄せが生じてしまった。後述のいわゆる国籍選択制度である。

しばしば，国籍選択制度には問題を残したが，昭和59年の国籍法改正はうまく行った，ということが言われるが，果たしてそういう言い方が，当を得たものなのかどうか。私としては，そこを強く疑う。本書冒頭の漱石の言葉が，再び私の意識を支配するのである。

国籍法は国家の基本を定める法律であるのみならず，従来のわが法例の本国法主義（通則法に受け継がれたそれ）との関係で，重大な意味を有しつづけている存在でもある。そして，昭和59年の国籍法改正によって，後に略述するように，日本国籍を付与する場合が，以前より増加した。

だが，他方，平成元年法例改正においては，重国籍者の本国法決定に関する法例新28条1項但書が，この改正前の法例旧27条1項但書をそのまま受けて，内外重国籍の場合に当然日本国籍を優先させる主義を踏襲した（通則法38条1項但書に，それが受け継がれている）。そのこと自体に国際私法上十分な理由があるかが，そもそも問題である[303]。法例新28条1項本文（通則法38条1項本文）の，国籍の実効性を重んじ，常居所，そして最も密接な関係を指標に最も適切な国籍を選んでその者の本国法としようとする考え方（いわゆる「実効的国籍論」[304]）を，内外重国籍の場合にもあてはめてゆくべきところ，自国法（法廷地法）の優先にも見た自国籍優先の考え方が，無反省に維持されてしまっている[305]。これも，法務省サイドの声が反映した1つの点である。

のみならず，平成元年法例改正による新16条但書（通則法27条但書）で，婚姻の一般的効力の法例新14条（通則法25条）を準用する法例新16条本文（通則法27条本文）に対し，夫婦の一方が日本に常居所を有する日本人ならば常に日本法を準拠法とする，いわゆる「日本人条項」が設けられてしま

った。同じ離婚に関する法例旧16条は，その但書で，外国法が離婚準拠法となるとき，その原因事実が日本の法によっても離婚原因たることを離婚の要件としていた[306]。それよりも一層大胆かつダイレクトな日本法の介入，ということになる。

一方当事者が日本人であって日本に常居所を有しておれば，直ちに，離婚をめぐる生活事実関係の現実的本拠が日本社会にある，などという単純な割り切り方は，本書2.3の後半で論じてきたサヴィニー的方法論の深化に，明確に逆行するものである。それは，単なる「自国法適用の利便，ないしそれへの誘惑」，即ち，いわゆる "homeward trend（Heimwärtsstreben[307]）" に屈した，安易なゆき方として批判すべきである（法務省サイドは，2年程度の日本での居住で十分とするゆえ，問題は一層深刻である[308]）。

ともかく，昭和59年の国籍法改正により日本国籍の付与される場合が増加したことにより，一般の本国法主義規定との関係でも，随所で慎重な処理が必要になる。もとより，家族法関連で，平成元年法例改正の諸規定を基本的に引き継ぐのみの通則法の制定後も，何ら状況は変わらない。

それでは，昭和59年の国籍法改正とは，そもそも一体何だったのか。この改正は，改正前国籍法2条1号（出生による日本国籍の取得）が，いわゆる「父系優先血統主義」をとっていた点に関するものである[309]。

国籍の取得，とりわけ出生による取得については，各国国籍法上，出生地主義，即ち自国内で出生した者に対して自国国籍を付与する主義（例えばアメリカ）と，血統主義，即ち親の国籍を基準にそれを考える主義とがある。国籍法旧2条1号は，その血統主義につき父系を優先させ，子の出生のときに「父が」日本国民であれば子に日本国籍を与える，としていた。

この点が両性平等に反するとして，同号を違憲とする後述の訴訟が起きた。そして，その社会的影響もあってか，改正後の2条1号は，上記の「父が」の部分を「父又は母が」と改め，「父母両系血統主義」としたのである[310]。

さて，前記の違憲訴訟であるが，1・2審とも原告側敗訴に終わっている[311]。「政策志向型訴訟」の典型とも言えるこの訴訟の場合，外国人男性と

の間に子を儲けた日本人女性が，子の就籍（戸籍への登載）を求めて戸籍窓口にゆき，子に日本国籍がないとしてそれが拒絶されるのを待って訴訟を起こす，というパターンによっている。

実は，子にどうしても日本国籍を付与したいならば，子の出生届よりもあとに婚姻届を出す，という便法[312]もあり得た。だが，かかる手段は姑息だとしてか，上記の如き手段がとられた。

問題は，本件訴訟を両性平等の問題として把握するための，"論理操作" にある。両性の平等とは，この場合，子供ではなく（！），親どうしの問題である。「子から親へ」という場面転換がなくては，この論は成り立ち得ない。

本件訴訟は，日本で生まれ，純然たる日本在住の日本人夫婦の子として生まれた子と同様の生活を営んでいる子と，たまたま父が外国人であっただけで日本国籍をもらえなくなる子との間の，つまり子と子の間の平等を論ずるものでは，無かったのである。つまり，親の側には自己の国籍をその子に継承させてゆく権利（「日本国籍継承権」なるもの）があるとし，その権利の付与において，男性に比して女性は差別されている，というのがここでの両性平等論なのであり，この違憲訴訟の骨子なのであった。

児童の権利に関する国連条約[313]を見るまでもなく，子供の問題はあくまで子供の側に立って考える，というのが基本であろう。だが，本件訴訟はそうではない。（子の法定代理人たる）親の側の論理によって争われたのが本件訴訟なのである[314]。そして，この重大なる"屈折"が，昭和59年の国籍法改正に，そのまま投影するものとなった（なってしまった）のである。

1審以来の裁判所側の判断の骨子は，次の点にある。要するに，なるほど改正前国籍法2条1号に違憲の疑いが全くないかと問えばそうは言えない。だが，父母両系としてしまった場合，重国籍の問題が多く生ずる。父系優先血統主義には，重国籍防止という重要な政策が裏打ちされていた，と見得る。父母両系にするならば，重国籍防止のため関係諸国と協定等を結ぶなどの手当てが必要になる。これは立法府の仕事であって，本件原告の言うように，

改正前国籍法2条1号の「父が」の文言を「父又は母が」と読みかえ、子に日本国籍のあることを確認することは、なし得ない。

また、本件の子のような立場の者の場合、いわゆる「簡易帰化」（改正前国籍法6条）の制度があって、2条1号の不都合をある程度緩和している。それらを含めて考えれば、前記2条1号は違憲とは言えない。

大体以上が、1・2審を通じた裁判所側の一致した判断である。その判断は正当とすべきである。そして、法務省サイドは、かかる判例と同様の立場を堅持しつつも、当時の社会的ムードを追い風とした、国籍法2条1号をめぐるあいまいな両性平等議論に巻き込まれ、同法改正が進むこととなった[315]。

だが、そうなると、問題は、前記[316]諸判決も重視していた重国籍防止の観点である。国家の基本を定めるのが国籍法であり、本来であれば関係諸国と十分協議し、ヨーロッパ諸国が努めていたような、重国籍の発生を前提としつつもそのネガティヴな影響（複数国から矛盾した形で忠誠を誓わせられる、等）を減殺するための条約づくりを、まずもって行なうべきところであった[317]。だが、漱石がまさに言う、「針でぽつぽつ縫って過ぎる」が如き対応で、昭和59年の国籍法改正が断行された。いわゆる「国籍選択制度」の導入である。

前記の違憲訴訟以来の展開の中で、本来、子の人権の問題として論ずるべきところを、親の人権、そしてその反映としての両性平等の問題に、問題が移しかえて論じられてしまったこと、そして、本来十分議論を尽くすべき重国籍防止の観点につき、議論を突き詰めないで改正に突入したことが、いわば心太式に、この国籍選択制度へとつながったのである。問題である。

さて、改正後の国籍法14条の「国籍選択制度」であるが、一言で言えば、重国籍防止の観点は前記判例でも支持され、かつ、学説によって何ら論破もされていないの「だから、父母両系主義による内外重国籍者増大に対処すべく、当該の子に、内外いずれの国籍を選択させればよい」、との"単純な発想"が、そこにある（前出・注9）で、「社債管理会社設置強制」との関係での

"法定デフォルト事由" に言及した際の、"周波数" の問題を想起せよ！）。

ただ、14条1項で、原則22才に達する前にかかる国籍選択を「しなければならない」とされるとき、もたもたしていると、15条3項でその者は「日本の国籍を失う」ものとされている点に注意せよ。前記の単純な発想、そして事ここに至るまでの議論の歪みと不徹底さのツケは、すべて子供にまわって来ているのである。

重国籍防止の観点と、終始主役であったはずの子供の人権（当該の者が、日本国籍をある日突然剥奪されることについての、憲法上の省察！）とは、いかなるハカリにかけられたと言うのか。その最も重要な部分に頬かむりした上での、昭和59年の国籍法改正なのである[318]。

そして、それに "伴って"、前記の如き誠に暗い「渉外戸籍先例の貫徹」（日本国憲法ではなく、大日本帝国憲法に支えられたそれ！）を意図した戸籍法改正が、あわせてなされた。続いて、今度は、終始あいまいなままだった両性平等論議を逆に "バネ" として、昭和30年代以来、（学者に任せていては）もたもたして一向に進まないとの認識を強く有していた法務省側が、従来から準備作業は行われていたところの、家族法関係の問題について、「法例改正」を一挙に成し遂げようとし、かくて「平成元年法例改正」がなされ、（平成11年改正を経て）平成18年の「法例廃止」・「通則法制定」へと至る、というのが、"全体的なシナリオ" なのである[318-a]。

だが、こうした "雑音" はともかく、ここで最後に、確認しておくべきことがある。そうした種々のバイアスにもかかわらず、また、"理念なき改革" に流されることなく、我々は、サヴィニー以来の伝統的国際私法の基本精神の一層の深化・発展に、日々努めるべきなのだということ、である[319]。

我々は、1960年代のアメリカ牴触法革命を、伝統的国際私法の第1の危機とし、それを乗り越えて来たはずである。第2の危機は、伝統的方法論の中にある欧州諸国の中で生じた。その余波が日本に及ぶ際に、本書2.5で論じて来たような経緯で、"法務省サイドの思惑" が、更に暗く機能していた。

だが、そのような逆境の中にあってこそ、歴史的英知としてのサヴィニー

型の（伝統的な）方法論を，我々は，人間精神の高らかな発露として，磨き抜いてゆかねばならないのである。本書2.3の注178)・179) の本文で記した点を，再度ここで示しておこう。

　「伝統的方法論……それは，一見ひ弱なようでいて，かえってその価値中立性のゆえに今日の多元的世界のこれほどまでの価値観の分裂の下をたくみにくぐり抜け，各国法の牴触から生ずる諸問題を，スムーズに処理し得るのだという，意外な強さを秘めたものでもあるのである。それはいわば，歴史の教訓としての所産である，とさえ言えよう。」

ちなみに，このような基本的な価値観の危機は，今日の世界の中で，そして日本社会の中で，随所で進行しているものである。そして私は，それらの各種の危機的状況と，激しく闘って来た[319-a]。

平成18年の「法例廃止」・「通則法制定」の裏には，私の闘争の対象たる，「規制改革」サイドの動きも，明確にあった[319-b]。不純な発想は，我々の英知で，すべて焼き切らねばならないのである（！）。

そのことをここで再確認した上で，次の問題に移ろう。

2.6　統一法と国際私法

■ 統一法運動の展開過程

本書2.3の冒頭近くに示した図8を，もう一度見て頂きたい。19世紀半ばのサヴィニーの登場の個所から，伝統的国際私法の展開過程を示す水平の右方向の矢印（本線）よりも上の方向に向けて，「普遍主義的国際私法観の純粋化」の流れ（と言っても，それはこれまで私が論じてきた諸点──上記の本線へと戻る矢印──とは若干異なる方向でのそれ，である）があり，田中耕太郎博士の『世界法の理論』に至る。その途中から，矢印が点線になって，さらに上に向かい，「？」マークに辿り着く。そのあたりの問題である。

田中耕太郎博士が最終的に強調したのは「世界法（Weltrecht）」という言葉に象徴されるように，各国法の統一，ということである。各国法（実質

2.6 統一法と国際私法

法)の牴触を処理する国際私法がバラバラであっては，殆ど意味をなさず，その意味で各国国際私法の統一は，まさに法論理的必然だ，との主張（いわゆる「国際私法の統一性」論[320]）がなされる。その一方で，各国実質法を統一するための，サヴィニーの普遍主義それ自体に立脚する営みが，大いに注目される。各国法の共通部分を，比較法学の知恵を結集して理論的に抽出し，それをもって世界法構築を導く，という遠大な構想である。

19世紀後半から続けられてきたかかる営為は，とくに海商法・航空法の分野，等で結実し，1910年の海難救助条約（大正3年条約第2号），1924年の船荷証券統一条約（昭和32年条約第21号），1929年の国際航空運送に関するいわゆるワルソー条約（昭和28年条約第17号），等の成果を見た。さらに，それに続いて1930年にジュネーヴ統一手形法・小切手法条約[321]（昭和8年条約第4号，同年条約7号）が成立した。1930年代は，かかる統一法運動の法理論的エネルギーの最も充実した時期であったとも言え，その時期に田中耕太郎博士の『世界法の理論』が登場したことになる。

運送法から手形法・小切手法へと向かったこの統一法運動の法理論的エネルギーは，ラーベル（E. Rabel）の記念碑的業績[322]を経て，国際的な動産売買法の統一へと向かった。ところが，この作業が意外に難航し，ようやく1964年に，いわゆるハーグ統一売買法が作成された。けれども，そこにおいて，統一法運動は，重大な理論的挫折を経験することになる。この理論的挫折は，ヨーロッパ比較法学自体の挫折とも言える。この点は後述するが，要するに批准国が極端に少なかったのみならず，後述の「統一法優位の法的イデオロギー」が，あまりにも尖鋭化した形で同条約を貫いていたからでもある[323]。こうして，主役はヨーロッパからむしろアメリカに移り，1980年の国連統一売買法[324]の作成に至るのである[325]が，各国法統一に向けたかつての法理論的エネルギー（比較法学をバックとするそれ）は，確実に失われた中で，そうした営為が続けられているのである。

■ 問題の所在

さて,「統一法と国際私法」という問題を設定した場合の議論のポイント,つまり問題の所在を,ここで明確にしておこう。問題は,各国実質法を統一する条約と法廷地国際私法との関係にある。かかる実質法統一条約を法廷地国が批准した場合,その限りで当然に法廷地国際私法は存在意義を失う[326],と単純に考えてよいのかどうか,ということである。(私見は図13に即して後述するが) まず,図12を示しておく。

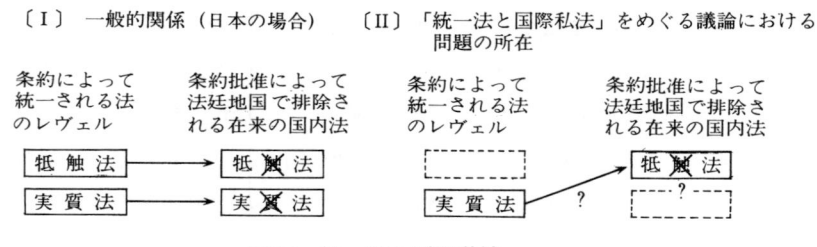

〔Ⅰ〕 一般的関係(日本の場合)　　〔Ⅱ〕「統一法と国際私法」をめぐる議論における問題の所在

条約によって　　条約批准によって　　条約によって　　条約批准によって
統一される法　　法廷地国で排除さ　　統一される法　　法廷地国で排除さ
のレヴェル　　　れる在来の国内法　　のレヴェル　　　れる在来の国内法

| 抵触法 | → | 抵触法 | | | → | 抵触法 |
| 実質法 | → | 実質法 | | 実質法 | ? | ? |

図12　統一法と国際私法

この図12の〔Ⅰ〕の図で示したのは,日本の憲法秩序の下では批准した条約が当然に在来の国内法に優位するから(ただし,この点は,国ごとに違う![327]),いわば当然のことを示した図だということになる。例えば,遺言の方式や扶養義務に関する国際私法統一条約が批准されるのに伴って,法例の関係規定が削除され,平成元年法例改正においても,条約との関係を整理していた法例の旧31条が,新34条となって定立されている(通則法では43条)。実質法(民商法)レヴェルでも同じことが生ずる。それが図12の〔Ⅰ〕の図である。

だが,ここで問題としているのは,そうではない(!)。図12の〔Ⅱ〕に示されたシチュエイションにおいて,即ち,各国実質法を統一するにとどまる条約を法廷地国が批准したことによって,果たして当然に法廷地国際私法(抵触法)が排除されるのか,との点が問題なのである[327-a]。

もとより,各国実質法を統一することを主目的とする条約(統一法)の中

において，国際私法（牴触法）に関する条文が，あわせて統一される，ということはしばしば生ずる。例えば，1929年の国際航空運送に関するワルソー条約の32条は，そうした規定である。この場合の問題は図12の〔Ⅰ〕の図に基づいて，問題を整理して（分けて）考えれば済むことである。だが，実際には，図12の〔Ⅰ〕と〔Ⅱ〕とを，いわば2枚重ね合わせた形での処理が志向されている。このことは，わが最高裁判決に即して後述する。

ところで，前記ワルソー条約の32条だが，そこでは「運送契約の約款及び損害の発生前の特約は，当事者がその約款又は特約で適用すべき法律を決定……することによってこの条約の規定に違反するときは，無効とする」，と規定されている。その意味するところは，次の通りである。即ち，この条約は，航空運送人の責任の制限を合理的な範囲内でのみ認めることに，その主眼があった。だが，かかる趣旨の統一法（条約）を各国が批准しても，国際私法上の当事者自治の原則を野放しにしておいたのでは，運送契約の準拠法を約款等で非締約国法，とりわけ運送人の責任制限ないし免責を（実質法レヴェルで）この条約よりも一層徹底して認める国の法が指定されてしまうと，問題が生ずる。そこで，締約国の国際私法の内容にも踏み込んで，あわせてこれを規定することが考えられたのである。

だが，前記の32条を注意深く読むと，損害発生後の特約でこの種の準拠法指定をすることは，そこにおいて何ら規制されていないことに気づく。即ち，このワルソー条約は，とくに32条で国際私法に関する特別なルールを定めているが，それは締結国の国際私法自体を排除しようとしたものではないのである。即ちそれは，前記図12の〔Ⅰ〕の図における自然な理解に立ったものであり，この図の〔Ⅱ〕の方における「？」を付した矢印の先において，法廷地国（締約国）の国際私法に介入しようとしたものではないのである。

また，同条は一層厳密に考えると，国際私法上の当事者自治の原則そのものに介入したものというよりは，そこで選択される準拠法を実際に（法廷地国で）適用した結果，実質法（民商法）レヴェルで条約が定めている運送人

の責任の程度を，一層引き下げることになる場合について，当該の約款・特約を「無効」としているにとどまる。その発想は，むしろ，前出・注247）以下の本文で批判的に論じた，国際私法上の弱者保護についてのEC契約準拠法条約（1980年）の処理と，相通ずるものがある，という位置づけになるのである。いずれにしても，同条約においては，法廷地国際私法は，何ら排除されていない。

ところが，このワルソー条約を適用した最判昭和51年3月19日民集30巻2号128頁，最判昭和52年6月28日民集31巻4号511頁[327-b]は，契約準拠法を何ら論ずることなく，いきなり同条約を適用して事案を処理した。また，同条約32条のような締約国（法廷地）国際私法に関する何らの特則をも有しない条約たる，前記の海難救助条約に関する最判昭和49年9月26日民集28巻6号1331頁も，同様に，いきなり条約を適用している[328]。これらに共通するのは，各条約の適用範囲を確定する規範（「適用範囲画定規範」——これを"boundary rule"と言う），即ち，ワルソー条約で言えば，条約で言う国際航空運送を定義したその1条の中に含まれる事案であれば，ダイレクトに条約を適用する，とするスタンスである。

だが，そうしたことをなし得るのであれば，一体ワルソー条約の前記32条は如何なる意味を有し得るのかが，厳しく問われねばならないはずである。こうしたわが最高裁判決は，暗黙のうちに，前記図12の〔Ⅱ〕の図において，実質法統一条約により当然に法廷地国際私法が排除されるかの如く処理したものであるが，それがほかならぬワルソー条約自体の構造に反していることに，一刻も早く気づくべきであろう。

私が最も懸念するのは，こうした実質法統一条約が批准されることによって，もはや国際私法など不必要になったとの短絡が生じ，結果として法廷地実質法をベースに，条約をいわば不当に自国法に引き寄せて解釈する，といった現象が生じ得ることである。こうしたことは，「悪しき法廷地法主義の再来」とも評し得べきことであって，伝統的国際私法の基本理念にも反するものである。

そして，実際に，前記の最高裁判決においても，如実にこうした傾向（ある種の homeward trend〔Heimwärtsstreben [329]〕である，とも言える）が，示されている。即ち，前掲最判昭和 49 年 9 月 26 日は，海難救助条約 4 条を適用しつつ，これとわが商法 800 条とは，当該問題につき「全く同一の立場をとる」として一気に事案を処理する[330]し，前掲最判昭和 51 年 3 月 19 日は，一層ドラスティックに，ワルソー条約 25 条に言う「訴が係属する裁判所の属する国の法律によれば故意に相当する過失（fault equivalent to wilful misconduct)」との条文につき，そこで言う「故意に相当する過失」とは，わが国法上の重過失と同じだ，として事案を処理したのである。ちなみに，同条約のこの文言は，もともと英米法起源のものであるが，その解釈をめぐって締約国間で判断が分かれている[331]。そうした点に配慮することなく一気に自国法的な色眼鏡で条約を把握する姿勢は，極めて問題と言うべきである。

■統一法優位の法的イデオロギー

ところで，前記図 12 の〔Ⅱ〕の図の如き，つまり今問題としているが如きシチュエイションにおいて，統一法優位の法的イデオロギーなるものが，とりわけドイツの比較法学者によって説かれている。その代表者は，わが民法上の不当利得法の発展（類型論的手法）にも影響を与えたケメラー（von Caemmerer）や，比較法学者としても著名なツヴァイゲルト（Zweigert）[331-a]である。実質法統一条約における「法の欠缺」と「統一後の法の発展」の取り扱いとがポイントとなることをあらかじめ示した上で，彼らの主張を一言でまとめると，次のようになる。即ち――

「法の牴触を処理する上で，「国際私法（牴触法）」と，"比較法学の実定法化"としての意味を有する「統一法（実質法統一条約）」とは，二者択一の関係にある。統一法が批准されたならば，"法論理的必然"として法廷地国際私法は排除され，専らダイレクトに統一法が適用される。もとより，統一法（実質法に関するそれ。以下同じ）は，すべての問題をカヴァーするものではなく，一定事項に限った法の統一に際しても，規定の欠缺（Lücken）がある。けれども，かかる欠缺は，当該統一法から抽出される規範によって補充さるべきであり，その場合

でも法廷地国際私法の介在の余地はない。また，実際に統一法が作成・批准されてからのち，各国間で統一法の解釈のズレが生じ得るが，そうした問題もすべて統一法自体の中から普遍的な規範を抽出することによって解決すべきであり，法廷地国際私法の介在の余地は，やはり無い。統一法作成後の各締約国の法のさらなる発展は，すべて統一法に内在的な形でなされねばならない[332]。」
——と。

そして，彼らのこうした極端な主張を，すべて盛り込もうとして作成されたのが，既述の1964年ハーグ統一売買法条約なのであった。即ち，その2条と17条が，核心的な規定である。

まず，同条約2条は，「国際私法のルールは，本法〔統一法〕に反対の規定がない限り，本法適用の目的のために排除される」とする。次に，同17条は，「本法によって規律される事項に関する問題であって，本法において明示的に処理されていないものは，本法がその上に基礎を置くところの一般原則に従って処理されねばならない」とする。両条により，明確な国際私法の排除が宣言されているのである。

上記の2つの条項は，ヨーロッパ比較法学をベースとして統一法運動が辿ってきた理論的発展の帰結を，端的に，そして，確認的に示したものであった（ただし，同条約の "boundary rule" によってではなく，その2条によって国際私法が排除されていることに，注意せよ！）。だが，それが明白な「任意法規性」（！）を有するこの統一法において宣言されたことは，極めて不幸なことであった。国際的な動産売買に関するこの統一法は，運送関係等の前記の諸条約とは明確に異なり，（1980年の国連統一売買法と同様）純然たる任意法規を各国で統一するもの，であった[332-a]。

その関係で，この1964年ハーグ統一売買法3条は，契約の両当事者が，この統一法を自由に排除できる，としている。その際，両当事者は，非締約国の法を契約準拠法として指定することによっても，この統一法の排除をなし得るものと解されている[333]。そのことと前記の2条との関係は，極めて微妙である。

2.6 統一法と国際私法

　それと共に，国際的な動産売買については，実質法を統一する作業と国際私法を統一する作業とが並行してなされていたことが，もう1つの重大な問題を提起した。実は，1955年にこうした準拠法統一条約が既に出来ており，その締約国が前記の1964年ハーグ統一売買法の締約国となると，（条約を含めた）国際私法が，後者の2条により排除されることになる。その間の調整をどうつけるのかが，問題となったのである[334]。

　他方，その17条にしても，1930年代のラーベルの業績以来約30年間の蓄積の中で，各国を代表する比較法学者達の英知を集めてようやく結晶化した1964年統一売買法においても具体的に定められていない事項について，適切な規範を，どうやったら条約自体から抽出し得るかが，問題となる。2条にしても，17条にしても，かかる統一法優位の法的イデオロギーは，現実的なものとは到底言えないのである。

　ところで，こうした1964年ハーグ統一売買法の2条・17条による国際私法の排除は，前記の図12で言えば，その〔I〕の図の方によって説明すべきものである。即ち，それらは，前記の国際航空運送に関するワルソー条約32条と同様，それを批准した締約国（法廷地国）の在来の国際私法に対して，特則をなすことになる。統一法優位の法的イデオロギーからは，図12の〔II〕は法論理的必然のはずで，いわばそれを確認したのが，前記条約2条・17条なのだ，と言いたいところであろうが，そうは言えない。こうしたイデオロギーだけで実際の法の統一を把握し切ることは，所詮無理なのである。

■ 見解の対立と論点のズレ

　ところで，統一法（実質法統一条約）を批准したのだから，もはや法廷地国国際私法を通した準拠法選択は不要であろう，といった常識的リアクション（？）が，とくに日本ではなされがちだが，何のために国際私法が存在するのかを忘れた暴論と言える。種々の議論ないし啓蒙を通して私が認識するに至ったのは，別な立場をとる方々と私とでは，完全に論点がズレている，

ということである。

　既述の如く,わが手形法・小切手法は(その中に含まれた国際私法の規定――手形法88条以下,小切手法76条以下――も)すべて,統一法を批准した結果,わが国で制定されたものである。統一から既に70年余りを経たこの統一法が,現在の時点で考えた場合,すべての締約国で全く同一の解釈・適用を受けている,などと誰が断言できようか。そもそも,実際のわが手形法・小切手法の解釈・適用にあたり,それが統一法,即ち条約の批准によってわが国内に導入された法規範であるという認識は,どこまであるのか。

　ただし私は,このような解釈態度を,統一法論者の前記の如きイデオロギーから非難する訳では,毛頭ない。逆である。

　「法統一は,1つの『過程』として捉えらるべきものである。法統一への過程で成立した個々の統一法を,閉ざされた全体 (geschlossenes Ganzes) として把握することは,妥当でない。批准……された統一法は,その国の国内法にとって,当初は埋め込まれた異物であるが,その国の在来の国内法とのその後の交渉の中で自然にそれと同化し,その国の国内法の一部として定着するのであ[335)]り,手形・小切手統一条約への,前記の如きわが国での一般の認識は,むしろ自然である。

　だが,だからと言って,条約の条文を自国の在来の法規に無理に引き寄せて解釈するが如きことは,既述の如く,そもそも疑問である。そして,条約作成後の年月の経過の中で,当然,上記の如き自然な法的発展が各締約国それぞれにおいて蓄積されてゆくことにより,各締約国間の解釈のバラつきに直面する場合も,生じ得ることになる。私が問題とするのは,むしろ,こうした場合にどうするか,との点なのである。

　実は,まさにジュネーヴ手形法統一条約(統一法)との関係で,ドイツ・フランスそれぞれの最上級審判決が,同時期に,しかも,両国間に置かれた鏡に映る像の如き同種事例において,国際私法を通した処理をしているのである。即ち,両国とも同条約の締約国なのであるが,同条約31条4項(わが手形法31条4項に相当――手形保証の規定である)について,両国間に"解

釈の相違"³³⁵⁻ᵃ⁾ が顕在化していた。そして，両国間にまたがる事案を処理する際に，それぞれの法廷地国国際私法に基づき，1962 年にドイツの BGH はフランス法を，1963 年にフランス破棄院はドイツ法を，それぞれ準拠法としてこれを処理したのである³³⁶⁾。

　これは極めて重要なことである。前記の如き統一法優位の法的イデオロギーからは，必ず統一法の中から単一の統一的規範が抽出されるはずであって，かかる処理は疑問だ，ということになる。また，前記の如き最高裁判決の論理からも，条約の適用範囲内に当該問題が入るならば，当然に法廷地国の条約解釈で済ませてよい，といったことになり得る。だが，そうした処理は，とられなかったのである。たしかに，手形法・小切手法統一のための 1930 年ジュネーヴ条約は，国内・国際を分けずに，ダイレクトに各国実質法を統一する趣旨のものである。それは，それだけ踏み込んだ法統一方針がとられた，ということを意味する。国際航空運送に関する前記のワルソー条約 1 条の適用範囲画定規範（boundary rule）と同様の意味あいが，それらの条約における手形・小切手の定義の中に，移しかえられているのである。

　国内・国際を分けずに規定する統一法の場合と，国際的問題のみを統一するものとで，当面する問題を分けて考える，といったことには理由がない³³⁷⁾。ドイツ・フランス両国の前記の判例は，締約国間の条約解釈の相違に直面し，自国の解釈を押しつけることなく，まずもって当該問題の準拠法³³⁸⁾（lex causae）を選択した。くどいようだが，両国とも同条約の締約国であり，問題は締約国間の条約解釈の相違だったのである。そして，準拠法所属国の解釈に従って，つまりは，当該国の法秩序の一部として受容されてきたものとしての当該統一法を，適用したのである。

　こうした場面で，果たして法廷地国の在来の国際私法の介在を，一切拒絶すべきか否かが，「真の論点」（!!）となるのである³³⁹⁾。そして，果たして締約国間で解釈のズレがあるか否かも，実際に十分な調査をして初めて判明することである。法を統一したのだから，締約国間で統一法解釈に不一致はない，との前提で当面の問題に対処するのも，やはり理由がない。それでは

どうすべきか。

まず考えるべきは，実際の実質法統一条約には「法の欠缺」がつきものである，との点である。そのため，具体的事案の処理上，その欠缺部分を如何に補充して十全な処理をすべきかが問題となる。そして，この点は，法廷地国国際私法を通して当該問題の準拠法（lex causae ――契約準拠法，等々）を選択し，それによって処理すべきことになる[340]。1964年ハーグ統一売買法17条は，この場面における法廷地国際私法の機能を否定しようとしたが，その試みは失敗に終わっている[341]。

かくて，実際の事案の処理にあたっては，統一法によってカヴァーされる部分とされぬ部分とが問題となり得る。後者につき準拠法選択を問題とするのであれば，前者についても等しくそれを問題としてゆくべきではないのか。例えば国際契約（動産売買，等）の準拠法がA国法とされる場合を考えよう。そして，A国が（法廷地国と同様に）当該統一法条約の締約国であるとしよう。その場合，準拠外国法の内容を虚心に探求してゆくという，本書3.5で後述の，「外国法の適用と裁判所」の問題の一環として，統一法の解釈の点も，その他の点と共に一括して処理されるべきことになる。その方が，統一法の適用される部分と否の部分とで，「準拠法選択上の事案の分断[342]」をすることから生ずるややこしい問題を回避できるし，条約解釈の名において法廷地実質法の考え方が忍び込む，といった前記の問題[343]も，その限りで解消されることになる。

なお，既述の1924年の船荷証券統一条約と，その批准に伴って制定されたわが国際海上物品運送法の適用関係について見ておこう。同法の適用されるのは日本法が当該問題の準拠法とされる場合に限る，とされるのが通常であったし[344]，一般的にも，そのような考え方が「おそらくいまでもわが国での通説ないし多数説ではないか[345]」，ともされている。そこで，このような考え方をとる私の立場を，次に図示しておこう。図13である。

まず，日本（法廷地国＝F国と表示する）が当該統一法の非締約国である場合，即ち，図13の〔Ⅰ〕の場合にどうなるか。「準拠法指定①」の場合に

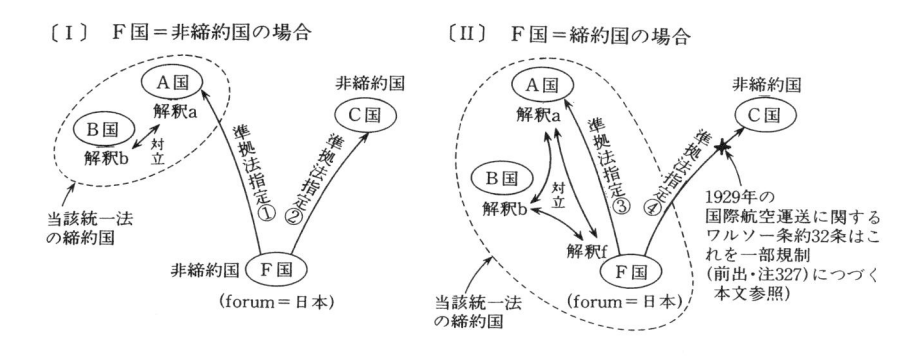

図13 実質法統一条約の批准と国際私法――私見の骨子

　は、準拠法所属国たるA国の法がワン・セットで、つまり、当該統一法のカヴァーする点もしない点もあわせて、F国で適用される。客観的にA国法の内容を調査するのであるから、すべてがA国に委ねられることになる。共に締約国たるA国・B国間で、それぞれ解釈a・解釈bの対立があっても、当然に解釈aによることになる。これに対して、F国で選択される準拠法が非締約国たるC国法であれば（〔Ⅰ〕の「準拠法指定②」の場合）、すべてがC国法に委ねられる。この処理には全く異論の余地はないであろう。

　私は、それと同じことを図13の〔Ⅱ〕図の場合にもあてはめようとするのみである。なお、この〔Ⅱ〕図では、当該実質法統一条約（統一法）の締約国たるA国・B国・F国間で、統一法解釈の相違のある場合が、念頭に置かれている。前出・注336）の本文で示したドイツ・フランスの最上級審判決は、かかる場合に、「準拠法指定③」を行ない、互いに相手国（図中ではA国）の条約解釈に従ったことになる。それと同じことが、私見においても志向されることになる。

　これに対して、従来のわが最高裁判決、とりわけ、前出・注331）の本文で論じた前掲最判昭和51年3月19日は、この〔Ⅱ〕図のように締約国間で解釈が分かれているのに、当然のように法廷地国の解釈fをとったことになる。また、そこで論じた他の最高裁判決も、準拠法選択を何ら問題とせず、

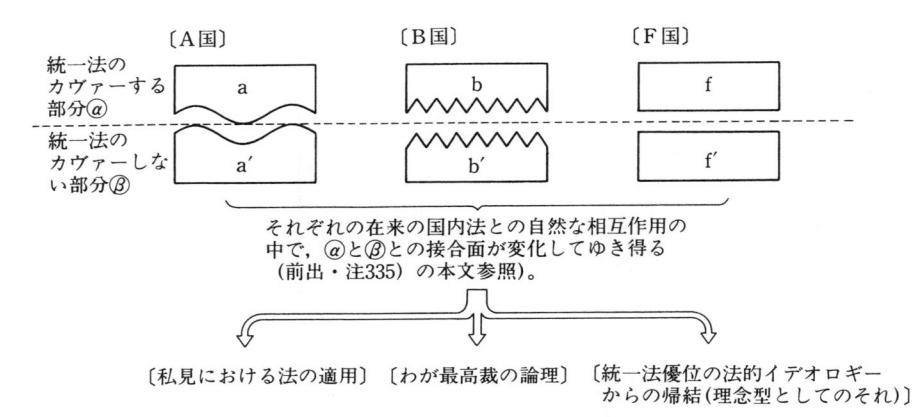

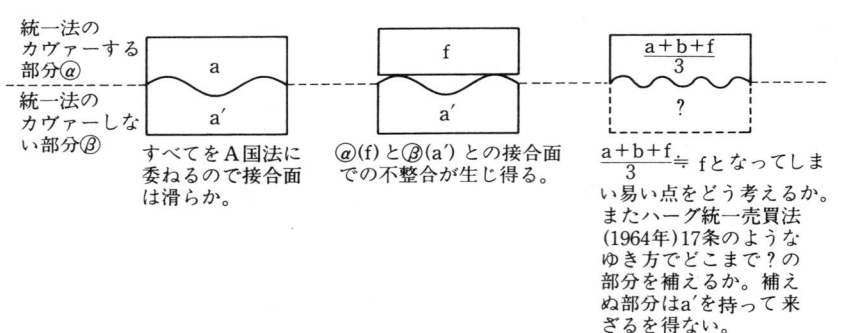

図14 統一法のカヴァーする部分とカヴァーしない部分との適用関係
　　　（図13の〔Ⅱ〕における「準拠法指定③」の場合の補足）

当然のことのようにＦ国（法廷地国＝日本）の解釈 f を, しかも在来の法廷地実質法の方へ条約を強引に引き寄せた形でのそれを, 採用したのである。

　なお, この図13の〔Ⅱ〕図における「準拠法指定③」の場合に即して, 問題を若干別な角度からとらえておこう。図14を見て頂きたい。前出・注342）の本文で一言した,「準拠法選択上の事案の分断」の問題である。件々しい説明よりも, この図14を見てじっくり考えて頂いた方が, 何が問題かは分かり易いであろう。要するに図14の左下の私見では, どうせ当該紛争処理のためにその統一法の規律していない部分をＡ国法によるならば（前記図13の〔Ⅱ〕図とあわせて図14を見よ）, ⓐ (a), ⓑ (a′) ともに, 一括して

2.6 統一法と国際私法　　137

A国法により，A国の統一法解釈によった方が，ⓐⓑ間の接合面での不整合（場合によって，本書 3.4 の「適応（調整）問題」にも発展し得るそれ――前出・注 97）の前後の本文を見よ）をも回避できるし，「最も密接な関係の原則（Grundsatz der engsten Beziehung）」という伝統的国際私法の基本からしても，そうすべきである私はそう考えるのである。

　以上の如く，図 13 の〔Ⅱ〕図のうち，「準拠法指定③」の場合は考えられる。だが，それでは同じ図の「準拠法指定④」の場合にはどうなるのであろうか。この場合，図に示した通り，法廷地国国際私法は，統一法条約の非締約国たる C 国の法を指定している。これをそのまま認めると，F 国（日本）が締約国であるのに（もとより，当該統一法の事項的適用範囲には入る場合を考えている），法廷地国（F 国）では統一法（条約）が適用されなくなってしまう。それが法廷地国の"条約遵守義務"に反しないのか，というのが常識的なリアクションであろう。

　だが，そのような場合が問題だというのならば，「準拠法指定④」のような場合が生じないような安全弁を，当該統一法作成に際して設けておけばよい。前出・注 327）につづく本文で示した 1929 年の国際航空運送に関するワルソー条約 32 条は，こうした趣旨の条項であったし，すべては，前記図 12 の〔Ⅰ〕の図に即して考えればよい。この辺は，割り切って考えないと，頭が混乱するばかりなので，図を多用しつつ説明したわけである。

　私としては，統一法条約を日本が批准した場合[346]の"条約遵守義務"の内容を，次のように整理して考えている。前記の図 12 の〔Ⅰ〕図を用いる。法の統一には，牴触法・実質法それぞれのレヴェルでの統一がある。もとより単一の統一法の中で，その双方のなされる場合もある。それはよい。統一法条約を批准した日本が負う義務（条約遵守義務）は，統一法中の個別規範が上記いずれのレヴェルかに応じて，前記図 12 の〔Ⅰ〕図の如く，在来の国内法規範にそれを置き換えることにとどまる。かかる意味での実質法統一条約の批准に伴って，図 12 の〔Ⅱ〕図の，「？」マークを付した矢印の如き展開に至ることは，理論上問題がある。これまで極力多面的に論じてきたよ

うに，これを拒絶すべきである。

　従って，図13の〔Ⅱ〕図の，「準拠法指定④」のような場合，かかる非締約国法への準拠法指定それ自体を制約するためには，当該統一法自体の中に，前記ワルソー条約32条や，(その当否はもとより疑問ながら) 1964年のハーグ統一売買法2条（国際私法の排除）のような規定の置かれることが必要である。もとより，当該統一法の批准に伴って法廷地国が在来の法廷地国際私法に何らかの修正を加えることは基本的に自由だが[347]，条約自体の中に明確な規定がない場合に，アプリオリに国際私法的処理自体を否定することは問題である。

　法統一後の各締約国での自然な法発展[348]による解釈の相違を放置すべきではないし，他方，統一法のカヴァーしない部分についての準拠法選択は，いずれにしてもなされるのであるから，前記図14の下段中央に示したような不整合の問題も出て来る。やはり，ここでも「最も密接な関係の原則」に忠実な伝統的方法論を堅持すべきだ，というのが私見である。

　なお，上記においては，「条約遵守義務」との関係についても一言したが，気になる点があるので一言する。国際動産売買に関する1964年のハーグ統一売買法も，1980年の国連（ウィーン）統一売買法も，基本的に任意法規としての性格を有する[349]。かかる任意法規的統一法を批准した場合に，締約国の負う条約遵守義務の内容が，問題となるのである[350]。

　即ち，統一法のカヴァーする事項的範囲の中に，締約国で何らかの強行法規（例えば消費者保護法，等）があったとする。その統一法が，その事項的範囲内ですべて任意法規による規律を予定していた場合，当該締約国は，条約遵守義務の当然の帰結として，当該強行法規を廃棄せねばならないのか，また，その後こうした強行法規を導入することが許されなくなるのか，ということである。図15で，問題の所在をヴィジュアルに示すこととする。

　図15の〔場合Ⅱ〕について，かかる任意法規たる統一法の批准により，条約の国内法に対する優位（日本の場合を今は問題としている[351]）からして，国内の任意法規が図の如く排除されるのは当然であろう。だが，図に⑦を付

2.6 統一法と国際私法

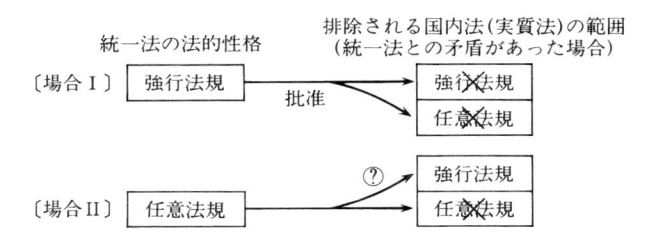

```
               統一法の法的性格        排除される国内法(実質法)の範囲
                                  (統一法との矛盾があった場合)

〔場合Ⅰ〕      強行法規  ──批准──→  強行法規
                         ╲        任意法規

〔場合Ⅱ〕      任意法規  ──⟨?⟩──→  強行法規
                                  任意法規
```

図15 統一法の強行法規性の有無と条約遵守義務
（日本の場合）

した矢印の先がどうなるのか，ということである。実は，こうした場面においても，とくに法統一に深くタッチした者によって，締約国の国内強行法規の残存，あるいは新設にもストップをかけたいという，いわば自然の欲求が出て来ている[352]。だが，私人は当該統一法を，それが任意法規であるがゆえに排除し得るのに，締約国が自国の強行法規の維持・制定・適用を拒否されるというのは，1つの奇観である。

そうすべきだと言うのならば，その旨の明確な規定を，当該統一法の中に設けておけばよいのであり，そうでない限り，図15の〔場合Ⅱ〕における締約国国内法上の強行法規の適用（あるいは批准後のその制定）は，妨げられない，と考えるべきである。即ち，任意法規たる統一法を，任意法規としての資格で国内的に受容することで，この場合の条約遵守義務は尽きている，と考えるべきである[353]。

■ 実質法統一作業の今後

さて，1964年ハーグ統一売買法が，実質的には「統一法優位の法的イデオロギー」の"墓場"であり，ヨーロッパ比較法学の苦渋に満ちた挫折を意味したことは，既に示した[354]。その後の作業がアメリカ主体の中でなされ，1980年の国連統一売買法が成立し，既に1992年12月10日段階で，34か国がそれに加盟していた[355]。カナダ，オーストラリア，フランス，ドイツ，イタリア，スイス，そしてアメリカといったいわゆる主要諸国のほか，中国，

ロシア等もこれに加盟している。そうなると日本も、といったいつものパターンが、まさにくり返されつつある情勢だったのである[356]。

　日本は、幸いなことにまだこの統一法条約を批准していないが、注意すべき点がある。この1980年国連統一売買法は、既述の如きヨーロッパ比較法学の挫折感と共に、アメリカが加盟せねば何も始まらぬとの現実意識から、とりわけアメリカ統一商事法典（UCC）との一体化を旨として作成された。そして、そのせいもあってか、実際の条文が極めて漠として、つかみどころがない[357]。かかる条約を批准した場合、一体具体的に何がどう統一されたのか、の問題である。

　この統一法の中で中核的な位置を占めるものとして重視されているのは、「基本的な契約不履行（fundamental breach of contract）」に関するその25条である。「一方当事者によってなされた契約不履行は、それが他方当事者に対して、その者がその契約の下で期待する権利のあるところのもの（what he is entitled to expect under the contract）を実質的に（substantially）剝奪するような損害（such detriment …… as）を与えた場合には、基本的なものである。ただし、不履行をした当事者がかかる結果を予測せず、かつ、同種の合理的な者（a reasonable person of the same kind）が同一の状況下でかかる結果を予測しなかったであろうときにはこの限りでない」と規定する。

　何と漠然たる規定であろうか。かかる規定の解釈が、加盟各国の間で完全に一致する保証が、一体どこにあるのだろうか。また、こうした規定を前に、国際私法的処理が排除される、といった立場がとられた場合、それが「悪しき法廷地法主義の再来」を全く意味しないと、一体誰が断言できようか。本書でこれまで述べてきた点と共に、何故ここで私がこのように言うかには、理由がある。西欧の先進諸国と共に、中国までもが、この統一法を批准（それに加盟）してゆく中で、例の如く急にあわて出した形でなされて来た観のある日本国内での検討は、この統一法の個々の条項と日本の民商法とを対比し、そんな違いはなさそうだから批准してもとくに問題はなかろう、といったスタンスで、現実になされて来た。一研究者としての実感、といった程度

2.6 統一法と国際私法

でお考え頂いて結構であるが、そうなのである。もとより、一層この統一法に即した研究はそれなりにあるが、批准後、この統一法についてのわが裁判所の判断が求められたとき、前出・注 328）の本文で示したわが最高裁の従来のスタンスを考えあわせると、一体どうなるのかが、非常に気になるのである。

なお、極めて漠たる規定内容となっているのは、この統一法の前記 25 条のみではなく、そこには、reasonable; adequate; substantial; if the circumstances so indicate; in the light of the facts and matters といった類の"不確定概念"が、山ほど登場する。前記の図 13 の〔Ⅱ〕図に立ち戻って、是非考えて頂きたい。各加盟国間での統一的解釈を、現実問題として、一体どこまで期待できるのか。

もっとも、ある種の比較法学上の方法論をとれば[358]、主要諸国（いわゆる「母法秩序」）の法のみを見ればよいとして、昨今の通商問題の傾向そのままに、弱小国の立場を斬り捨て、日本にとっては御得意の"脱亜入欧"型処理が可能となるのだろう。だが、それで統一的解釈が担保されたと言うのは、幻想に近い。理論的に、本当にそれでよいのかを、冷静に今のうちから考えておくべきであろう。

さて、あとの論点については、それぞれ一言するにとどめておく。まず、各国法の牴触状態をなくすべく、統一法運動が進められてきたわけだが、実際にはこの種の法統一のための条約づくりをある種のノルマとする、定期開催の国際会議や、いわゆる国際事務局が、多数存在する。その間のある程度の調整はあるが、それでも、同一事項を規律する複数の条約が存在し、それぞれに締約国を異にする、といった状況が生じてきている。つまり、これでは各国国内法の牴触が、それぞれ締約国を異にする「条約相互の矛盾・牴触（Konventionskonflikte; conflict of conventions）[359]」に移しかえられただけではないか、ということが言われ得る。

しかも、「条約法に関するウィーン条約」（昭和 56 年条約第 16 号）の 30 条（同一の事項に関する相前後する条約の適用）においても、その 4 項（「条約の

当事国のすべてが後の条約の当事国となっている場合以外の場合」）の規定ですべてが解決されているわけではないのである．即ち，同条約30条4項は，簡単な場合の調整方法を示すのみで，同条5項は，4項の規定は「いずれかの国が条約により他の国に対し負っている義務に反することとなる規定を有する他の条約を……適用することから生ずる責任の問題に影響を及ぼすものではない」，と規定する．かくて，あちら立てればこちらが立たず，といった「条約上の義務の衝突（widersprüchliche Verpflichtungen aus verschiedenen Verträge）」の問題は，国際法上，依然として残るのである[360]．条約の大量生産時代に入った昨今[360-a]，この点の問題は，一層深刻に受けとめる必要があると思われる．

それともう1点，条約という拘束力の強い法統一方式がよいのか，アメリカで各州法の事実上の統一に向けて作成される，いわゆる「モデル・アクト方式」がよいのか，という問題がある[361]．いわゆるEFT（electronic fund transfer）[362]取引——本書4.1の注718）の本文でも言及するそれ——に関する国連国際商取引法委員会（UNCITRAL）の作業は，後者の道を選ぶものであった[363]．実は，既述の1980年国連統一売買法は，まさにこのUNCITRALの場で作成されたものであり，そこに「条約至上主義」へのある種の反省もあること[364]は，若干注意されてよい．

いずれにしても，モデル・アクト方式の各国法統一の道が選ばれた場合には，本書2.5で論じた問題は生じないが，その場合の処理が，前記図13の〔Ⅱ〕図に即して示した私見と全く同じものになることには，注意すべきである．即ち，この図における点線内のA国・B国・F国を，条約ではなくモデル・アクトの採用をした諸国とし，その上で各国間のモデル・アクト解釈の相違があった場合の処理の問題である．図を見てじっくりと考えて頂きたい．

2.7 法の国内的な牴触の諸相と国家の分裂・統合

■ 戦前の日本と今の日本——時際法的問題を含めて[365]

　戦前の日本は，いわゆる内地と外地とで法を異にしていた。つまり，いわゆる「一国数法」の状態にあった。言い方をかえれば，当時の日本は「不統一法国」であった，ということになる。即ち，家族法の領域について言うと，内地では戦前のわが民法が適用されたが，朝鮮地域や台湾地域にもそれを及ぼすことは，なされなかった。それらの地域については，それぞれ従前の慣習をベースとした規範が用意されていた。例えば朝鮮地域について言えば，朝鮮民事令（明治45年政令第7号）が用意されていた。そして，内地人と朝鮮人・台湾人，といった区別が法的になされていたのである。

　かくて，当時の日本においては，国際私法的問題と共に，「法の国内的な牴触」の問題が処理されねばならなかった。前者は「法例」によることになるが，それでは後者はどうだったのか。この点については，別に，「共通法」（大正7年法律第39号）という法律が制定され，そこにおいて，法例の規定が準用されていた。準用といっても，それでは法例の本国法主義規定における「連結点」たる国籍を，住所等に読みかえ，当該の者が内地・外地いずれに居住するかによって，内地法・外地法のいずれが適用されるかを決していたかと言えば，そうではない。その連結点を「戸籍」の所在，つまりは本籍地の如何に求めていた点が，特色をなす。戦前の日本の戸籍制度の論理は，内地とは別に，例えば朝鮮地域については朝鮮戸籍令（大正11年朝鮮総督府令第154号）が別に制定されることを通して，外地にも及んでいたのである。

　結局，戦前の日本における「法の国内的牴触」問題の処理においては，法例の夫や親の本国法主義を，夫や親の本籍地主義に読みかえて，その地に妥当する法が適用されていたことになる。もとより，共通法や朝鮮民事令といった当時の法規は，終戦と共に失効した[366]が，戦後の判例においても，前

出・注44），90）で一言した最判昭和49年12月23日民集28巻10号2098頁を例にとれば，これらの旧法令がそのまま適用されている。

このケースは，昭和15年当時の，いわゆる朝鮮人（朝鮮地域に本籍を有する者）を養親とする養子縁組の成否が問題となったものである。従って，「準拠法決定の基準時点」が戦前ゆえ，かかる処理がなされたことになる。ただし，このケースは当該養親が昭和38年に死亡したことによる，相続財産をめぐる争いであり，相続準拠法については，法例旧25条（平成元年法例改正では条文の番号が1つズレたのみで，新26条となった。通則法では，36条）により，「被相続人の本国法」として，韓国法が適用されている。

戦後の日本の国際家族法が直面したこうした問題は，考えてみれば結構難しい問題である。一国数法（法の国内的牴触）の状態にあった戦前。だが，いわゆる外地は，戦後，日本の領域を離れた。のみならず，朝鮮地域は南北に分かれて，それぞれ別途の法秩序が形成され，中華民国（台湾）と中華人民共和国と同様の微妙な関係が生じた。昨今の台湾における台湾独立運動なるものは，もはや中国大陸の部分を切り離して台湾地域のみを領土としよう，といった性格のものである。そのあたりからも，問題の複雑さがうかがえる。だが，その問題の複雑さは，日本の戦後処理をめぐる混乱によって，一層のものとなっていた。

戦前の前記の如き法的取扱において，例えば朝鮮人と婚姻を締結した内地人女性は，内地戸籍から除籍されて朝鮮戸籍に登載され，朝鮮人としての法的地位を得ることになっていた。そして，そうした身分変動（家族法上の地位の変動）は，戦争と関係なしに生じていた。

だが，ポツダム宣言受諾（昭和20年8月15日）以来の事態の急変には，①降伏文書調印（同年9月2日），②内外地間の戸籍の交流停止（同年10月15日，民事甲第452号民事局長回答），③中国による台湾の正式接収（同年10月25日），④日本国憲法施行（同22年5月3日），⑤現行戸籍法施行と外地に対する入籍通知制度の廃止（同23年1月1日），⑥大韓民国の成立（同年8月15日），⑦朝鮮民主主義人民共和国の成立（同年9月9日），⑧新国籍法施

行（同25年7月1日），⑨法務府民事甲第438号民事局長通達（いわゆる「438号通達」，同27年4月19日——後述），⑩サンフランシスコ平和条約発効（同27年4月28日），⑪日華平和条約発効（同年8月5日）と，実にめまぐるしいものがあった。

こうした中にあって，当時の一般の雰囲気からして，朝鮮・台湾地域等に属していた人々が日本国籍を喪失することは，いわば当然のことと認識されていた[367]。領土変更に伴う国籍変更については，基本的には関係当事国間の合意によるはずだが，この点の明確な定めは，遂になされなかった。そこで，やむを得ず着目されたのが，サンフランシスコ平和条約2条（a）項，（b）項である。

だが，「第2条〔領土権の放棄〕(a) 日本国は，朝鮮の独立を承認して，済州島，巨文島及び鬱陵島を含む朝鮮に対するすべての権利，権原及び請求権を放棄する。(b) 日本国は，台湾及び澎湖諸島に対するすべての権利，権原及び請求権を放棄する」——といった条項から，如何にして国籍問題の処理への具体的基準を見出し得るのか。そこで，やむを得ず，前記⑨のいわゆる438号通達が出されることになった。

サンフランシスコ平和条約発効の時点でかかる外地戸籍に登載されていた，あるいはされるべきであった（前記②参照）人々は，その時点で当然に日本国籍を喪失する，とされたのである。そして，この立場が通説・判例によって採用され[368]，今日に至っている。

さて，ここで前記の最判昭和49年12月23日民集28巻10号2098頁に戻って考えておくべき点がある。前出・注44）で触れた問題である。図16を示す。

判旨は，図16に示したように，Zを養親とする養子縁組については，昭和15年当時妥当していた共通法により朝鮮民事令を適用したが，相続については韓国法を適用した。問題は前者の点である。

判旨が，戦後失効して久しい朝鮮民事令をそのまま適用したのは，日本の戦後処理の混乱の中で，そもそも共通法や朝鮮民事令の失効時点についても，

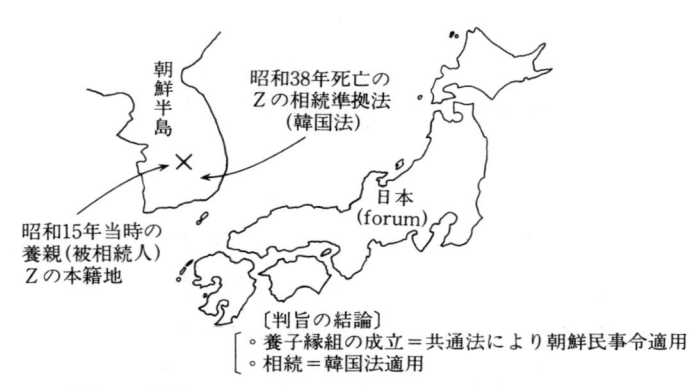

図16 最判昭和49年12月23日民集28巻10号2098頁
と時際法的処理

［判旨の結論］
・養子縁組の成立＝共通法により朝鮮民事令適用
・相続＝韓国法適用

（図中ラベル）
朝鮮半島
昭和38年死亡のZの相続準拠法（韓国法）
日本 (forum)
昭和15年当時の養親（被相続人）Zの本籍地

あいまいなままであったこと[369]が，おそらく関係する。日本の法秩序のどこをさがしても，とくに経過規定（時際法の規定）もないから，当時の法をそのまま適用した，ということであろう[370]。だが，そこで忘れられているのは，その後の"領土変更"の視点である。

前出・注44）で一言しておいたように，牴触法上の準拠法指定が，果たして国家法秩序単位のものなのか否か，という重大な問題（！）が，ここで提起され得ることになる。本件の場合，判旨は，準拠法指定及び時際法的処理を，「日本法」という国家法秩序のレヴェルで行なった。だが，当時の日本は一国数法の状態にあったから，単に日本法というのみでは，準拠実質法は特定されず，その部分法秩序をなしていた朝鮮という「地域の法令」（共通法2条2項，1条）が準拠法となる。そして，この場合には，『日本法という国家法秩序の枠組は，最終的な準拠法を決定するための，過渡的な枠として働くのみのものに過ぎない』，と見るべきではないかと思われる[371]。

つまり，図16の中で，朝鮮半島に×印を付した地に，共通法によって指定される当該養親（被相続人）Zの本籍地が所在するならば，「その地に妥当する法」が準拠法となる，と考えるべきである。そう考えることは，本件の如く，その後の領土変更が伴う場合には，とくに重要となる。領土変更とい

う国家と国家の綱引きに影響されることなく、牴触法的には、ひたすら「その地に妥当する法」を適用してゆくことになる。

ところで、判旨は朝鮮民事令をそのまま適用した。他方、同じZの相続については、韓国法を準拠法とした。後者について韓国法が適用されるに至るプロセス[372]は、本件では必ずしも明らかではないが、Zの本籍地も現在の韓国内に所在していた可能性が高い。このあたりのことが若干不明確ゆえ図16の×印と、韓国法適用との関係での矢印の先とは、あいまいな位置関係にしてあるが、仮に上記の如く前提して議論を進めると、次のようになる。

実は、朝鮮民事令は、日本本土（戦前の内地）においては遅くとも[373]サンフランシスコ平和条約発効までには失効していたが、韓国では、1960年1月1日の韓国民法施行まで、朝鮮民事令や日本の旧民法等の「現行法令」は、有効なまま存置されていた[374]。そして、同国民法附則2条により、同法が原則として（つまり、「特別な規定ある場合」を除き、かつ、「既に旧法によって生じた効力に影響を及ぼさない」限りで）遡及的に適用されることになったのである[374-a]。

かくて、本件でも、かかる韓国民法上の時際法（経過規定）に従った上で、本件Zによる養子縁組の成立の点を、判断すべきだったのである[375]。日本法たる（だった）朝鮮民事令につき韓国民法附則に従って時際法的処理を行なうことは、一見不自然のようでもあるが、領土変更という特殊事情に基づくものでもあり、また、牴触法上の指定（準拠法の指定）が、必ずしも国家法秩序単位のものではなく（！）、それぞれの法秩序を有する、いわば社会単位のものである、ということからは、上記の如く解すべきところと思われる。

■ ドイツ統一の法的構造[376]

朝鮮半島と中国大陸・台湾をめぐる状況と類似するのは、戦後の東西両ドイツの分裂である。「中国人・朝鮮人の本国法」をめぐる問題と同種の問題が、「ドイツ人の本国法」の決定についても、あったのである[377]。まず、

1990年10月3日のいわゆるドイツ統一よりも前の状況について一言する。

基本的に重要なのは，旧西ドイツと旧東ドイツとで，ドイツの分裂に関する法的認識が異なっていたことである。即ち，旧西ドイツは東西ドイツの並存を法的レヴェルでは認めず，常にドイツは1つだと見てきた。国籍の面でも単一のドイツ国籍が考えられており，旧東西両ドイツにまたがる事案は，ドイツの国内的な法の牴触の問題として把握され，民法施行法（EGBGB）の準用ないし類推[378]，によって処理されてきていた。

これに対し，旧東ドイツでは，1967年2月20日に独自の国籍法が制定され，旧東西両ドイツにまたがる問題は国際問題とされて，1975年12月5日の旧東ドイツ国際私法（RAG）の制定に至った。そうした流れの中で，1961年8月に「ベルリンの壁[379]」が構築されていたことになる。旧東ドイツにおいて，1975年末までは，少なくとも私法的領域に関してはドイツ民法典（BGB）等が妥当してきたが，1976年1月に，包括的な旧東ドイツの法典編纂が行なわれ，ここにおいて，明確に法体系を異にする2つの法秩序が成立したことになる。

こうした状況下において，日本から見てドイツ人の本国法をどう決めるかが，まず問題となる。中国が1つか2つかの論と同様に，ドイツが1つか2つかの論が，そこにある。「中国人・朝鮮人の本国法」決定の場合とほぼ同様に，住所ないし常居所，過去のそれら，等々の要素を総合的に考慮し，いずれの法秩序とより密接な関係があるかによって（旧西ドイツ側の準国際私法的処理と同様の形で），この点を決してゆくべきことになる[380]。従来の日本の裁判例において，この点の判断のプロセスを示さずに，当然のことのように旧西ドイツの法を適用したものが見られるのは，何故であろうか[381],[382]。

さて，1990年のドイツ統一（再統一）は，同年5月18日の第1国家条約，そして，同年8月31日の第2国家条約（統一ドイツ創設条約——Einigungsvertrag〔EV〕）によってもたらされることになった。いずれも，旧西ドイツと旧東ドイツとが，対等な立場で締結したものである[383]。そして，後者の

1条により，同年10月3日をもって旧東ドイツ地域がドイツ連邦共和国（旧西ドイツ）に「編入（Beitritt）」されることになった。

EV 8条は，この編入の日に，旧西ドイツ法（連邦法）が旧東ドイツ地域において効力を発する，と規定する。だが，それで旧東西ドイツ間で法の牴触がなくなった，と見るのは誤りである。実はEVは厖大な条文を有するAnlage Ⅰ・Anlage Ⅱを有している。Anlage Ⅰは，旧西ドイツ法の旧東ドイツ地域への，適用地域の拡張に対する，特則（つまりは，それに対する例外）を定めている。そこにとくに触れられていないものについてのみ，旧西ドイツ法の上記の如き意味での「移行（Überleitung）」が，生ずることになる[384]。

Anlage Ⅱは，編入後も引き続き旧東ドイツ地域で妥当する旧東ドイツ法の規定を列記した，これまた実に複雑な構造のものである。EV 9条が，そのような旧東ドイツ法の同地域での残存の，基本を定めている。

ちなみに，EV 10条は，旧西ドイツ地域で妥当していたECの法についての，編入以降の旧東ドイツ地域での妥当を，定めている。EV 11条は，旧西ドイツの締結していた条約が，編入の日，即ち1990年10月3日に，旧東ドイツ地域で妥当するに至る，とする。

だが，EV 12条は，逆の立場の条約，即ち，旧東ドイツが締結していた条約の処遇については，明確な規定をしていない。旧東ドイツは，旧共産圏諸国と，準拠法選択や国際民事訴訟法に関する事項を含む，2国間共助条約を，少なからず締結していた。統一後，それらの廃棄作業が進んでいるが，理論的には，国際法上の国家承継問題とも絡んで，実に興味深い問題がある[385]。

さて，EVのAnlage Ⅰで新設された民法施行法（EGBGB）236条[386]の§1は，「完結した出来事（abgeschlossene Vorgänge）」と題し，「編入が効力を発生するよりも前に完結した出来事については，従前の国際私法（das bisherige IPR）が引き続き適用される」，とする。旧西ドイツ地域の裁判所のなすことは編入の前後でかわらないが，「完結した出来事[387]」については，旧東ドイツ地域の裁判所で判断がなされる限り[388]，微妙な問題が生ずる。

「完結した出来事」つまり，「旧事案（Altfälle）」とは別に，「新規事案（Neufälle)」についても，旧東ドイツ地域で編入前に妥当していた前記の如き条約が残存していると，厄介な問題が生ずる。

　それを措くとしても，「旧事案」についてのEGBGB 236条§1の前記規定を素直に読む限り，旧東ドイツ地域の裁判所では，旧東ドイツ国際私法（RAG）のルールが適用されるべきことになりそうだが[389]，そこに旧西ドイツ側研究者の"怨念"めいたものが介在し，本来旧東西ドイツが対等な立場で締結したEVの本旨に反し，旧西ドイツ側の論理ですべてを処理しようとする，様々なバイアスがかかっているのである[390]。

　こうした実に複雑な法的葛藤の中に，「偉大な法的実験としてのドイツ統一[391]」作業が，現在も進みつつあるのであり，1990年10月3日をもってドイツが統一された，というのは，単なる比喩的表現でしかないのではないか，と思われるほど，問題がいまだに山積している。

　さて，こうした状況下にあるドイツの法を，平成元年法例改正後の状況下で（そして通則法との関係で），準拠法として指定した場合にどうなるのかにつき，一言しておこう。まず問題となるのは，当該法例（通則法）規定の定める「準拠法選択の基準時点」である。その基準時点がEV 1条による「編入」の日，即ち1990年10月3日よりも前か後かが重要である。

　もっとも，事実としてそれまで並存していた東西2つの法秩序のいずれかの領域内に，当該法例規定の掲げる連結点（不法行為地，常居所，等）の所在地を絞りこめれば，準拠法秩序は特定できる（編入の前後を問わず，この点は同じ）。あとは，その地の時際法的処理に委ねるべきことになる（前記の図16と同様に考えればよい）。

　そうしたことのできない本国法主義の法例規定の場合（国籍を連結点とする場合）の処理が，若干厄介である。前記編入より前の時点がわが国の国際私法による準拠法選択の基準時点となる場合には，その当時の本国法がドイツ法だと言うのみでは，最終的な準拠法（準拠実質法）が，決まらないからである。

　これを単純に法例新28条1項（通則法38条1項）の，「当事者が二以上の

2.7 法の国内的牴触の諸相と国家の分裂・統合　　　　　　　　151

国籍を有する場合」にあてはめてしまうことは，やはり躊躇される。国家法秩序が静態的に並存し，単にその双方から当事者が国籍を付与される（重国籍の）場合と，統一前のドイツをめぐる状況とは，やはり事情が異なるからである。他方，同条3項（通則法38条3項）の「地域により法を異にする国」とこれを見ることも，同様に躊躇される。既述の如く，この場合には「中国人・朝鮮人の本国法」の決定の場合と同様に，旧東西両ドイツのうちいずれの地域が当該の者の生活に，一層密接かの観点から，目的論的に（法廷地国たるわが国の側から）これを決してゆくべきであろう[392]。こうして「地域」を特定し，その上で，その「地域」について，当該問題に関してなされている統一ドイツの時際法的処理に従うことになる。

　これに対して，1990年10月3日以降の時点がわが法例の本国法主義規定による準拠法選択の基準時点となる場合には，もはやその時点で統一ドイツは成立しているのであるから，ダイレクトにドイツ法への指定（送致——Verweisung）がなされることになる。だが，編入後も，旧東西両ドイツ地域間で，実質法の（国内的）牴触状態が，一部残存している。例えば家族法領域における非嫡出子法や，いわゆる扶養調整（Versorgungsausgleich）もそうである[393]。そして，EVの中には，「ドイツの国内的な法牴触」に関する規定は，意識的に設けられなかった[394]。

　ただ，前記の「新規事案」については，「編入」と共に，旧東ドイツ地域でも旧西ドイツ側の従来の処理定式，即ち民法施行法（EGBGB）の準用ないし類推による処理が妥当（「移行（Überleitung）」）することになる[395]。そして，かかるドイツの国内的な法の牴触に直面した場合には，法例新28条3項（通則法38条3項）の「当事者が地域により法を異にする国の国籍を有する場合」に，ズバリあたることになる。ドイツでそれが「新規事案（Neufälle）」とされるものであるならば，上に示したような「その国の規則」，即ち，一本化された準国際私法のルールがドイツにはある，ということになるので，それによる処理がなされるのである（「旧事案」についても，その内容について争いはあるものの，前出・注395)に示したような，別なルールがあり，

ともかくもそれによることになる）。

いずれにしても，こうしたややこしい問題があるのであり，少なくとも現時点では，ドイツ統一によりもはや「分裂国家に属する者の本国法の決定の問題は解消したものといってよいであろう[396]」などとは，簡単には言えない状況にあるのである。

■ 国内的な法の人的牴触——共通本国法主義との関係を含めて

前出・注37）で一言したように，法の牴触には，一般に場所（地域）的・人的・時間的な，それぞれの態様での牴触がある。国単位での法の国際的な牴触を処理するのが，たしかに国際私法の通常の任務だが[397]，実際に準拠実質法を決めるためには，各国の国内的な法の牴触をも処理する必要がある。

特定の場所に妥当する法を見出し得たとしても，新法・旧法の適用関係を規律する時際法の問題が生ずる。当該の場所（地域）で，何等かの人的要素に着目した法の牴触（その者の宗教により適用される法が異なる，等）があれば，それをも処理する必要が生ずる。また，そもそも"場所的限定"の十分でない国籍（！）を連結点とする場合には，1国内での法の場所的牴触（例えばアメリカ，等）が別途問題となる。法例新28条3項（通則法38条3項），法例新31条（通則法40条）は，それぞれ1国内の法の場所的・人的牴触に対処するための規定であり，まずもってそうした問題の処理は当該国のルールに委ね（間接指定主義），その国に明確なルールのない場合には，法廷地国際私法の側から，「当事者に最も密接なる関係」のある法を（直接指定主義），それぞれ適用すべきだとする。規定のない時際法（法の国内的・時間的牴触）に関する処理も，これと同様に処理すべきことになる[398]。

平成元年法例改正前は，法例新31条（通則法40条）にあたる規定はとくになかった。だが，例えば東京家審昭和50年3月13日家月28巻4号121頁は，法例旧16条の下で離婚準拠法とされるインド法が，宗派により離婚法を異にしているという，法の国内的・人的牴触状態にある点に鑑み，次のように事案を処理した。即ち，法例新28条3項（通則法38条3項）にあた

る法例旧27条3項（「地方に依り法律を異にする国の人民に付ては其者の属する地方の法律に依る」としていた[399])）を準用し，当事者双方がそれに基づいて婚姻したところの，同国特別婚姻法を準拠法としたのである。

ところで，ここで1つの問題が生ずることになった。法例新28条3項（通則法38条3項），新31条（通則法40条）とも，上記ケースのように当該国法の中での処理をまずもって志向するものである。だが，平成元年法例改正によって，複数の者の共通本国法（法例新14〜16条，新21条［通則法25〜27条，32条］），共通常居所地法[400)]（法例新14〜16条［通則法25〜27条］）を適用する主義が，新たに登場した。

その結果，例えば個々の者の本国法決定につき，これらの規定に基づき法の国内的な場所的・人的牴触を，機械的に処理してゆくと，例えば夫婦が共にA国人だとしても，夫についてはa_1という法が，妻については，別なa_2という法が，最終的に特定されてしまい得る。その場合，a_1とa_2は別だから，これらの者に共通本国法はない，などとしてしまってよいか否かの問題である。アメリカ人夫婦の本国法（この場合には，アメリカ国内での，法の場所的牴触が問題となる）について，前出・注43)で批判した横浜地判平成3年10月31日判時1418号113頁が，まさしくこう解し，共通本国法がない，としてしまっている。これは大きな問題である。

法の国内的な人的牴触の場合についても，東京地判平成2年12月7日判時1424号84頁が，同様の判断を下しており，問題がある。このケースでは，離婚に伴う親権者指定が問題となり，法例新21条（親子間の法律関係——通則法32条）によることになった[401)]。問題の3人の子はいずれもインドネシア人であり，原告は日本に常居所を有する日本人，被告はイスラム教徒たるインドネシア人であった。法例新21条（通則法32条）は，親子に共通本国法のある限りで子の本国法を，それなき場合は子の常居所地法を，それぞれ適用するという，段階的連結（連結階梯）によっている点で，手法としては法例新14〜16条（通則法25〜27条）の基本と共通する。

ところが，判旨は，被告たる親と3人の子供の宗教は同一でないので，親

子間に共通本国法はないとし，第2段階連結により日本法を準拠法としたのである。仮に日本法を適用したというこの結論が，準拠法選択の個別的妥当性の見地からして支持され得たとしても，かかる判旨の論理は，問題である。

　もはや国内的な法の人的・場所的牴触を一括して論じておこう。そもそも，平成元年法例改正に伴って上記のような問題が，新たに生じたことには注意を要する（後述）。この改正に際して，法務省側は，まさに上記の判例のような処理をすべきだ，としていた[402]。そして，学説側においても，「たとえば，最も密接なる関係ある地方の法律がカリフォルニア州法であるアメリカ人と，それがニューヨーク州とされるアメリカ人との間には，同一〔共通〕本国法は存在しないことになる。同様に夫婦がインド国籍を有していても，一方がキリスト教徒であり，他方がヒンズー教徒である場合にも，同一〔共通〕本国法は存在しないことになる[403]」と主張されている。

　もっとも，こうした問題ある考え方に対しては，アメリカ人の場合について「国際私法と準国際私法の区別をわきまえない暴論であ」る，とされると共に，「本国における法の人際的牴触についても，間接指定としてその国の統一的な人際私法による。たとえば，インド人夫婦の離婚に関し，共通本国法たるインド法上，1954年特別婚姻法その他の共通な人際私法があり，これによって夫婦の離婚に関する法制を決定できる。かかる統一的な人際私法がないときは，法廷地国際私法の立場から，当事者に最も密接な関係がある法制を決定する」べきだとの，力強い批判がある[404]。

　そもそも，平成元年の法例新28条3項，新31条（通則法38条3項，40条に引き継がれたそれ）の定立に際し，同じくそこで新設された「共通本国法主義」等との関係が十分検討されていなかったために，こうした奇観を呈する事態に立ち至った，というのが私の理解である[405]。

　まず，法務省側がこだわる「本国法の絞りこみ」作業とは何かについて，一言する[406]。平成元年法例改正において，とくに具体的な問題とされたのは，次のことである。即ち，法例新28条1項本文（重国籍者の本国法——通則法38条1項）に関係して，女性が婚姻により自動的に男性の国籍を取得

するとされるイスラム圏の国がある。そうなると，直ちに共通国籍（共通本国法）がその夫婦にあることになってしまう。そこで，あらかじめ法例新28条1項（通則法38条1項に対応）により，1つの本国法に絞り込むべきだ，とされるのである。

それはそれなりにもっともな面はある。だが，それは，国籍連結の場合に特有の，「実効的国籍（effective nationality）」の考え方[407]に沿った営為と言える。それと全く同じ論理操作を，何故，法例新28条3項（法の国内的・場所的牴触），法例新31条（法の国内的・人的牴触）の場合（通則法38条3項，40条）についてもあらかじめ行なった上でなければ，共通本国法の有無を決し得ない，とするのか。その論証があるのかが，まず問題である。

と同時に，これは，論理よりも政策の問題であり，前出・注404）の西教授の所説の通り，国際私法と準国際私法ないし人際法との区別をわきまえぬ暴論と言うべきである。また，法例新14～16条（通則法25～27条），法例新21条（通則法32条）の第1段階連結（共通本国法）を外し易くするこの種の議論に対しては，第2段階連結でいずれの場合にも常居所地法の適用が待っていることをもあわせて考える必要がある。

この常居所地の認定を甘くするならば，こうした議論は，いともた易く「自国法適用の利便ないしそれへの誘惑」（homeward trend; Heimwärtsstreben）と結びつく（前出・注195）を参照せよ）。両当事者が共通国籍を有しているとき，私見における当該生活事実関係の現実的本拠探求の結果としても，例えば両当事者が共通本国法の所属国の社会に深くなじんだ生活をしている場合は，もとより十分にあり得る。そうした場合にも前記の如き論理操作で，機械的に共通本国法なし，として扱うことは，伝統的な国際私法における準拠法選択の基本に，強く反することになる。

要するに，既述の如く，平成元年法例改正に際して十分議論を詰めずに規定をつくってしまったことに原因がある。この改正により新たな連結方式が導入されたこととの関係で，法の国内的牴触の問題を改めて考え直した上で規定を置くべきだったのである。従って，わが国際私法が単一の者の国籍等

を連結点とする場合には，法例新28条3項，新31条（通則法38条3項，40条）の文言通りに本国法を決定してゆけばよいが，両当事者に共通な連結点として国籍等が問題となる場合には，別に扱う必要がある。即ち，この場合には法例新28条1項（通則法38条1項）による重国籍者についての（実効的国籍の考え方を条文化した同項による）本国法の絞り込みは別途行なった上で，共通国籍があるならば共通本国法ありとして扱うべきである。その上で，その国の法に場所的・人的な法の国内的牴触があるならば，法例新28条3項，新31条（通則法38条3項，40条）に基づく処理を行なうのである。実に困った改正をしてくれたものだ，というのが素直な感想であるが，ともかくそう解さねば，実に妙な帰結に至る。そのことを直視すべきであろう[408]。

注

50-a) 石黒・前掲国際民訴法8頁以下と対比せよ。
51) 前出・注39)。
52) 石黒・前掲現代国際私法〔上〕14頁以下。
53) それらは国際民事手続法上の諸問題をも含めた上でなされている。
54) 準拠法選択の領域に主眼を置く条約で日本が批准したのは，遺言の方式に関する1961年のハーグ条約，子に対する扶養義務に関する1956年のハーグ条約，そして，扶養義務の準拠法に関する1973年のハーグ条約の3つである。それに伴って，法例の特別法として，遺言の方式の準拠法に関する法律（昭和39年6月10日法律第100号），扶養義務の準拠法に関する法律（昭和61年6月12日法律第84号）が制定された。だが，後者については，前記の2つの条約の適用関係を誤解した問題ある（条約違反の！）規定がある。石黒・前掲国際私法〔新版――プリマシリーズ双書〕407頁以下，及び本書4.6の，後出・注868)の本文参照。

なお，それらに続くものとなるはず（？）だった2002年の「ハーグ間接保有証券準拠法条約案」（「口座管理機関によって保有される証券についての権利の準拠法に関するハーグ条約案」）は，ユーロクリア側の，英米の論理に傾斜し過ぎたゴリ押し（石黒・前掲教材の81頁末尾英文部分に対応するのが同条約であることに，注意せよ）による，あまりにも問題の多い条約案である。具体的問題については，嶋拓哉「証券クリアリングを巡る法的考察」金融法務事情1722号（平16）66頁以下。ただし，この問題の根は，実に深い。さしあたり，石黒・前掲教材75頁以下，石黒

注　　**157**

他・国際金融倒産（平7）370頁以下（石黒），石黒・日本経済再生への法的警鐘（平10）238頁以下の注80，等を見よ。なお，後出・注360-a）とその本文，及び，再度この点を論ずる後出・注456-a）参照。
55) 石黒・前掲現代国際私法〔上〕15頁。
56) 同上・260頁。
57) 同・前掲国際民訴法255頁以下。
58) 同前・211頁以下，同・前掲現代国際私法〔上〕604頁以下。
59) これを実質的再審査（レヴィジオン・オ・フォン）の禁止という。同前〔上〕・385頁以下，同・前掲国際民訴法211頁以下。
60) 同前・228頁以下，同前〔上〕・405頁以下。
61) 外国判決に対する請求異議や，既に承認された外国判決に対する変更の問題が，こうした点の例となる。同前（国際民訴法）・234頁以下，同前〔上〕・584頁以下。
62) なお，石黒・前掲国際民事紛争処理の深層195頁以下をも参照。
63) 分かり易い叙述を目指すのが本書の基本だが，じっくりお読み頂けば批判的理解が可能なはずの問題である。なお，逆の面での問題として，前記の図1で紛争βに関する外国判決（そこでの準拠法はB国法）が日本で，「不承認」となったのちに，紛争αが日本で処理されることになったとする。そして（紛争βを含めた）紛争α全体が，わが国際私法上，前記設例と異なり，当該外国判決と同様に，B国法によらしめられたとする。どうなるか。その場合には，当該外国判決の不可分かつ本体的な効力として当該問題はもはや決着済だ，という部分は，「不承認」という国際民事手続法ルートの処理で，既にネガティヴな意味で決着している。"それにかかわる部分"を除外してB国法を適用すべきだ，というのが私の当面の結論である。なお，一般論として考えれば当たり前とも思われるのがこの点だが，困難な場面での問題（さらに上記の設定を動かし，「B国=判決国たる外国」として，外国許認可に伴う消極的私権形成効を考えた場合）については，石黒・前掲国境を越える環境汚染162頁以下。また，「日立 vs. IBM事件」からのシミュレーションについては，石黒・前掲国際民訴法279頁注781。少し設定を変えただけで途端に難しくなるのが，牴触法研究の醍醐味の，1つでもある。
64) 石黒・前掲金融取引と国際訴訟27, 206, 221頁。
65) 石黒「国際運送保険契約」現代契約法大系8巻（昭58）252頁をも参照。
66) ただし，その法的効果が，本来適用さるべき特定国強行法規をも排除し得る，という強い意味を有するものであることに，十分注意せよ。本書4.1冒頭参照。
67) それは，法例7条で問題となる牴触法的指定（kollisionsrechtliche Verweisung）とは異なる，いわゆる実質法的指定（materiellrechtliche Verweisung; incorporation of law）であるにとどまる。本書4.1の，後出・注692に相当する本文以下の個所参照。
68) 石黒・前掲金融取引と国際訴訟39頁以下，沢木敬郎=石黒=三井銀行海外管理部・国際金融取引2〔法務編〕（昭61）26頁以下（石黒）。なお，石黒・ジュリスト

852号（昭61）214頁以下と対比せよ。また，後出・注128）につづく本文参照。
69) 一般的な形で，ある問題の処理を特定国法によらしめる，という意味で「連結（Anknüpfung）」と言うことがあり，その基準を連結点と言う。
69-a) 後出・注235に注意せよ。
70) これを「本国法主義」と言う。住所を連結点とする「住所地法主義」と対比される考え方である。なお，各国国際私法の間での両主義の長い対立の歴史と，その克服への軌跡については，石黒・前掲現代国際私法〔上〕87頁以下。
71) なお，石黒「平和条約の発効と国籍」沢木敬郎編・国際私法の争点（ジュリスト増刊・昭55）179頁以下，及び，石黒・国際家族法入門（昭56）8頁以下。詳細は本書2.7で扱う。
72) そうした事案をどう処理すべきかが，私の助手論文のテーマであった。石黒・前掲国際私法の解釈論的構造1頁以下。なお，同・前掲現代国際私法〔上〕126頁以下。
73) もっとも，平成元年法例改正後，そして，平成18年の通則法制定後はなおさら，逆に，安易に自国法を適用しようとすること（Heimwärtsstreben; homeward trend）への誘惑が，別途問題となる。重大な問題である。この点については，本書2.5末尾の注318-a)の本文，そして，本書2の末尾の後出・注408），及びその本文をも参照。なお，石黒・前掲国際私法の危機198頁以下の，"巧妙な「罠」"に関する論述（！）を見よ。
74) 本書2.3の中の後出・注165)の本文，2.6の注342)の本文，等参照。
75) その極端な例が東京トルコ協会事件に関する東京高判昭和54年7月3日判時939号37頁である。同・前掲国際私法〔新版——プリマシリーズ双書〕72頁。なお，後出・注453)参照。また，本書3.3で論ずる「先決問題」との関係での最判平成12年1月27日民集54巻1号1頁も，「相続」・「嫡出親子関係の成立」・「嫡出以外の親子関係の成立」の各準拠法を，事案を"分断"しつつ，個別に決定しており，本文で示した問題が，まさしくあてはまる。なお，本書3.3の注577-b)の本文，及び，本書3.1の注464)の本文参照。
76) 石黒・同前〔新版——プリマシリーズ双書〕87頁の表である。
77) もっとも一応そう理解されるが，実際に厳密な相互の限界画定をどう行なってゆくかとなると，種々の面倒な問題が生じて来る。例えば，いわゆる日常家事債務（これをドイツ語ではSchlüsselgewaltと言う——鍵を持っていることの権力，ということで，なるほどと思う）のような問題を法例新14条・15条（通則法25・26条）のいずれに含めて解するのか，といったようなことである。けれども，こうした点も含めて，具体的事案の処理上は，既述の「準拠法選択上の事案の分断」の観点からの政策考慮を表に出して処理すべきであり，一般的論断に終始すべきではない。この点については石黒・法協105巻6号（昭63）883頁以下。
78) 「牴触」の「牴」を「抵」と書いても別に問題はなく，専ら趣味の問題である。

79) ただし，そうであるにもかかわらず，当事者自治を認めたのだからとして契約の一部のみを分割してそれぞれ別個の準拠法によらしめてもよいではないか，との見方が示されてきている（いわゆる「分割指定」）。山田鐐一・国際私法（平4）299頁以下（同〔第3版・平16〕では335頁），溜池良夫・国際私法講義（平5）344頁，木棚照一=松岡博=渡辺惺之・国際私法概論〔第3版・平10〕119頁以下，等。ただし，この点は相当理論的に突っ込んで検討すべき点であり，私は反対である。石黒「国際金融取引と国際私法」金融取引法大系3巻（昭58）294頁，300頁以下，同・前掲金融取引と国際訴訟124頁以下，167頁以下，同・前掲国際私法〔新版――プリマシリーズ双書〕299頁以下。なお，本書4.1の，後出・注698)につづく本文参照。また，この点に関する平成18年の「法例廃止」に至る改正論議との関係は，石黒・前掲国際私法の危機23頁以下。通則法7条以下では，「分割指定」の改正提案は，落とされて立法されている。

80) かかる lex causae を Wirkungsstatut（効果の準拠法）と呼んだことについては，当時のドイツの法律行為論争との関係において，要件ではなく効果が重要なのだという，今日の日本の利益衡量論の基本と同じようなことがチーテルマンという学者によって強く説かれていたこと（石黒・前掲国際私法と国際民事訴訟法との交錯42頁。詳しくは同・37頁以下の「法例8条1項をめぐるわが通説の混乱とその克服」を見よ），そして，ドイツ法学に非常に強い関心を有していた穂積博士が直ちにそれにとびついたことが関係する。

81) 前出・注75)の東京トルコ協会事件をベースに考えている。実際にこのケースで裁判官が志向したようなアクロバット的処理が，如何に事案の実態と遊離した，殆ど無目的・機械的作業であるかを，是非確かめて頂きたい。放置すればそうなってしまう状況への歯止めとして，私は「準拠法選択上の事案の分断」の視点を重視しているのである。前出・注74)，後出・注165)，342)等参照。

82) 前出・注69)参照。

83) 石黒・前掲国際私法の解釈論的構造74頁，同「西ドイツ国際私法改正のための1983年新草案（政府草案）について」判例タイムズ507号（昭58）162頁。

84) この改正における法例新17～20条の，親子関係の準拠法の規定の仕方には，余りに問題が多かったが（本書2.4で後述），それがそのまま通則法28～31条に受け継がれている。なお，同「法例改正についての中間報告（昭和61年8月）をめぐって」民事研修356号〔昭61〕25頁，同「法例改正の意義と問題点」法律時報61巻13号（平1）34頁以下，同・前掲国際私法〔新版――プリマシリーズ双書〕391頁以下，等。

85) ある事項の準拠法をある国の法とする際，それを当該国に送致（Verweisung）する，と言う場合がある。「反致」（狭義のそれ）とは，この当該国の国際私法を見て逆に日本法（法廷地法〔lex fori〕）に戻って来る（逆に送致される），という意味である，とされる。なお，本書3.2の後出・注526)の本文参照。

86) 石黒・前掲解釈論的構造88頁以下，224頁以下，同・前掲現代国際私法〔上〕91頁以下。なお，後出・注200)に相当する本文以降の部分参照。ちなみに，スイスと異なり，かかる一般条項に従来概して否定的であったドイツが，不法行為等に関する準拠法選択規則（草案）の中にそれを導入するに至り（A. Lüderitz, *IPR*, at 18, 19f, 141〔2. Aufl. 1992〕; Sonnenberger/Kreuzer, *Münchener Kommentar zum BGB*, Bd. 7, at 1874〔2. Aufl. 1990〕及び石黒・前掲国境を越える環境汚染170頁以下の注250)，1999年のドイツ国際私法（民法施行法〔EGBGB〕）改正で，契約外債務（38～42条）全体につき，同法41条の，「本質的に一層密接な関係」があれば原則的連結を外す，との条項（例外条項）を導入したこと（G. ホーロッホ〔石黒＝守矢健一訳〕「ドイツ国際私法・商法・会社法及び後2者に関する経済法の発展」日独法学20号〔平14〕112頁）は，1980年代からの両国の国際私法改正作業をウォッチしていた私には，注目すべきことである（ドイツのこの改正は，契約外債務・物権の双方に関するものであった。後出・注208)，209)の本文参照)。

平成18年の通則法14条（事務管理・不当利得），20条（不法行為）も，"明らかに一層密接な関係がある地" がある場合の「例外」を定めているが，今般の法例改正論議における「契約外債務」（法例11条関連――通則法14～22条がそれに対応する）の扱いについては，石黒・前掲国際私法の危機97～159頁，とくに158頁の太字部分を参照せよ。そして，その上で，出来上がった通則法の前記条文と，対比せよ。

87) 石黒・前掲国際民事紛争処理の深層213頁以下，同・前掲国際私法〔新版――プリマシリーズ新書〕141頁以下。

88) 同「外国法が不明の場合」野田愛子＝人見康子編・夫婦・親子215題（判例タイムズ747号〔平3〕）482頁以下，同・前掲国際民事紛争処理の深層228頁。

89) 他方，その間に何年もたってしまい，準拠法選択の基準，つまり連結点自体が別な国に移動する，といった事態も生じ得る。例えば，1審段階では共通本国法や共通常居所地法（常居所とは何か，については後出・注195)及びその本文で示すが，英語では habitual residence と言う）がなかったが，控訴審段階ではそれがある，といった場合である。「準拠法選択の基準時点」を，例えば法例新17・18条（通則法28・29条）のように「子の出生の当時」の本国法による，といった形で固定しておけば，このような事態は防げるが，それでも，かくて基準時点を固定して選択された準拠外国法自体がのちに改正されてしまうと，新旧いずれの法によるかという，「時際法」の問題が生ずる（なお，最判昭和49年12月23日民集28巻10号2098頁を引用した，本書1.3の前出・注44)参照)。同様の脈絡で，当該外国の国際私法が改正された場合等において，法例新32条本文（通則法41条本文）の「反致」との関係がどうなるか，といった問題も生ずる。最後の問題については，石黒・前掲国際私法〔新版――プリマシリーズ双書〕404頁以下。なお，本書3.2の後出・注526)参照。

90) 本書 3.5 の注 617) に続く本文参照。なお，石黒・前掲国際民事紛争処理の深層 230 頁以下。様々な考え方が諸外国にはあるが，日本には最判昭和 56 年 7 月 2 日民集 35 巻 5 号 881 頁のあることが，ここでの問題についての出発点となる。原判決が，相続準拠法たる韓国法につき，同国民法の経過規定の適用を誤ったとしてこれを破棄したのが本判決である。時際法的処理を準拠法秩序に委ねたわけであるが，準拠法選択の基準時点が戦前のある時点だったとすると，前出・注 44) の問題が生ずる。なお，本書 2.7 の冒頭の項目参照。

91) 前出・注 80) 及びそれに相当する本文を見よ。

92) 極めて重要な問題として，実は同じ問題は，外国法が準拠法となった場合にも生ずる。なお，本書 3.5 の，後出・注 637) の本文参照。離婚慰謝料を例にとれば，当該準拠外国法上，婚姻期間等を考慮して大体いくら，といった相場があったとする。だが，その相場がその外国の純粋に国内的な事件についての相場であったとして，実際の事案は，日本に長期間居住している夫婦の離婚だったとする。現地相場をそのまま持って来るのみでよいのか，という問題がやはりあるのである。最判昭和 59 年 7 月 20 日民集 38 巻 8 号 1051 頁（在日朝鮮人夫婦の離婚）において，1 審以来韓国法に基づいて算定されたとされる 300 万円の慰謝料の算定プロセスを問題としつつ，石黒・前掲法協 105 巻 6 号〔昭 63〕882 頁以下でこの点を論じてある。後出・注 641) の本文参照。

93) 石黒・前掲国際家族法入門 227 頁以下では，同種の事例として東京高判昭和 51 年 5 月 27 日判タ 344 号 232 頁（慰謝料額の算定），東京高判昭和 52 年 3 月 24 日判タ 355 号 279 頁（借家契約の解約申入についての正当事由の有無の判断）を挙げ，日本法を適用しつつそこでなされた渉外性への考慮につき，一言しておいた。なお，同・前掲国際私法〔新版――プリマシリーズ双書〕42 頁，同・前掲現代国際私法〔上〕115 頁。

94) 石黒・前掲国際家族法入門 196 頁以下，同・前掲国際私法〔新版――プリマシリーズ双書〕71 頁，112 頁以下，126 頁，156 頁以下，323 頁，等。なお，国友明彦「契約と不法行為の牴触規則の競合問題 (1)」法学雑誌 32 巻 4 号〔昭 61〕722 頁以下。

95) 民商法のように，具体的な法律関係の中身を定めている法を「実質法」（materielles Recht）と言い，「牴触法」（Kollisionsrecht）と区別する。いわゆる国際私法上の反致の場合を別とすれば（後出・注 526) の本文参照），国際私法（牴触法）上の指定（Verweisung）は特定の法秩序（国ないし州）の実質法を指定するものである。ただし，実質法というとき，国内の手続法を含めてそれが意味されることもある。後出・注 511)。

96) 前出・注 95) 参照。

97) 池原季雄・国際私法（総論）〔昭 48〕271 頁，木棚＝松岡＝渡辺・前掲国際私法概論〔第 3 版〕77 頁，山田鐐一・前掲国際私法〔第 3 版〕168 頁，等。

98) 適応問題（調整問題）の脈絡では，前者は消極的，後者は積極的な規範牴触（Normenwiderspruch）が，それぞれ生ずる，ということになる。後出・注583）の本文参照。
99) ただし，実際には一層微妙なケースが出て来るはずで，かかるSchulbeispiel的な議論はあまり有益ではないように，私は考えている。石黒・前掲国際私法〔新版――プリマシリーズ双書〕118頁以下。
100) 判例主体の法運用のなされている国の法が準拠法となる場合には，もとよりそうした判例法理を含めつつ，その国において実際に妥当している法規範を探求し，それを法廷地国で適用することになる。もっとも，英米のような広汎な「裁判官の裁量」を認めている国の法を，例えば日本の裁判所で適用する際に，一体どうすべきか，といった問題は残る。基本的には石黒・前掲国際民事紛争処理の深層233頁以下（とくに235頁）に示した点が妥当する問題である。

なお，昨今の日本における，法制度のアメリカ化への急速な流れ（ただし，新会社法制定との関係で，それがアメリカの一面のみを見た不十分なものだったとするのは，岩原・前掲商事法務1775号5頁以下）との関係で，「裁量（discretion）」・「コミティ」等の英米法に特有の問題の実像を示し，「英米で出来る事」と「日本で出来る事」とを対比した同・貿易と関税2006年1月号65頁以下，同2月号54頁以下（「国際課税と牴触法」論文の三の1）に注意せよ。

100-a) 私の基本的な考え方については，同・前掲国際私法の危機210頁。
101) M. Wolff, *Private International Law*, at 148 (2nd ed. 1950).
101-a) ここで"foreign internal law"とある点については，後出・注235)，および，本書3.2の注531-e)以下に相当する本文と，対比して考えよ。国際私法総論上の，相当深いところでの問題である。
102) Id. 164f. なお，後出・注583)参照。
103) Id. 147～167. なお，池原・前掲総論105頁以下，114頁以下。
104) 石黒・前掲国際私法〔新版――プリマシリーズ双書〕155頁以下に示したのがこの問題である。
105) ただし，私としては，かかる単純な割り切り方には若干抵抗を覚える。同前・156頁以下。
106) 四宮和夫・請求権競合論（昭53）29頁。なお，同前・34頁に言う甲国・乙国を，それぞれA国・B国に直して後出・注108)に相当する本文の引用を行なう。
107) 石黒・前掲国際私法〔新版――プリマシリーズ双書〕158頁。なお，請求権競合については，国友・前掲〔注94)〕(2)法学雑誌33巻1号（昭61）30頁以下，同（3・完）（昭61）同4号473頁以下。
108) 四宮・前掲34頁。なお，前出・注106)。
109) 石黒・前掲国際私法〔新版――プリマシリーズ双書〕158頁。
110) 同・前掲国際民訴法99頁以下で，その全体像への肉迫と批判とを行なった。

さしあたり，本書 3.3 の図 22 の〔Ⅰ〕を見よ。なお，石黒・前掲現代国際私法〔上〕579 頁，同・前掲深層 188 頁，等。
111）　なお，同様の困難を伴う問題（内外で競合する訴訟——具体的にはスイスとアメリカ——相互間の訴訟物の同一性）を論ずるハプシャイト（Habscheid）の議論（石黒・前掲国際民事紛争処理の深層 125 頁注 38）とも対比せよ。
112）　前出・注 95）参照。
113）　前出・注 76）につづく本文の個所参照。
114）　しかも，手続問題か実体問題かの割り切り方も各国ごとに異なり得るし，その双方の準拠法（手続と実体のそれ）の接合のさせ方も異なり得る。さらに，本書 2.2 で論ずる第 3 国の絶対的強行法規の介入問題への対処も異なり得る，ということになる。
115）　それについては，石黒・前掲金融取引と国際訴訟 5 頁以下，沢木＝石黒＝三井銀行海外管理部・前掲国際金融取引〔法務編〕317 頁以下（貝島資邦），桝田淳二「国際的貸付契約——米国・イラン金融戦争に関連して」現代契約法大系 8 巻（昭 58）184 頁以下，石黒・前掲ボーダーレス社会への法的警鐘 26 頁以下，同・前掲新制度大学院用国際私法・国際金融法教材 8 頁以下，等。
116）　同・前掲国際民訴法 13 頁以下。
117）　ユーロ市場については，前出・注 7）を参照。
118）　なお，同種事例たるイラク・クウェート資産凍結の場合（この場合には規制をしたのがアメリカのみではないので一層事態は複雑）に何が許され，何が許されないかを，米英日の規制に即して私なりに一応整理してみた，石黒・前掲法的警鐘 94 頁，及び，同・前掲教材 12〜13 頁の図や表を見よ。また，後掲の図 7 参照。
119）　なお，前出・注 7）参照。
120）　のちの米・リビア金融紛争では，「米ドル以外の通貨」も凍結対象となっているし（石黒・前掲法的警鐘 76 頁），有形資産のみならずサービス，そして「技術」（!）のリビア側への引渡も，同様に禁止・凍結された（同・前掲国際的相剋の中の国家と企業 97 頁）。このあたりが，「電子現金」等の通信ネットワーク関連の問題と，「米・リビア金融紛争」とが絡んでくる理由でもある。後掲・注 123）参照。
121）　なお，石黒・前掲金融取引と国際訴訟 5 頁以下，10 頁以下，16 頁以下。
122）　なお，イングランドでは，1980 年の EC 契約準拠法条約の適用が問題となる。同条約 1 条 1 項及び 2 条は，この条約が EC 域外諸国との関係でも適用される一般的なものとしているからである（P. M. North〔ed.〕, *Contract Conflicts*, at 9f〔North〕〔1982〕）。だが，米・イラン，米・リビア金融紛争当時，この条約はまだ英国では批准されておらず，その妥当は 1991 年 4 月 1 日以降，であった。石黒・前掲法的警鐘 77 頁，84 頁以下（なお，この点については，更に，Plender/Wilderspin, infra, at 21 をも参照せよ）。O.Radley-Gardner/H.Beale/R.Zimmermann/R.Schulze, *Fundamental Texts on European Private Law*, at 311 (2003)．なお，同条約に関するまとま

ったものとして，P. Kaye, *The New Private International Law of Contract of the European Community* (1993); R.Plender/M.Wilderspin, *The European Contracts Convention: The Rome Convention on the Choice of Law for Contracts* (2nd ed. 2001), 等。同条約の EC 規則への昇格に関する最近の動向につき，Mankowski, IPRax 2006, at 101ff.

123) 米・リビア金融紛争については，石黒・前掲相尅 223 頁以下，同・前掲法的警鐘 75 頁以下，同・貿易と関税 1992 年 6 月号 48 頁以下。ロンドン 1 審判決については，後出・注127）参照。なお，米・リビアのケースが，「電子マネー（電子現金）」問題（それ自体については，同・電子社会の法と経済〔平15〕203 頁以下）に対して有するインパクトについては，同・日本経済再生への法的警鐘――損保危機・行革・金融ビッグバン（平10）272 頁以下。

124) あとで図 6 を示して説明するが，さしあたり石黒・前掲国際私法〔新版――プリマシリーズ双書〕5 頁を参照せよ。

125) 牴触法（国際私法）上の問題処理（ただし，自国が法廷地〔forum〕となる場合のそれ）の基本は，この図に集約されていると言ってもよい。私は，この図を石黒・証券研究 102 巻 5 頁，同・前掲法的警鐘 106 頁，同・前掲教材 9 頁，等においても示してきている。ちなみに，「強行法規の絶対性・相対性」に関するこの図における区分は，例えば当該規定が商法・証券取引法（金融商品取引法）のいずれの中にあるのか，といった概括的区分にはよらず，あくまで個々の規定の政策目的によって判断すべきことである（同・前掲国際私法の危機 209 頁に示したように，藤田友敬「会社の従属法の適用範囲」ジュリスト 1175 号〔平12〕9 頁は，こうした私見を支持している）。例えば証券取引法（金融商品取引法）の中でも，民法の不法行為の特則にあたる賠償責任規定などは直ちに絶対的強行法規とは言い難い（石黒・前掲証券研究 102 巻 12 頁。ただし，18 頁以下と対比せよ。なお，後者で言う同法 189 条（「役員・主要株主の不当利益返還」）は，現在の 164 条である。その後導入された同法 172 条以下の「課徴金」制度との関係を含め，同・貿易と関税 2005 年 8 月号 48 頁。前出・注 100）の後段で示した点と，関係する問題である）。なお，国際私法上の反致との関係での後出・注523）の本文の，図 18 の〔Ⅲ〕図と，この図 6 とを対比せよ。

126) 前出・注80）及びそれに相当する本文を参照せよ。

127) なお，米銀側は，国際的な米ドルの最終的な決済が慣行上常にアメリカ国内，とりわけニューヨークにある CHIPS（チップス）という組織でなされることを重視して，ニューヨーク州法を適用すべきだとしていた。この点は米・リビア金融紛争に関するロンドン 1 審判決（Libyan Arab Foreign Bank v. Bankers Trust Co., Lloyd's Law Reports (1988) Vol. 1, 259ff）が明確に否定している。国際的な EFT（electronic fund transfer）システムと，基本的な通貨決済のメカニズム（最終的な決済尻の調整が，他の金融機関間のアカウント調整の形をとるなどしてアメリカ国内で行なわれる，等の点）に即した本判決に関する論述については，石黒・前掲ボーダーレス

注　　**165**

　　　社会への法的警鐘76頁以下を見よ。
128)　なお，前出・注67)につづく本文の個所と対比せよ。
128-a)　ただし，後述のアメリカの牴触法革命との関係で，かかる事態はあまり（殆ど？）期待できない。
129)　他国が法廷地となる場合，アメリカ法秩序についての4段重ねの規範構造中の，この最上部が何故適用され得ないかは，国家管轄権論と関係する。これは一般国際法上の問題であるが，他方，それは法廷地国の憲法秩序とも深くかかわる。外国の刑罰法規を適用して私人を処罰することの罪刑法定主義との関係，等を考えよ。なお，この点については，いわゆる刑事執行共助の問題を含めて石黒・前掲国際民事訴訟法62～64頁（ただし，その後の日米租税条約改正，等の点については，同・貿易と関税2005年9月以降に掲載の「国際課税と牴触法〔国際私法〕」と題した論文の四2で扱う）。この後者の側面での問題は，法廷地国憲法の内容に依存する問題である。さしあたり，石黒・前掲現代国際私法〔上〕471頁以下，同・前掲ボーダーレス・エコノミーへの法的視座第Ⅱ部131頁以下，同・前掲法的警鐘151頁以下を見よ。
130)　前出・注65)の本文を見よ。
131)　その理論的問題は国際債権法に関する各論的叙述の中で行なうが，さしあたり石黒・前掲金融取引と国際訴訟43頁以下，同・前掲国際私法〔新版——プリマシリーズ双書〕291頁以下，等を見よ。なお，本条約22条1項（a）において，この7条1項についての留保が認められており，英国（U. K.）の他，ドイツ，アイルランド，ルクセンブルクがこの留保を行なっている。Plender/Wilderspin, supra note 122, at 19f; Martiny, 10 *Münchener Kommentar zum BGB*, at 1493 (3. Aufl. 1998).
132)　それについては，石黒・前掲国際民事紛争処理の深層272頁以下。草案段階からのこの規定の流れについては，同・前掲金融取引と国際訴訟44頁以下（そこではアメリカ牴触法第2リステートメントとの比較も試みている），同・法協101巻2号328頁，等参照。
133)　ちなみに，スイス新国際私法典では，この19条の前の18条において，EC契約準拠法条約7条2項と同旨の，「法廷地国の絶対的強行法規の適用」が，別途義務づけられている（この18条は，国際私法上の公序についての17条とは別枠の規定として置かれている）。
134)　ドイツ・スイス等もほぼ同様。
135)　なお，前出・注129)参照。石黒・前掲国際民訴法59頁以下，同・前掲ボーダーレス・エコノミーへの法的視座158頁以下，181頁以下。
136)　執行管轄権イコール主権と考えることによる種々の誤解の一端については，前出・注16)につづく本文でも一言した。執行管轄権については，同・前掲国際民訴法41頁以下のほか，同・貿易と関税2007年2月号分の連載（「海外送達と執行管轄権」の問題も，改めてそこで扱われる）を参照せよ。

137) スイス国際私法第2草案についての解説たる石黒・前掲法協101巻2号328頁を見よ。
138) なお，その意味で神田秀樹「国際金融取引に関する法的諸問題」金融547号（平4）4頁以下，及び，そのベースとなった同教授を中心とする大蔵省内の「国際金融取引に係る法的諸問題に関する研究会」の報告書（金融法務事情1334号〔平4〕6頁以下）は，貴重なものである。だが，いまだその検討が，私の考える国際金融取引の法的諸問題の全体像（それについては，石黒・貿易と関税1992年6月号47頁〔同・前掲新制度大学院用教材8頁〕に詳細な配線図を示しておいた）からは，ほんの一部に過ぎないことに，十分注意すべきである。

また，神田・同前5頁以下の言われる「為替取引や先物取引等」での取引対象が「モノとカネ」のいずれであるかの論（同教授はモノだとされる）にしても，米・イラン，そして米・リビアの金融紛争における（イングランド法の適用を前提とした）同種の争いとの関係と如何なる接点を有し得るか，の点にまで論及されておらず，残念である。

私は，石黒「外貨とは一体何なのか？——外国金銭債務論序説（1）」貿易と関税1994年4月号110頁以下（同・前掲教材55頁以下）で，ハリントン「外貨オプション取引に関する法律および行政規制の動向についての比較研究」日銀金融研究8巻1号（平元）85〜132頁，森下国彦「通貨交換取引の法的性質についての一考察」金融法務事情1346号（平5）6頁以下，等を引用しつつ，この点を，他の諸問題（牴触法と実質法の双方にまたがるそれ）とともに正面から論じた（なお，石黒・前掲金融取引と国際訴訟10頁以下，同・前掲法的警鐘75頁以下，等と対比せよ）。だが，最近の金融法学会・金融法研究21号（平17）3頁以下の，「通貨法（lex monetae）概念とその役割の再検証」と題した3つの報告を見て，愕然とした。同前・28頁以下（森下哲朗）で，前記の米・リビア金融紛争に関する既述の英国裁判所のケースも挙がっているのだが，釈然としない議論が延々と続いている，との印象がある。いずれ別途，正面から批判する。
139) それについては，石黒・前掲法的警鐘89頁以下，同・前掲教材12頁以下。なお，前出・注118）参照。
140) 石黒・前掲法的警鐘93頁以下，120頁の注4-a参照。
141) 日本は，極力英米の規制と自らの規制とをあわせようと腐心する，という若干非主体的な道を歩もうとしたようだが，両国の利害のズレから，かなり危うい局面もあったのである。この場合，問題が本文に示したような形で顕在化したらすぐにその部分のみ規制を外す，という道もあり得たが，どことなく釈然としないものが残るはずである。
142) 被告の住所地主義は（アメリカなどは若干別として——同・前掲国際民訴法140〜142頁。なお，同・前掲相剋215頁以下，同・前掲深層83頁以下），国際裁判管轄決定上も，大原則と言えるものである。

143) 石黒・前掲法的警鐘 102 頁以下。
144) 同・前掲金融取引と国際訴訟 38 頁，及び同書巻末注 18 に引用した P. Wood, *Law and Practice of International Finance*, at 132f（1980）を見よ。
145) 石黒・前掲国際摩擦と法〔新版〕34 頁以下の，「日本の国際金融界の発展——メーカーと何が違ったか？」の項を参照せよ。なお，その意味で注目すべきは，石黒・前掲法的警鐘 25 頁以下で一言した最判昭和 52 年 6 月 28 日民集 31 巻 4 号 511 頁（石黒・前掲法協 95 巻 11 号〔昭 53〕1831 頁以下）における，わずか数千円レヴェルでの支払にこだわって上告までした被告側（日本航空）の，執拗なまでの争い方である。国際航空運送に関するワルソー条約上の責任制限規定の下で支払われる金額につき，その枠外で利息を付し得るか否か（条約中に明確な規定のない問題）の 1 点にあくまでこだわるその姿勢は，法的リスク・マネジメント重視の観点からは，十分評価されて然るべきものであろう。なお，同・前掲現代国際私法〔上〕25 頁参照。本書 2.6 の，後出・注 340）の本文と対比せよ。
146) 前出・注 125）に相当する本文参照。
146-a) 石黒・前掲法曹時報 57 巻 1 号 2 頁以下，同・前掲国際私法の危機 238 頁以下。後者では，「実質法」（とくにわが民商法）上の概念区分を牴触法（国際私法）のレベルに反映させることの問題性を，江頭教授の「法人格否認の準拠法」論における類型論（それが実際の裁判の流れの中で，実は成り立たないこと）に即しつつ，具体的事例との関係で，示してある。ちなみに，法人格否認に関係する事例としてそこで挙げたのは，東京地判昭和 63 年 3 月 16 日金商 814 号 31 頁，東京地判平成 10 年 3 月 30 日判時 1658 号 117 頁，東京高判平成 14 年 1 月 30 日判時 1797 号 27 頁（落合誠一・ジュリスト平成 14 年度重要判例解説〔平 15〕272 頁以下），である。なお，前出・注 25），そして，重要な注たる本書 3.1 の後出・注 450）とその本文参照。具体的には，後出・注 465-c）の中で論ずる。
147) 石黒・法学協会百周年記念論文集 3 巻（昭 58）561 頁以下，同・前掲現代国際私法〔上〕50 頁以下，同・前掲国際私法〔新版——プリマシリーズ双書〕16 頁以下，等。なお，日本の国際私法の教科書・体系書の中で「国際私法史」を比較的詳細に扱うものとして注目すべきは，山内惟介・国際私法（平 5）213〜232 頁。
148) ここでは準拠法の選択・適用に主体を置いた論述をしていることに注意せよ。
149) 実質法とは何かについては，前出・注 95）を見よ。
150) 石黒・前掲現代国際私法〔上〕50 頁以下，久保正幡・西洋法制史研究（昭 27）255 頁。なお，従来のわが国際私法学説において，久保教授のこの労作の位置づけが十分でなかったことは，問題である。石黒・同前 52 頁注 137 を見よ。
151) 「属人法」とは，人の属する法，という程度の意味である，と押さえておけば，ここでは十分であろう。現在の時点で考えれば，国籍や住所，さらには，英米とりわけ「イギリスのドミサイル（住所）概念の特殊性」（離婚事件の国際裁判管轄に関する最大判昭和 39 年 3 月 25 日民集 18 巻 3 号 486 頁における「遺棄」の要件と屈折し

た形で関係するそれについては，石黒・前掲国際民訴法160頁以下）からの混乱を防止すべく登場した概念たる常居所（habitual residence）を基準に，その人の属する法，即ち属人法が決定される。フランク王国の当時は，それが部族（Stamm）を基準に決定されていたことになる。つまり，その当時の属人法は，「部族への帰属性」により決定されていた。なお，「属人法主義」とは，かかる意味での属人法をもって当該問題の準拠法とする主義のことだが，広く人の身分（家族法上の法的地位）・能力を属人法によらしめることが，（伝統的国際私法の内部において）従来より広汎に各国でなされてきていた。そして，具体的に国籍・住所いずれを属人法決定基準とするかで，本国法主義と住所地法主義とが対立してきていたのである。ちなみに，常居所地法主義の登場には，この両主義の止揚への営み，という一面もある。また，属人法主義に対して，（人に，ではなく）何らかの意味で場所に着目する，という意味での「属地法主義」がある。

なお，国家管轄権論で問題となる「属地主義」「効果理論」と対比されるそれ——同前〔国際民訴法〕・15頁以下），及び知的財産権に関して条約（パリ条約・ベルヌ条約）との関係で問題となる「属地主義」（同・前掲国境を越える知的財産160頁以下，287頁以下）との，十分な区別が必要である。

152）　石黒・前掲現代国際私法〔上〕56頁以下。なお，マンチニは，すべての法は本質的に民族的であるとの法観念に立脚していた。
153）　前出・注52）の本文，及び，前出・注54）参照。
154）　「ボル事件」である。石黒・前掲国際私法〔新版——プリマシリーズ双書〕412頁以下，同・前掲現代国際私法〔上〕20頁注50，89頁以下，275頁，356頁以下，等。
155）　石黒・前掲現代国際私法〔上〕63頁。
155-a）　サヴィニーの国際私法体系については，原田央助教授の極めて重厚かつ徹底的な分析がある。その公表が待たれる。
156）　「法例」は，サヴィニー的方法論に忠実なドイツのゲープハルト草案の影響を強く受けていたが，当のドイツでは，前出・注38）で示したような経緯で，自国法の適用される場合のみを規定する牴触規定（これを「一方的牴触規定」と言う）を多く有する形での立法がなされてしまった。なお，石黒・前掲法協百周年記念論文集3巻610頁。その後のドイツでは，かかる規定を解釈によって一般化し，法例3条以下（通則法4条以下）のような，基本的に内・外国法を平等に扱う規定（ある法律関係はこれこれの者の本国法による，といった書き方の規定——これを「双方的〔ないし完全〕牴触規定」と言う）と同様に運用してきたのである。ちなみに，1986年のドイツ民法施行法（EGBGB）の大改正では，双方的（完全）牴触規定に主体を置く規定方法がとられている。なお，後出・注538）の本文参照。
157）　石黒・前掲現代国際私法〔上〕6頁，383頁以下，446頁以下，482頁，同・前掲国際私法〔新版——プリマシリーズ双書〕4，68，226頁。ただし，「在日朝鮮

人・中国人の本国法決定問題」に関する従来の法務省サイドの見方が，それぞれいずれの法を適用すべきかについて，日本政府としての国家承認問題とリンクさせた処理（それによれば，昭和47年9月29日の日中共同声明以降，在日中国人の属人法が台湾の法から中華人民共和国の法に変更される，といった妙なことになってしまう）を行なうものであったことにつき，例えば池原・国際私法（総論）151頁。ちなみに，国家間の政治問題と国際私法的処理とを結びつける法務省サイドの見解（明確な主権的発想である）からは，日本が国家・政府としての承認をしていない国の法は，日本では適用され得ず，また，そうした国で下された判決が，外国判決として承認され得ない，といったことにもなる。あまりに不当である（なお，準拠法の決定と国家や政府の承認とが，次元を異にする問題であると正当に述べるのは，京都地判平成4年12月9日判タ831号122頁）。伝統的な国際私法の基本に反する，法務省サイドのかかる見方の問題性については，本書2.5の注285）に対応する本文以下の「渉外戸籍先例の"家"制度的前提」への批判，及び，本書1.2の注10）に相当する本文以下の，会社法関連の指摘と，対比せよ。なお，山田・前掲国際私法（第3版）76～77頁にあるように，中華民国法・北朝鮮法の適用に関する法務省の閉鎖的態度はその後改められるに至っているが，北朝鮮法の適用については，同前・77頁注2にあるように，ようやく平成元年に至ってからそうなったという点に，注意すべきである。

158) 前出・注55）に相当する本文参照。

159) ただし，アメリカ牴触法の主たる関心事が州際問題にあり，いわばその類推で国際的な法の牴触を考える，という特殊な傾向を持っていたことについては，本書1.3の，前出・注41）の本文参照。

160) それは，アメリカ牴触法革命それ自体をも性格づけるものである。石黒・前掲現代国際私法〔上〕60頁以下。

161) 田中英夫・英米法総論〔下〕（昭55）623頁以下。なお，その把握に対する批判（伝統的国際私法においても，準拠法選択における柔軟な利益考量的アプローチは十分に可能であり，従って，伝統的方法論を捨て「結果選択主義」に走るという，ケイヴァースの道が唯一ではないことが，田中教授の分析において十分には踏まえられていない点に関するそれ）については，石黒・前掲法協百周年記念論文集3巻564頁，同・前掲現代国際私法〔上〕64頁以下，同・前掲国際私法〔新版——プリマシリーズ双書〕22頁以下。なお，後出・注166）と対比せよ。

162) 個々の論者ごとの主張の骨子については，石黒・前掲現代国際私法〔上〕63頁以下。また，サイバースペース上の国際的な知的財産権侵害をめぐるアメリカ的方法論の"侵入"（さらには，いわゆる「サイバー法」なるもの）に対する批判については，同・前掲国境を越える知的財産463頁以下。

162-a) この区別が，何とアメリカ反トラスト法の域外適用の場面で，アメリカ連邦最高裁によって採用され，極めて深刻な理論的混乱が生じていることについては，

同・前掲国際民訴法21頁以下。英米，とりわけアメリカにおける「民事・非民事の混淆」（同・前掲教材1頁以下）の典型的な場合の一つである。

162-b) ただし，その「政府利益」の分析（ないし「政策分析」）が，多分に非現実的（imaginary）なものであるとの批判が，アメリカ内部においても，反トラスト法等の「域外適用」問題との関係で，つとになされていた。同・前掲国際民訴法21頁注71)の本文参照。

163) 同・前掲現代国際私法〔上〕77頁。

164) 前出・注73)につづく本文の個所を見よ。

165) それ，及びそれに対するアメリカ内部での反省については，石黒・前掲現代国際私法〔上〕62頁以下。その後伝統的方法論への相当程度の歩み寄りを見せたケイヴァースの所説におけるこの点への反省（？）については，同・前掲法協百周年記念論文集3巻593頁以下。なお，同・前掲国境を越える環境汚染136頁以下，同・前掲国際私法〔新版——プリマシリーズ双書〕325頁以下。

166) 12 N.Y. 2d 473, 240 N.Y.S. 2d 743, 191 N.E. 2d 279 (1963). なお，石黒・前掲現代国際私法〔上〕71頁，77頁以下，131頁。

事案は，ともにニューヨーク在住のアメリカ人たるXY間の訴訟であり，Y運転の自動車でカナダのオンタリオ州への週末のドライブに同乗したX（かかるXを好意同乗者と言う）が，オンタリオ州内で事故にあい，ニューヨークに戻ってYを訴えた，というものである。ちなみに，当該の自動車は，ニューヨーク州の保険に入っていた。前出・注161)と関係するが，同注に至るまでの本文で示したように，それまでのアメリカ（各州）では，かかる場合，一切例外なしに「事故地法」を準拠法とするという，信じられないほどに硬直的なルールが妥当していた。伝統的な国際私法の方法論に立ったとしても，本件と最も密接な関係を有するのがニューヨーク州法であろうことは，容易に想像がつく。だが，当時のアメリカでは，そうではなかったのである（それが，既述のケイヴァースの革命的論文と直結する）。

そこで，ニューヨーク州の裁判官は，革命的方法論の側に立ち，関係する法秩序の法（本件では二つ）の牴触状況につき，政策分析にまで踏み込んで判断した。オンタリオ州には，「好為同乗者法」，といって，本件Xのように「好意」で「同乗」した者からドライバーYに対する請求を認めないとする法があり，ニューヨーク州にはそれがなかった（アメリカでも，古くは同種の立法が多くみられた）。そこで，オンタリオ州のかかる法の背後にある政策は何かが問題とされ，当該裁判官は，1936（！）年のカナダのロー・ジャーナルに掲載された学生のNotesのみを頼りに，同州の好意同乗者法の政策目的は，詐欺的請求からの同州保険会社の保護にあり，本件ではニューヨークで付保されているから，オンタリオ州法を適用する利益がないとして，法廷地法たるニューヨーク州法を適用した。だが，その後，この理解が誤りであることが，判明したのである（石黒・前掲法協百周年記念論文集3巻570頁）。関係諸州の法の"政策分析"を主眼とするアメリカの革命的牴触法学説の「アキレ

注　　**171**

　ス腱」が，まさに"そこ"にあるとの指摘のあること（同前頁）は，何とも皮肉なことである。
167)　石黒・同前（［上］）79 頁以下に示した Neumeier v. Kuehner, 31 N.Y. 2d 121, 335 N.Y.S. 64, 286 N.E. 2d 454（1972）である。
167-a)　袋小路に突き当たって久しいアメリカ牴触法革命の現状を，「法的印象主義」として批判した，フランスでの私の「インターネット法国際コロキウム」（2001 年）報告につき，石黒・前掲国境を越える知的財産 466 頁。
168)　石黒・前掲現代国際私法［上］74 頁。
169)　石黒・前掲「コミティ批判」法曹時報 44 巻 8 号（平 4）1448 頁以下（同・前掲通商摩擦と日本の進路 225 頁以下）。一連のアメリカにおける議論の展開の中で，極端な法廷地法優先が説かれ，それに反対する見方への批判が "Against Comity" という形で示され（Weinberg, 80 The Georgetown L.J., at 53ff〔1991〕），それに対して「ゲームの理論」による応酬がなされる，といった実に屈折した議論の展開，なのである（なお，「ゲームの理論」に対しては，石黒・前掲法と経済 115 頁以下）。
170)　なお，わが国において，松岡博教授は，とりわけヴァン・メーレン（A. T. von Mehren）の所説（なお，石黒・前掲現代国際私法［上］68 頁以下）の影響を受けつつ，アメリカ的方法論の導入を強く主張しておられる。松岡博・国際私法における法選択規則構造論（昭 62）がその集大成と言える。これから論ずる最判昭和 52 年 3 月 31 日民集 31 巻 2 号 365 頁についての，同・判タ 355 号（昭 53）所収の松岡教授の評釈は，同・前掲書 282 頁以下に収められている。
171)　以下については石黒・前掲現代国際私法〔上〕82 頁以下，同・前掲法協百周年記念論文集 3 巻 566 頁以下，同・前掲国際私法〔新版――プリマシリーズ双書〕23 頁以下を参照せよ。
171-a)　なぜ「韓国法」となるのかについては，後出・注 194）の本文を見よ。
172)　ただし，この点はその後韓国において改正されている。金容旭=崔学圭・新しい韓国・親族相続法――1991・1・1 施行改正民法（平 4）87 頁。なお，金容旭「韓国の改正親族法の特徴と若干の問題点（上）（下）」戸籍時報 408 号 2 頁以下，410 号 10 頁以下（平 4）参照。もっとも，韓国の家制度（戸主制度）自体は，「家族法の根幹」をなし，その廃止が「法律体系に限らず，家族関係を中心に社会全般に及ぼす影響が大きいため……これを継続存置するが，男女平等の精神」からかなり抜本的な改正をした，というのがその改正の基本である（金=崔・同前 10 頁）。
173)　もっとも，その前提として，離婚に伴う子の親権者指定の準拠法を，平成元年法例改正前の同法旧 16 条（離婚）・旧 20 条（親子関係の法律関係）のいずれによって定めるかという，「国際私法上の性質決定」（本書 3.1）の問題がある。石黒・前掲解釈論的構造 28 頁，同・前掲国際私法〔新版――プリマシリーズ双書〕43，131，133，134 頁，等。平成元年法例改正により，新 21 条（旧 20 条に対応）が親子の共通本国法，それのない場合には子の常居所地法，という連結方法に改めたためか

（旧20条では親〔父〕の本国法とされ，旧16条といずれによるかの論には，さして実益がなかった），改正後の法例規定が適用された事例においては同条（法例新21条——通則法32条に対応）によるとするものが若干目立っている。東京地判平成2年11月28日判タ759号250頁，東京地判平成2年12月7日判時1424号84頁，等。なお，後出・注401），412）の本文参照。

174) 前出・注170）参照。
175) 松岡・前掲判タ355号113頁。同・前掲〔注170）〕書では，293頁以下。同教授の言う機能的公序論の一環である。それから先の問題については，後出・注181を見よ。松岡教授の見解は，実はヴァン・メーレン教授のものとは，一致していない（！）のである。
176) 金容漢・判批・民商法雑誌77巻5号（昭53）719頁以下。
177) 金・同前726頁。なお，石黒・前掲法協百周年記念論文集3巻573頁。
178) 石黒・同前568頁，同・前掲国際私法〔新版——プリマシリーズ双書〕24頁，同・前掲現代国際私法〔上〕83頁。
179) いわゆる「インターネット法」との関係での，フランス国民議会での私の報告の結論部分たる，同・前掲国境を越える知的財産441頁，485頁以下（英文報告の全体は，同前・512頁以下）参照。
　　なお，前出・注131）の本文以下で論じた第3国の絶対的強行法規の介入問題は，見方によってはアメリカの革命的方法論の影響による，とも考えられ得ないではないが（石黒・前掲金融取引法大系3巻283頁），やはり伝統的な方法論を堅持しつつ，こうした問題と対処してゆくべきである（同・前掲金融取引と国際訴訟47頁以下）。
180) 石黒・前掲現代国際私法〔上〕17，85頁。
181) なお，私は，故田中英夫教授が，東大法学部の学部長時代に，来日されたヴァン・メーレン教授と，前出・注171）以下の本文で示した諸点につき，松岡・金教授の見方を含め，かなり長時間にわたり，学部長室で議論した（衝立のうしろには，田中教授が居られ，じっと我々の議論を聴いておられた）。石黒・前掲現代国際私法〔上〕81頁注232に引用したヴァン・メーレン教授の学会報告（松岡教授によるその邦訳たる，アメリカ法1983年2号206頁以下，とくに209頁を見よ）の，前日であった。同教授は，金教授のような指摘があるのならば，前出・注171）の本文の最高裁判決の事案は，ヴァン・メーレン教授の所説においては真正牴触（前出・注163）に相当する本文の，次の段落参照）にあたり，その場合にどうすべきかは，そう簡単に答の出せる問題ではない，としておられた。著名な比較法学者でもある同教授の方法論（石黒・前掲現代国際私法〔上〕68頁を見よ）からは，日韓両国の法政策からの共通の規範要素の抽出にあたり，安易なベター・ロー的アプローチはとり得ないはずなのである。なお，前出・注172）と対比せよ。
182) 石黒・前掲解釈論的構造96頁以下，同・前掲現代国際私法〔上〕94頁以下。
183) 前出・注71）参照。なお，石黒・前掲国際私法〔新版——プリマシリーズ双

書〕38頁とそこに引用された最大判昭和36年4月5日民集15巻4号657頁，最判昭和40年6月4日民集19巻4号898頁，最大判昭和37年12月5日刑集16巻12号1661頁，最判昭和38年4月5日訟務月報9巻6号728頁，等を見よ。

184) 石黒・同前39頁。
185) 同・前掲解釈論的構造1頁以下。なお，一般論として，準拠法選択に際して（伝統的方法論に即して）国際私法上の利益衡量を十分なすべきことは，もとより認められてきている。同前8頁以下。ただし，それを行なうための解釈論的な「場」が，準拠法選択段階において極めて乏しい，という場合が，実は少なくないのである。
186) 前出・注171) 参照。
187) なお，石黒・前掲解釈論的構造26頁。
188) 同・前掲国際家族法入門74頁以下（そこではわが家裁の調査官活動や，東京家裁のカウンセリング室，等の機能を重視している），同・前掲国際私法〔新版──プリマシリーズ双書〕33頁以下，等。
189) 石黒・前掲解釈論的構造91頁。なお，日本の家裁には，離婚調停等のいわゆる人間関係調整機能（同・前掲入門73頁，同・ジュリスト681号〔昭54〕248頁）との関係で，この種のメカニズムがそれなりに完備しているが，どこの国でもこうしたメカニズムを前提にし得る，というわけでは必ずしも無い。そのことが，ヨーロッパ諸国における最近の国際私法改正（後述）において，サヴィニー的方法論の徹底をシュリンクさせている1つの原因とも思われる。同・前掲法協百周年記念論文集3巻583頁は，1987年のドイツ・スイスでの現地調査で感じた点につき，かかる角度から一言したものである。
190) 大沼保昭「在日朝鮮人の法的地位に関する一考察（一）」法協96巻3号（昭54）275頁。なお，沢木敬郎編・国際私法の争点（昭55）180頁（石黒）。
191) 石黒・前掲解釈論的構造71頁以下。なお，本書4.2の注752) の本文をも参照。
192) 同・前掲現代国際私法〔上〕88頁以下，95頁以下，等。
193) 山田・前掲国際私法（平4）98頁以下（第3版では107頁以下），木棚＝松浦＝渡辺・前掲国際私法概論〔新版〕63頁以下（第3版では65頁以下），等。なお，後出・注372) 参照。
194) 石黒・前掲現代国際私法〔上〕126頁以下，とくに128頁以下。
195) なお，「常居所地の確定」については，とくにそれが日本にあるか否かについて，平成元年法例改正にあたって，法務省サイドの指針が示されているが（例えば木棚他・同前〔新版〕45頁），牴触法的なその決定は，機械的な居住年数等によるべきではなく，目的論的に行なわれねばならない。石黒・前掲国際私法〔新版──プリマシリーズ双書〕61頁。平成元年改正に際して，あまりにも国籍・戸籍に関する法務当局の意向が正面に出過ぎていたことへの批判として，石黒・民事研修356号〔昭61〕28, 34頁。法務省サイドが，段階的連結や常居所地連結に対して

（最も密接な関係云々に対してはなおさら），強い反情を示していたことについては，同・法律時報 61 巻 13 号（平 1）33 頁。他方，平成 18 年の「法例廃止」に至る「法例改正」論議の中における，更に屈折した見方については，同・前掲国際私法の危機 112 頁以下（同・36 頁以下と対比せよ）。

　法務省サイドは，単純に 2 年日本に住んでおれば日本に常居所ありとするかのごとき意向だが，単純な居住期間のみで常居所を決定するすべての試みは失敗しているとする同前・113 頁に引用の，Sonnenberger, 10 *MünchKomm*., at 291 (3. Aufl. 1998) と対比すべきである。なお，後出・注 308）及び本書 3.6 の注 660）の本文参照。

196) 前出・注 93），及びそれに相当する本文参照。
197) 前注参照。
198) 平成元年法例改正によって設けられたいわゆる「日本人条項」については，石黒・前掲国際私法〔新版――プリマシリーズ双書〕36, 45, 48, 52, 100, 269 頁，同・前掲法律時報 61 巻 13 号 34, 37 頁，等。法例新 13 条 3 項但書（通則法 24 条 3 項但書――婚姻の方式），法例新 16 条但書（通則法 27 条但書――離婚）の問題である。

　そこにさらに，「アメリカ人の本国法」に関する不当な法務省見解（後出・注 402）とその本文参照――夫婦の共通本国としての「アメリカ」があるのに，別々の州に属するから「共通本国法」はないとし，「共通常居所地」連結をし，前出・注 195）後段で示した論理で，余りにも安易に日本法の適用を導くそれ）がインプットされる構図，となる。かくて，わが国際私法は，平成元年法例改正の段階において，既に（！）法務省サイドの暗い営為の，"とりこ" となっていたのである。
198-a) 同・前掲国際私法の危機 198 頁以下の太字部分の私の叫びを，見よ。
199) 石黒・前掲解釈論的構造 93, 96 頁，同・前掲現代国際私法〔上〕93, 95 頁。
200) 前出・注 86）参照。
201) 同・前掲国際民事紛争処理の深層 248 頁。
202) 同・前掲解釈論的構造 60 頁以下，同・前掲現代国際私法〔上〕141 頁以下。
203) 同・法協 101 巻 2 号 326 頁。なお，同・前掲解釈論的構造 98 頁。
204) 同・前掲現代国際私法〔上〕92 頁。
205) 同・前掲解釈論的構造 98 頁，同・法協 101 巻 2 号 326 頁以下。
206) ただし，同条 2 項は，この 1 項は当事者による主観的法選択が許され，それのある場合には適用されない，とする。国際私法上の当事者自治の原則との関係でのこうした制約が果たして妥当か，等の点については，同・法協 101 巻 2 号 326 頁以下。

　なお，通則法 15・16 条，20・21 条の相互関係でも，屈折した立法の経緯（当初は何と，法廷地法のみ［！］の事後的法選択が認められていた。同・前掲国際私法の危機 158 頁）からは，同様のことが予定されていることとなろう。問題である。
207) 同・前掲現代国際私法〔上〕93 頁を見よ。

208) 前出・注86) の本文参照。この点の要領のよいまとめについては，G.Kegel/ K.Schurig, *IPR*, at 306（9. Aufl. 2004）。なお，ECの1980年契約準拠法条約は，草案段階では契約外債務の問題をもカヴァーするものであったが，そこでも例外条項が予定されていたことにつき，石黒・前掲解釈論的構造97頁注249。なお，同条約と並んで契約外債務関係の準拠法のルールをも作成し，それらをともにEU規則（前者は「ローマ-Ⅰ」，後者は「ローマ-Ⅱ」）とする最近の動きについては，Mankowski, IPRax 2006, at 101ff.
209) なお，このドイツの法改正につき，ホーロッホ（石黒訳）・前掲日独法学20号（2002年）112頁以下。
210) 石黒・前掲解釈論的構造79頁以下，93頁以下。
211) 同・前掲現代国際私法〔上〕95頁，同・前掲解釈論的構造91頁以下。
212) 特段の事情による構成については，同・前掲解釈論的構造2頁，162頁以下，180頁，248頁。なお，国際私法上の反致，そして，先決問題論といった国際私法総論上の法技術が，準拠法選択上の一般条項登場に至る前史的意味あいを有することについては後述する。石黒・同前122頁以下，186頁以下。
213) 前出・注150) につづく本文の個所を見よ。
214) 同・民事研修356号30頁以下。
215) 同・前掲法協百周年記念論文集3巻575頁以下で詳論したところ。同・前掲現代国際私法〔上〕97頁以下，同・前掲国際私法〔新版――プリマシリーズ双書〕25頁以下。
216) その意味で，「選択（択一）的連結」は，いわゆる「累積適用（kumulative Anwendung）」の考え方（複数準拠法によるダブルチェック）とは，対極をなすものと言える。

なお，それらとは別に，「配分的適用」というものがある。平成元年改正前の法例旧13条1項本文をそのまま受け継ぐ法例新13条1項（通則法24条1項――婚姻の実質的成立要件）がその例となる。婚姻の各当事者につき，要件チェックをそれぞれの本国法によって行なう，というのがこの配分的適用であるが，そこにおいて双方当事者に共にかかわる要件（「双方要件」）の幅が広く設定されると，その限りでは累積適用と同じことになってしまう。なお，いわゆる認知の成立に関する平成元年改正前の法例旧18条1項は，親の側・子の側それぞれの要件に分けて配分的適用主義をとっていたが，法例新18条（通則法29条）はそれを改め，上記の選択（択一）的連結の手法をとるに至っている。

ちなみに，最判平成3年9月13日民集45巻7号1151頁は，法例旧18条1項の配分的適用主義の下で，子が父のした認知の無効確認を求めた際の出訴期間の制限につき，父又は子の本国法のうち，いずれの定める出訴期間がいまだ徒過していない限りは無効確認を求め得る，との解釈を示している。事後的な無効確認によって覆る可能性を含めてこの点を認知の成立の問題ととらえ，双方要件としてこれを

把握すればこうなる。

217) ただし、反致の可能性は条約上否定されている。このあたりの条文の書き方に大きな問題があることにつき、石黒・前掲国際私法〔新版――プリマシリーズ双書〕179頁以下、181頁を見よ。なお、後出・注235) で、この点に言及する。

218) 石黒・前掲国際私法と国際民訴法との交錯21頁以下、210頁以下、同・前掲国際民訴法99頁以下、とくに108頁以下。

218-a) 同・前掲解釈論的構造224頁以下、及び本書3.2の注531-g) の本文参照。重要な点である。

219) なお、前出・注76) の本文に示した表2の、準拠法のタカログを見よ。

220) 石黒・前掲国際私法〔新版――プリマシリーズ双書〕112頁、396頁以下、同・民事研修356号24頁以下、同・法律時報61巻13号34頁以下。

221) 日本民法は認知主義をとるから、それ以外のものは継子扱いする、とでも言うのであろうか。なお、その後のドイツ国際私法改正（嫡出・非嫡出の区別の撤廃！）との関係での、後出・注227-b) 参照。

222) なお、重要なことについて、一言する。親子関係の効力に関する法例新21条（通則法32条）は、とくに準拠法決定時点を固定しないので、当事者の国籍や常居所（同条）の変更があれば、「準拠法の変更」が生ずる。各国法の内容次第で、子の法的地位の内容は動き得るのである（石黒・前掲国際私法〔新版――プリマシリーズ双書〕400頁以下）。そして、その結果として法例新18条（通則法29条）で設定された非嫡出の親子関係における、子の法的地位を定める準拠法（新21条〔通則法32条〕）が、嫡出・非嫡出の区別のない国の法になるとすれば、「極論すればそこである種の"準正"類似の事態が生じたようなことになる」、とも言える（石黒・同前401頁）。そもそも嫡出・非嫡出で区別しても、具体的な子の法的地位の中身（親子関係の効力）は、例えば同じく「非嫡出」の子についても、法例新21条（通則法32条）の下で、異なり得るのであり、「成立」段階であまり芸を細かくすることは、そもそも問題である。なお、石黒・同前397頁、及び、後出・注599) の本文をも参照。

223) 多数の外国人労働者とその子弟をかかえるヨーロッパの現状に鑑み、こうしたポリシーを何故とろうとするのかについての本音がどこにあるのか。現地調査も踏まえた私の印象については、石黒・前掲法協百周年記念論文集3巻605頁に示した。従来型福祉国家の破綻、との関係（！）である。それゆえ、国家が子の面倒を見る前に、なるべく法的親子関係を成立しやすくしよう、ということ（！）である。

224) ドイツ的な嫡出・非嫡出の区別（後に撤廃されるそれ――後出・注227-b) を見よ）へのこだわりの故、である。なお、前注とも対比せよ。

225) なお、Lüderitz, *IPR*, at 168 (2. Aufl. 1992); D. Henrich, *Internationales Familienrecht*, at 184 (1989).

226) 直訳すれば「婚外の子としての地位」となる。「嫡出性（eheliche Kindschaft）」

も,「婚姻に基づく子としての地位」ということで,そもそも「嫡出」という日本語が紛らわしい。実は,法例が明治の頃,穂積陳重博士によって起草された際,同博士を悩ませたのは,「私生子は母……に対する関係に於ては嫡出子の法的地位を有する」と規定していた当時のドイツ民法典（BGB）1705条であった。そのことが法例旧17条～20条の条文構成に微妙な影響を与えたこと,等については,立法資料に基づきつつ,石黒・前掲国際家族法入門113頁以下に論じておいた。

227) 前出・注83) 参照。
227-a) 石黒・前掲国際私法の危機241頁。
227-b) このドイツ国際私法改正については,Kegel/Schurig, *IPR*, at 906ff (9. Aufl. 2004); B.v.Hoffmann/K.Thorn, *IPR*, at 384ff (8.Aufl. 2005). なお,ホーロッホ（石黒訳）・前掲日独法学20号111頁。

　なお,ドイツ民法典における「嫡出・非嫡出の区別の撤廃」について言えば,それはおそらく,非嫡出子の保護に厚かった旧東ドイツとの"統合"と関係する。この点につき,石黒・前掲ボーダーレス・エコノミーへの法的視座224頁。なお,前出・注224) と対比せよ。

227-c) なお,本文の表5の下の*****部分との関係では,前出・注227-b) のドイツの改正において,EGBGB 20条により,親子関係の成立を認める当該の準拠法のほか,子の常居所地法によっても,かかる意味での「否認（否定）」をなし得る,とされるに至った。Kegel/Schurig, supra, at 913; v.Hoffmann/Thorn, supra, at 390.

228) 石黒・前掲法協百周年記念論文集3巻589頁以下,同・前掲現代国際私法〔上〕106頁以下,同・前掲国際私法〔新版——プリマシリーズ双書〕25頁以下,なお,後出・注257) につづく本文と対比せよ。

229) 同じことは,遺言の方式の準拠法に関する法律第2条（そしてそのもととなったハーグ条約）についても言える。遺言の方式の場合,オプションを広げても,実際の人々の国際的生活の営み方を反映して,複数国の遺言の方式についての規律をミックスした形で実際の遺言作成の行なわれる場合が,実はある。その実例が東京家審昭和48年4月20日家月25巻10号113頁である（石黒・前掲国際私法〔新版——プリマシリーズ双書〕26頁,市川四郎=野田愛子編・相続の法律相談〔第4版・平2〕473頁以下（石黒),石黒・前掲現代国際私法〔上〕114頁以下)。やたらオプションを多く用意するのみでは済まないのである。

230) 石黒・前掲法協百周年記念論文集3巻589頁以下。その旨が同研究所の側から明示されているのである。

231) 前出・注224) につづく本文,及び,前出・表5下段の*****及び前出・注227-c) を見よ。

232) 石黒・前掲法協百周年記念論文集3巻576頁以下,同・前掲現代国際私法〔上〕97頁以下,等。

233) 前出・注66) 参照。

234) 平成元年改正前は，法例旧15条において準拠法選択時点が婚姻締結当時（の夫の本国法）に限定されていたが，この点は，平成元年改正で改められている。石黒・前掲国際私法〔新版——プリマシリーズ双書〕385頁以下。
235) ただし，条文上は「国籍を有する国の法」とある。「本国法」とは書いてない，ということを理由に，重国籍者についてはそのいずれの国の法をも選択の対象となし得る，とされている（沢木＝南編著・新しい国際私法12頁〔沢木〕）。前出・注217) でも一言した点だが（なお，後出・注526) をも参照），この種の書き分け方にどれほどの意味を持たせるべきかは，そもそも疑問である。

　もとはと言えば，遺言の方式の準拠法に関する法律において，もとになったハーグ条約の批准に際しての条文づくりの上で問題のあったこと（石黒・同前181, 179頁以下）が関係する。国際私法上の反致（本書3.2）を否定するのが，この条約の基本であり，同条約1条では，各種のオプションを示す際に，"the internal law … of the place where …"といった文言が用いられていた。「国籍」についても同様である。本書2.1の注101-a) の本文とも対比せよ。また，同条約制定の経緯に関する本書3.2の注531-g) の本文をも見よ。

　そうした同条約の全体的位置づけに配意せず，これを「国籍を有する国の法」と訳した以上は，「本国法」とそれとを区別するとして突っ走る姿勢には，根本的な問題があると言うべきである。

　また，上記条約の場合には，選択（択一）的連結による手法が採用されたためもあって，オプションの拡大のために重国籍者についての本国法の一本化（なお，法例新28条1項〔通則法38条1項〕参照——ただし，そこにも「日本人条項」〔と同趣旨の規定〕がある。同項但書である。前出・注198) とその本文参照）はなされなかったが，それと同じことを限定的当事者自治を認めた法例新15条但書（通則法26条2項）においても行なう理論的な理由は，ないはずである。法例新28条1項（通則法38条1項）は，国籍の実効性を重視する考え方（「実効的国籍論」）に立脚するものだが，そのような伝統的な方法論からの営為を中途で放棄する必要が，果たしてここであるのかが，問われるべきである。
236) 夫婦が複数の不動産を国を異にして有していた場合の問題をも考えよ。ちなみに，日本は批准していないが，後述の如く法例新15条但書（通則法26条2項）の母体となったはずの，1978年の夫婦財産制の準拠法に関するハーグ条約の3条3項は，当事者の主観的法選択によって指定された準拠法が夫婦の全財産についての準拠法になるとし，他方，4項で，不動産（またはその一部）については別の準拠法（不動産所在地法）を指定し得る，としていた。なお，山田・国際私法〔平4〕374頁は，夫婦がその財産の一部分についてのみの準拠法指定をも（不動産に限らず）なし得るとするが，法廷地裁判官の負担も考えるべきであろうし，理論的にも疑問である。なお，前出・注79) 参照。
237) 山田・同前頁（第3版では433頁）。

238) 石黒・前掲国際私法の危機 8 頁，同・前掲国際私法〔新版——プリマシリーズ双書〕390 頁。
239) それに対する批判として石黒・前掲現代国際私法〔上〕99 頁。その段階で，日本としてはかかる議論に対して一石を投ずることが，出来たはずなのである。
240) 詳細は，石黒・前掲法協百周年記念論文集 3 巻 580 頁以下，612 頁。なお，同・前掲現代国際私法〔上〕103 頁以下。
241) 前出・注 67)，及び，後出・注 253) 参照。
242) 石黒・前掲民事研修 356 号 34 頁。
243) 並行理論については，石黒・前掲現代国際私法〔上〕259，275 頁以下，同・前掲国際民訴法 101 頁以下。
244) ただし，1986 年のドイツ民法施行法（EGBGB）の大改正にあたっては，相続以外の領域で，かなり広い事項的範囲で限定的当事者自治が認められるに至っている。10 条の人の氏名，婚姻の一般的効力の 14 条 2 項以下，夫婦財産制の 15 条（法例新 15 条 2 項〔通則法 26 条 2 項〕と同様の形での取引保護の規定が EGBGB 16 条にある），等である。ただし，EGBGB 14 条 4 項では，ドイツ国内で法選択がなされる場合につき，ドイツ公証人によってそれがオーソライズされることを要求し，他国で法選択がなされる場合には，そこで選択された法，または，法選択のなされた地の法における方式要件を満たすことが必要とされ，それが夫婦財産制に関する 15 条 3 項で準用されている（Kegel/Schurig, *IPR*, supra〔9. Aufl.〕, at 834, 847. ちなみに，人の氏名の場合にも，同様に公証人の介在が必要とされる。Id. at 599, 601.）。通則法 26 条 2 項（法例新 15 条 1 項但書）の場合には，署名と日付があればどんな書面でもよいとあり，第三者に対抗するには日本で登記せよ，等の規定が続くものの，そんなことでよいのかが，不安材料となる。

なお，ここでドイツの場合に戻れば，本文の，表 5 の親子関係の成立の諸規定で，EGBGB 14 条の 1 項（客観的・段階的連結）のみがリファーされているのは，親の側の主観的法選択が子の法的地位に影響するのを防ぐためであることにも，言及しておくべきであろう。石黒・判タ 507 号（昭 58）162 頁以下，166 頁。
245) この点については，石黒・前掲法協百周年記念論文集 3 巻 602 頁，586 頁。
246) 前出・注 125) の本文に掲げた図 6，及び，それにつづく論述参照。
247) 石黒・前掲金融取引と国際訴訟 28 頁以下，同・前掲現代国際私法〔上〕115 頁以下，同・前掲法協百周年記念論文集 3 巻 592 頁以下，同・前掲国際私法〔新版——プリマシリーズ双書〕27 頁以下，等。
247-a) 同・前掲国際私法の危機 35～40 頁参照。
248) 同条約 6 条（個別的労働契約）の 2 項但書は，全体的諸事情からして本文で示した地（同条 2 項）よりも当該契約と密接（more closely connected）な地が別にあればそれによる，としている。つまり，場合を限った例外条項である。
249) 同条約 3 条 3 項で定義された，普通の意味での（つまり相対的強行法規をも含

めた！）強行法規である。前出・注130）の本文を見よ。
249-a) 石黒・前掲国境を越える環境汚染130頁以下，同・前掲法協百周年論文集3巻595頁，等で示した問題と，対比せよ。要は，社会的にひとまとまりとなる事象（事件）における準拠法選択を一本化しておく必要性に，反する結果となり得るのが，通則法11条の規定なのである。なお，同・前掲国際私法〔新版――プリマシリーズ双書〕324頁以下とも対比して考えよ。
249-b) 本書4.1の注733）以下の本文と図26，そして，石黒・前掲国際民訴法3.2の注360）の本文以下の，この原則の「歴史的機能」の説明，及び，そこで示した図7を見よ。
249-c) 同・前掲国際私法の危機15頁以下，40頁以下，等。なお，消費者契約・個別的労働契約についての改正原案との関係での，同前・30頁以下，35頁以下の批判をも参照せよ。
250) 前出・注130）につづく本文の個所を見よ。また，前出・注125）の本文に示した図6と，この図9とを対比せよ。
251) 前出・注247）参照。なお，石黒・前掲国際私法〔新版――プリマシリーズ双書〕288, 298頁。
252) 草案段階での議論については石黒・法協101巻6号947頁以下。ただし，労働契約（Arbeitsverträge）に関する121条は，労務給付地連結を主体とした限定的当事者自治を規定するにとどまっている。
252-a) この点につき，Mankowski, IPRax 2006, at 106, 101.
253) 前出・注67), 241) 参照。
254) 前出・注125）の本文の図6を見よ。
255) 前注参照。
256) このような問題は，国際労働法の分野で極めて注目すべきものとしての，陳一「国際的労働関係の適用法規の決定に関する一考察 (1)(2・完)」法協111巻9号1374頁以下，同11号1666頁以下（平6）で，扱われている。
257) 前出・注228）の本文を見よ。
258) Morse, Contracts of Employment, in: P. M. North (ed.), *Contract Conflicts*, at 153 (1982).
259) 私はそれを，「ヨーロッパ国際私法の危機的諸状況」と把握した上で，詳細な批判的考察を行なっている。石黒・前掲法協百周年記念論文集3巻575頁以下。なお，同・前掲現代国際私法〔上〕97頁以下。
260) 石黒・前掲現代国際私法〔上〕161頁注116参照。
261) 前出・注38）。この点については，「指定（Verweisung）」の概念について論ずる H. Kelsen, *Das Problem der Souveränität und die Theorie des Völkerrechts*, at 114ff (2. Aufl. 1928 〔2. Neudruck 1981〕)と，直接的に牴触法に言及する Kelsen (Translated by A. Wedberg), *General Theory of Law and State*, at 243ff (1949)とを対比せよ。「根

本規範」を頂点とする一国の法秩序の位階構造（ピラミッド構造）の中で，当該国の国際私法を介して適用される外国法（その規範）を如何に位置づけるべきかが，ケルゼンが解明しようとした問題，である。

262) 石黒・前掲国際民事紛争処理の深層 220 頁。なお，O. Kahn-Freund, *General Problems of Private International Law*, at 306 (1976); F, Schwind, *Handbuch des Österreichischen Internationalen Privatrechts*, at 43, 69ff (1975)等をも参照せよ。もとより，同様の問題は，外国判決承認についてもある。

263) なお，いわゆる児童の権利に関する国連条約を杓子定規に受け取ると，実質法・牴触法両レヴェルで一切の区別ないし差別をしてはならぬ，といったことになりかねない。この点については，石黒「出入国管理・国際養子縁組，等（条約 10 条・21 条を中心に）」石川稔＝森田明編・児童の権利条約（平 7）第 13 章で触れている。

264) 石黒・前掲現代国際私法〔上〕162 頁以下。なお，シュトル＝フィッシャー（石黒訳）「1982～1984 年のドイツ連邦共和国における国際私法の発展」日独法学 10（昭 61）102 頁以下，114 頁以下。

265) 石黒・前掲現代国際私法〔上〕162 頁以下，同・判タ 507 号 157 頁，161 頁以下，同・前掲国際私法〔新版――プリマシリーズ双書〕53，376 頁。

266) なお，1986 年改正後の，婚姻の成立に関する EGBGB 新 13 条 1 項（実質的成立要件）では，各当事者の本国法によるとの配分的適用主義が維持されているが，それによって要件が満たされない場合の救済措置が同条 2 項に設けられ，その 3 号には，まさにスペイン人事件を想定したかの如き条項が置かれている。同・判タ 507 号 161 頁，173 頁と対比せよ。なお，Kegel/Schurig, *IPR*, supra (9. Aufl.), at 802.

267) なお，この点は図 10 中の②の問題に対して，先決問題（Vorfrage）として把握されている。先決問題論については本書 3.3 で後述する。例えば後出・注 554) の本文に示した図 21 を見よ。本件の如き場合の問題を先決問題論の側から論じたものとして，池原・総論 279 頁以下。

268) 前出・注 216) を見よ。

269) わが法例（通則法 24 条 1 項）の場合には，そう解すべきではなく，専ら A の側の要件とすれば足るものと，私は考える。重婚（Doppelehe）の禁止自体は双方要件（双面的婚姻障碍〔害〕とも言う）だと言うとしても（山田・国際私法〔平 4〕352 頁〔第 3 版では 405 頁〕，折茂・国際私法（各論）230，232 頁，等），有効な前婚解消があったか否かの点は別に扱うべきではないか。なお，石黒・前掲国際私法〔新版――プリマシリーズ双書〕376 頁。

270) なお，Sonnenberger/Schwimann, *Münchener Kommentar zum BGB*, Bd. 7, at 806f (2. Aufl. 1990).

271) シュトル＝フィッシャー（石黒訳）・前掲日独法学 10 号 114 頁以下，石黒・前

掲現代国際私法〔上〕164頁以下。
272) 石黒・前掲現代国際私法〔上〕160頁。なお，遺著となった K. Firsching, *Einführung in das internationale Privatrecht*, at 196 (3. Aufl. 1987)においても，この表現が維持されている。
273) 両性平等のみが問題ではないはずである。平等原則との関係を言うのならば，親子間の平等にも目を向けねばおかしい（おかしかった）はずである。
274) 石黒・前掲現代国際私法〔上〕168頁以下。
275) 同・法律時報61巻13号32頁。なお，同・民事研修356号13頁以下。
276) 同・前掲現代国際私法〔上〕173頁以下。
277) 前出・注200)の本文以下，及び注212)，等参照。なお，後出・注643)の本文参照。
278) 石黒・判民21事件評釈法協105巻6号（昭63）876頁以下。なお，同・前掲現代国際私法〔上〕136頁注28と対比せよ。さらに，後出・注638)の本文参照。
279) 石黒・同上評釈896頁。
280) 同・前掲現代国際私法〔上〕173頁。
281) 同上・170頁以下，同・前掲国際家族法入門32頁以下。
282) 前出・注151)参照。
283) 石黒・後掲家裁月報37巻9号38頁，同・前掲国際私法〔新版——プリマシリーズ双書〕121頁以下，等。
284) 同・前掲現代国際私法〔上〕172頁。また，同・前掲国際家族法入門38頁で，立法資料を引用しつつ，既に指摘していた点である。また，女子差別撤廃条約（昭和60年条約第7号）の9条1項参照。
285) 石黒「人の氏名と国際家族法——改正戸籍法基本通達及びその基礎にある従来の一貫した渉外戸籍先例に対する重大な疑問」家裁月報37巻9号（昭60）1～71頁，同「人の国際化と人権」法律時報60巻12号（昭63）44頁以下，同「渉外相続等家事審判事件の現状と問題点」沼辺＝太田＝久貴編・家事審判事件の研究（2）（昭63）276頁以下，同・前掲現代国際私法〔上〕351頁以下，同・前掲国際私法〔新版——プリマシリーズ双書〕55頁以下，122頁以下，187頁，等。
286) 同・前掲家月37巻9号5頁。本文に引用したのは，そこに示した昭和59年の戸籍法改正に関する法務省側の解説であり，そこでは，昭和26年（2つ出されている），同40年の民事局長回答がリファーされている。
287) 川井健他編・講座現代家族法3巻（平4）396，411頁（石黒）を見よ。
288) 石黒・前掲家月37巻9号15頁。
289) 同前・16頁。
290) 同前・11頁以下。
291) 同前・20頁。
292) 前出・注125)の本文に示した図6と対比せよ。

293) 石黒・前掲家月37巻9号41頁。
294) 前出・注286), 287)の本文と対比せよ。
295) 石黒・前掲家月37巻9号62頁。
296) 同前・67頁以下。
297) 同前・5頁。
298) 同前・6頁以下。なお，大阪高決平成3年8月2日家月44巻5号33頁が，かかる法務省側の考え方に対して明確に釘をさしていることに，注意すべきである。
299) なお，戦後のわが家族法改革が戸籍法については殆ど及ばず，我妻博士とて，既述の如く，本来実益のない「氏の性格論争」で平賀氏を批判するにとどまっていた。それはそれで"ミステリー"であるが，石黒・同前69頁以下で一言した司法救済上の問題や，同前・21頁以下で批判した谷口知平教授の，法務省の先例を家裁等の裁判に対してあまりにも優遇する姿勢，そして，法制審議会ではなく実務家主体の民事行政審議会でその改正が審議されることから生ずる種々のバイアス，等々を考えると，そろそろ「戦後改革の積み残し案件」(!!)たるわが戸籍法のあり方について，抜本的検討をすべき段階に来ていることを，強く感ずる。
300) 石黒・前掲(沼辺=太田=久貴編)家事審判事件の研究(2)277頁以下。なお，氏名法は公法だとして私法的側面を否定する角度から法務省サイドの立場を支持しようとする試み（「氏名公法理論」なるもの）に対する批判は，石黒・前掲家月37巻9号25頁以下，同・前掲現代国際私法〔上〕351頁以下で詳細に行なった。
　一言しておけば，私と同様，かつて最高裁からの執筆依頼を受けた沢木敬郎教授は，何ゆえか主義を180度転換し，「法務先例」の支持に回った。前注に"略述"した点がいくばくかなりとも関係しそうな展開だが，そこで同教授は，人の氏名の準拠法についてドイツで「人格権説」を主唱し，この点での1986年のドイツ国際私法改正への論議をリードしたWenglerの学説を，氏名法の「私法的部分」を全否定するものと曲解し，氏名法には「私法」で語る部分はないとして，この「氏名公法理論」を説いたのである。
301) 石黒・前掲国際家族法入門46頁以下，同・前掲現代国際私法〔上〕174頁以下，同・前掲家月37巻9号1頁以下。
302) 同・民事研修356号14頁以下。
303) 同前・33頁，同・前掲国際私法〔新版——プリマシリーズ双書〕39頁，63頁以下。
304) 石黒・前掲現代国際私法〔上〕129頁，同・前掲解釈論的構造101頁以下。同・前掲国際私法〔新版——プリマシリーズ双書〕63頁。
305) なお，ドイツの場合につき，同・判タ507号160頁と同・前掲国際私法〔新版——プリマシリーズ双書〕63頁とを対比せよ。
306) このように，一定の事項に限って，本来の準拠法が別にあるのにそれに介入し，自国法の適用を留保する条項，即ち，「但し裁判所は其の〔離婚の〕原因たる事実

が日本の法律に依るも離婚の原因たるときにあらざれば離婚の宣告をなすことを得ず」と規定していた法例旧16条但書の他，平成元年法例改正の枠外たる不法行為の11条2, 3項（すったもんだの末，通則法22条において実質的に踏襲されたそれ）を，「特別留保条項」と言う（国際私法上の公序を留保条項と呼ぶことがあるのと対比される用語法である）。

　法例新16条但書（通則法27条但書）の「日本人条項」（前出・注198）。なお，後出・注308））は，これと異なり，一定の場合にダイレクトに日本法を準拠法としてしまうものである。

307) 石黒・前掲現代国際私法〔上〕138頁以下，154頁以下，274頁，同・前掲解釈論的構造53頁以下，193, 198頁，等。なお，後出・注329）の本文と対比せよ。
308) 平成元年法例改正で新設された新16条但書（通則法27条但書）の「日本人条項」の解釈にあたっては，常居所の認定（なお，前出・注195），及び，本書3.6の注660）の本文参照）を一般の場合よりも一層厳密に行ない，最も密接な関係の原則から目的論的に，それを慎重に認定してゆくべきことになる。
309) 詳細は前出・注301）所掲のものを見よ。
310) だが，2条2号の，子の「出生前に死亡した父が死亡の時に日本国民であったとき」との条項は，「父が」とあるままである。何故であろうか。
311) 東京地判昭和56年3月30日判時996号23頁，東京地判昭和56年3月30日行裁例集32巻3号469頁，東京高判昭和57年6月23日行裁例集33巻6号1360頁，東京高判昭和57年6月23日行裁例集33巻6号1367頁。
312) なお，石黒・前掲国際家族法入門47頁。改正前国籍法2条3号である。山田鐐一・国籍法（昭48）20頁以下。ちなみに，同号は，昭和59年にあわせて改正されている。
313) なお，前出・注263）参照。
314) その背景としては，いわゆる女子差別撤廃条約（昭和60年条約第7号）の批准に向けた社会運動がある。石黒・前掲国際家族法入門48頁。ちなみに，同条約9条2項には，「締約国は，子の国籍に関し，女子に対して男子と平等の権利を与える」とある。なお，東京地判昭和56年3月30日行裁例集32巻3号469頁は，本文で示した「日本国籍継承権」なるものが憲法上保障されていると解すべき根拠はない旨，明言している。東京高判昭和57年6月23日行裁例集33巻6号1360頁も同旨。
315) 石黒・前掲家月37巻9号9頁注4, 同・前掲現代国際私法〔上〕179頁注170, 等参照。
316) 前出・注311）。
317) 石黒・前掲家月37巻9号10頁注5に一言したように，重国籍は是か非かをめぐる議論がその前提となる。だが，この点でヨーロッパ諸国の動きを見る場合に，平和なときと国際紛争絡みの場合とで慎重に分けた処理がなされていることに注意

すべきである。重国籍から生ずる兵役義務の衝突等の回避にしても，後者の場合の問題は，決してカタがついているわけではなく，この点を直視せずに，もはや重国籍は問題ではないと叫んでも，法務省サイドの冷徹な目に対して，さしてインパクトがなかったものと思われる。

318) そこから先の問題については，石黒・前掲現代国際私法〔上〕181頁以下を見よ。日本国籍を選択したならば外国国籍を捨てるように実際に努力せよ，等々の法務省サイドの意向と実際の条文との関係，そして，そのような形で国家の側が個人の内面にまでグイグイと踏み込んで来ること自体を，人権保障の面からどう評価すべきかの問題である。

318-a) 石黒・前掲国際私法の危機5～10頁に，平成元年，そして「駄目押し」としての平成11年の法例改正，に関する "裏の実態" を，あえて示しておいた。

319) なお，国際私法と憲法とのかかわり方を論ずる際に，とりわけ子供の福祉の観点から，準拠法の選択・適用という通常の牴触法的処理とは別に，ある種の「憲法直結型の処理」を行なうべき場合がある。「子の最善の福祉 (the best interest of the child)」の視点からの営為（なお，石黒・前掲法協百周年記念論文集3巻608頁注125を見よ）がそれである。この点については，同・前掲国際家族法入門134頁以下，139頁，等参照。「国際的な人身保護請求事件」たる大阪地決昭和55年6月16日判タ417号129頁に対する評釈たる同・ジュリスト733号（昭56）156頁以下，とくに159頁を見よ。

319-a) 石黒・前掲法と経済（Law *vs.* Economics），同・電子社会の法と経済（平15），同・IT戦略の法と技術（平15），等々。

319-b) 同・前掲国際私法の危機14頁以下の「問題の発端」の個所を見よ。

320) 前出・注55）。この田中耕太郎博士の立場を踏襲した上での記念碑的業績が，折茂豊・国際私法の統一性（昭30）であった。

321) なお，そこでは同時に，手形・小切手に関する国際私法のルールを統一する条約も制定されており，それをもワン・セットとしてわが国は批准し（昭和8年条約第5号，第8号），その上で手形法・小切手法を制定した。実際の大学での講義において，手形法・小切手法の条文が条約の翻訳であることを意識した講義が，行われているか否かを考えよ。この点は，以下の論述と深くかかわる。後出・注335）の本文と対比せよ。

322) E. Rabel, *Recht des Warenkaufs* Bd.1 (1936). なお，ラーベルは国際私法プロパーの問題についても比較法的考察方法を重視し，のちにアメリカに渡って，全4巻の *The Conflict of Laws* (Vol. 1〔2nd ed. 1958〕, Vol. 2〔2nd ed. 1960〕, Vol. 3〔2nd ed. 1964〕, Vol. 4〔1958〕) をものした。その比較法的考察方法は，例えば国際私法上の性質決定（Qualifikation）論にも，大きな影響を与えている。G. Kegel, *IPR*, at 208ff (6. Aufl. 1987).

323) さしあたり，石黒・前掲現代国際私法〔上〕35頁以下，とくに38頁以下を見

よ。なお，松岡博=高杉直=多田望「国際物品売買契約の準拠法に関するハーグ条約（1986 年）について」阪大法学 43 巻 1 号（平 5）4 頁参照。
324) それについての包括的な研究として，曽野和明=山手正史・国際売買法（平 5）がある。
325) 国際通商摩擦関連で，昨今の日本では若干安易にハーモナイゼイションの必要性の説かれる傾向がある。そうした場面でも，各国私法統一運動の 19 世紀以来の展開と，本文で一言したその法理論的挫折という事実を前提として冷静に論ずる必要がある。この点は，1997 年の「規制緩和・行革の嵐」（石黒・前掲法と経済 2 頁）を経て今日の規制改革・構造改革に至る，すべての出発点としての（!），産構審総合部会基本問題小委員会での議論を踏まえた通産省産業政策局編・21 世紀型経済システム（産構審レポート・平 5）187 頁以下の審議に際し，私自身が大いに強調した点であり（なお，石黒・前掲通商摩擦と日本の進路 299 頁以下），また，同・前掲国際的相剋の中の国家と企業 22 頁以下の叙述以来，各方面で主張してきた点でもある。なお，同・前掲国際民訴法 75 頁注 40）。安易な制度ハーモナイゼーション論への警鐘として，更に，同・前掲電子社会の法と経済 216 頁，同・前掲国境を越える知的財産 456 頁以下，等。
326) 江川英文・国際私法（改訂・昭 32）3 頁以下。
327) 正式に批准された条約の各国における法的地位について，例えばアメリカでは，条約は州法には優位するが連邦法と同順位とされる。その結果，その後に制定された連邦法が条約よりも優位する，といったことが生ずる。なお，例えば寺沢一=山本草二=広部和也編・標準国際法（平 1）80 頁（広部）。

また，アメリカでは国際慣習法は条約より（従って連邦法より）劣位にあるとされる。そのため，いわゆる域外適用論との関係でも種々の問題が生ずる。アメリカにおける（条約を含めた）国際法上の規範の地位の低さをカヴァーすべく登場するのが，いわゆる「コミティ」なのであるが（なお，アメリカ連邦最高裁の，問題ある条約解釈の実例を含めて，石黒・前掲国際民訴法 65～66 頁），このコミティなる概念は，それを厳密に（!）定義した場合，「法と政治の間，そして国内法と国際法との間に浮游する或るもの」としか言えない，極めてあいまいなものなのであって，注意を要する（同前・17, 47 頁）。英米特有の，彼らの骨身に染み付いた（しかしながら，それゆえにまた理論的に解明されることの少ない）概念たる「コミティ」については，石黒「コミティ批判」法曹時報 44 巻 8 号（平 4）1～44 頁（同・前掲通商摩擦と日本の進路 207 頁以下），同・前掲国境を越える知的財産 462 頁，等。なお，前出・注 26), 注 100) 参照。

他方で，ドイツでは，国際慣習法は連邦法に優位するが，条約は連邦法と同順位とされる（I. Seidl-Hohenveldern, *Völkerrecht*, at 146f〔7. Aufl. 1992〕。なお，中里実・国際通信をめぐる課税問題の一端〔平 1〕34 頁以下，50 頁以下）。そして，その際，1980 年 EC 契約準拠法条約がまさにそうした場合であるように，批准に際して国

内法（同条約は 1986 年の改正民法施行法（EGBGB）27 条以下に，実質的にとりこまれている）が別途作成されれば，条約自体の国内での直接適用が否定され得る（Sonnenberger/Martiny, *Münchener Kommentar zum BGB*, Bd. 7, at 1494〔2. Aufl. 1990〕）。同条約の場合には，まさにそれが「否定」されており，EC 域内の法統一の目的とこうしたドイツの営為との緊張関係の末に設けられたのが EGBGB 36 条なのである（Id. 1831. ——なお，以上の点につき，10 *MünchKomm*. 3.Aufl., supra, at 1490, 1908ff〔Martiny〕）。

　　だが，条約とその批准に伴って制定された国内法との間に矛盾があった場合には，むしろ国内法を優先させようとする考え方が，ドイツでは従来から根強くあった（但し，Kegel/Schurig, *IPR*, supra〔9. Aufl.〕, at 13, 648）。実は，1924 年の船荷証券統一条約とその批准によって制定されたわが国際海上物品運送法との牴触に際し，国内法を優先させるべきだと説いた石井照久教授と，逆の立場をとる鴻常夫教授との対立（それについては，石黒・ジュリスト 580 号〔昭 50〕139 頁）における石井教授の立場（なお，石黒・前掲現代国際私法〔上〕27 頁）は，こうしたドイツでの考え方の影響を受けたものと考えられるのである。これは，案外知られていないこと（！）であるが，重要な点である。

327-a）　以下に述べる諸点の詳細については，石黒「統一法による国際私法の排除とその限界」前掲海法会誌復刊 24 号（昭 56）3 頁以下，同・前掲現代国際私法〔上〕20 頁以下，同・前掲国際私法〔新版——プリマシリーズ双書〕6 頁以下。

327-b）　この事件における被告日本航空側の注目する争い方については，前出・注 145）参照。

328）　これらの判例とその問題点については，石黒・前掲海法会誌復刊 24 号 6 頁以下，61 頁，同・前掲現代国際私法〔上〕23 頁以下，同・前掲国際私法〔新版——プリマシリーズ双書〕8 頁。

329）　前出・注 307）の本文参照。

330）　石黒・前掲海法会誌復刊 24 号 17 頁。

331）　石黒・前掲現代国際私法〔上〕24 頁。

331-a）　ただし，次注に注意せよ。

332）　なお，「ツヴァイゲルトの比較法論」（ただし，彼は基本的に「母法秩序の比較」で十分だとする，問題ある視点に立っている。前出・注 181）に示したアメリカの von Mehren 教授の丹念な議論とも異なる，そもそも問題ある方法論，なのである。後出・注 358）とその本文参照。なお，石黒・前掲境を越える知的財産 457 頁の重要なメッセージとも対比せよ）においては，国際私法は無用の迂路とされ，統一法の国際私法に対する優位と言うを越えて，比較法学の国際私法学に対する優位，といったニュアンスさえある（石黒・前掲海法会誌復刊 24 号 49 頁）。そもそも統一法優位の法的イデオロギーにおいては，統一法は比較法学の実定法化（同前頁）を意図する営為であるとも言える。そして，ツヴァイゲルトにおける国際私法自体に対する反情

は，不十分な比較法的基盤の下にアメリカの従来の処理を把握しつつ，訴訟当事者がとくに何も言わなければ法廷地裁判官は法廷地法を適用すればよいとする，いわゆる「任意的牴触法（freiwilliges Kollisionsrecht）」論へと自らを同化しようとするに至るのである（石黒・前掲現代契約法大系 8 巻 254 頁，同・前掲法協百周年記念論文集 3 巻 610 頁以下，同・前掲国際民事紛争処理の深層 237, 242, 249 頁，同・前掲現代国際私法〔上〕116 頁以下，同・前掲国際私法〔新版──プリマシリーズ双書〕143 頁以下）。もはや，ツヴァイゲルトはサヴィニー的国際私法の正統的継承者ではないのである。なお，後出・注 625）の本文参照。

332-a）　なお，船主責任制限条約・船舶衝突条約という，日本が批准した二つの条約との関係が問題となった興味深い事例（公海上の異国籍船舶の衝突に際して船主責任制限の準拠法が問題となったケース）たる，仙台高判平成 6 年 9 月 19 日判時 1551 号 86 頁に対する評釈としての，石黒・判例評論 451 号（平 8）66 頁以下参照。船主責任制限条約は，同条約 4 条の規定を介して，牴触法・実質法両面にわたる，ほぼ自己完結的な規律を，かなりの程度志向しており（石黒・同前 70 頁），かつ，それ自体が破産類似の手続法的色彩を強く有する。その意味で，それは基本的には，批准後のわが国における「絶対的強行法規」として位置づけられ，通常の牴触法的処理を排除する。本文で示した 1964 年ハーグ統一売買法の場合とは，まさに対極をなす性格のものである。

333）　同・前掲現代国際私法〔上〕37 頁。

334）　後出・注 359），360）の本文参照。なお，1980 年の国連統一売買法においては，1964 年統一売買法のような極端な主張は排除され，理論的妥協とも言える規定が置かれている。それについては，石黒・前掲現代国際私法〔上〕40 頁以下，同・前掲海法会誌復刊 24 号 40 頁以下。そして，1986 年に，国際的な動産売買の準拠法に関するハーグ条約が，別途作成される（それについては，松岡他・前掲〔注 323）〕1 頁以下），等といった展開となる。

335）　石黒・前掲海法会誌復刊 24 号 55 頁。なお，同・前掲国際私法〔新版──プリマシリーズ双書〕14 頁。

335-a）　本書 4.1 の後出・注 728）の本文を見よ。IMF 協定 8 条 2 項 b を巡る，各国での大きな"解釈の相違"が，この点での別な例となるのである。

336）　石黒・前掲現代国際私法〔上〕21 頁以下。

337）　同前・22 頁注 52 で批判した考え方である。国内的法律関係を含めた統一法の場合には各締約国の事情に応じた独自の解釈がなされ得るが，国際的なそれのみの統一をめざす場合にはそれが許され得なくなる，との角度からこの点を考えてゆくことに，十分な理由があるか否かの問題である。前記図 12 に立ち戻り，さらに本書でこれまで論じてきた諸点を踏まえて十分考えるべきであろう。

338）　手形・小切手に関する準拠法選択規則自体が別途締約国間で統一されていたこと（前出・注 321）参照）は，ここでの問題とかかわらない。前記図 12 の〔I〕の

図を見よ。
339） 斎藤彰「国際動産売買における実質法的統一法と国際私法（中）」国際商事法務14巻8号（昭61）578頁注56の本文の指摘についても，ここで問題としている「論点のズレ」を感ずる。船荷証券統一条約関係でのイギリスのモリス（J. H. C. Morris）とマン（F. A. Mann）との論争（石黒・前掲現代国際私法〔上〕32頁以下）においても同様である。
340） 前掲最判昭和52年6月28日民集31巻4号511頁はこうした欠缺補充が問題となった事案であった。石黒・法協95巻11号1831頁以下，1839頁，同・前掲現代国際私法〔上〕25頁。なお，前出・注145）参照。
341） 石黒・前掲海法会誌復刊24号49頁。
342） 前出・注74），165）の本文参照。また，前出・注81）参照。なお，石黒・前掲海法会誌復刊24号51頁注219を見よ。
343） 前出・注330），331）の本文参照。
344） 石黒・前掲現代国際私法〔上〕27頁。
345） 高桑昭「船荷証券に関する1968年議定書と統一法の適用」国際法外交雑誌90巻5号（平3）578頁。なお，同前頁以下が「統一法と国際私法との関係」につき述べるところは，前記の図12の〔I〕の図と対比して考えるべき点である。また，実質法統一条約を批准する際に，あるいはそののちに，法廷地国が在来の国際私法に（例えば統一法批准の際にあわせて）何らかの変容を加えることは，もとより法廷地国の独自の判断に委ねられている。石黒・前掲海法会誌復刊24号11頁。なお，その後，京大の川又良也教授も，改正後の国際海上物品運送法と条約との関係について，私見と同様の立場を表明された（大阪国際大学国際研究論叢9（4）・奥田学長追悼論文集〔平9〕699頁以下）。
346） なお，前出・注327）参照。
347） 前出・注345）参照。
348） 石黒・前掲海法会誌復刊24号5頁注1に示したように，「統一法優位の法的イデオロギー」からは，統一法が出来た後の各国における法の発展自体が，法統一を脅かす危険（Gefahr）と把握され，それを押さえ込むべく1964年ハーグ統一売買法2条・17条が設けられたのである。
349） 前出・注333）の本文を見よ。
350） 石黒・前掲現代国際私法〔上〕43頁以下。ちなみに，これから本文で論ずる点との関係で，国際私法もまた法廷地国の強行法規であること（なお，前出・注332）と対比せよ）に注意すべきである。
351） 前出・注327）参照。なお，前記の図12の〔I〕図と対比して考えよ。
352） 1980年の国連統一売買法の場合について，この点での問題が半ば顕在化していることにつき，前出・注350）の冒頭の引用個所参照。
353） ただし，前出・注327）に示したように，各国国内法秩序における条約の法的

地位によっては，図15の〔場合I〕についても，批准された統一法（条約）と矛盾する国内法が，別途制定せられ得ることに注意すべきである。こうした場合，その国にとっては，他の締約国に対するいわば対外的な関係と，国内向けの対内的な関係とを，分けて論ずべきことになる。

354) 前出・注323)〜325) 及びそれらに相当する本文，そして，前出・注332) に相当する本文の前後を見よ。
355) 曽野=山手・前掲国際売買法〔資料編〕142頁。
356) ただし，最終的にどうなるかは別として，国際取引の法的側面でこれまで世界をリードしてきたイギリスがいまだにこれに加盟していないことには，おそらく1964年ハーグ統一売買法以来の，イギリスのネガティヴな姿勢が関係している。イギリスは，この1964年統一法を批准した上でそうした姿勢をとっているのである。石黒・前掲海法会誌復刊24号37頁以下。
357) 同・前掲現代国際私法〔上〕46頁以下，同・前掲国際私法〔新版——プリマシリーズ双書〕13頁以下を見よ。
358) 石黒・前掲海法会誌復刊24号33頁以下。前出・注332) 冒頭に示したツヴァイゲルトの議論である。
359) この点については，同・前掲現代国際私法〔上〕17頁。
360) I. Seidl-Hohenveldern, *Völkerrecht*, at 110f (7. Aufl. 1992).
360-a) かかる状況下での"或る歪んだ営み"については，前出・注54) の後段を見よ。
361) なお，沢木敬郎他・国際金融取引2〔法務編〕（昭61）238頁（石黒）。
362) 前出・注127)，及び沢木他・同前145頁以下（一沢宏良），195頁以下（石黒），石黒・前掲国際的相剋の中の国家と企業71頁以下，等。なお，岩原紳作=藤下健「『国際振込に関するUNCITRALモデル法』の逐条解説」金融法研究資料編（8）・別冊（平4），曽野和明他「シンポジウム・国際振込に関するUNCITRALモデル法」同資料編（8）（平4）3頁以下，同・金融法研究9号（平5）1頁以下，等参照。
363) 前注参照。なお，電子認証問題とも関連するOECDの場での暗号政策協調も，「ガイドライン」どまりのものとなった。石黒・世界情報通信基盤の構築（平9）277頁以下と，辻井重男・暗号と情報社会（平11・文春文庫）184頁以下とを対比せよ。これに対して条約で世界各国を縛り，世界の巨大多国籍企業のみを利そうとしたOECDの「多数国間投資協定（MAI）」作成作業の，おぞましい実態とその明確な挫折については，石黒・グローバル経済と法（平12）147頁以下，431頁以下，等。
364) 前出・注361) 参照。
365) 石黒・前掲国際家族法入門7頁以下，沢木敬郎編・国際私法の争点（昭55）179頁以下（石黒），石黒・判批・法協95巻6号1092頁以下，等。
366) それらの厳密な失効時点については，石黒・前掲法協95巻8号1094頁，沢木

編・前掲国際私法の争点 179 頁以下（石黒）。なお，法の国内的牴触を規律する法を，一般に「準国際私法」と言う。共通法は，戦前の「一国数法」状態の日本にあって，準国際私法として機能していたことになる。

367) 沢木編・前掲国際私法の争点 180 頁（石黒）。
368) 判例については前出・注 183) 参照。ただし，判例は，台湾人についての日本国籍喪失時点を，日華平和条約発効時点としている。
369) 前出・注 366) 参照。
370) なお，本判決が，法例旧 19 条の下で，時際法的処理を行なわず，「縁組当時おこなわれていた法律がその後の改廃にもかかわらず固定的に適用される」べきだとする立場をとった，との理解もあるが，これから本文で述べるように，疑問である。最判昭和 56 年 7 月 2 日民集 35 巻 5 号 881 頁（それについては，石黒・前掲国際私法〔新版——プリマシリーズ双書〕143 頁，同・前掲国際民事紛争処理の深層 230 頁以下）は，相続準拠法所属国たる韓国の経過規定の適用を誤った原判決を破棄している。それでは，身分関係（家族法的地位）の成立と否とで，最高裁が時際法的処理を違えて解していると言えるかが問題となるが，本文で示した判決において，そこまでのことは意図されていなかった，というのが私の理解である。同・前掲法協 95 巻 6 号 1095 頁以下。
371) 石黒・同前 1096 頁。
372) なお，前出・注 193)，194) 及びその本文参照。いわゆる「中国人・朝鮮人の本国法の決定」については，従来より様々な争いがあり，それがそのまま平成元年法例改正後にも持ち越されている。これらの地域に所在する国々を 1 つと見るか 2 つと見るか，等々の問題である。そして，法例旧 27 条 3 項（法例新 28 条 3 項〔通則法 38 条 3 項〕に対応）の「地方に依り国籍を異にする国」の規定を類推するとか，重国籍の規定たる法例旧 27 条 1 項（いわゆる複数国籍の異時取得のみを規定し，最後に取得したものを優先させる，としていた——法例新 28 条 1 項で，主義の変更があり，通則法 38 条 1 項にそれが受け継がれている）をベースとしつつ，規定のなかった同時取得の問題と同視するとか，さらには，当該の者がいずれの政府に忠誠を誓うか，といった点で決めようとする立場，等が入り乱れていた。池原・前掲国際私法総論 146 頁以下。
373) 沢木編・前掲国際私法の争点 179 頁（石黒）。
374) 権逸・新版韓国親族相続法（昭 54）8 頁以下。
374-a) この韓国法の経過規定の適用については，本書 3.5 の注 617) に続く本文で言及する最判昭和 56 年 7 月 2 日民集 35 巻 5 号 881 頁がある。前出・注 370)。
375) なお，最判昭和 49 年の判旨が，当時の朝鮮慣習の内容を明らかにするに際して韓国民法の規定にも言及するなど，朝鮮民事令と韓国民法との実質的なつながりを意識していたことにつき，石黒・前掲法協 95 巻 6 号 1096 頁。
376) 詳細については，石黒・前掲ボーダーレス社会への法的視座 201～319 頁。

377) 市川＝野田編・相続の法律相談（第3版・昭61）468頁以下，同（第4版・平2）468頁以下（共に石黒）参照。
378) なお，わが国の法学入門レヴェルでは「準用」と「類推適用」とが明確に区別されるが，民事法分野（国際私法も含む）において，ドイツでの両概念の用いられ方がかなり混乱したものであることにつき，石黒・前掲法の視座312頁注194。
379) その法的意義のおぞましさにつき，同前・204頁以下。また，「ベルリンの壁の法的意義」と題した同・前掲国際摩擦と法〔新版〕106～107頁を見よ。
380) 前出・注377），後出・注392）の本文参照。なお，そこに引用したものに示したように，かくて本国法を決定したのち，果たして個別事案との対応で準拠法選択の妥当性をどう考えるかは，さらに問題となる。
381) 旧西ドイツ法を準拠法としたその結論の当否はともかく，外国人登録済証明書の記載から直ちにこの点を決した名古屋家審昭和40年4月21日家月17巻9号99頁，当事者審問の結果をも総合したとする京都家審昭和50年6月4日家月28巻4号127頁。これに対して，東京家審昭和36年2月10日家月13巻6号168頁は，慎重に「ドイツ国の法律」によるとしている。長崎家佐世保支審昭和42年2月2日家月19巻9号92頁も同様。
382) なお，山田鐐一・国際私法（昭和57）98頁以下，同（平4）102頁。
383) 石黒・前掲法的視座206頁以下を見よ。
384) 例えば倒産法は，かかる「移行」の対象外とされていた。石黒・同前223頁。なお，後出・注393）の本文をも参照せよ。
385) 詳細は同前・242頁以下。
386) 同前・238頁以下。ただし，同条の§2以下にも注意せよ。
387) それが何かについては，同前・239頁，260頁以下，267頁以下。
388) そこから法廷地漁り（forum shopping）の問題が生じ得ることにつき，同前・251，263，277，297，309頁，等。
389) 同前・253頁。ドイツでかかる処理（EGBGB 236条§1）がなされるのは，「信頼保護（Vertrauensschutz）」が重視されるためである。
390) 同前・260頁以下。
391) 同前・211頁。
392) その法律構成としては，法例新28条1項（通則法38条1項）の類推と考えてもよい（中国人・朝鮮人の本国法の決定の場合につき，山田・国際私法〔平4〕100頁〔同書第3版では107頁以下〕）。そして，その上で然るべくその地での時際法処理に従うべきことになる。

　ただし，同・国際私法（昭57）99頁は，編入前のドイツの状況につき，「東ドイツの国籍を有しないでドイツ国籍法にもとづきドイツ国籍のみを有する者には，西ドイツ法が本国法として適用されるべきである。西ドイツの地域間私法〔準国際私法〕によれば東ドイツに常居所を有する右の者については東ドイツ法が適用される

ことがあるとしても，日本の国際私法の立場からは，むしろ西ドイツの支配権が現実に及んでいる地域の法を本国法とみるのが妥当であろう」とする。当該の者が双方の国籍をあわせ持つ場合に限って，上記本文の如く解すべきだ，とされていたのである。後出・注396)の本文と対比せよ。

393) 石黒・前掲法的視座224，242頁，等。
394) 同前・274頁。
395) 同前・276頁。これに対して，「旧事案」については，旧西ドイツ地域では本文に示した従前の処理によるが，旧東ドイツ地域では，旧東ドイツ国際私法（RAG）を軸として，つまり従前の国際私法により，統一ドイツの国内的な法の牴触問題を，いわば逆に遡って処理することになる。少なくともオーソドックスにはそうなるはずだが，とくに後者の処理につき種々の争いがあるのである。同前頁以下。
396) 山田・前掲国際私法（平4）102頁（同書第3版では，111頁）。
397) ただし，前出・注371)の本文参照。
398) なお，前出・注370)，及びそれにつづく本文参照。なお，法の人的牴触を処理するために当該国で設けられるルールを，「人際法」と言う。法例新31条（通則法40条）は，まずもって当該国の人際法による処理をすべきだ，とするものである。
399) この法例旧27条3項の趣旨はあいまいであり，批判が強かった。そこで平成元年法例改正で，新28条3項（通則法38条3項）のように改められたのである。
400) なお，人的牴触の場合についての法例新31条2項（通則法40条2項）参照。
401) なお，前出・注173)。
402) この点につき，石黒・法律時報61巻13号38頁。
403) 沢木=南編著・新しい国際私法（平2）33頁（沢木）。同・281頁（木棚）も同旨。
404) 西賢・属人法の展開（平1）216頁。なお，石黒・法律時報61巻13号38頁における同書の書名につき，ミスプリントがあった。ちなみに，山田・前掲国際私法（平4）82頁以下は，法例新28条3項（通則法38条3項）につき，アメリカ人夫婦の共通本国法の決定のような場合には前出・注403)の見解を支持しつつ（同前・第3版106頁も同じ），同（平4）・86頁以下では，法例新31条1項（通則法40条1項）の人際法絡みの共通本国法の場合については，上記の西教授の所説の前半部分を支持する。そうでありながら，当該国（例えばインド）に人際法がない場合には，「人際法の規定がない場合として，共通本国法によることができないから」，それがないものとして第2段階連結に移る，とする。例によってその論理の一貫性が気になるが，あえてこの程度とする。
405) 石黒・前掲国際私法〔新版——プリマシリーズ双書〕68頁。
406) 石黒・法律時報61巻13号38頁，33頁。
407) 前出・注304)参照。
408) なお，同じ問題はドイツの改正民法施行法についてもある。共通本国法がある

以上，第2段階連結（常居所地法の適用）に移ることは許されないとして私見と同旨を説くのは，D. Henrich, *Internationales Familienrecht,* at 98 (1989). 反対に，法務省的な本国法の絞りこみをこの場合にもせよと説くのは Sonnenberger/Siehr, *Münchener Kommentar zum BGB,* Bd. 7, at 874（2. Aufl. 1990）. ただし，そのいずれにも，珍しいことに引用がない（Id., at 748 [3.Aufl. 1998] にも，ジーアの立場に沿った1判決が引用されているのみ）。新たな連結方法の導入に伴う意図せざる問題の出現，というところかも知れない。ともかく，何のために準拠法選択をするのか，という基本から考えてゆけば，本文に示したようになるはずである。もっとも，例えばアメリカ人夫婦の共通本国法の決定について具体的に詰めてゆく過程で，双方が同一州に属するものと操作する道は，別途ある。

3

準拠法選択の技術的諸問題
——国際私法総論

3.1 国際私法上の性質決定

■ 国際私法上の性質決定とは何か？

　以下，本書3においては，前記2.1で示した準拠法の選択・適用の具体的プロセスの中で生ずる技術的諸問題について論ずる。まず，いわゆる「国際私法上の性質決定[409]」について論ずることとする。なお，あらかじめ一言しておけば，この本書3.1が，「国際私法的なものの考え方」の，最も中核的な部分をなす。「実質法（民商法）からの牴触法（国際私法）の"解放"」の問題，である。

　「国際私法上の性質決定」とは，日本では一般に，「関連する牴触規定の間の事項的な適用範囲の画定の問題[410]」だとされている。簡単に言えば，ある事項につき法例のどの規定を適用すべきかの問題，ということである。例えば消滅時効の問題を実体問題・手続問題いずれとすべきか[411]，離婚に伴う親権者（監護権者）指定の問題を，平成元年改正後の法例新16条・21条（通則法27条・32条），即ち離婚・親子間の法律関係の，いずれによらしむるべきか[412]，といった問題である[413]。

　だが，そうした点をめぐる問題もさることながら，実際の事案の処理に際しては，本書2.1の最後の項目で論じた点，即ち，「選択された準拠法への

具体的な送致範囲の問題[414]」が重要となる。例えばある問題（事項）が手続問題とされたとしても、それでは具体的に、不文の法理たる「手続は法廷地法による」の原則によって適用される法廷地手続法の範囲はどこまでか、との点を決する必要が出て来る（もとより実体問題の準拠法についても同じ）。

通常一般にわが国で理解されている「国際私法上の性質決定」の問題と、上記の後者の問題、即ち、「選択された準拠法への具体的な送致範囲の問題」との「相互の位置づけは、理論的に重要な問題」である。そのことを、私は、研究のかなり初期段階から指摘していた[415]。

まず確認しておくべきは、「国際私法上の性質決定[416]」につき最も多様な議論の蓄積のあるドイツ（そしてスイス・オーストリア）では、上記2つの問題をあわせて「性質決定論（das Problem der Qualifikation）」の中で扱っており、しかも、むしろそこでは、上記の後者の、「選択された準拠法への具体的な送致範囲の問題」の方にウェイトを置いた議論が斗わされている、ということである[417]。そして、そのような2段階に分けた問題設定の中で、既に多少論じたウォルフ（M. Wolff）のような考え方[418]に対する強い批判と部分的な支持とが、（これから略述するように）半ば交錯しているのである。ただし、ドイツ語圏での議論は極めて錯綜しており、それにあまりに深入りすることは、本書の目的を逸脱する。そのことに十分留意しつつ筆を進めることとする。

さて、国際私法上の性質決定に関する、日本での既述の如き理解においては、いわば極めて常識的な答が、一般論レヴェルでは用意されている（各論的混乱については本書3.1の注455）の本文以下において、後述する）。即ち、そこでは個々の事項の具体的な牴触規定（法例の規定）へのあてはめ、という前記の第1段階での作業につき、3つ（ないし4つ）の立場の対立があるとされつつ、結局かかるあてはめは、法廷地国際私法独自の立場から行なうべきだとされている。

まず問題とされてきたのは、法廷地国際私法上の概念（例えば婚姻・不法行為、あるいはさらに婚姻の一般的効力と夫婦財産制、等々）を、法廷地実質

3.1 国際私法上の性質決定

法(民商法)上のそれに従属させるべきだとする法廷地実質法説(これが単に法廷地法説などと言われるために,余計な混乱が生ずる)との関係である。だが,それとの関係でむしろ法廷地国際私法の側から独自に性質決定を行なえ,とすることは,「概念の相対性」[418-a]ということだけでも説明できる。

実は,「国際私法上の性質決定」なる問題が最初に設定された19世紀末[419]に説かれた法廷地実質法説とて,法廷地国際私法上の婚姻等の既述の概念を,すべて法廷地実質法と完全に一体化させようとすることは,必ずしも意図していなかった[420]。ここで問題とする例えば「婚姻」といった概念は,世界中の国々の法制度を柔軟にとりこむものでなければならない。それがある程度は法廷地実質法(民法等)との関係を有するのは当然としても,まさに個々の牴触規定の,そしてまた準拠法選択という作業自体の,かかる目的ないし性格を十分反映した形での概念構成がなされなければならない[421]。

もっとも,このような自明の理に至る道程において,種々の議論があったことは事実である。紛らわしいので,ひとまずはわが通説の前提する「国際私法上の性質決定」(通説では「法律関係の性質決定」と呼ばれるのが通常である)の概念を前提として議論を進める。即ち,通常の日本での教科書的説明のレヴェルにひとまずあわせて若干の点を論じ,それから先のことは,後で論ずる。

国際私法上の婚姻・契約等の概念構成を法廷地実質法(民商法)の立場から行なえとする説に対して説かれたのが,準拠法説(lex causae Theorie)と言われるものである,とされる。即ち,本書2.1の注101)の本文以下に原文を示しておいたところの,既述のウォルフのような立場である。この脈絡では彼の所説は,法廷地国際私法上の準拠法選択の単位となる概念(例えば法例新15条[通則法26条]で言えば「夫婦財産制」という概念)は,それを通して当該問題の準拠法(lex causae)の所属国とされる国の実質法の側から行なわねばならない,とするものとして把握される[422]。

そうした考え方が循環論に陥るか否かは別として[423],むしろ注意さるべ

きは，既述の点，即ち，ウォルフの議論が「選択された準拠法への具体的送致範囲」の問題に大きく傾斜していた点である[424]。ともあれ，図式的に考えれば，国際私法上の上記の如き概念構成につき，この準拠法説は，前記の法廷地実質法説と同様，むしろそれを実質法サイドから行なおうとする営みとして一括され，かかる実質法の束縛からの解放が必要だとされるに至る。それを強く説いたのが，かのラーベル（E. Rabel）の，比較法的考察方法だとされるのである[425]。

ただ，本書2章2.6節で論じた「統一法と国際私法」における「統一法優位の法的イデオロギー」（フォン・ケメラーやツヴァイゲルトのそれ）と同様，それがどこまで実際的か，という問題が意識されるに至る。比較法の力を借りて，例えば「婚姻」という準拠法選択上の枠組をなす概念につき，普遍妥当的なものを構築するに至るというのは，言うは易くとも，実際には至難の技となる。そこから，個々の法廷地牴触規則（準拠法選択規則）ごとに，（もとよりある程度は比較法的考察方法の力を借りるのは当然としても）そこに示された目的と機能に照らし，例えば婚姻とか不法行為とかいった概念を構成してゆけばよいとする，法廷地国際私法説が生まれる[426]，という図式になっているのである。

以上のような展開，つまり準拠法選択の単位として法廷地国際私法上示された個々の概念の内容決定（いわば第1段階での国際私法上の性質決定）についての①法廷地実質法説，②準拠法説，③比較法的考察方法，④法廷地国際私法（自体）説，という4つの立場を種々に比較しつつ④の説をとるべきだとするところで，日本の教科書・体系書レヴェルでの（国際私法総論に関する）叙述は，大体終わっている。だが，それから先が，まさにドイツ語圏の諸国では烈しい議論の的となっているのである。既述の如く，私の言葉で言えば「選択された準拠法への具体的な送致範囲」の問題となる[427]。

実際の国際的民事紛争を処理する上で，この点を避けて通れないことは，いずれにしても確かなのであり，そこで，以下この点について論ずることとする。本書2.1の前出・注94）以下の本文とそこで示した図3，図4をふり

返りつつ考えて頂きたい。ただし，前出・注417）の最後に記した趣旨で，議論がやたら複雑になるため，以下の「細字」部分は最初は読み飛ばして，次に進んでいただいて差し支えない。

　1978年のオーストリア国際私法3条1項は，「外国法が適用される場合には，それ〔外国法〕は職権により，かつ，そのもともとの妥当範囲において（in seinem ursprünglichen Geltungsbereich）適用される」と規定する。そこに定着された（「選択された準拠法への具体的送致範囲」の問題への）考え方は，「段階的性質決定理論（Stufenqualifikationstheorie）」と呼ばれるものである[428]。これと紛らわしい用語法であることは前出・注427）に示したが，ともかくそこでは，第1段階での，法廷地国（オーストリア）の牴触規定への具体的問題（事項）のあてはめ（ここでは省略する）がともかくもなされたのちの問題処理に特色があるので，専らそこに焦点をあてて一言する。

　このオーストリア国際私法3条1項に具体化された考え方において，法廷地国際私法により，前記の如き第1段階での性質決定の結果，例えば当該問題が相続の問題とされ，それを規律する牴触規定によって相続準拠法としての指定（送致〔Verweisung〕）が，ある外国の法に対してなされたとする。そのあとの処理は，次のようになる。即ち，当該準拠外国法上の実質法規範の切り取り方においては，当該外国法（実質法）にすべてを委ね，例えば，相続開始（他方配偶者の死亡）による生存配偶者の財産取得につき，その外国法が専ら夫婦財産制の問題としてこれを処理しているなら，それをも包括（mitumfassen）した形での「送致範囲の決定」がなされる，とされるのである[429]。

　つまり，この考え方においては，本書2.1の前記図4のような場合に，それにつづいて前出・注97）の本文で示しておいた表3のようなシチュエイションにおける，「消極的規範牴触[430]」の解消にも，とくに意が用いられている。相続準拠法として指定されるのだから，それによって法廷地国で適用されるのは，準拠法所属国の相続に関する規定のみだ，との前提が，意識的に"外されて"いるのである[431]。

　このようなオーストリア（そしてスイス）で強く主張されてきた「段階的性質決定論」は，要するに，法廷地国際私法上の（例えば相続といった）概念と準拠法所属国上の実質法規定との"適合性"（それらが相互にpassenあるいはdeckenするか否か）を，当該準拠実質法（lex causae）に委ねるものである。しかも，この第2段階での性質決定が専ら準拠法（準拠実質法）によらしめられる点で，かのウォルフ（ドイツ語的に発音すればヴォルフ〔M.Wolff〕）の準拠法説の，縮

限された形 (kupiert) での再来，とも評されている[432]。

ドイツでの，かかる「第2段階での性質決定」をめぐる議論は，このオーストリア的な考え方を"否定"するところから大体始まる[433]。その詳細に深入りすることは，（ドイツでの議論がいまだ安定的なものとは到底言えぬ状況にあることもあり）既述の如く控える。だが，かかるオーストリア的な議論を一般的には否定しつつも，ドイツでは，その発想に触発された「機能的な解釈（die funktionale Auslegung）」ということが強調されている[434]。

ただ，具体的作業としては，例えば次のような帰結が導かれている。即ち，婚約破棄（Verlöbnisbruch）による損害賠償請求につき，ドイツ国際私法上の第1段階での性質決定では，これを不法行為の問題とはせず，家族法上の問題として（具体的にはその破棄をした者の本国法によるとして）処理している。

その際，当該準拠外国法が，婚約破棄（それ自体）を特別な責任の構成要件として規律しているならば，具体的にそれが不法行為法または契約法の中で規律されていようと（フランス法の場合が例とされる），そのような外国の実質法規定は，前記の如きドイツ牴触規定の中に包摂 (subsumieren) され，従ってドイツ（法廷地国）で適用される。これに対して，当該準拠外国法が婚約破棄でなく，結婚する旨の約束を利用しつつ或る種の誘惑をする点に着目して，不法行為法上の一般条項の枠組の中でこれを規律しているならば，かかる外国実質法規範を家族法的なものと性質決定することは出来ず，これはむしろドイツの不法行為に関する牴触規則の下に包摂 (subsumieren) され得るのみのものとなる，とされる。そして，それがドイツ国際私法上の通説 (HM〔herrschende Meinung〕) とされているのである[435]。

実は，スイスでも，婚約破棄に関する上記のドイツでの指摘の，前段部分（「これに対して」より前の部分——その一般論）が支持されている。即ち，フランスの実質法が婚約破棄を不法行為の問題として位置づけていても，スイス国際私法の家族法上の連結によって準拠法とされたフランスのかかる規定は，スイスで適用されるものとされる。つまり，スイスの側の性質決定と異なることが準拠外国法上なされていても，それにはこだわらず，フランス（実質）法の全体的体系 (Gesamtsystem) の中において，スイス（実質）法上の婚約破棄のルールと同一の機能 (die gleiche Funktion) をフランス法上の不法行為規範が果たしているならば，よいとされるのである[436]。そこにおいて，前出・注435) の本文の，前記後段部分への指摘はない。

もっとも，一般論としては，上記の点につづき，極めて重要な点が示されている。即ち，スイス国際私法においても，性質決定（ここでも前記の第2段階の性

3.1 国際私法上の性質決定

質決定にウェイトが置かれている点に注意せよ！）の問題を処理する際には，（国際私法上の）概念を出来る限り広く設定しなければならず，性質決定面における内外での牴触（Qualifikationskonflikte）は極力回避する，という格別の必要がある。類似する（verwandt）問題は同様に連結されることが必要だ，とされるのである[437]。

このような基本的スタンスの下に設けられたのが，1987年スイス新国際私法典13条（指定の範囲〔Umfang der Verweisung〕）の第1文である，と言える。同条第1文は，「本法による外国法への指定は，その国の法により当該事実関係に適用されるすべての規定を包摂する」と規定する[438]。

私としては，スイスのこの条文に示された主義を，さらに徹底してゆくべきだと考えるのだが[439]，スイスでは（ドイツと異なり）オーストリア国際私法3条1項に示された「段階的性質決定」論の影響が強い。そこで，前記のスイスの条項が今後どのように運用されてゆくかは，若干微妙でもある。ちなみに，スイスのこの規定が出来る前の著名な体系書においても，前記のオーストリアのゆき方と草案段階でのスイスの上記条項との一体性が，強く意識されていた[440]。

このオーストリアの考え方が，性質決定の第2段階においてウォルフの準拠法説的な考え方をとるものである，との指摘のあることは既に前出・注432）の本文で示したところである。そして，実際のオーストリアの判例（ただし，同国の新法制定前）においては，特定の外国法を指定するオーストリア国際私法による第1段階での性質決定が，第2段階でのそれにおいて覆されたかの如き観を呈するものが存在する[441]。

これは，婚姻の成立が争われた事例である。婚姻の実質的成立要件の準拠法はキプロス法・イングランド法とされ，その形式的成立要件（方式）は挙行地法たるイングランド法上の方式を踏んでおればそれでもよいとされていた（「場所は行為を支配する」の原則）。ところが，キプロス法への具体的な送致（指定）がなされる際に，一定の宗教的儀式（キプロス婚姻法上はそれが婚姻成立の要件とされていたが，当該事案ではそれがなされていなかった）の要否の点について，キプロス法上それが実質的成立要件とされていることにより，突然それを第2段階での性質決定（準拠法とされたキプロス法への具体的送致範囲の決定）に反映させたのである。ちなみに，オーストリア国際私法上，一定の宗教儀式の要否（宗教婚の問題）は，方式（形式的成立要件の問題）とされているが[442]，キプロス法（実質法）の取扱に（ウォルフ的な意味あいで——前出・注101）につづく本文参照）従い，結局この婚姻の成立を否定したのである。

このような帰結は，ドイツの側からは受忍し得ないものとされ，そこでオース

トリアの「段階的性質決定」論それ自体への反情が示されることになる[443]。一方，オーストリア内部でも，このような帰結への強い反発と共に，「選択された準拠法への具体的な送致範囲[444]」の決定につき，むしろドイツの場合に説かれるような機能的な解釈（前出・注434）の本文参照）を採用すべきだ，との声が出て来るのである[445]。

ただし，そこで当該準拠実質法の具体的な切り取り方について説かれる「機能的妥当性（funktionelle Adäquanz）」の判断が，まずもって法廷地国際私法の個々の規範の目的から行なわれるべきだ，とされている点には注意を要する。即ち，そこにおいて，（第1段階の性質決定について論ずるに殆ど尽きているものの）わが通説が強く支持するところの，性質決定論についての法廷地国際私法（自体）説[446]への一体化が，強く意識されている[447]。

そして，結論としてそこで示されているテーゼは，次の通りのものである。即ち，「外国実質法への具体的な送致（指定）範囲は，法廷地国際私法の個々の準拠法指定規範と，それの保護する牴触法上の利益によって示された，当該外国の実質法規範の範囲に限られる」というものである[448]。ちなみに，一般論として示されたかかるテーゼは，既に示した私見[449]と軌を一にする。ただし，いずれにしても，前記の如きドイツ学説の，実質法にいまだ拘泥するが如き立場[450]とは，さらに明確に一線を画してゆくべきだ，というのが私見の骨子なのである。

前記のオーストリアの事例にしても，法廷地国際私法の側から「選択された準拠法への具体的な送致範囲」を主体的に画定し，宗教的儀式が婚姻の成立要件となるか否かの点は，これを「方式（形式的成立要件）」の準拠法によらしめるとの，法廷地国際私法の価値判断（牴触法上のそれ）を，最後まで貫くべきだったのである。そして，婚姻挙行地法上そうした儀式は不要ゆえ，当該婚姻は方式上有効だとし，この点はもはや牴触法上"処理済"[451]とし，残った問題のみを実質的成立要件の準拠法によらしめればよかったのである。それを十分しなかったために，同一の事項を「実質的成立要件」・「形式的成立要件」それぞれの準拠法に同時によらしめる，といった"規範の重複"[452]がもたらされてしまったのである。

さて，以上の「細字」部分をも踏まえて，これまでの論述を，まとめておこう。「国際私法上の性質決定とは何か？」という本書3.1の冒頭以来の問題について答える際には，個々の事項を法廷地国際私法上のどの牴触規定の中にあてはめるべきか，といった国際私法上の利益衡量の問題が，まず第1段階での問題として生ずる。この第1段階での問題のみが，わが通説では，

3.1 国際私法上の性質決定　　**203**

国際私法上の性質決定（「法律関係[453]の性質決定」と一般には言われる）として議論されていた。それを法廷地国際私法独自の見地から行なうべきだとする，通説の一般論としての帰結は正しいが，それだけで問題が済むわけではない。それにつづく第2段階での性質決定，つまり，「選択された準拠法への具体的な送致範囲」の問題[454]がある。そこにおいて，いわば再び，法廷地実質法・準拠外国実質法の複雑な介入が問題となり，第1段階での性質決定におけると同様，ここでも，当該問題を法廷地国際私法独自の立場から行なうべきだというわが通説の一般論が，厳格に貫かれねばならない。これが，上記の問いに対する私なりの答だということになる。

だが，上記の第1段階の通説は，いまだ一般論としてのものであり，個別問題（各論的問題）に至ると，通説の性質決定論についての基本定式とは矛盾する立場が，これまた通説化して久しい，といった問題がある。後出・注474）の本文以下の，「いわゆる法定担保物権の準拠法」に関する通説の論理が，この点で大きな問題となる。

ただ，その前提として，これまで示してきた一般的な処理定式を，実際にどう具体化してゆくべきか，が問題となる。そこで，以下に，まずいくつかの例を挙げ，これまでの議論についての若干の肉づけをはかると共に，一体，ある事項についての国際私法上の性質決定（とくに第1段階でのそれ）を，常に同じに行なわねばならないのか，それとも，事案との対応でむしろ柔軟にこの点を操作してよいのか，の点についても言及しておこう。

なお，それらの諸点については，いずれも日本の判例をベースとした検討をしておきたい。その上で，「法定担保物権の準拠法」に関する通説の論理を検証する。さらに，この通説の形成過程でのドイツ学説の影響との関係で，「複数の準拠法の接合のさせ方」について，若干立ち入った検討を行なう（これは，第2段階での性質決定の問題である）。そして，最後に，実際上も大きな問題たる「手続と実体との性質決定」について述べておこう。

■ 具体的な性質決定のなされ方：その1——いわゆる「債権質」の準拠法に関する最高裁判決

まず、いわゆる「債権質」の準拠法に関する最判昭和53年4月20日民集32巻3号616頁を見ておこう（国際債権法レヴェルでの問題は本書4.3で後述するが、本件の事実関係は、そこにおける図32で示してある）。このケースでは、預金債権を担保にとったとする銀行の法的地位が問題となった。そして、かかる債権を目的物とする担保権の成否につき、判旨は、次のような性質決定のプロセスを経ていたのである。

即ち判旨は、「権利質は物権に属するが、その目的物が財産権そのものであって有体物でないため、直接その目的物の所在を問うことが不可能であり、反面、権利質はその客体たる権利を支配し、その運命に直接影響を与えるものであるから、これに適用すべき法律は、客体たる債権自体の準拠法による」とした[455]。法例7条（契約債権——通則法7条以下）によるか法例10条（物権——通則法13条）[455-a]によるかの問題である。つまり、前記の第1段階での性質決定の問題について、最高裁がかかる立場を示したことになる。

法例7条1項（通則法7条）の下で、当該預金契約の準拠法につき、明示の意思表示がないため、同項（法例7条1項——通則法8条1項に相当する）の下で、"黙示の準拠法指定"として、種々の事情を勘案しつつ預金を受け入れていた支店所在地法たる日本法が、具体的には準拠法とされている。

さて、判旨は2段階の論理を経ている。問題なのは、「権利質は物権に属するが」という冒頭の部分である。これは、結論を導くための枕として用いられた面はあるが、債権を担保にとったという当該銀行の主張を、「権利質」と"表現"すること自体、ミスリーディングである。

前出・注421）及びそれに相当する本文でも示したように、国際私法上の概念は、本来世界中の法秩序の法を極力広くとりこむべく柔軟に設定されている必要がある。とりわけ法廷地実質法上の概念をそのまま流用することによる誤解と混乱には、注意せねばならない（！）。

然るに、ここで「権利質」、とりわけ「質（権）」といった言葉を用いてし

まうと，どうしても法廷地実質法にとらわれることになる。その結果として示されたのが，「権利質は物権に属するが」という判旨の論断だ，ということになる。この部分は明らかに法廷地（日本）の実質法に引きずられたものの言い方になってしまっている。

「法廷地実質法（民商法）上，権利質は物権に属する」というのが，その意味するところと考えざるを得ない。つまり，「物権に属する」というのは，法廷地実質法上の取扱ということになろう。それをそのまま国際私法上の性質決定に結びつけるのが，国際私法上の性質決定についての，法廷地実質法説だということになる。

もとより判旨は，かかる立場をとるものではなく，法例7条・10条（通則法との関係は，既述）を比較しつつ，そのいずれによらしめるべきかを，最終的には判断している。法例10条（通則法13条）によることの国際私法上の効果は，目的物所在地法による，ということであるが，所在地といっても目的物が預金契約上の債権である本件では，その所在地を連結点とすることに，どれほどの意味があるのか，ということがその判断の要をなしている。この場合に「直接その目的物の所在を問うこと」が不可能か否かはともかく，この判断は正当と思われる。

上記の如く「権利質」という言葉を用いることはミスリーディングにせよ，また，客体たる権利を「支配し，その運命に直接影響を……」という表現がどこまで説得的かはともかく，法例7条・10条の効果から逆算して前者によらしめた，という判旨の，この部分での帰結と，上記の如き（冒頭部分を除いた）性質決定のプロセスは，概ね妥当である。法廷地国際私法自体の側から性質決定を行なう，というわが通説の一般論が，そこにおいて踏襲されていることになる。

ただし，「権利質は物権に属するが」という出所不明のドグマは，法廷地実質法説的なものとして，不要である。預金債権を目的物とする担保権について，その成立・効力の準拠法を考える際，法例の規定上の候補としては，（常識的に考えて）法例7・11・12条の債権関係の規定（通則法7条以下）と

法例10条の物権の規定（通則法13条）とがあり，そのいずれによるか，というところから直ちに出発してよいはずである。法例11条（契約外債務——通則法17条以下）はまず落ち，法例12条（債権譲渡）については，後述の如き[456]殆ど立法上の過誤とも言える問題があった（通則法23条で，「債務者の住所地法」から譲渡される債権の準拠法へと，主義の変更がなされた[456-a]）。とすれば残るのは法例7条（契約）か10条（物権）か，ということで，あとは判旨の既述の如き論理で，そのいずれによるかを考える——といった消去法的処理でも，十分に事が足りるはずである。

■ 具体的な性質決定のなされ方：その2——国際的な知的財産権侵害に関する最高裁判決

ところで，同様の問題は，一層深刻な形で，米国特許権に基づく日本国内での行為の差止めと損害賠償の請求に関する最判平成14年9月26日民集56巻7号1551頁において，顕在化していた[456-b]。判旨は，「差止めおよび廃棄請求」と「損害賠償請求」とで準拠法選択を分けて考えている。前者については，「不法行為に基づく請求とは趣旨も性格も異にする」ものだから，「特許権の効力」と性質決定すべきだとし，これについては「法例等に直接の定めがないから，条理」によるとし，後者については，「損害賠償請求は特許権固有の問題ではな」いから「法律関係の性質を不法行為と決定し，……法例11条1項による」，とした。

差止め等と損害賠償とで準拠法を分ける判旨は，知的財産権侵害に対する救済（remedies）の準拠法を一括して考える海外での論議と平仄（ひょうそく）が合わず，理論的にも不当である[456-c]。いずれの問題についても「米国特許法」を準拠法としつつ，それを（本来，いわゆるパリ条約4条の2の「各国特許独立の原則」からダイレクトに導かれるはずの）「属地主義」によって排除するその論理構成も，見事に破綻している[456-d]。

本件で問題なのは，いずれにしても日本国内での，被告側（日本の特許権者！）の行為を，米国の特許権（これは，原告側が有していた）によって差止

め等しうるのか，の点であった。特許権（そして著作権等）に関する多国間条約の基本からは，1国の特許権の効力が他国に及び，他国内の行為の差止め等の結果をもたらしてはならないことになる。それが，特許についての，前記の「特許独立の原則」の意味するところである。そして，その観点から，それらの条約（本件ではパリ条約）に導かれつつ（！），前出・注456-d）の中で示したように，不法行為地法（「保護国法」）たる日本法を，準拠法とすべきだったのである。

素直に，本件紛争事実関係の重点（center of gravity——最も密接な関係を有する地）を考えよ。本件原告側が米国への被告側製品の"輸入以降"の段階での出来事を問題としているなら，米国特許法の問題となる。だが，そうではないのである。「最も密接な関係」の原則に導かれ，自然な形で準拠法選択をすれば，準拠法は日本法となるし，不法行為準拠法として，一括して（！）それを選択すべきところであった。

しかも，判旨が終始「米国特許法」の適用（判旨の論理で，最終的には否定されるそれ）にこだわっていたことの裏には，一層深刻な問題（！）が"伏在"する。これは，具体的事案における準拠法選択のなされ方の基本とかかわるので，一言しておく。判旨における本件「訴訟物」(Streitgegenstand——「訴訟の対象」)の把握の仕方の問題，である[456-e]。

判旨は，どうも，本件原告の主張のままに「訴訟物」を考え，それは「米国特許権に基づく請求」だとした上で，それをそのまま（！）準拠法選択に結び付けているようである。確かに，純粋な国内事件について，わが知的財産権法上の議論においては，特許侵害訴訟における訴訟物は，原告主張の請求原因たる特許権に基づく請求権だとされている。それをそのまま，国際的な事案たる本件に平行移動させれば，本件における「訴訟物」は，「米国特許権」に基づく請求権だ，となる。

だが，国際的な事件における「訴訟物」については，本書と対をなす『国際民訴法』で論じたように，国内事件と同様には考えられない問題がある（新旧訴訟物理論に共通の問題として，確認請求の訴訟物についての問題があ

る[456-f]）。ともかく，本件原告が，米国特許権以外にＡ・Ｂ・Ｃ国の同様の特許権を有していた場合，米国特許権に基づく本件で敗訴し，直ちにＡ国，そして続いてＢ・Ｃ国の同様の（同一内容の発明に関する）特許権に基づき，本件同様の，被告側の日本国内での行為の差止め等を求めたとせよ。"紛争の蒸し返し防止"の観点から，かかる後訴は遮断されるべきであろう（しかも，当該技術に関する日本の特許権は，被告が有していた，というのが本件の場合である！）。

しかるに，このような問題ある「訴訟物」の判断を，判旨は，既述のごとく準拠法選択に直結させてしまった。このあたりにも，準拠法は個々の「法律関係」ではなく（！），実際に裁判所に持ち込まれた「紛争事実関係」の「重点」の所在に即して決定さるべきだ，という"問題の基本"（それが，私なりの「サヴィニー的方法論の更なる深化」の具体的な姿，でもある！）に立ち返って考える必要性が，如実に示されている，と言うべきであろう。

ところで，この「訴訟物」の点についての判旨が，国内事件における処理をそのまま平行移動させていることと同様，判旨が，なぜ差止め等と損害賠償とで準拠法を分けるのかを説明しうるのは，実は，従来の日本の実質法（特許法）上の議論がそうしたものだった，ということ以外に存在しない。即ち，"わが実質法上の論理の不当な混入"が，明確にそこにあるのである[456-g]）。

かくて，既述のいわゆる「債権質」の準拠法に関する事例では，準拠法選択上の結論には影響「しない」形で存在した"わが実質法上の論理の不当な混入"が，本件では，ダイレクトにそれに影響「する」ものとして，顕在化してしまった。しかも，かかる処理をしつつ，他方において，パリ条約上の（！）「特許独立の原則」についての基本的理解すら出来ていない，わが最高裁の"国際的孤立"は，最も憂慮すべきものであり，"猛省"を要する。知的財産立国を標榜する日本の，ごく最近の最高裁判決がこれ，である。私は，本書冒頭の，"悲惨な国民"という漱石の言葉を思い出す[456-h]）。

■ **具体的な性質決定のなされ方：その3――「親権」と「後見」との狭間で――**

次に，「父母のある未成年者の保護の問題[457]」に関する第1段階での性質決定の仕方について，東京家審昭和40年12月20日家月18巻8号83頁を素材として，若干述べておく。これも1つの例として，である。

ちなみに，この問題は「親子間の利益相反行為と特別代理人の選任」の問題と表現した方が，たしかに分り易い。わが民法上の議論をベースとした類推が，働き易いからである。だが，これが国際私法上の性質決定に直結するかの如き誤解の生ずることを避けるためには，一々，「わが民法上……の問題として議論されているような問題」と表現する必要がある。「のような」と一々書くと面倒ゆえ，それを省略してもよいと思うが，その場合には，要するに印象を鮮明にするための"比喩的表現"と思って頂ければよい。もっとも，同種の議論が法廷地実質法上（法の枠組が違うので）何ら存在しない場合にどうするか，といった問題が，国際私法上は常に起こり得る。その際には，かかる"比喩的表現"には一層の慎重を要することになる（この点は，後述の「いわゆる法定担保物権の準拠法」問題との関係で示す，"「引渡拒絶」イコール「留置」，従って「留置権」"，といった類推が，既に日本の実質法上なし得ないこと，等とも対比して考えるべき，基本的な問題である[457-a]）。

さて，上記審判の事案では，事件本人A（1961年出生）とその父たるB（共にアメリカ人）がペンシルバニア州所在の銀行と投資信託契約を締結していたが，その解約と清算金分配の必要が生じた（Aの母Cは日本人であった）。そこで，BCが申立人となり，「特別代理人」の選任を求めたのである。本審判はこの問題を，法例旧20条（新21条に相当――通則法32条）の「親子間の法律関係」の問題と性質決定した。そして，同条に基づき父Bの本国法としてミズーリ州法を準拠法とした。

同州法上，未成年者に対して両親は自然後見人（guardian by nature）とされ，主として子の身上監護にあたり，子の財産管理については，別に財産後見人（guardian of estate）が選任される形になっている。本審判は，それを踏まえ，「ミズーリ州検認裁判所の有する〔財産〕後見人選任の権能は，わ

が国家庭裁判所の有する特別代理人選任の権能に類似するものと考えられるので……〔それ〕によって，ミズーリ州検認法を適用実現することとし，……〔本件〕行為につき，特別代理人を選任」したのである[458]。

ところが，学説においては，当面する問題を法例旧23条（新24条──平成元年改正では条文の番号が動いたのみだった。だが，無用の「平成11年法例改正」[458-a]を経て，通則法35条となった。ただし，主義の変更はない）の「後見」の問題と性質決定すべきだとする者がある[459]。

親権・後見いずれと性質決定すべきかにつき後者とする際の，その論理が問題である。即ち，そこでは，上記のミズーリ州法（実質法！）の規定内容は，わが民法826条（利益相反行為）のような単なる親権の一時的制限とそれに対する補充ではなく，もはやそれは親権の問題には包摂されないから，後見の問題として性質決定すべきだ，というのである。

この論理は，法例（通則法）の何条によるべきかの判断に際して，準拠実質法（正確にはその候補）の中身を見ているわけであり，既述の準拠法説（lex causae Theorie）の影が，色濃く反映されている。不当である[460]。

もっとも，より根底にあるのは，法例がわが民法における「親権」と「後見」との区別をあっさりと受け入れた規定づくりをしてしまっていること（通則法の前記規定の基本も同じ）の，問題性である[461]（ただし，規定上の文言は，前者は「親子間の法律関係は」〔通則法32条〕，後者〔通則法35条〕は「後見等は」とある）。

従って，この2つの規定の限界画定は，そもそも厄介なのであるが，一般論としては（後述），一応法律上の親の居る場合については，法例旧20（新21）条（通則法32条）の定める準拠法上，（ある程度広汎な事項につき）まさに法的親子関係に基づき監護権を有する者が居ない，という場合にはじめて，後見（等）の問題として当該問題が性質決定される，という程度で押さえておく他あるまい。そこで私は，前記の如く，本件での問題を，極力法廷地実質法（この場合には「民法」）からニュートラルに，「父母のある未成年者の保護の問題」と把握したのである。

そう考えたとしても、やはり当該準拠実質法の中身を見ているではないか、との批判は十分にあり得るが、これは法例（通則法に基本的に引き継がれたそれ）の規定の仕方がまずいのである。「子の保護」の問題として、親権・後見を一括して規定を置く方が、その限りではスッキリする、とも言える。

いずれにしても、親権の準拠法上当該問題は親権の及び得る問題ではなく後見が開始する、とされているときに、直ちに再び法例（通則法）に戻って後見（「等」）の準拠法を選択する、というような作業をするのではなく、むしろ、当該問題を親権（親子間の法律関係）の問題と性質決定したならば、そこで選択された準拠法への具体的な送致範囲を"拡張"することによって処理すべきであり、本審判の処理は、かくして支持すべきものと考える[462]。

もっとも、こうした一般論とは別に、問題となる複数の国際私法の規定（牴触規定）の効果に着目し（！）、いずれの規定によった方が自然に、事案の個性に即した準拠法選択の妥当性を維持できるか、といった観点からの性質決定（第1段階でのそれ）を行なう必要もある。さらに、「準拠法選択上の事案の分断[463]」の観点も重要である。実際の事案を処理する上での性質決定には、この種の国際私法上の利益衡量が十分なされて然るべきである。

■ 具体的な性質決定のなされ方：その4 ──「準拠法選択上の事案の分断」の回避と「内部関係・外部関係」論

本書2.1の注75）とその本文で示したところが、問題の出発点となる。「準拠法選択上の事案の分断」の問題である。このあたりから、具体的事案との関係で、いかに準拠法選択をなす「べき」なのか、との実践的な問題にシフトすることになる。

例えば、東京家審昭和41年4月4日家月18巻11号93頁は、日本人母の死亡に伴う、相続人たるアメリカ人父と日本人たる未成年者との間の「遺産分割協議」についての、「子の特別代理人の選任」の問題を扱ったものである。本審判は、この点も含めて（！）相続問題だとして、「相続」に関する法例旧25条（新26条［通則法36条］と文言は同じ）によった。即ち、この

点も含めて同条によらしめ，「準拠法選択上の事案の分断」を回避したのである。だが，当該問題（子の特別代理人の選任）は親子関係の問題ゆえ，相続問題と分けて，この点を親子間の法律関係の法例旧20条（平成元年法例改正後の新21条［通則法32条］）によるべきだとする批判が，学説サイドからあった。

本件の場合に，カテゴリカルに実体準拠法を二つ選択して準拠法選択上の事案の分断をするのが唯一かは，問題である。相続準拠法所属国たる日本が，当該相続関係の現実的本拠社会でもあったとすれば，そのような「分断」回避と共に，準拠法選択の個別的妥当性の観点からも，本審判の結論は支持さるべきことになる。ちなみに本件では，日本人たる被相続人母と申立人父との婚姻以来，相続開始までの十数年間，子を含めた関係者はすべて日本に居住していた[464]。

次に，同じく相続に関する東京高判平成2年6月28日金融法務事情1274号32頁は，中華民国人の相続について，相続人が遺産分割前に行なった相続持分の第3者への移転が争われたケースである。具体的には，相続人側が上記の持分移転は無効だとして持分移転登記の抹消を求めたものである。判旨は次のように言う。即ち，「本件においては，本件不動産の相続人による承継が直接問題とされているのではなく，相続人に承継された本件不動産の持分を相続人が第3者に処分した行為の効力が問題とされている。相続に関する準拠法により不動産を共同相続した相続人が，分割前に他の共同相続人の承諾なく，当該不動産に対する自己の持分のみを有効に処分できるか否かは，共同相続人相互間の関係に関する問題であるとともに，不動産に関する物権の得喪を目的とする法律行為の効力問題の一環として判断されうる事柄である。そこでは，相続関係者の立場にとどまらず，取引の安全すなわち第3者の利益の保護が考慮されなければならない。相続財産の取引であることから，相続問題にあたるとして，相続関係者の内部的法律関係［！］を規律することを主眼とした法例〔旧〕25条を適用することは，右の要請に適切に応えうるものではない。……法例25条が適用される相続問題の範囲は

......相続関係者の内部問題であり，……本件〔では〕……前提となる相続人の処分権の有無も含めて全体が物権問題に該当する［！］ものとして，法例〔旧〕25条ではなく，法例10条が適用される」として，日本法を適用したのである（法例旧25条は通則法36条と文言も同じで「相続」，平成元年法例改正の射程外の10条は通則法13条に対応し，「物権」の準拠法を定める）。

　この判旨の論理は，被相続人の本国法によってすべての相続問題を規律する点で，既にして問題のある法例旧25条（新26条——通則法36条）の射程[465]を，"相続人間の内部関係" に限定したものとして，注目される。判旨は，相続人・相続分の決定については相続の問題だとして法例旧25条によっているが，この点は殆ど本件で争点となっていない。

　本件は，いわばその先の，日本国内での不動産取引をめぐる問題であり，"紛争事実関係の現実的な本拠ないし重点（center of gravity）" は，はっきりと日本社会の中にある，と言ってよいケースかと思われる。判旨は，おそらくはこの点を見据えたものであったと思われる。ただ，例えば本件で相続準拠法が日本法であり，ハワイ所在の不動産につき本件と同様の点が争われていたとする。判旨が，上記と同様の性質決定を行なったかどうかは，1つの問題である（前掲東京家審昭和41年4月4日についても同様のことが問題となり得るであろう）。これは，次の項目（「その5」）につながる問題である。

　ところで，判旨は，「本件〔では〕……前提となる相続人の処分権の有無も含めて［！］全体が物権問題に該当する」との判断をしているが，その上告審判決たる最判平成6年3月8日民集48巻3号835頁は，右の「前提」部分は「相続の効果」だとして相続準拠法によるとしつつも，本件のコアをなす問題につき，原判決の物権問題としての把握を，支持した。即ち，遺産分割前の共同相続人全員の同意なき持分処分は，相続準拠法たる中華民国法上「できない」が，「持分の処分」に「権利移転」の「効果が生ずるかどうか」は，物権準拠法たる「日本法によって判断される」問題だ，としたのである。この最高裁判決は，前半で「できない」としつつ，結局は，その「できない」という共同相続人間の「内部関係」での論理（それは"内部関係の

準拠法"たる「相続準拠法」による）が，その内部関係の外部（"外部関係"）に立つ第三者に"対抗できない"としたことになる。原判決と微妙な表現の差はあるが，善解すれば，そうなる[465-a]。

内部関係・外部関係を分け，一定の内部関係にある者が，その（内部関係の）準拠法によって，外部の者（外部関係に立つ者）に"対抗"できるか，との視点は，極めて重要なものである。そして，その考えは，本書4.1の図27・28（とくに後者）で示す，「いわゆる代理」の準拠法の問題についての，後出・注747)の本文で示す私見へと，つながるものである。

なお，相続に関する前記の事例に対し，内部関係の準拠法（ニューヨーク州法を設立準拠法とする会社とその設立発起人との関係──ニューヨーク州法による）によって，その外部に立つ者（発起人と契約を締結をした者）との関係が規律されるとしたのは，最判昭和50年7月15日民集29巻6号1061頁である。当該契約の効力が設立後の会社に及ぶか否かが争われた事例である。会社設立に絡む上記の事例においても，内部関係と外部関係とをしっかりと分け，本件では外部関係が問題なのだからとして，相続に関する前記事例と同様の判断が下されるべきだったというのが，本書4.4の注・818)の本文で示すように，私の考えである[465-b]。ちなみに，この点は，「いわゆる法人格否認」の準拠法問題とも絡むが，それについては，すべて注の中で論じよう[465-c]。

■ **具体的な性質決定のなされ方：その5──事案の個性と性質決定──**

ところで，ともに相続に関する，前掲の東京家審昭和41年4月4日，東京高判平成2年6月28日，そしてその上告審判決について，前記の「その4」で示した点は，国際私法上の性質決定（第1段階でのそれ）が，事案の個性と関係なく，常に一義的になされねばならないものなのか否か，という問題と関係する。私はそうは考えない[466]。

ともすれば従来は，国際私法上の性質決定（第1段階でのそれ）は，いわば個別事案から牴触規定への抽象化の過程[467]として把握されがちだった。

だが，判例の実際においては，必ずしもそうではなかったと思われる。

　離婚に伴う財産給付に関するわが判例の性質決定についても，この点が示されていたと思われる。離婚と共に，それに伴う財産給付を求めたケースに関する最判昭和 59 年 7 月 20 日民集 38 巻 8 号 1051 頁（本書 2.5 の注 275）に続く本文に，事案の説明がある）は，すべてを離婚の問題とし，韓国法によらしめた。だが，これによって，同種事例における性質決定の仕方が最高裁によって統一された，と言えるかについて，私は疑問を持っている[468]。

　国際私法上の離婚概念も婚姻概念と同様[469]，内外実質法上の類似の制度を広くとりこむべきだが，上記判決と対比すべきは，最判昭和 36 年 12 月 27 日家月 14 巻 4 号 177 頁である。いわゆる内縁の不当破棄に基づく慰藉料請求のケースであるが，いずれも永く日本に在住する韓国人の男女の間で，この点が問題となった。判旨は結論として[470]法例 11 条（通則法 17 条，22 条に対応）によった。つまり，当該問題を不法行為の問題として性質決定したのである。学説は離婚の問題だとしてこれを批判するが，東京高判昭和 47 年 12 月 12 日判時 692 号 46 頁（上記判決と同様，いわゆる内縁不当破棄の慰藉料請求のケース）などは，「日本に長く在留するいわゆる朝鮮人同志」の関係たる本件につき事実上の夫の本国法によることは相当でないとして，法例 11 条により，不法行為の問題として日本法を準拠法とした。国際私法上の性質決定（第 1 段階でのそれ）に際して，こうした準拠法選択の個別的妥当性への配慮を反映させることは，むしろ当然なすべきことだ，と私は考える。

　さて，前掲最判昭和 59 年 7 月 20 日と前掲最判昭和 36 年 12 月 27 日との関係について，論ずる必要がある。いわゆる内縁（その破棄・解消）も国際私法上の婚姻（離婚）概念に含めて考えるべきであり，そうなると両判決の（第 1 段階での）性質決定の仕方の不一致が問題となる。だが，最判 59 年の事案が，離婚と切り離されて慰藉料のみを請求するものだったとしたら，最高裁はこれを当然離婚の問題と性質決定するであろうか。私は，この点は必ずしも明らかとは言えない，と考えている。

と言うのも，過去の判例は，事案類型の差（そしてまた現実的本拠社会の所在地の如何）を全く度外視して，常に一義的な（第1段階での）性質決定をしてきた，とは必ずしも言い切れないからである（詳細な分析は，私の判例評釈の中で示した[471]）。私としては，そうした判例の実際の処理を直視し，かつそうした営為を一層自覚的に推し進めるべきだと考えている。個別事案に即した最も密接な社会の法の選択への要請，準拠法選択上の事案の分断への配慮，等により，（第1段階での）性質決定の仕方は一義的にではなく柔軟になされてよいのである。

さらに端的に言えば，「離婚や不法行為，あるいは既述の親子関係等々の，準拠法選択上の基準としての枠組を示す法概念は，それ自体が重要なのではなく，そこから得られる準拠法選択上の効果（さらに言えば効果の差）との関係で意味をもつものであるにとどまる。それらの概念の一般的な限界づけを如何に行なうかという点に余りにも大きなウェイトを置きすぎていた従来の（第1段階での性質決定に関する）議論には，やはり反省を要するものがあ[472]」る，と私は考える[473]。

■ 具体的な性質決定のなされ方：その6──いわゆる「法定担保物権の準拠法」について[474]：わが通説の矛盾！

以上論じてきたことは，国際私法上の（第1・第2段階での）性質決定を，法廷地国際私法の側から行なうべきだ，とする私見に基づく。第1段階での性質決定については，それはまさにわが通説の説くところでもあった。ところが，この通説の一般的処理定式が，顕著な各論的破綻を示している問題がある。いわゆる法定担保物権の，成立の準拠法に関する通説の，論理が問題なのである。

この問題の根は，実に深い。例えば，わが通説においては，物権問題について，債権的法律行為（原因行為）と物権的法律行為との，ドイツ民法的な（従ってわが民法の立場とも異なる）区別が，国際私法上は必要だとされている[475]。実は，この点も含めて，これから論ずる法定担保物権の成立の準拠

法に関する通説の形成者たる久保岩太郎教授が，ドイツのフランケンシュタインの学説に深く傾倒していたことがすべての源，とも言える状況にある。上記の区別との関係でドイツ・フランス間（両国実質法の間）での問題が好んでとり上げられていることも，いわばその反映である，と言える。

さて，いわゆる法定担保物権の（成立の）準拠法についてだが，現在の通説は，いきなり——

> 「留置権，先取特権のごとき法定担保物権は，一定の債権を担保するために法律によりとくに認められた権利であるから，その債権の効力の問題にほかならない。しかしまた，それ自体，物権の問題でもある。したがって，法定担保物権は，主たる債権の準拠法と目的物の所在地法との双方がともにこれを認める場合においてのみ成立しうる。[476]」

——とする。それ以上の基礎づけは何ら無い（！）のが通例である[477]。

なお，一般の物権・約定担保物権，そして法定担保物権についても，その効力については，通説は物権準拠法（法例10条——通則法13条に対応）のみによっており，かくていわゆる法定担保物権の成立のみが，特異な扱いを受けていることになる。

じっくり考えて頂きたい。通説は「法定」担保物権なる言葉を，（第1段階での）性質決定において使用する。そこで言う「法」とは，一体何なのか（！）。

例えばある物品の引渡請求において，被告がそれの引渡を拒絶する権利が自分にあると主張したとする（後掲の大判昭和11年9月15日のケースである）。そこから前出・注476）の本文に示した通説の，もはや決まり文句と化したテーゼに辿り着くまでの，論理のプロセスはどうなっているのか。

日本の民法上，既にして上記の引渡拒絶（留置）の根拠として，①同時履行の抗弁権（上記被告が売主だったとせよ），②留置権，③質権などがある。①は債権，②は法定担保物権，③は約定担保物権と，わが民法上は整理される。だが，こうした法廷地実質法の立場を即座に国際私法上の性質決定（第1段階でのそれ）に反映させる考え方を否定し，同時に既述の準拠法説（こ

の点を準拠実質法によらしめる考え方）をも否定し，法廷地国際私法独自の立場から（第1段階の）性質決定を行なえ，というのが通説であった。それでは，上記の点を，通説はどう処理した上で，前記のテーゼを示すのか。

この点は，実は上記通説の形成者たる久保岩太郎教授が，相当苦心して説明しておられた点である。それとの対比におけるその後の通説の，ある意味での無責任さが，まずもって注意されねばならない。

久保教授は，この点を次のように説明しておられた。即ち——

「主たる債権の準拠法が留置権又は先取特権の成立を認むる場合に於て，その留置権又は先取特権が物権の問題となるか否かの問題を生ずる。先づ主たる債権の準拠法が右の留置権又は先取特権に債権的効力を付与するに止まるときは所在地法が之に物権的効力を付与すると否とに拘らず債権の問題として主たる債権の準拠法のみに依る。然るに主たる債権の準拠法が右の留置権又は先取特権に物権的効力を付与し居るときは更に所在地法が之に物権的効力を付与し居るか否かを見るべく，若し之を付与し得るときは物権の問題として所在地法に依ることとなるが，之に反し物権的効力を付与し居らざるときは物権的効力を有ち得られざるものと云はざるを得ない。之を要するに留置権及び先取特権が法定の担保権なる性質より見て，その成立存続及び物権性の有無については主たる債権の準拠法と所在地法の2法に依ることを要[478]」する。

前出・注476)に示した通説のテーゼは，この問題と最初に（して最後に）自力で取り組まれ，今日の通説の源となった久保教授の，前記引用部分末尾の「之を要するに」以下，のみを示したものなのである[479]。そこに至るまでの論理プロセスを明示せずに最終テーゼのみを示すに尽きる，今日の通説側に立つ者に対して，この点大いに注意を喚起したい[479-a]。

ところで，上記注478)の本文で引用した久保教授の立論は，性質決定論上の準拠法説とどこが違うのか。そして，こうした作業以外に，（世界中でかなり定型化されている船舶関係の問題はともかくとして[480]）如何にして「法定担保物権」なるものを，通説の性質決定に関する一般的処理定式を維持した上で，想定し得るのか。

前出・注478)の本文に引用した久保教授の所説においては，ある問題が物権（物権的効力を有するもの）か債権（債権的効力を有するもの）かについ

ての，一定の実質法レヴェルでの尺度が用意され，それを基準に被担保債権の準拠法・物権準拠法（いずれも実質法）の規定内容を見て，それ次第で法廷地国際私法における（第1段階での）性質決定が左右されている。ちなみに，その論理は次の指摘とどこが違うのか，が問題となる。即ち——

> 「或物に関する権利が果して物権なりや否や……に関する問題も亦物権自体に関する問題と同様に所在地法に依って之を定むべきものである。……国際私法上の法律関係の性質は……其関係を支配する準拠法に依って之を定むべきものである[481]」。

——との指摘である。この指摘は，まさに久保岩太郎教授が（第1段階の）性質決定に関する今日の通説を築かれる際に[482]烈しく攻撃した準拠法説の側に立つ，山田三良教授のものである[483]。

久保教授は，前出・注478）の本文に引用した部分に言う物権的効力・債権的効力という，実質法レヴェルでの効力の程度・態様に関する区別は，法廷地国際私法によって行なうから，そこが準拠法説と違うと主張される[484]が，そのような区別を如何に行なえるかは別としても，準拠実質法の中身次第で（第1段階での！）性質決定の仕方をかえることにかわりはない。久保教授御自身が打ち建てた（第1段階での）性質決定に関する今日の通説の一般的処理定式との，正面からの矛盾が，ここで生じているのである。ならばなおさら，いわゆる法定担保物権の成立の準拠法についての今日の通説が，何故この点に頬かむりして前出・注476）の本文の如き決まり文句としてのテーゼに安住しておられるのかが，不可解となる。

ところで，久保教授が，前出・注478）の本文に示した結論に至るプロセスが，ここで問題となる。実は久保教授は，ドイツのフランケンシュタインの学説との強い一体化を志向しておられた。ところが，フランケンシュタインの複雑な論理構造に幻惑され，彼の学説を債権準拠法・物権準拠法の累積をするものと誤解した上で，前記の結論を呈示されたのである[485]。

その誤解のもとになったフランケンシュタインの，ミスリーディングな指摘（久保教授はそれを引用する[486]）は，「法定抵当権が成立するためには原因

行為の準拠法と目的物所在地法とが一致（übereinstimmen）しなければならない」というものである[487]。だが，フランケンシュタインは，すべては物権準拠法に委ねられる，との前提の下に，上記の点を説いていたのである。つまり，彼は，何ら累積適用説に立つものではなかったのである[488]。ならば，何故フランケンシュタインは前出・注487）の本文に引用したような考え方を示したのか。

実は彼は，物権行為と原因行為とのドイツ民法上の区別をさらに徹底し[489]，その峻別を国際私法上行ないつつ，物権準拠法（物権行為の準拠法）の解釈に対して独特の分析をしていた[490]。つまり，原因行為の準拠法上の具体的な法制度が，真に物権準拠法上の物権の成立・変動の前提として後者の法（実質法）の予定する法制度と一致するか否かを，専ら後者の準拠法の側から厳格に審査すべきだ，とのテーゼを，フランケンシュタインは，立てていたのである。これは，複数準拠法の接合のさせ方に関する，1つの理解ではあるが（後述する），累積適用説とは，明確に区別さるべきものなのである[491]。ここで，問題を視角的にとらえておくべく，図17を示しておく。

ところで，ここで問題となるのは，わが通説の実質的根拠である。フラン

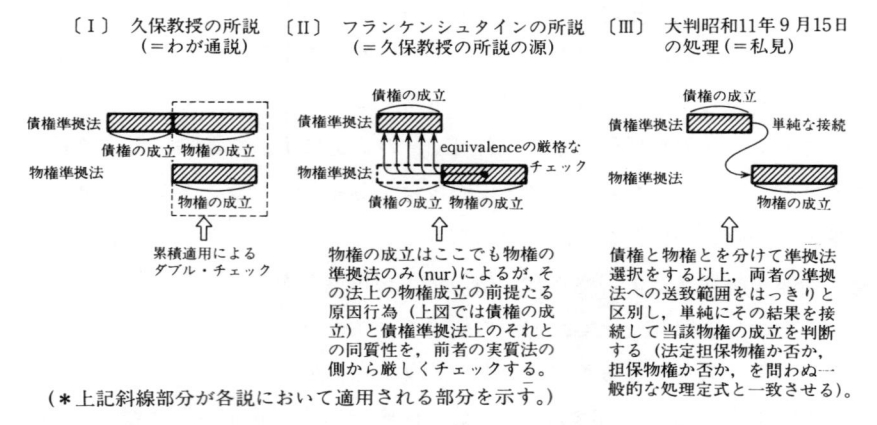

図17 複数準拠法の接合のさせ方——いわゆる法定担保物権の成立の準拠法を例に*

ケンシュタインには彼なりのドグマの追求という目的があって図17の〔Ⅱ〕の図の如き立場がとられたわけだが，前出・注476)の本文に示されたわが通説の，久保説の結論部分のみを再叙するテーゼには，何ら実質的根拠が示されていない。

ある問題の成立につき2つの準拠法でダブル・チェックをすれば，それだけ実質法レヴェルでその成立の余地が狭まる。なぜそうすべきかの実質的根拠が，国際私法レヴェルでも，やはり問題となるはずである。船舶抵当権対船舶先取特権，といった狭い視野でのみ通説をとらえるのは正しくないが[492]，ドイツ語圏でかつて一部にとられていた累積適用説には，公示の欠如という実質法レヴェルでの考慮を直ちに国際私法レヴェルで反映させようとする，実質的根拠の裏打ちが，明確にあった。けれども，そうした配慮は，準拠実質法（そして場合によって国際私法上の公序）に委ねれば十分ではないか，ということでこの立場は否定されるに至っている[493]。

わが通説においては，（第1段階での）性質決定の仕方における通説の一般的処理定式との矛盾，学説継受史上の歪みのほか，累積をする実質的根拠の欠落，という3つの問題について，それぞれ明確な回答が求められているのである。一般的にいわゆる法定担保物権なるものの成立を狭める理由は何なのか，ということが，この第3の点であり，前出・注476)の本文のテーゼでこれに答えるのは，ある種のトートロジーに過ぎない。

例えば「子の保護」を国際私法上はかるべく選択（択一）的連結をする[494]のだ，といったものとは全く逆の理由づけが明確になされずに，通説を維持するわけにはゆかないはずである。また，いわゆる法定担保物権につき被担保債権の準拠法の意向を重視するのならば，なぜその効力面で，通説があっさりと所在地法のみによらしめるのか，その説明が十分かが問題ともなる[495]。

この通説に対して，当面する問題に関する唯一の最上級審判決たる大判昭和11年9月15日法律新聞4033号16頁[496]は，前記図17の〔Ⅲ〕図の如く，債権（被担保債権）準拠法と物権準拠法とで，それぞれの送致範囲を明確に

区分し，両準拠法の単純な接続をしたものであり，私はこれを支持する。

このケースでは，訴外の傭船者による傭船料不払を理由に，船主Ｙが日本を仕向地とする積荷（鉄屑）を日本で留置したのに対し，積荷所有者Ｘがその引渡を求めたものである。判旨は，「国際私法上担保物権が有効に成立するが為には主たる債権が債権そのものの準拠法に依って有効に成立し且担保物権が其の準拠法たる目的物所在地法に依りて有効に成立することを要するは法例第7条及第10条に徴し疑なきところなり」とした。

もとより，判旨には，「留置権の如き所謂担保物権は……」との部分があり，この点は，前出・注455）の最判昭53年4月20日と同様に，もっとエレガントに書くべきではある。本件の如き"物の引っ張りあい"を目的物所在地法によって判断することは，ごく自然な推論であり，目的物所在地法を適用してみると，そこで債権の成立が必要，ということになった段階で別途債権準拠法を選択する（準拠法選択上の事案の分断），との判断に達したならば，両準拠法への具体的送致範囲を明確に分けつつ，各準拠法を適用し，結果の単純な接合に至る。私はそれでよいと考えている。

わが判例上も，通説のドグマを掲げるものが少なくなかったが，それらがいずれも船舶先取特権のケースであったことは注意されてよい（秋田地決昭和46年1月23日下民集22巻1-2号52頁，東京地判昭和51年1月29日下民集27巻1-4号23頁，広島高決昭和62年3月9日判時1233号83頁）。だが，物権準拠法のみによるとする反対の立場のものもあり（神戸地決昭和34年9月2日下民集10巻9号1849頁，広島地呉支判昭和45年4月27日下民集21巻3-4号607頁），最近は法廷地法のみによる[497]とするもの（東京地決平成3年8月19日判タ764号286頁，東京地決平成4年12月5日判タ811号299頁）も目立っている。判例においても，わが通説の立脚基盤の脆弱性が，ようやく気づかれ始めた，というところであろうか[498]。

■ 複数準拠法の接合のさせ方と準拠法のモザイク

ところで，前記の図17の〔Ⅱ〕図に示したフランケンシュタインの所説

3.1 国際私法上の性質決定

は，実に重要な問題を提起するので，ここで一言する（なお，この項目の内容も，多少複雑な内容となるが，私見は極めて単純であり，後出・注507），508）の本文の前後に，それを示す）。彼は物権と債権との峻別というドグマの徹底を意図し，物権準拠法にすべてを委ねつつ，その国の法が前提とする原因行為と債権準拠法上予定された原因行為との同質性ないし代替可能性（Gleichwertigkeit）を，専ら前者の側から厳しく精査すべきだ，とした。これは，物権の成立・変動の準拠法（本問題〔主要問題―― Hauptfrage〕）と，本書3.3で後述する先決問題（Vorfrage）の準拠法との関係における，1つの立場である。ただし，彼の全体系の中で，常に或る事項につき論ずる際に，その前提となる事項（先決問題）の準拠法の規定内容を，前者（主要問題）の準拠法の側から精査する，という立場が貫かれていたかは疑問である[499]。物権行為の独自性への彼の強い思い入れが，かかる形での処理（図17の〔Ⅱ〕図参照）をもたらしたものと思われる。

実は，養子の相続権，といった各論的問題についても，同種の考え方をとるべきか否かが問題となっている。相続準拠法上，養子に相続権があるとされていたとしても，そこで予定されている養子と，養子縁組の準拠法上設定される養子としての法的地位との間に，実質法レヴェルでの問題として，大きな差がある場合の問題である。その際に，両準拠法を単純に接続し，前記図17の〔Ⅲ〕図のような処理をしてよいか否かが，争われているのである。ここでもドイツでの議論が烈しくなされており，以下に若干それにウェイトを置いた批判的考察を試みる[500]。

問題はまず，養子に相続権があるか否かの問題を，如何に性質決定するかにある（第1段階でのそれ）。わが国でも，折茂教授の議論[501]は，この点を相続準拠法によらしめるという，自然な理解から出発する。だが，相続準拠法上，養子に相続権を認めつつも，既に嫡出子ある者は養子をとれないとしていた場合を問題とされる。

即ち，この場合に，養子縁組の準拠法の規律内容として，既に嫡出子があっても養子はとれるが，養子の相続権が否定されていたとする。折茂教授は，

そうであるならば，被相続人に嫡出子があるのに養子となった者には，相続準拠法に基づく相続権を，否定すべきだとされるのである[502]。

この点につき，ドイツでは（議論の詳細は別として[503]），より一般的な形での議論がなされている。即ち，相続準拠法によって養子の相続権のあることを確認し，かつ，養子縁組の成立自体（先決問題）を別途準拠法選択して確認する。その上で，そこで成立した縁組が，相続準拠法（実質法）の規定が相続権付与の前提としている縁組と，内容的に同視し得る（vergleichbar; gleichwertig）ものか否かを，さらに実質法レヴェルで精査しようとすることがなされる。

それを専ら相続準拠法（主要問題〔Hauptfrage〕の準拠法）の側から行なうならば，前記の図17で示した，既述のフランケンシュタインの立場と同じ発想になる。だが，必ずしもそうではなく，両準拠法の間をことさらに浮遊しながら論ずるかの如き議論もあり，非常に混乱している。

ドイツでは，理論上，この問題は「代替可能性（Substitution）」の問題とされている（Vergleichbarkeit; Gleichwertigkeitと殆ど同義）。そして，それは専ら準拠実質法の解釈の問題だとされ，複数準拠法相互の忍び難い矛盾・牴触の問題，即ち，詳しくは本書3.4で後述する「適応（調整――Angleichung）問題」とは，明確に区別すべきだ，とされている[504]。そう考えないと，訳が分からなくなる。この点は，是非押さえておかねばならない。

問題を視覚的にクリアーにするためには，前出・注97）の本文に示した表3と対比して考える必要がある。表3に示した，いわゆる適応（調整）問題との関係では，例えば相続と夫婦財産制といった2つの選択された準拠法への具体的送致範囲が，それぞれ相続準拠法は相続のみ，といった形で厳格に画される，という前提があった。そこから生ずる規範相互の（積極・消極の）牴触が，問題とされたのである。だが，ここでは，むしろ，一方の準拠法への送致範囲を，他の準拠法の担当部分にも広げることが，何故かなされている。

折茂教授の既述の議論[505]にしても，何故，相続準拠法への具体的送致範

3.1 国際私法上の性質決定   225

囲が養子縁組の成立要件にも及び，養子縁組（の効力）の準拠法へのそれが養子の相続権にも及ぶ，とされるのかが問題である。当面する問題全体を単一の準拠法によらしめた上で，例えば相続準拠法への（本来の）送致範囲を縁組の成立にまで広げる，というのならば話は分かる。だが，既に「準拠法選択上の事案の分断」をする，との前提で2つの準拠法を選択しながら，意識的に相互に相手方の準拠法の本来の守備範囲にまで送致範囲を広げ，いわば"相互浸透"（！）させた上で，両準拠法の調和を意図しようとするのは何故か。

そうしてしまうから，かえってある種の規範牴触的事態や，面倒な整合性確保が，問題となるのである。その必要はない，と言い切るべきである。

ドイツで「代替可能性（Substitution）」が議論される場合，実際には「内外国家行為相互の代替可能性の問題」の比重が，極めて大きいことに，注意すべきである。即ち，離婚準拠法たる外国法上，離婚は判決による，とされていた場合に，そこで言う判決を，法廷地国の判決や，例えばわが家裁の審判に，単純に置き換えてよいか否か，といった問題である[506]。その意味での離婚準拠法の解釈が，問題とされるのである。

だが，上記の離婚の場合には，離婚をするのに判決を要するか否かの点（ただし，理論的にはこの点は，本書4.1の図26に示したように，「離婚の方式」の問題と解すべきである）にまで，離婚準拠法への送致範囲が当然及んでいることに注意すべきである。養子の相続権を論ずる際に，相続準拠法に対して養子縁組の成立ないしそこで予定される養子とは何かの点まで委ねる，というのは，当然の前提ではないのである。そこが違うのである。

実は，複数の準拠法を別途選択しておきながら，そのそれぞれへの送致範囲をダブらせて，その上で苦労して種々の調整をはかる，といった作業は，すべての場合について行なわれている訳ではない（！）。それぞれの論者が何らかの理由でとくに注目する場合に，ときとしてかかることが説かれるのである。

だが，これは，「複数準拠法によるモザイク的規律[507]」を宿命とする国際

私法にとって，殆ど常に直面せざるを得ない問題のはずである。法的親子関係や婚姻の成立と効力とで，別々の準拠法が選択されたとすれば，やはり養子の相続権の場合と同じ問題が起こるはずである。例えば婚姻成立の準拠法上，婚姻の効果として列記されるカタログにはない効力（効果）を，婚姻の効力の準拠法が認めている場合，あっさりとその効果の発生を認めてよいのか，といった類の問題が，常に生じて来るはずである。だが，例えば成立と効力で準拠法を分けて考える以上，2つの相異なる国の法（準拠実質法）の間には，常に，ある程度の不整合はつきもののはずである。両準拠法の接合部分での，双方の実質法制度の等価性・代替可能性のチェックを，すべて気にしていたら，相当大変な（煩雑な）ことにもなるし，そもそもそこまですべきかが問題である。

　むしろ，そうした問題をすべて切り捨て，"割り切って考える"のが，「複数準拠法によるモザイク的規律」を宿命とする国際私法の，従ってまた各準拠法への送致（Verweisung）の，基本だと考えるべきである[508]。各論者がたまたま思いついた，あるいは（フランケンシュタインのように）特別の思い入れがある，といった論点についてのみ両準拠法の送致範囲を操作して種々論ずる，という実態も問題であるし，その意味でも，「選択された準拠法への具体的送致範囲」の問題（即ち，第2段階での性質決定）への処理方針を，法廷地国際私法の側から，一層自覚的，かつ明確に設定しておく必要があるのである。

■ 手続問題と実体問題——その区分への基本的スタンス

　ここでは，問題のアウトラインのみを示す[509]。前出・注76)につづく本文で示した表2の，「準拠法のカタログ」の中で，手続問題については，「手続は法廷地法による」の原則が妥当する。明治期の法例制定に際し，起草者は，これは当然のことだとして規定を置かなかった[510]。

　一般には，（第1段階での）性質決定において手続問題の射程を広くとると，実体問題の準拠法をせっかく選択しても，その趣旨が没却されるので，問題

だとされる。一般論としては，たしかにそうである。だが，この点が国際私法上の性質決定における第2段階での作業についての，十分な配慮をせぬまま示されていた傾向が若干ある。

例えば，「当事者適格」の場合に関して，嫡出否認につき誰が否認権を有するかの点は，この制度の根幹をなすし，これを手続問題としてしまうと，わが民法774条が適用されることになるからおかしい，といったような立論がなされるとすれば，それ自体が実はおかしい。ある問題を手続問題とした場合，法廷地の実質法（この場合には法廷地手続法を含む[511]）への具体的送致範囲がどこまでかを，具体的に見なければならない。

その際，民法774条（「夫は，子が嫡出であることを否認することができる」とする）は，明らかにわが民法（日本法）が実体準拠法となった場合の規定であることに，注意を要する。ある問題を手続問題と性質決定（第1段階でのそれ）することの具体的意味は，とくに実体法に多くを委ねる法廷地手続法上の概念の場合，純粋な国内事件において，法廷地実体法との"相互作用"（！）の下に形成されてきた手続法上の問題処理メカニズムそれ自体が，適用される（その部分への具体的な送致〔Verweisung〕がなされる——第2段階での性質決定）ものと見るべきである。

即ち，わが手続法上，当事者適格の決定には実体法的観点からの考慮が必要だとされるが，そこで言う実体法は，国際的なケースでは実体準拠法となる。その実体準拠法上の，わが民法774条に相当する規範と，法廷地手続法上の上記の如きメカニズムとの接合をはかる，というのがこの場合の，手続問題としての性質決定（第1・第2段階を通じたそれ）の意味でなければならない。

従来は，この点の分析が不十分なまま，実体関係的な要素の大きな概念はすべて実体問題と性質決定さるべきだ，といったことが生じ易い状況にあった[512]。けれども，当事者適格を実体問題としてしまうと，アメリカ的な「クラス・アクション」が，（実体準拠法がアメリカのいずれかの州の法〔そこで妥当する法——連邦法も含む〕とされることにより）直ちに日本を法廷地

としてなされ得ることになる。当該問題を実体問題とした上でかかる帰結を修正するためには，国際私法上の公序を適用するほか，なくなってしまうのである。やはり，（第1段階での）性質決定において，はっきりとした線引きをしておく必要があるはずである。

　もっとも，民訴学者の側からは，私のような立場が若干「まわりくどい」とされ，一口に当事者適格と言っても実体法への依存度は様々ゆえ，類型論的にアプローチすべきだ，ということが説かれる[513]。だが，まさに私は，そうした民訴学者の自然な営みをも促すべく，国際私法上のフレキシブルな枠組を，設定しようとしているのである。

　むしろ，従来のわが民訴学者の議論を全般的に見たとき，専ら国内民商法との関係で手続法的論理を組み立てる面が（当然のこととは言え）強く，実体問題の準拠法が外国法となった場合に，そうした議論がさらにいかなる展開を示すかが，注目される。前出・注27）の本文でもその一端は示したところである。当事者適格のみならず，挙証責任等々，他の実体関係的な法廷地手続法上の概念についても，既述の如き判断枠組でのぞむ必要がある[513-a]。

　なお，私の上記の如き処理定式が，当事者能力・訴訟能力（民訴旧45条・51条――新28条・33条）に関する従来の通説と同じものだ，ということが注意さるべきであろう。即ち，民訴旧45条（新28条）は，当事者能力・訴訟能力等につき，本法に別段の定め（訴訟能力に関する旧51条［新33条］がまさにそれである）ある場合を除き，「民法……その他の法令に従う」とする。

　従来の通説は，訴訟法上の概念たる当事者能力・訴訟能力が，それぞれ実体法（わが民商法）上の権利能力・行為能力概念をベースにすることを前提に，上記の「その他の法令」の中に「法例」を含め，権利能力・行為能力の準拠法（実体問題の準拠法）によってこれらの問題を処理するものとしていた[514]。ただし，それではそこに法廷地手続法独自の論理の介在する余地が全くないかと言えば，そうではない。まさに民訴旧51条（新33条）が，外国人の訴訟能力につき，民訴旧45条（新28条）の特則をなしていた[515]。同条は，本国法上無能力であっても「日本の法律によれば訴訟能力を有すべ

きときは，訴訟能力者とみなす」としている。だが，逆に，本国法上は能力ありとされても，日本でその者を訴訟能力者ないし訴訟追行権者として見ることが，問題だとされる場合には，能力なしとして取扱うべきだとする判例もある（東京地判昭和43年12月20日労民集19巻6号1610頁）。わが民訴学者も，訴訟能力の問題は「訴訟法独自の立場」から行なうべきであり，「民法に盲従しなればならない理由は最初からない[516]」としていたのである。

　純粋な国内事件と異なり，実体法と手続法との間のある種の"予定調和"を，常には期待し得ない国際的事案の処理にあたっては，実際に事案を処理する法廷地国の手続法の側に，最終的な決定権を，やはり留保しておく必要があろう[517]。その意味で，私は，当事者の能力・訴訟能力についても，これを手続問題として性質決定するのである。

　なお，実務的にも重要な「保険代位」関係の問題を例に，上記の如き私見の肉づけを試みておこう。神戸地判昭和45年4月14日判タ288号283頁[518]を素材とする。いわゆる保険代位（subrogation）の問題である。保険金を既に支払った保険会社が被保険者・保険会社いずれの名義で運送人への代位請求をすべきかが争われた事例である。

　日本の保険会社側は，自らの名義で本件訴を提起したが，イギリス（イングランド）法上，そのような訴は認められない旨，運送人側が争ったのである。保険代位を含めた「3面的債権関係」の準拠法の問題については本書4.3で後述することとし，ここでは実体問題の準拠法が仮にイギリス法だとした上で，議論を進める。

　イギリス法上，保険代位をしても，たしかに被保険者の名前で訴えることになっている。当事者適格を手続問題とした上で，かかる実体準拠法の立場をどう見るかが問題となる。

　イギリス法がこうした立場をとるのは，コモン・ロー上，不当利得的構成がもともと欠如し，エクイティによってその欠落を埋めてゆくことが必要とされたことと関係する。保険代位もその一環である。保険金を既にもらった者が重ねて本件の運送人の如き立場の者に請求して2重取りすることを防止

する，という不当利得的発想による制度である。

　だが，イギリスでは，実体的権利はエクイティ的処理により保険会社に移っても，訴権だけは移転し得ず，それをも移転するためには，正式の債権譲渡手続が必要とされていた。本件ではそれがなされていないので，保険会社名義での訴提起は不適法だ，と運送人側は主張したのである。

　判旨は結論としてこの主張を斥けたが，理論構成としては，次の点が核となるべきはずである。即ち，イギリスでの保険代位においては，たしかに保険会社は被保険者名義で保険代位の訴を提起せねばならないが，その際，被保険者には，保険会社側のそうした行動をサポートするエクイティ上の義務が課されている。要するに，「コモン・ローとエクイティとの関係」という"特殊イギリス法的な拘束"の中に，すべてがある。だが，実際に訴訟が起きているのは日本なのであり，そこまで深くイギリスが法廷地であった場合の特殊な歴史的制約を，日本で再現する必要はないはずである。イギリスでも実体的権利はすべて保険会社に移っているのであり，そうである以上，本件訴は適法とすべきである。これが私の見方，である。

　かくて，手続問題としての第1段階での性質決定は，実際の手続運営上の技術的諸問題のみならず，その根幹にかかわる実体関係的な諸事項を広く包含すべきことになる。その上で，第2段階での性質決定，つまり手続問題の準拠法たる法廷地手続法への具体的送致範囲の決定に際しては，個々の法廷地実質法上の規範を精査し，実体問題の準拠法が日本法となった場合にのみ適用される部分を除外する必要が生ずる。

　そして，そうして決定された法廷地法への具体的送致範囲の中にある個々の規範（Norm）につき，実体問題の準拠法を考慮している部分については，その考慮の程度に応じて実体問題の準拠法の内容を検討し，最終的判断は法廷地手続法の側から行なう，ということになる。たしかに，こう説明すると若干「まわりくどい[519]」とも思われ得るが，こうした枠組を用意しておいた方が，民訴学者としても作業がし易いはずである。

　それと共に，既述の如く，国際的民事事件の場合には，国内の実体法・手

続法相互間の"予定調和"を常には期待し得ないため，純粋な国内事件の場合にはいわば"眠っている"ところの手続法的考慮を，一層正面に据えた処理も，場合によって必要たり得る。それが，本書1.2の末尾の注28)の本文で示した，「規範構造の解明」の問題（！），なのである。

このことをも強調しつつ，その実，オール・オア・ナッシングの形で手続か実体かの性質決定（第1段階でのそれ）の結果が効いて来ることを緩和し，かかる（第1段階での）性質決定論の有する意味あいを相対化しよう，というのが「私見の骨子」なのである[520]。

3.2 国際私法上の反致

■ 反致とは何か？——従来の一般の見方——

国際私法上の反致とは，法例旧29条に規定され，新32条に受け継がれた条文（通則法41条）によってもたらされる事柄をさす。平成元年法例改正にあたり，法例旧29条の文言がそのまま新32条本文に受け継がれると共に，「但第14条（第15条第1項及び第16条に於て準用する場合を含む）又は第21条の規定に依り当事者の本国法に依るべき場合は此限にあらず」とする但書が付加された[521]。通則法41条も，条文番号が動いただけで，「ただし，第25条（第26条第1項及び第27条において準用する場合を含む。）又は第32条の規定により当事者の本国法によるべき場合は，この限りでない」とする（そこで，「本国法によるべき場合」とあることとの関係で，前出注・235)の問題が生じる）。

さて，国際私法上の反致とは何かを考える際，従来の一般の見方（それを理念型としてとらえ，私はこれを「ドイツ型反致観[522]」と呼んでいる）と私見とは異なる見方に立つが，まず，前者の骨子を見るには，いくつかの図を示しておいた方が分かり易い。図18である。

理念型として突き詰めた場合，国際私法上の反致からは，図18の〔Ⅱ〕・〔Ⅳ〕図のような，収拾のつかない事態が生じ得る。「何だ，これは!?」と

232　3　準拠法選択の技術的諸問題——国際私法総論

[I] 反致・転致・間接反致とは？

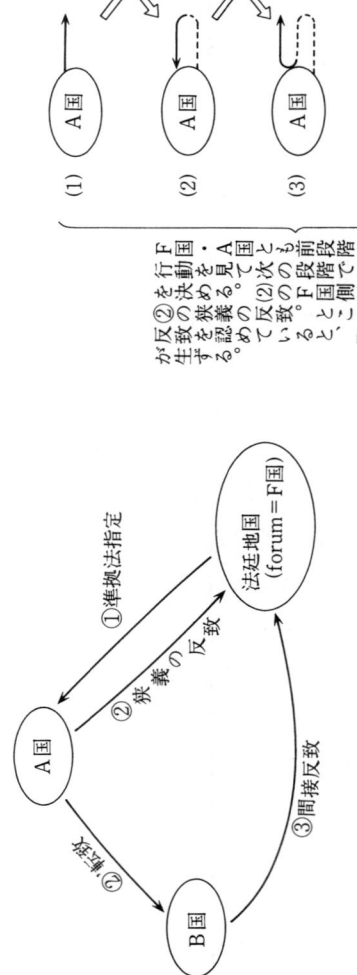

①……通常の準拠法指定
②……A国国際私法（ただし、[III]図の(2)の段階）を見て、そこでF国法が指定されておれば準拠法として自国法（法廷地法）を適用する、というのが狭義の反致。
②′……上の②の段階でA国国際私法が別の国たるB国の法を指定しているときにF国としてB国法を準拠法とするのが転致。
③……②の変形として、F国→A国→B国→（……）→F国として最後にF国法に戻るのが間接反致。

①準拠法指定
②狭義の反致
③間接反致
法廷地 (forum=F国)
A国
B国
②′転致

[II] F国・A国が共に狭義の反致を認める場合の指定の連鎖（循環）と二重反致論

(1) A国 → F国　F国が反致②を決定する際に、生じる狭義の反致を認める。
(2) A国 ⇄ F国　次の段階でA国側でも同様にF国相手の反致を認めているとすると、F国段階での行動①を循環して見るのがA国側で(1)の行動を選ぶ際限なき循環となる。
(3) A国 ⇄ F国
(4) A国 ⇄ F国
(5) U.S.W.（際限なき循環）

⇩

(2)′……上記(2)の段階で（A国⇄F国）のように、一足先にA国の側が反致させることを見越してF国の側で準拠法をかく決めることを二重反致という。だが、A国の側も同様に二重反致を認めていると、(A国⇄F国）となって問題は振出しに戻り、(3)以下の循環がつづく。

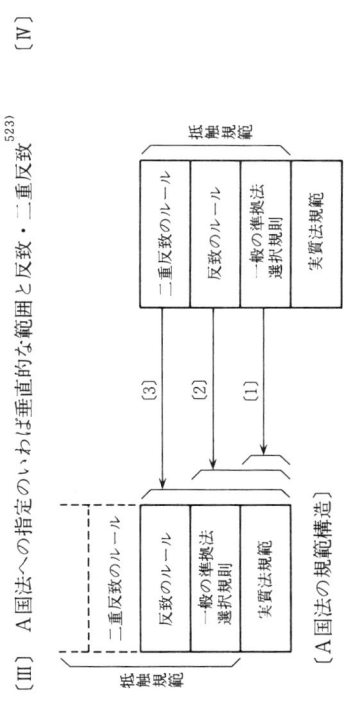

3.2 国際私法上の反致　　**233**

[III] A国法への指定のいわば垂直的な範囲と反致・二重反致[523)

```
                ┌─ 二重反致のルール
   抵触規範 ─────┤  反致のルール
                │  一般の準拠法
                │  選択規則
                └─ 実質法規範
   [A国法の規範構造]
```

[IV] 転致（[I]図の②における指定の無限の連鎖と
指定の循環（●印は転致を認める国）。
〔F国で選択される準拠法〕

```
   Ⓕ→Ⓐ→Ⓑ ………………………… B国法
   Ⓕ→Ⓐ→Ⓑ ………………………… C国法
    ●  ●
   Ⓕ→Ⓐ→Ⓑ→ⓒ……→？」（指定の無限
    ●  ●  ●               の連鎖）
   Ⓕ→Ⓐ→Ⓑ→（Ⓕ→Ⓐ→Ⓑ）→？」……？（指定の循環）
    ●  ●     ●  ●  ●
```

```
                ┌─ 二重反致のルール
   抵触規範 ─────┤  反致のルール       (3)
                │  一般の準拠法       (2)
                │  選択規則            (1)
                └─ 実質法規範
   [F国の規範構造]
```

(1) ……A国法の実質法規範のみの指定。[524)
(2) ……A国の国際私法規範（ただし、一般のそれのみ）
　　　　を含めた指定。それにより[I]図の反致・転致・
　　　　間接反致が生じる。
(3) ……A国法のルールまで含めた指定。それにより、[II]図の(2)'の二重反致が問題となる。
U.S.W.

図18　国際私法上の反致の諸相——ドイツ型反致観において

いう素朴な感覚を大切にして頂きたい。とくに〔Ⅱ〕図を見て，ゲームの理論のようで面白い，といった反応もあり得ようが[525]，準拠法の選択は虚構の世界での出来事ではなく，個別紛争の現実的処理のためのものである。その点を直視した場合，何でこんな作業が要求されるのか，というそもそものはじめを問わねばならなくなる（後述）。

　日本の国際私法においては，法例旧29条，新32条本文（通則法41条本文）に示されたように，「当事者の本国法によるべき場合」にのみ，国際私法上の反致が問題となる。当該事項の準拠法（lex causae）として指定されたA国国際私法の規定内容を見て，それに従って準拠法を決する，とされるのである[526]。頁数節約のために図18を掲げたのであるから，それを見てじっくり考えて頂きたいが，そうもゆかぬであろうから，若干の解説をする。

　まず，日本の国際私法においては，いわゆる反致は上記の場合に限られ，かつ図18の〔Ⅰ〕図の②，即ち，A国からF国に戻って来るいわゆる「狭義の反致」のみを認めている。法例の起草者穂積博士は，〔Ⅰ〕図の②'の「転致」，つまり，「3国にまで関係を及ぼ」すことは面倒だからとして，「転致」を否定していた[527]。従って，起草者が〔Ⅰ〕図の③の「間接反致」（図を見よ）を認める趣旨だったかは疑問である。だが，そもそもこうした図18の各所に示された無目的的作業を止揚し，国際私法上の反致の原点に立ち戻って考える，というのがこれから示す私見の骨子である。ただ，念のため一言すれば，条約の批准の結果，わが手形法88条1項，小切手法76条1項は，転致をも認めている（ただし，本国法主義との関係）。

　わが国際私法上は，上記の如く，本国法主義の場合に限り，かつ，法廷地法にダイレクトに戻って来る「狭義の反致」のみが認められている。これは，本国法主義の規定を，明治の当時の諸外国にあわせて多く設けてしまったため，当事者の国籍のみを見て外国法が多く適用されてしまうことを懸念して，起草者がドイツの理論を参考にしつつ，いわば法廷地国に都合のよい場合にのみ反致を認めようとした結果である[528]。

　だが，ドイツにおいては，従来より，国際私法上の外国法への指定（Verweisung）は当該外国国際私法をも含むという，総括指定（Gesamtverweisung——IPR-Verweisung とも言う）の考え方が強く，1986年の民法施行法（EGBGB）改正に際しても，その4条1項第1文で，この考え方が一般的に採用されている。つまり，事項を限らず，また，転致をも認める，という形において，である。

ただし，同項第2文は，外国の法がドイツ法を指定した場合にはドイツの実質法規範のみが適用されるとし，とくに図18の〔Ⅳ〕図の如き指定の循環を断ち切ると共に，そこに示した指定の連鎖において法廷地国（F国）の法に至ると，あとは遮断する，等の妥協（後述）を，既に示している。他方，図18の〔Ⅱ〕図の下に示した「二重反致（double renvoi）」については，そもそも，当該外国（A国）の国際私法のうち，どの部分までを見るのかという，〔Ⅲ〕図の問題が別にあるので，同項第2文だけでは解決がつかないことになる，とも見得るはずだが，同項第2文により二重反致は否定されたものと解されている[529]。

ちなみに，「二重反致（double renvoi）」については後述するが，F国・A国との関係で，二重反致が成立するとされれば，その限りでF国（forum）としてはA国法を指定することになる[530]。なお，同じ1986年改正において，前記のEGBGB4条1項第1文には，外国国際私法を含めた指定に対して，「それが指定の意義（Sinn der Verweisung）に反しない限り」との限定が付された。また，同条2項では，当事者による主観的な法選択の認められる場合には一切反致を否定する，との条項が新設されている[531]。とくに前者の限定は重要であり，そこから，次に示すドイツ型反致観の，今後の変容が大いに期待される。

さて，私が理念型として考える「ドイツ型反致観」の基本は，次の点にある。即ち，ある事項を外国法に委ねるならば，その外国でなされる通りに自国（法廷地国）として準拠法を決めるべきだ，との点である。従って，図18の〔Ⅱ〕〔Ⅳ〕に示したような困難がそこから生ずる。簡単に言えば，そのようなすべてを相手国（準拠法所属国たる外国）に委ねる姿勢がその相手国

（A国）でもとられていた場合，収拾がつかなくなるのではないか（「際限なき循環」），という〔Ⅱ〕図の問題である。

そこから，国際私法上の反致（ただし，狭義の反致）を認めることに対しては，論理的反射鏡とか国際的テニス（ピンポン）とかの，およそ学問的でない非難の言葉があびせられた。それを解決するために，〔Ⅲ〕図の〔3〕，即ち，相手国の反致のルールまで見てゆけば，この際限なき循環を断ち切れるはずだ，といった「二重反致論」が説かれた。だが，これとて相手国が同じ立場をとれば，振り出しに戻ってしまう（〔Ⅱ〕図の下の (2)' を見よ）[531-a]。他方，〔Ⅳ〕図に示した同様の問題は，別にある。

そもそも，どうしてこのようなややこしいことをするのか。その理由として強調されるのは，「判決の国際的調和（Entscheidungsharmonie）」の理念[531-b]である（ただし，技術的な意味での「判決」には限られない）。つまり，準拠法選択をA国とあわせておけば，その限りで法廷地国（F国）とA国とで準拠法選択の一致（Rechtsanwendungsgleichheit）が得られ，「法廷地漁り（forum shopping）」の防止にもなるとして，これを強調する考え方である。

だが，法廷地漁りを防止するためには，準拠法的アプローチのみでなく，わが民訴旧200（新118）条，民執24条のような外国判決（これも技術的な意味での判決には限られない）の承認・執行制度もある。また，判決の国際的調和と言っても，たかだか自国（F国）国際私法の指定する準拠法所属国との間での一致に過ぎないことが，反致との関係では求められている。準拠法選択が硬直的になされる従来の本国法主義の実際の運用を考えれば，なぜその国（図18のA国）との一致のみを考えれば十分かが問題となる。

他方，法廷地国での準拠法選択が十分柔軟になされていたならば，なぜそれをさらにA国国際私法の言うままに，直ちに変更せねばならぬかが，問題となる。そして，この最後の点が，自国国際私法に対する確信の欠乏として，反致主義に対する批判の重要なポイントともされてきた。

しかも，実際に理念型としてこのような考え方（ドイツ型反致観）を貫くことが種々の困難にぶつかるために，すべてを準拠法として指定された外国

に委ねることこそが国際私法上の指定（Verweisung）の基本だとする考え方（建前）に対して，随所で妥協（本音）を示す必要が生じ，ドイツ型反致観の実際は，ズタズタに引き裂かれている[531-c]。にもかかわらず，ドイツでも日本でも，規定上反致が認められているそれぞれの場合につき，当該外国国際私法の内容次第で法廷地における最終的な準拠法選択の仕方をかえることが，実務上くり返されている。

　その不自然さを直視し，反致論の止揚を試みるのが，私の研究の出発点だったのである[531-d]。

■ そもそも反致は何のための法技術だったのか？

　反致についての基本的な考え方を整理する上で，私は上記の「ドイツ型反致観」に対して，「英米型反致観」なるものを設定して論じた[531-e]。まず，諸国で烈しく論じられてきた反致主義に対しては，すべての反致判例の原点（！）たるイギリスの1841年のCollier v. Rivaz[531-f]に注目する必要がある。そこにおいて，"The court sitting here to determine it, must consider itself sitting in Belgium under the peculiar circumstances of the case."との，その後のイギリスの反致判例の展開（二重反致肯定に至るそれ）が暗示されると共に，その定式が，今日のドイツ型反致観へと受け継がれることになったのである。

　このケースでは，遺言の方式につきベルギー法が準拠法とされ，そこで上記の「説明」がなされて，イングランド法への反致が成立したものと扱われたのである。つまり，このケースは「遺言の検認」に関するものであったのだが，注意すべき点がある。

　図19に示したように，このケースでは，遺言の方式につき厳格にベルギー法のみ（！）を指定していた，当時のイングランド国際私法が前提となる。ところが，同一の遺言（本体と6つの遺言補足書〔codicils〕から成る）の検認につき，図19の如く，〔Ⅰ〕の部分についてはベルギー法がそのまま適用され，〔Ⅱ〕の部分についてのみ，（狭義の）反致が認められた。その際に，前出・注531-f）につづく本文で引用した「説明」が加えられたのである。明

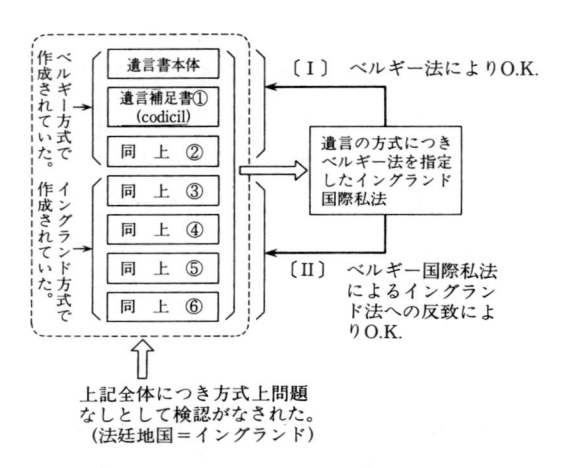

```
┌─────────────────────────────┐
│ベ    ┌─────────┐            │   〔Ⅰ〕 ベルギー法によりO.K.
│ル作  │ 遺言書本体 │            │  ┌──────────────┐
│ギ成  ├─────────┤            │  │              │
│ーさ  │ 遺言補足書① │            │  │ 遺言の方式につき │
│方れ  │ (codicil) │  ──→   │ ベルギー法を指定 │
│式て  ├─────────┤            │  │ したイングランド │
│でい  │  同 上 ② │            │  │ 国際私法       │
│  た  ├─────────┤            │  └──────────────┘
│  。  │         │            │
│イ作  │  同 上 ③ │            │
│ン成  ├─────────┤            │
│グさ  │  同 上 ④ │            │   〔Ⅱ〕 ベルギー国際私法
│ラれ  ├─────────┤            │       によるイングラン
│ンて  │  同 上 ⑤ │            │       ド法への反致によ
│ド い ├─────────┤            │       りO.K.
│方た  │  同 上 ⑥ │            │
│式。  └─────────┘            │
│で                            │
└─────────────────────────────┘
            ↑
   上記全体につき方式上問題
   なしとして検認がなされた。
   (法廷地国＝イングランド)
```

図19 Collier v. Rivaz(1841)における目的と手段との乖離

らかにその「説明」は，この事案の処理の実態とは，乖離しているのである。要するに，その「説明」は，厳格に遺言者のドミサイルの法としてのベルギー法を指定する（遺言の方式に関する）イングランド国際私法の硬直性（そこでは，locus regit actum の原則も，妥当していなかった）の中で，何とか当該遺言を方式上有効にしようという欲求のあらわれであった。世界のすべての反致判例の原点たるこの判例において，かかる「目的と手段（法律構成）との乖離」の生じていたことが，重要なのである。

なお，上記のケースでは，ベルギーの裁判官のなすがままに，と言いつつ，実際にはベルギーの一般の牴触規則によったのみだが（前記の図18の，〔Ⅲ〕図の〔2〕である），その後のイギリス（イングランド）では，当該外国の反致のルールをも見るという，いわゆる二重反致論が，同じく Collier v. Rivaz の，前記引用（英文）のテーゼを徹底する形で展開することになる。だが，イギリス国際私法上は，かかるテーゼがすべての事項につきあてはまる，といったドイツでの議論とは異なり，常に事項的限定を伴ってかなり恣意的に，判例上用いられてきた。

かかる不十分な状況に対し，当初よりイギリス国際私法上の反致の主な適

用例とされてきた遺言の方式の場合に着目し、反致論の止揚を目指した動きがあった。それが、日本も（どこまでここで論じている問題を意識していたかは非常に疑問ながら）批准した1961年の「遺言の方式の準拠法に関するハーグ国際私法条約」だったのである。即ち、この条約は、まさに「反致論の止揚」を目指したイギリスの提案にかかるものであった。イギリス国際私法のこの点での硬直性を一挙に打破し、図19に示したCollier v. Rivazの実際の処理をさらに数歩進め、遺言の方式の準拠法に関する法律2条の広汎な「選択（択一）的連結」の手法が、そこで採用されたのである[531-g]。即ち、いわゆる「遺言保護（favor testamenti）」の思想である。

前記のCollier v. Rivazに関する図19にしても、当該遺言が方式上有効となる限りでのみ、前記のテーゼと共に反致が肯定されている。このような「反致の選択的使用（selective use of renvoi）」は、実は、アメリカ牴触法革命の諸学説において、かえって重視されてきている。つまり、関係諸法域の法政策を、既述の利益分析的手法により検討する際に、当該法域の牴触規則をも勘案する、という脈絡においてである[532]。

このように英米でみられる、反致の目的を直視した営為を、私は「ドイツ型反致観」（それは、最初から反致という法律構成〔論理構成〕とその目的とが乖離していた中で、前者をひたすら追求しつつ随所で妥協するものであった）と対比させて、「英米型反致観」と呼んでいるのである。

だが、いかなる意味においても、反致が不完全な法律構成であることは、ドイツ・イギリス双方についてこれまで示してきた通りである。そして、ドイツ型反致観においても、後述のいわゆる「隠れた反致論」や、1986年のEGBGB改正に即して既に示した諸点からして、もはやすべてを外国国際私法に委ねるという「理念[533]」は崩れ去っている。一見、この2つの対立する反致観は対立するもののようでありながら、実態においては種々の歩み寄りが見られるのである。そのことを、私のいわゆる「助手論文」の学会報告でもかつて使用した、ある種の配線図により、以下にあらかじめ示しておこう。図20である。

この図20には，本書でこれまで述べてきた諸点がすべてインプットされている。そして，この図の出発点は，図中に☆マークを付した，「サヴィニーの（法律関係の）本拠説」（最も密接な関係の原則と言ってもよい。ただし，厳密には，詰めるべき点が種々ある。前出・注155-aを見よ）にある。これもじっくりと御覧頂きたいが，反致論の出発点は，図の下から3分の1ぐらいの中央にある「国際私法上の反致における目的と手段とのギャップ（Collier v. Rivaz 以来！）」の部分にある。前記の図19と対比して頂きたい。とくに注意すべきは，1841年の Collier v. Rivaz の当時，法廷地国の準拠法選択規則の硬直性を例外的に打破しようとしても，そのための法律構成として適当なもの（そして"言葉"）が何らなかった，ということである。準拠法選択上の「一般条項」の登場が，既に論じ，また図20の中にも示したように，ようやく1970年代に至ってからなのだということを，ここで想起する必要がある。オーストリアのいわゆるシュヴィント草案において，いわばコロンブスの卵的に，「最も密接な関係の原則」それ自体をかかる一般条項として定立するまでは，適切な法律構成がなく，そこで図19に示したような無理な法律構成，即ち，外国国際私法を選択的（selective）に使用しつつ，自国国際私法の目的のよりよき実現をはかる，ということがなされざるを得なかった。それが反致という「法律構成」の原点だったと見るべきである。

そして，わが法例旧29条（新32条本文，そして通則法41条本文にそのまま受け継がれているそれ）の起草者たる穂積陳重博士も，本国法主義の多用により徒に外国法の適用される場合が増えるということに懸念を抱き，旧29条を定立したのである。即ち，最も密接な関係の原則の当時の発展段階からして，国籍連結をベストとしつつ，そのゆき過ぎ防止（硬直緩和）をはかるべく，同条をあえて定立したのである[534]。

そこから出発するわが法例（そして通則法）の反致条項の解釈論は，図20の最下段に示したところである。我々は，国際私法上の反致の「不完全な一般条項」的性格と，前記図18の〔Ⅱ〕〔Ⅳ〕図で示した論理的破綻を直視し，もはや準拠外国法の国際私法規定の中身を見て法廷地での最終的な準拠法の

3.2 国際私法上の反致

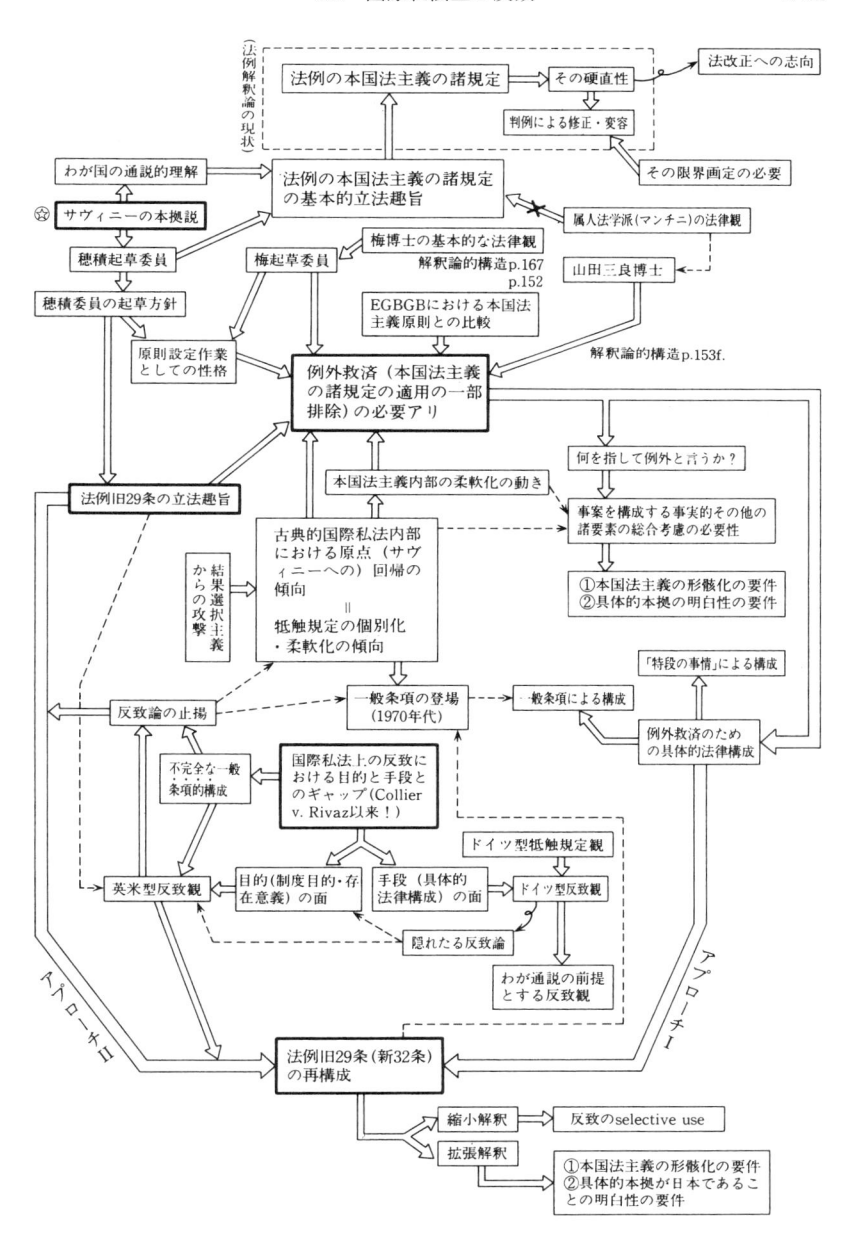

図20 準拠法選択の妥当性と国際私法上の反致

決定を左右させる，という問題ある構成を，端的に止揚すべきである，というのがその骨子となる[535]。

即ち，最も密接な関係の原則への現段階での評価からして，前記図18の〔Ⅰ〕図のシチュエイションにおいて，A国の方が法廷地国（F国）から見て，やはり当該生活事実関係の現実的本拠と言える場合には，反致条項の「縮小解釈」を行ない，法廷地法への反致を成立させない。他方，本国法主義の規定でA国法が指定されても，図20最下段の①，②の2つの要件がともに満たされる場合（"擬似渉外事件性"の顕著である場合）には，前記の如き反致条項の立法趣旨を生かしつつ，A国国際私法の規定にかかわらず，日本法を準拠法とする（反致条項の「拡張解釈」）。この後者の解釈は，要するに準拠法選択上の一般条項と同じだが，前記の立法趣旨に鑑み，その機能の一部を，反致条項に担わせる形となる。

■ いわゆる「隠れた反致」論[536]をめぐって ───────────

ところで，ドイツや日本で反致を認めた判例のうち，かなりの部分は，いわゆる「隠れた反致」論によるものである（一例として，東京家審昭和44年8月19日家月22巻4号76頁を見よ[536-a]）。それが，すべてを法廷地国際私法の指定する外国の国際私法に委ねるというドイツ型反致観の自己崩壊を示し，英米型反致観への実質的接近をも意味する，というニュアンスは，前記図20の下の方に示しておいた。

「隠れた反致（versteckte Rückverweisung; hidden renvoi）」は，英米の牴触規則との関係で主として問題となる。即ち，英米では，家族法上の問題につき，離婚・養子縁組等の広汎な事項に関して，自国（自州）の管轄（jurisdiction）の所在のみが問題であって，それが肯定されれば当然自国（自州）法が適用される，という立場が，伝統的にとられてきている[537]。そのような英米の牴触規則をドイツや日本の側からどう評価するかが問題となる。

それらの地においては，自国（自州）法が適用される場合のみが定められているのだから，これは一方的牴触規則[538]だ，ということがまず言われる。

3.2 国際私法上の反致

そして，1986年のドイツ民法施行法（EGBGB）改正前の同法において，かかる一方的牴触規定のいわゆる双方化[539]（「これこれの場合夫の国籍がドイツであればドイツ法による」との規定を双方化すれば「これこれの場合には夫の本国法による」といった規定になる）がなされていたのと同様に，かかる英米の法が双方化され得る，とされる。その際，英米の前記の如きルールにおいて，ジュリスディクション決定の基準が当事者の住所（ドミサイル）によるとされているならば，結局，そのような牴触規定（牴触規則と言うも同じ）は，双方化により，住所地法主義をとるものだ，と解される。そして，かかる英米の（当該事項の準拠法として指定された国の）側から見て，そこで言う住所が法廷地国内にあるならば，反致（狭義の反致）が成立する。——以上が，「隠れた反致」論の骨子である。

だが，既述の如く，当該外国国際私法の指定に従って準拠法を決めるというのが国際私法上の反致（ドイツ型反致観におけるそれ——わが通説の基本もそれに従う）への従来の理解だったはずである。そして，その意味での「判決の国際的調和」だったはずである[540]。ならば，当該外国（州）において，実際にドイツ（や日本）の法，即ち法廷地法が適用されるというのでなければ，反致は成立しないことになる。前記の如き英米の牴触規則の特殊性を無視して，法廷地国の側が，いわば勝手に相手国の牴触規定の双方化をしてしまって無理矢理反致させる，というのが隠れた反致論の"実態"なのである。

日本では，ドイツで展開された「隠れた反致」論を導入し，そのあとで日本の学界（学会？）にもそれなりに影響を与えたアメリカのエーレンツヴァイクの批判を受けて，この考え方が否定される，等のいささか主体性を欠く揺らぎがあった[541]。エーレンツヴァイクは，ドイツの隠れた反致論は，「窮極において，おそらくは，現在理解され適用されているドイツの牴触規定に関する不満によるものである」としているが[542]，これは当を得た指摘である。

第2次大戦後のドイツでは，（日本での状況と同様）軍属等の資格で自国を訪れたアメリカ人と，ドイツ在住の者との親族・相続関係の問題が多発した。硬直的な本国法主義規定の下で生ずる不都合を回避すべくこの理論に頼った，

という側面が，やはりあるのである。そして，ドイツでは，「隠れた反致」という，表現上も不適切な構成（隠されているのは反致ではなく，外国の準拠法選択規定のはずである）を捨て，様々な新たな模索が始められていた。そこでのドイツ学説の混乱[543]は，ここに限ったことではないが，理念型としてとらえたドイツ型反致観の"墓場"が，実際上の反致判例の主軸をなす（日本でも同じ[544]）隠れた反致絡みのものだったことは，実に皮肉なことである。

■ 平成元年法例改正後の状況と反致[545]

　ドイツ国際私法（民法施行法）の 1986 年改正が，「指定の意義」に反しない限りでのみ反致（転致を含む）を認めるとし，当事者自治が認められる場合にも反致を否定した[546]のに対し，平成元年法例改正では，新 32 条の反致条項に，既述[547]の如き但書が付加された（通則法 41 条但書に対応）。そこで列挙された諸規定は，いずれも共通本国法の規定であり，これらの場合には準拠法を「厳選・精選」しているから反致を否定した，とされる[548]。私見における反致の「縮小解釈」（その selective use）と似た発想ではあるが，「厳選・精選」と言えるかは，既にして疑問である。ともかく，改正後の（そして通則法に受け継がれた）反致条項の射程は，従来の反致判例の 1 つの中核をなしていた離婚の場合を除外することを含め，限定されることになった。ただし，相続や養子縁組，等の同じく反致判例の中核をなす事項については，旧態依然たるドイツ型反致観に立って徒労に近い無目的的作業をつづけるべきか否かの判断が，実務家サイドに強く求められることに，かわりはない。また，婚姻等，法例新 32 条但書（通則法 41 条但書）の及ぶ領域においては，それだけ準拠法選択上の一般条項の機能が"増す"ことにもなる（常居所地の決定——この但書に言う上記諸規定の第 2 段階連結——を目的論的に操作することは，前出・注 195）の法務省見解にかかわらず，もとよりなし得るし，別途なすべきではある）。

　他方，平成元年改正で新たにもたらされた法例新 15 条 1 項但書（通則法

26条2項）の限定的当事者自治や，既述の選択（択一）的連結の諸規定[549]
との関係では，例えば反致させると法的親子関係の成立が否定される場合，
等について，反致を否定すべきではないか，といった多分に（「指定の意義」
との関係を問題とする）ドイツでの議論[550]に影響されたとも思われる展開が
予測される[551]。議論が多様化するのはよいが，国際私法上の反致のそもそ
もの出発点を直視しない議論は，所詮（実務家にとってははなはだ迷惑な）砂
上の楼閣でしかないように，私には思われる。

3.3　先　決　問　題

■ 先決問題とは何か？

　「先決問題（Vorfrage; preliminary question; incidental question）」論[552]とは
何かを考える上でも，まず図を示しておくのが有益であろう。図21 である。

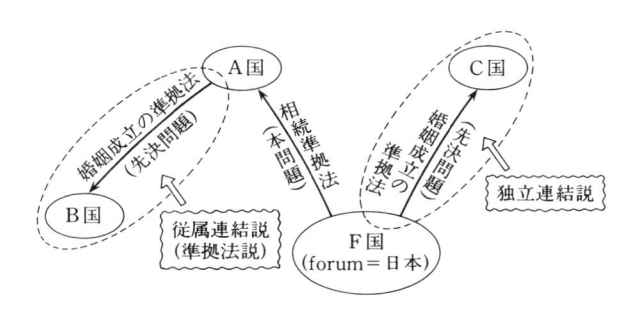

図21　「先決問題」論の基本構造

　ただし，ここでも，図示された状況を頭から前提してかかることは，問題
である。なぜ，図のように二つの準拠法（実体問題のそれ）によって「準拠
法選択上の事案の分断」をするのか。そこに国際私法上の種々の利益衡量を
介在させねばならない，ということが，本書においてこれまで強調してきた
ことであった。そして，この点は，まさに先決問題（前提問題）の準拠法に

関する最判平成12年1月27日民集54巻1号1頁によって"増幅"されてしまった，後述の問題に直結する。「法律関係」に着目した，無目的的でカテゴリカルな「準拠法選択上の事案の分析」は，（本書2.3の注164）の本文で示した）アメリカの革命的方法論における issue approach と同様の，あるいは場合によってそれ以上の問題を生じさせる。

また，図21において，実際にB国・C国が別々の国とならない限り，図中のいずれの立場をとるか（ただし，議論の途中から出発するそうした考え方にこそ問題があることも後述）で，実益はない。そうした場合は，実際上はそう多くはない，ということも一応念頭におく必要がある。

さて，図21について，若干用語を整理しておく。「先決問題（前提問題）」に対立する概念は「本問題（主要問題——Hauptfrage; main question）」である。要するに，ある事項（Hauptfrage）につき準拠法選択をし，その前提として別な事項につき準拠法選択をするとした際，後者を「先決問題」とし，その後者の準拠法選択を，通常通り法廷地国際私法によって行なうか（「独立連結説」），それとも，本（主要）問題（Hauptfrage）の準拠法所属国（図21ではA国）の国際私法に委ねるか（従属連結説ないし準拠法説）が，「先決問題」論の基本とされている。

図21でA国国際私法の指定に従って，F国（法廷地国）においてB国法を先決問題の準拠法とするのが，後者の立場である。本問題（主要問題）の準拠法所属国国際私法に先決問題の準拠法決定を委ねるので「準拠法説」と言い，別な言い方として，本問題の準拠法決定に先決問題のそれを従属させるので，「従属連結説」と言うのである。この立場と，図21で法例新13条（通則法24条）により通常通り先決問題の準拠法を決める立場（独立連結説）とのいずれによるかが問題となる——といった問題の立て方[553]は，然しながらあまりにも受け身的であり，正しくない。なぜこうした問題設定がなされるのかという，"そもそものはじめ"を，やはり問わねばならない。

実は，「先決問題」論という問題枠組は，1930年代のドイツの学説によって設定されたものである[554]。そして，そこでは，既述のドイツ型反致観に

3.3 先決問題

おける「判決の国際的調和」の理念との関係が、強く意識されていた[555]。

即ち本（主要）問題の準拠法決定につき、図21のA国法にすべてを委ねるドイツ型反致観からは、そうであるならば、本問題の準拠法決定に付随して、その前提（先決）問題として登場したにとどまる事項についても、A国法にすべてを委ねるべきではないか、ということが容易に導かれ易い。まさに国際私法上の指定（Verweisung）のあり方自体の問題として、かかる点が説かれ、それによって「先決問題」論なる問題枠組が、新たに設定された。それが1930年代のドイツだった、ということになる。

そうなると、既述のドイツ型反致観の理論的破綻、そこにおける判決の国際的調和の問題性[556]、といった点が、大いに気になることになる。そして、それは「先決問題」論という問題枠組自体に対する疑問にもつながる問題でもある。ここでも、若干の図を示して、図21の背後にひそむ種々の問題のイメージを、明確にしておくこととしよう。図22である。

図22の〔Ⅰ〕図には、ドイツ牴触法学とそれなりに格闘してきた、私なりの営為の結果得られた理念型としての定式を示した。そこから「先決問題」論の問題枠組自体が生まれた、というのが私の理解だからである。次に、図22の〔Ⅱ〕図では、〔Ⅱ-a〕・〔Ⅱ-b〕の2つの場合について、反致・転致と類似の事態が従属連結（準拠法）説からは生じ得るのに、そこまで詰めて論じずに、前記図21のいずれの立場をとるかという、まるでレストランでのメニュー（定食？）選択の如きわが通説の受け身的対応への、年来の不満をこめて、若干の点を示しておいた。

ところで、日本での議論の仕方における不十分さは、上記の図の〔Ⅱ-a〕・〔Ⅱ-b〕よりも分かり易い点として、次のような形でも示され得る。わが通説においては、まさに前記図21に示したような、相続が本問題、婚姻や親子関係の成立が先決問題、といった単純な設例ばかりが念頭に置かれる。だが、ドイツでは、仮に相続を本問題（Hauptfrage）としても、相続の前提として、子の嫡出性が第1段階での先決問題（Vorfrage 1. Grades）として争われ、さらにその前提として（相続資格等が問題とされる子の）親の婚姻の成

〔I〕 ドイツ型牴触規定観（理念型としてのそれ）からの帰結[557]

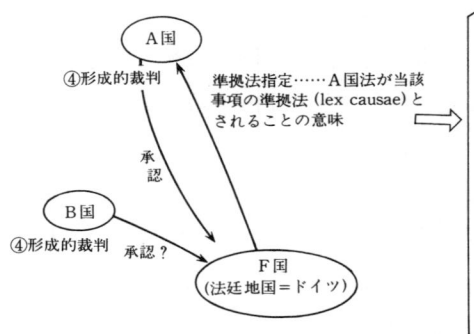

準拠法指定……A国法が当該事項の準拠法 (lex causae) とされることの意味

A国 ④形成的裁判
B国 ④形成的裁判 承認？
F国（法廷地国＝ドイツ）
承認

① A国法のなすがままに準拠法を決める（ドイツ型反致観）。
② 先決問題論における準拠法説（従属連結説）の採用。
③ 当該事項につきA国は当然国際管轄を有し、F国の国際管轄はA国の同意の下においてのみ認められる（これを「管轄の反致」と言う）。
④ A国でなされた形成的裁判（権利形成的国家行為）のF国での承認は、国際私法上の公序の介在する場合は別として、準拠法の論理からして、当然なされる。B国の裁判のF国（ドイツ）での承認も、上記の意味でA国法の立場にすべて委ねられ、A国が承認するならF国もそれにあわせ、A国が不承認ならば、F国もそれにあわせる。

〔II〕 F国・A国が共に従属連結説をとる場合に生じ得る反致・転致と類似の事態[558]

〔II-a〕 本問題が相続、先決問題が婚姻成立（後者は準拠法が単一であったと仮定）の場合の指定の連鎖

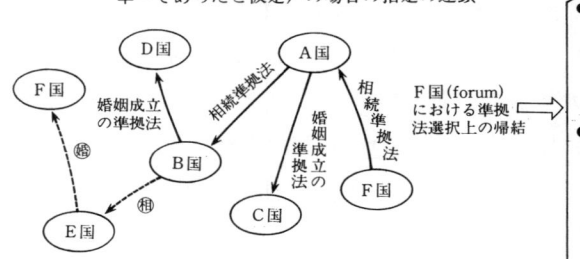

F国（forum）における準拠法選択上の帰結

● 「本問題準拠法＝A国法」となるかは、〔I〕①からはそもそも疑問だが、F国が転致を否定していたと仮定して、それをA国法とする（単純化のためである）。
● A国も（転致を否定しつつ）従属連結説をとっていると、先決問題の準拠法としてF国で適用されるのは、C国法ではなくD国法となるはず。さらに、同様の立場をB国もとっていたと仮定すると、どうなるか？

〔II-b〕 本問題が契約[559]、先決問題が相続の場合の指定の循環？

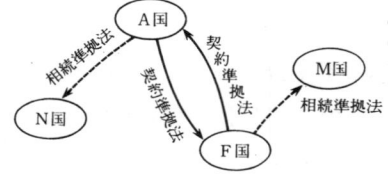

● F国における本問題の準拠法＝A国法と仮定する。
● F国における先決問題の準拠法は？……A国も従属連結説をとると、F国がA国にあわせようとしても、A国もF国にあわせようとする。A国が本問題の準拠法をF国法としていると、M国・N国いずれの法によるべきかが決まらない？

図22 従属連結説(準拠法説)からのあり得べき帰結とドイツ型牴触規定観

否が、第２段階での先決問題（Vorfrage 2. Grades）となる、とされる。

のみならず、この最後の点の前提として親の前婚解消が問題となれば、そ

れが第3段階での先決問題（Vorfrage 3. Grades）となる，といった点を，従属連結説（準拠法説）内部でどう処理すべきかが，議論されている[560]。「先決問題の先決問題[561]」，さらにその先決問題……，といった芋づる式の問題の発展の中で，法廷地国裁判官の抱えるたった1件の事案の準拠法選択は，一体どうなってゆくのか。

日本での議論は，極めて単純な設例の中で，図21のいずれの立場をとるかは事案に応じて対応をかえる，との折衷説ないし中間説をとろう，とするあたりで一連の問題につきお茶を濁していた観がある[562]。それでは十分ではないはずなのに（！）。

そもそも，「先決問題」論という問題枠組は，従属連結（準拠法）説をとらない限り，設定する必要がない。また，問題は，いわゆる本問題と先決問題（さらにその先決問題…… u. s. w.）とで，それぞれ準拠法を分けて選択すべきか否か（「準拠法選択上の事案の分断」）の点にある[563]。かかる「分断」をした上で，はじめて上記の点が問題となることに，十分注意する必要がある。

しかも，最もこの点につき詳細な議論が展開されてきているドイツの学説における混乱には，いまだに何ら決着がついていない[564]。そもそも，何を先決問題とするか自体に微妙な問題がある[565]。即ち，従属連結説を主張する者は，常に従属連結説をとった場合の，不都合を種々考慮し，部分問題（Teilfrage），本問題の一部（Teil der Hauptfrage）等の，論者によりまちまちな内実を有する諸概念を用いて，例外として独立連結すべき場合をそれぞれ示すが，そこに極度の混乱がある[566]。

こうした中で，先決問題論をめぐる理論状況は，平均的裁判官の手に余ること[567]をも挙げ，もはやこうした議論と訣別すべきだとする見方が，前出・注564）に示したように，その後は若干有力化しつつあるのである。

■ いわゆる従属連結説（準拠法説）と準拠法選択上の一般条項 ───

先決問題論という理論枠組の設定自体が，かくて相当に危ういものである

250   3　準拠法選択の技術的諸問題——国際私法総論

ことには，十分注意を要する。従って，場合ごとにいずれの説に従うかを決するとする折衷説（中間説）には，既述[568]の如く問題がある。

　ただし，この中間的な立場は，英米でも比較的強く主張されている[569]。だが，そこで従属連結説による処理の好例とされる1963年のSchwebel v. Unger[570]（カナダの事例である）にしても，いわゆる先決問題論の枠組とは別に，例外的事案の救済（eine Abweichung von der Regelanknüpfung）が，事情の諸事情に鑑みてなされたに過ぎない，とも言える[571]。若干複雑な事例ゆえ，図23でこのケースでの問題の骨子を示しておこう。

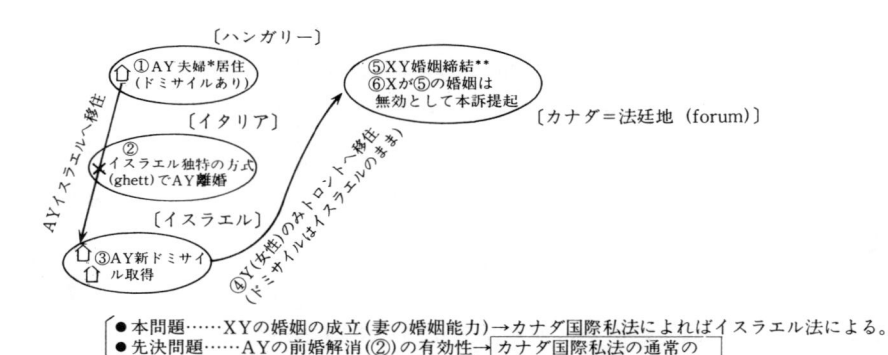

〔ハンガリー〕
①AY夫婦*居住（ドミサイルあり）
AYイスラエルへ移住

〔イタリア〕
②イスラエル独特の方式（ghett）でAY離婚

〔イスラエル〕
③AY新ドミサイル取得
④Y(女性)のみトロントへ移住（ドミサイルはイスラエルのまま）

〔カナダ＝法廷地（forum）〕
⑤XY婚姻締結**
⑥Xが⑤の婚姻は無効として本訴提起

● 本問題……XYの婚姻の成立(妻の婚姻能力)→カナダ国際私法によればイスラエル法による。
● 先決問題……AYの前婚解消(②)の有効性→｜カナダ国際私法の通常のルールによれば，ともかくも②の離婚は有効視（承認）されない。｜
● 判旨……Yのドミサイルのあるイスラエルの国際私法（牴触法）上，②の離婚が有効視されるので，⑤の婚姻は有効に成立している，とした（結果的に従属連結説をとった）。

〔注〕　*　AYはイスラエル人夫婦(①段階ではハンガリー人)
　　　**　Xはカナダ人男性(オンタリオ州在住)

図23　Schwebel v. Unger の事案（①～⑥は時間の流れを示す）

　ユダヤ人（③の段階でイスラエル国籍取得）夫婦がイスラエルへ集団移住する際に，イタリアでユダヤ（イスラエル）方式で離婚した，というこのケースにおいて，図23の②の離婚（裁判外のそれ）は，②の当時のAYの（本国法であり，法廷地国たるカナダから見ての）ドミサイル（住所）所在地国でも

3.3 先決問題

あるハンガリー法上は，何ら有効とされない。住所地法をベースとする英米の国際私法[572]上，かくて②の前婚解消は有効でなく，⑤の婚姻は重婚となってしまう。②の離婚はイタリアの難民キャンプで行なわれた，等の事情も別にあり，ある種の例外救済として，即ち，いわゆる先決問題論プロパーの理論的帰結としてではなく，本判決が（種々の混乱の末に）下された，との指摘はカナダ側からもなされている[573]。しかもそこでは，「先決問題 (incidental question)」は，単なる a litigation tool に過ぎず，直接には辿り着けぬ結論を間接に導くための manipulation の道具だ，ともされている。これは，従来の英米におけるこの問題への把握とも，一致する指摘である[574]。

こうした指摘は，国際私法上の反致のそもそものはじめ以来の「目的と手段とのギャップ[575]」にも相通ずるものを有している。前出・注554）につづく本文で示したような，従属連結説（準拠法説）とドイツ型反致観との，「判決の国際的調和」への独特かつ共通した理解を通した親近性は，かくて，「先決問題」論の実際（実態）における，準拠法選択上の一般条項との機能的類似性を，強く意識させるに至る。むしろ，それは，国際私法上の反致という「法律構成」と同様の，不完全な一般条項的存在として，認識すべきであろう。

ドイツ学説の混乱は，（反致の場合と同様）なおしばらくはつづくであろうが，事柄のリアリティを重視するならば，やはり上の如く言うべきである[576]。従属連結説の登場によって設定された「先決問題」論という狭い問題枠組の中では，通常の牴触規則から離れた準拠法選択をすべきか否かが，それなりに議論され得た。だが，そこで呈示されたオプションは，たかだか本問題の準拠法所属国の国際私法にすべてを委ねるか否か，にとどまる。あまりにも狭く，かつ，極度の混乱の中にある「先決問題」論を捨て，端的に「準拠法選択上の一般条項」にすべてを委ねるべきであろう[577]。

かくて，「先決問題」論という理論枠組の設定，即ち，従属連結（準拠法）説の登場以来の一連の議論を，準拠法選択上の一般条項の登場の，いわば前史としてそれなりに位置づけつつ，もはやその止揚（Aufhebung）をなすべ

きだ，とするのが私見の骨子なのである。

■ 先決問題の準拠法とわが最高裁判決

　以上の理論的分析に対して，最判平成12年1月27日民集54巻1号1頁は，「渉外的な法律関係について，ある一つの法律問題（本問題）を解決するためにまず決めなければならない不可欠の前提問題があり，その前提問題が国際私法上本問題とは別個の法律関係を構成している場合，その前提問題は，本問題の準拠法によるのでも，本問題の準拠法が所属する国の国際私法が指定する準拠法によるのでもなく，法廷地であるわが国の国際私法により定まる準拠法によって解決すべきである」とした。先決問題（前提問題）の準拠法につき，「独立連結説」を宣言したことになる。

　事案は，相続準拠法（韓国法）との関係で，「親子関係が成立しているかどうかについての準拠法」が，「前提問題」（先決問題）として問われたものである。判旨のかかる立場は，以上の論述からは，それはそれでよいではないか，とも思われ得る。

　だが，注意すべきは，判旨が，「本問題の準拠法」による"一括規律"をも否定していることである。本書3.1の「具体的な性質決定のなされ方：その4——『準拠法選択上の事案の分断』の回避と『内部関係・外部関係』論」で論じた点を想起されたい。

　そこで論じた最判平成6年3月8日民集48巻3号835頁は，遺産分割前の，共同相続人全員の同意なき持分処分は相続準拠法たる中華民国法上「できない」が，「持分の処分」に「権利移転」の「効果が生ずるかどうか」は，物権準拠法たる「日本法によって判断される」問題だとして，相続人側の請求を，原判決を支持して斥けた。この点は，本件では「前提となる［！］相続人の処分権の有無も含めて全体が物権問題に該当する」とする原判決（東京高判平成2年6月28日金融法務事情1274号32頁）の方が明快だが，最判平成6年の論理に対しても，「一旦認めた相続準拠法の適用は排除され，代わりに所在地法が適用されたのと実質的には異ならない」との，正当な指摘が

なされていた[577-a]。

　そもそも,「先決問題」論一般におけると同様（既述），最判平成12年1月27日における「不可欠の前提問題」とのとらえ方が曖昧なのが問題なのだが，ともかく，この判旨が，前記の，単一の準拠法による"一括規律"の可能性を，カテゴリカルに否定しているかに思われる点が，問題である。そして，この最判平成12年は，その「前提問題」について，「まず嫡出親子関係の成立の準拠法」を見て，「そこで嫡出親子関係が否定された場合」には，「嫡出以外の親子関係の成立の準拠法を別途見出し，その準拠法を適用して親子関係の成立を判断すべきである」，とした。

　法例（通則法に受け継がれたそれ）の規定がそうなっているから，これはごく自然なことではないか，と受け取られるのが普通かもしれない。だが，そこに，（最判平成12年の事案では，たかだか日本法と韓国法しか適用され得ない状況ではあったにせよ）「準拠法選択上の事案の分断」に対する危惧の念は，何ら見出せない。

　前掲最判平成6年の原判決の示した妥当な処理方法を否定する意味合いを有するのが，この最判平成12年である。私には，そのこと自体が，大問題であるように思われる[577-b]。

　本書3.3の本文冒頭に示した点に，ここで，回帰すべきである。

3.4　適応（調整）問題

■ 適応（調整）問題とは何か？ ────────────

　「適応（調整）問題（Angleichung; Anpassung）」もまた，先決問題（論）や国際私法上の性質決定と共に，「準拠法選択上の事案の分断」の問題と，深くかかわる。このことは，既に若干示したところである[578]。単一の事項につき，かかる分断をなしてしまうことによる，複数準拠法の接合のさせ方，とりわけその接合面での不整合[579]が，この点と関係する。本書2.1の注101)の本文に英語で示したウォルフの指摘とその前後の説明を，まずは思

い返していただきたい。

さて, 講学上の適応 (調整) 問題は, 前出・注491) につづく本文で示した図17の〔Ⅱ〕図, 即ち, フランケンシュタインにおける債権準拠法と物権準拠法との接合のさせ方や, 前出・注500) の本文で示した養子の相続権に関する養子縁組・相続の各準拠法の接合上の問題と, 厳密に区分して論じなければならない[580]。それらは,「選択された準拠法への具体的な送致範囲[581]」を, 法廷地国際私法の側から自覚的, かつ, 明確に設定することによって, 既にして回避し得る問題である。

「複数準拠法によるモザイク的規律」を宿命とする国際私法の基本[582]を常に意識しつつ, 上記の諸点につき法廷地国際私法の側からの然るべきコントロールを行なった上で, それでも生ずる真に忍び難い問題が, ここで言う「適応 (調整) 問題」だということになる。即ちそれは, 積極・消極両面での規範相互の牴触 (Normenwiderspruch)[583]が真に忍び難い形で実際に顕在した場合に, それをどう処理すべきかの問題である。本書2.1で示した点との関係で言えば, それは準拠法の具体的適用のプロセス (「準拠法適用段階」) で顕在化することになる。そして,「準拠法のモザイク」から半ば必然的に生ずる通常の (ある程度の) 不整合の処理とは区別してこれを取扱う必要がある。

と言うのは, ひとたび講学上の「適応 (調整) 問題」とされるや, 極めて大胆な (アメリカの牴触法革命の諸学説以上, とも言える!) 処理をなし得る旨の主張が, 従来より, 不用意になされて来たからである。即ち,「適応 (調整) 問題」だとされることの具体的な効果としては,「実質法的調整」と「牴触法的調整」とがある, とされる。後者は, 実質法レヴェルでの矛盾・牴触判明後における (つまり事後的な) 性質決定の手直しをし, 一方の準拠法への具体的送致範囲を拡大して, 当該問題の全体を単一の準拠法によってカヴァーする手法である。私はこの手法を極力優先させて考えている[584]。だが, 問題は実質法的調整の方にある。

実質法的調整の問題性を最も端的に示すのは, ケーゲルの所説である。或

る請求権につき消滅時効を認めない外国法（具体的にはスイス法）の適用が国際私法上の公序によって排除された場合に，適応（調整）問題が生ずる，とされる。かかる場合を適応（調整）問題とすべきでないことは後述する。その点はここでは措く。

ケーゲルはこの場合の処理につき，次の如く説く。即ち，「ドイツ国際私法上の実質法規範（Sachnorm im deutschen IPR）」を特別にこの場合につき創設すべきだ，とするのであり，具体的には，「例えば，当該外国法上の，消滅時効自体を否定する規範にかえ，我々の感覚として受忍し得る最長の消滅時効期間（例えば50年）を設定する」とするのである[585]。かかる処理の恣意性（Willkür）に，まずもって注目すべきなのである。

実は，実質法的調整の名の下になされる作業は，個々の解釈者の，裸の実質法上の価値判断を表に出し，かつ，いずれの準拠実質法によった方がベターかをダイレクトに問題とする点で，「暗闇への跳躍」を基本とする伝統的国際私法の方法論の基本と，鋭い緊張関係に立つものなのである。しかも，ケーゲルの上記の如き所説においては，いずれの国の実質法規定からの拘束をも脱した形での，個別的な実質法規範の創設までが意図されている。こうした処理を可能とし得るのが，当該問題を「適応（調整）問題」だと言うことの効果，なのである。それが故に，私は，「適応（調整）問題」の概念決定を極めて厳格に行なうべきだと，従来より強く主張しているのである。

そして，その際，従来示されていたところの，実質法的・牴触法的いずれの調整方法を用いるかは個別事案における利益衡量による[586]，といった曖昧な押さえ方では，危険極まりない，とも強く感ずる。裁判官にフリー・ハンドを与えることに近い結果をももたらす実質法的調整は，極力排除せねばならない（なお，この点で，シューリッヒの改訂を経たケーゲルの体系書において，「適応（調整）問題」や国際私法上の公序適用後の問題処理における，前記の「［ドイツ］国際私法上の実質法規範」の概念自体が不要だ［Der Begriff der „Sachnorm im IPR" erscheint …… entbehrlich.］とされるに至っていることが，注目される。正当である[586-a]）。

以上を踏まえた上で，典型的な，そして，「真の適応（調整）問題[587]」の例を，ここで示しておく必要がある（表見的な「適応（調整）問題」としてこれと区別すべきものは，後述する）。いろいろ考えた末に，最も適切と思われる例は，やはり人の氏に関する場合だろう，と私は考えている。

わが国際私法上，婚姻に伴う「夫婦の氏」の問題を，婚姻の一般的効力（法例新〔旧〕14条——通則法25条に対応）の問題とするか，個々人の人格権の問題として，当該の者の属人法（本国法）によらしめるかで，争いがあった。前説をとる江川英文教授と後説をとる久保岩太郎教授との論争の中に，適応（調整）問題の1つの例が浮かび上がって来る。前説の側から後説（人格権説）に対する批判として，次のようなことが言われる。即ち，夫の本国法は夫婦の氏は同一であることに固執し，妻の本国法は夫婦別氏を認めている場合，（夫は夫，妻は妻の従前の氏にこだわったら）どうなるのか，との点である。そして，人格権説では解決できぬ場合があるから，前説をとるべきだ，とされるのである[588]。

適応（調整）問題が生ずるから人格権説をとれない，とは直ちには言えないが[589]，ともかく，人格権説をとったと"仮定"して上記の問題をいかに処理し得るかを，考える必要がある。もとより，こうした事態が極力生じないようにするためにも，いわば事前に，準拠法選択上の一般条項等を駆使して，当該生活事実関係の現実的な本拠ないし重点（center of gravity）をなす単一の社会の法を，（人格権説をとったとしても）常に柔軟に探求してゆくべきなのだが，それはここでは措く。

上記の場合，妻の本国法による，妻の従前の氏の選択に，とくに問題はない。問題は，夫の本国法との関係にある。婚姻自体は別途法例新〔旧〕13条（通則法24条）の定める準拠法で成立していたとすると，確かにこのままでは夫の氏を確定できない状況になる。夫の本国法が，夫・妻いずれの従前の氏でもよいからともかく共通の氏にせよ，と強く求めている場合，まずもって夫の本国法の解釈でどこまでゆけるかが問題となる。そして，妻の氏が別途妻の本国法上確定している状況下では，夫の氏にもはや選択の余地は

なく，いわば妻に夫が引きずられて妻の氏を称するほかなくなるという，それ自体どことなく釈然としない解釈が，夫の本国法につき真に可能であれば[590]，それで一応決着はつく。従って，適応（調整）問題は顕在化しないで済む。

夫の本国法上，かかる解釈をなし得ない，となった場合が問題である。この場合に実質法的調整をすることの問題性[591]は，既に示した。牴触法的調整の名の下に，性質決定の手直しをし，夫婦の氏をまとめて単一の準拠法によらしめることが，まずもって考えられるべきである。人格権的構成をとる前提で考えれば，その段階で，夫・妻いずれの本国法がこの２人の当該生活事実関係と一層密接かを判断し，それによることになる。もっとも，その結果，夫の本国法によることになったが，依然として夫は夫，妻は妻の従前の氏にこだわっていたとする。既述の如く，婚姻自体は別途既に成立していたと仮定してある（方式は婚姻挙行地法上の方式〔法例新13条2項，旧13条1項但書──通則法24条2・3項〕を満たしていたとせよ。つまり，挙行地法上は届出書類における夫婦の氏の記載を気にせず，これを方式上有効としていたと仮定せよ）。わが民法上は，こうしたことは届出受理の段階で処理され得るが，そうした手が使えない。さて，どうするか。

だが，上記の最後の問題は，夫婦の氏を婚姻の一般的効力の準拠法，即ち単一の準拠法によらしめたとしても生じ得る。そこで夫婦共通の氏の選択が求められていた場合である。こうした場合の問題は，いずれにしても準拠法が単一の場合であるから，国際私法上の「適応（調整）問題」とは区別して考えねばならない。むしろ準拠実質法の解釈により，然るべき解が導き出されねばならない[592]。

ところで，夫婦に子供が生まれた場合の「子の氏」の問題も，厄介である。この点は親子関係の準拠法（法例新21条，旧20条──通則法32条）による，とするのがやはり多数説[593]だが，人格権的構成も別になされ得る。

いずれにしても，夫婦の氏の準拠法と子の氏の準拠法とが別々の国の法だったとする。前者により夫婦はそれぞれ別の氏を称していたが，後者の準拠

法は，夫婦（父母）の氏が共通であることを前提とし，子は夫婦の（共通の）氏を称する，とされていたら，どうなるのか[594]。この場合には，子の氏の決定の「先決問題」として両親の氏が問題とされ，両準拠法間の矛盾・牴触が顕在化した形になる[595]。子の氏の準拠法（実質法）の解釈で乗り切れなければ，上記と同様の"性質決定の手直し"による牴触法的調整が，やはりなされねばならない。ただし，この場合にはあくまで子の氏の決定のために，親の側の氏の準拠法（人格権説によればそれが2つに分かれ得る）と，子の氏の準拠法とのいずれへの「具体的送致範囲」の拡大をするべきかが問われるにとどまる。親の氏それ自体については，従前通りの取扱がなされることに，注意すべきである。

■ 表見的な適応（調整）問題

さて，「真の適応（調整）問題」の例として，以上の論述においては人の氏の場合を挙げたが，そこでも，当該準拠外国法の解釈でどこまでゆけるかが，「真の適応（調整）問題」の発生を認識する上で，前提となっていた。この点に注意する必要がある。

と言うのも，何を（真の）「適応（調整）問題」とするかの点の詰めが，従来必ずしも十分ではなかった（!!）からである。現状においてむしろ重要なのは，こうした「表見的な適応（調整）問題」を，真のそれと区別し，それぞれについて，然るべき伝統的な国際私法の方法論に即した「解」を呈示すること，そしてそれにより無用の混乱を防止することの方である，と考える[596]。

まず，"扶養と認知"との関係での問題が，「適応（調整）問題」の例とされることがある[597]。かなりややこしいので，モデル化して論点を示す。

扶養の準拠法をA国法，認知の準拠法をB国法とする[598]。もとよりA国法とB国法とは異なる。子が血統上の親たる父に扶養請求をしたとせよ。そして，扶養準拠法たるA国法は，扶養請求は認めるが，その前提として認知が必要とする立場であり，他方，B国法上は認知の制度を欠くが，血統

3.4 適応（調整）問題

上の父に対しては何らの法的親子関係確定手続等を踏むことなく扶養請求をなし得る，との立場だったとする。この場合，A国法・B国法ともに，結論としては当該扶養請求を認める立場なのに，扶養と認知とを分けて準拠法選択をする結果，「適応（調整）問題」が生ずるのだ，とされる。

だが，各国実質法上，嫡出子・非嫡出子の区別をするのが必ずしも一般とは言えず，かつ，非嫡出親子関係の成立については，同じく認知主義と血統主義との対立があるのに，国際私法上の概念として不用意に「認知」なる言葉を用いることから，種々の混乱が生ずる（！）のである[599]。

A国法によるべき扶養請求の前提としてB国法に送致される問題を，牴触法上，「認知」の成否と認識すべきかが，そもそも問題なのである。A国実質法上「認知」と翻訳され，かつ法的にもそう解される制度をクリアーすることが，同国法上この場合に要求されていたとしても，その前提となる点（いわゆる「先決問題」）を牴触法上「分断」して，別途準拠法選択する過程では（その当否は，今は問わない），「認知」という言葉にこめられた"実質法的な臭い（！）"を極力消して，各国実質法の拘束を脱した，ニュートラルな形での送致をせねばならない。

例えば，この設例におけるとは異なり，そこで選択されたB国法上，やはり『認知』なる言葉が用いられていたと仮定しても，その要件・効果は，A国法上のそれとピタリ一致することは無い，というのが通常であろう。そうであっても，両準拠法を然るべく接合し，B国法上の『認知』がなされたことをもって，A国法上扶養請求の前提とされる「認知」はあった，として扱うのが，通常の国際私法的処理であろう。まさに，「複数準拠法によるモザイク的規律」の本質として，本書において既に論じたところである[600]。

ここで，前記の設例に戻って考えよう。A国法による扶養請求の前提としてB国法に送致される問題は，要するに，（法廷地国際私法上，認知という言葉が用いられるにせよ，それは牴触法上の概念なのであるから，特定国実質法からの拘束を脱した上で）「法的親子関係の成立」の有無だと，割り切って考えるべきである[601]。そしてB国法上，何ら手続等を要せずして法的親子関係

が既に（血統主義により）設定されているのだから，この点はもはや処理済として，子の扶養請求を認めるべきである。かくて，前出・注597）の本文で示した設例は，「適応（調整）問題」の例としては，必ずしも適切ではないと思われる。

　もっとも，それではB国法上，法的親子関係の設定は血統により当然なされるが，その効果として扶養請求が認められていなかったとする。どうなるか。ここでの問題は，前出・注491）につづく本文に示した図17の〔Ⅱ〕図，即ち，物権準拠法上前提とされる（契約等の）原因行為と，債権準拠法上のそれとの同質性・等価性を，専ら前者の側から精査すべきだとする，フランケンシュタインの所説との関係で把握すべきことになる[602]。図24でこのあたりのことを，若干整理しておこう。上記の最後の点は，図24の〔Ⅲ〕図に相当する。

　こうして図24の〔Ⅰ〕～〔Ⅲ〕図を並べて見ると，前出・注597）の本文以来，批判的に考察してきた議論（それは直接には〔Ⅱ〕図の場合を念頭に置くものであった）においては，扶養と（いわゆる）認知との各準拠法への具体的送致範囲が，ある種の相互浸透を起こしながら，とくに〔Ⅱ〕図があたかも「適応（調整）問題」であるかの如く扱われていたことが，分かるはずである。言い換えれば，図中にも示したように，これはA国法上のいわゆる「認知」を，B国法上の『認知』ないし「血統主義に基づく法的親子関係の設定（成立）」によって代替し得るか否かという，ドイツで種々の混乱と共に議論されているところの，「代替可能性（Substitution）」[603]の問題にあたることになる。

　やはりここでも前出・注500）の本文に示した「養子の相続権」に関する問題と同様，各準拠法への具体的送致範囲を，明確に（法廷地国際私法の側から！）区分することによって，上記の如き"相互浸透"的事態を防止しなければならない。とくに図24の〔Ⅰ〕図における「認知」と『認知』（要件・効果がそれぞれ異なるので「　」と『　』とで区別している）との代替は問題ないが，〔Ⅱ〕や〔Ⅲ〕はダメだ，といった割り切りをすることが，理

3.4 適応（調整）問題

〔I〕 A・B国法が共に扶養請求を認める場合（その1：認知主義対認知主義）

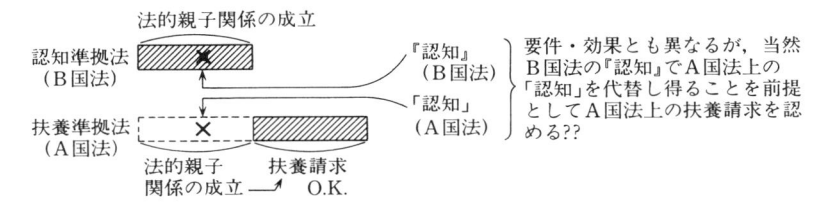

認知準拠法（B国法）── 法的親子関係の成立 ──『認知』（B国法）
扶養準拠法（A国法）── 法的親子関係の成立 → 扶養請求 O.K. ──「認知」（A国法）

｝要件・効果とも異なるが，当然B国法の『認知』でA国法上の「認知」を代替し得ることを前提としてA国法上の扶養請求を認める？？

〔II〕 A・B国法が共に扶養請求を認める場合（その2：認知主義対血統主義）

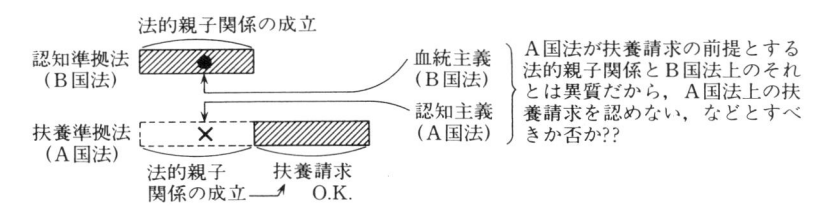

認知準拠法（B国法）── 法的親子関係の成立 ──血統主義（B国法）
扶養準拠法（A国法）── 法的親子関係の成立 → 扶養請求 O.K. ──認知主義（A国法）

｝A国法が扶養請求の前提とする法的親子関係とB国法上のそれとは異質だから，A国法上の扶養請求を認めない，などとすべきか否か？？

〔III〕 B国法のみ扶養請求を認めない場合（認知主義対血統主義）

認知準拠法（B国法）── 法的親子関係の成立　扶養請求認めず！──血統主義（B国法）
扶養準拠法（A国法）── 法的親子関係の成立 → 扶養請求 O.K. ──認知主義（A国法）

｝〔II〕の場合にも増して，B国法上設定される親子関係の効力として扶養請求が認められていないのだから，なおさらB国法上の法的親子関係の設定をもってA国法上のそれ（認知）を代替し得ず，従ってA国法上の扶養請求は認められない，などとすべきか否か？？

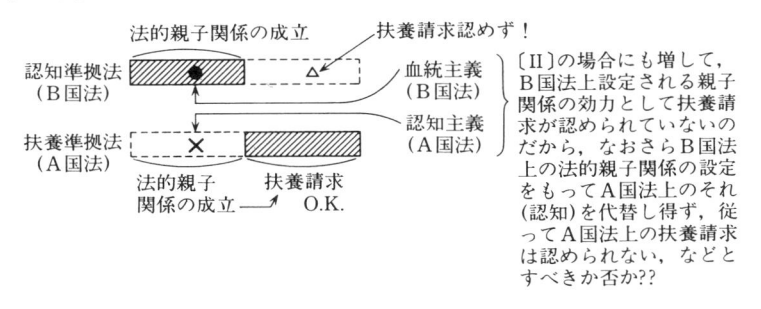

図24 扶養準拠法（A国法）と認知準拠法（B国法）の接合のさせ方をめぐって[604]

論的にどこまで当を得たものかが，やはり問題となるはずである。〔I〕～〔III〕を通じて，前記図17の〔III〕図のような両準拠法の"単純な接続"をもって十分とすべきなのである[605]。

さて，「扶養と相続」に関する問題に若干深入りしてしまったが，ここで

言う「真の適応(調整)問題」と区別すべき"表見的"なそれの例として，実体問題の準拠法が外国法となる場合に，法廷地手続法と準拠外国法(実体法)との接合面で起こる諸問題がある。例えば，英米の法が相続準拠法として指定される場合，それらの地の相続法が「遺産管理(administration of estate)」と「狭義の相続(succession)」とを区別して取扱っていることの関係で，とりわけかかる遺産管理を，法廷地手続法のレールの上で，如何に行なってゆくべきかが問題となる。

英米における養子決定(adoption order; adoption decree)についても，とくに昭和62年の民法改正で同法817条の2以下の特別養子制度が創設されるまでは，同様の困難が大きいとも言えた。わが家裁が関与するとしても，民法798条は，必ずしも(英米の養子決定のように)縁組の全過程に裁判所が関与することを予定していなかったからである(未成年養子の場合に許可の審判をするのみ)。

そして，こうした問題を「適応(調整)問題」の中に含めて論ずる立場もある[606]。同様の立場はドイツにもあるが，これは「内外国家機関相互の"代替可能性(Substitution; Gleichwertigkeit)"」の問題であり，「適応(調整)問題」とは明確に区別して論ずる必要がある[607]。

実際にも，この場合の処理は，外国実体法の適用のために法廷地手続法を，必要に応じて如何に変容させてゆくかの1点にすべて集約される。実質法的調整と牴触法的調整とのいずれによるか，といった問題もそこには生じない(!)のであり，「適応(調整)問題」だとすることの法的効果から詰めていっても，そこには一般の規範牴触の場合とのズレのあることに，注意すべきである。これを「適応(調整)問題」に含めて論ずることは，"概念の混乱"を招くだけであって，不当である。

このほか，前出・注585)の本文で批判した，「国際私法上の公序」によって外国法の適用を排除したあとの処理を「適応(調整)問題」としてかなり恣意的に行なう立場もある。だが，この点は国際私法上の公序に即して本書3.6で後述するように，ダイレクトに法廷地実質法の適用によって処理す

3.4 適応（調整）問題

べきであり，「適応（調整）問題」が発生する余地はない，と言い切るべきである[608]。

また，それぞれ（法例新26条［通則法36条］に即して言えば国籍を異にするため）相続準拠法を異にする親と子が同一の航空機事故で死亡したが，どちらが先に死亡したか分からない場合も問題とされる。即ち，かかる状況下で，それぞれが固有の相続財産を有していた場合の，相互の相続関係を，別な例として「適応（調整）問題」に含める立場もある[609]。いわゆる「同時死亡者の間の相続」の問題である[610]。

わが民法32条の2（同時死亡の推定）のような規定の存否・規定内容は，各国様々であり，ややこしい問題が生じ得るのは確かである。また，同時死亡関係にある者が夫婦であって，相異なる相続準拠法が相互に相手方配偶者の"生残推定"をしていた場合[611]には，一層のややこしさがつきまとう。

ただ，冷静に1つ1つ論点をつぶしてゆく必要がある。ケーゲルは，こうした場面でも実質法的調整へと即座に走るが[611-a]，例えば父の相続準拠法が子の生残を，子の側の相続準拠法が同時死亡を，それぞれ推定していたとしても，父の相続財産が一定割合で子の相続財産に組み込まれるだけで，子から父への財産の移動はなく，それなりに処理可能である[612]。一定の者の死亡時点が個々の法律関係ごとに区々に取扱われてよいか，あるいは相互に相手方の生残推定がなされてしまうのは矛盾だ，といった点から斬り込んで「適応（調整）問題」だ，とする前に，各人の相続準拠法を本当に別々の国の法とすべきなのか否か，またそれらが別々の法であるとしても，真に忍び難い矛盾・牴触が実際に生じて来るか否かを，まずもって考えるべきであろう。それから先のことは，実際の事案を見てから判断した方が効率がよい。

いずれにしても，日本では，少しでも規範牴触らしき事態があると，直ちに「適応（調整）問題」だとか，一層あいまいに「ある種の適応（調整）問題」としての処理の必要がある，あるいはそれがなされたなどとされ，しかも，その際の実際の処理が，非常に不明確なままであるのを，私は強く感ずる，たしかに，ドイツの状況も似たようなものであり，「Angleichung（適応

〔調整〕問題）」にしても「Substitution（〔準拠実質法から見た当該国法制度の，他国法制度による〕代替可能性）」にしても，「言葉だけが，いわばプラカードとして先行するのみで，多少残念な理論状況にある[613]」のである。そこで，私としては，「準拠法選択上の事案の分断」，「選択された準拠法への具体的送致範囲」，「複数準拠法の接合のさせ方」，「複数準拠法によるモザイク的規律」，そして「準拠法選択の個別事案に即した妥当性の追求」，等の本書における基本的視座から，問題点の明確化を，それなりに試みてきたわけである。

3.5 外国法の適用と裁判所

■ 問題の所在

「外国法の適用と裁判所」として論じられるべき問題は，実は多様である。前出・注261）とその本文で示した問題，即ち，1国の憲法秩序の下で外国法が（準拠法として）指定され，適用されるという事態を，どう説明すべきか，との点がまずある。次に，法廷地国際私法を通して，本書2.1に略述したような個別事案の処理が進行する中で，とくに実際の手続過程において，当事者と裁判官の役割分担をどう考えるかの問題がある。つまり，どこまでを職権で処理し，どこまでを当事者に委ねるべきか，である。準拠法を決めるためには，（第1段階の）性質決定を経て適用すべき牴触規定をフィックスし，そこに示された連結点（国籍・常居所・目的物所在地等）が実際に何処に所在するかを，決めなければならない。その上で，準拠法が決まり，それが外国法であれば，その内容を調査し，実際に適用される実質法規範の内容を確定せねばならない。そして，その際に大きな問題となるのが，後述の「外国法の解釈」の問題である。それらのプロセスにおける当事者と裁判所の役割分担が，実際には重要となるのである。そこでは，当該外国法の内容が，いくら調べても分からないという，外国法の内容の不明な場合の扱いの問題も生ずる。最後に，国際私法規定，及び，準拠外国法の適用をめぐる諸

点についての，最上級審裁判所の役割，つまり上告理由との関係が，問題となる。

　大体以上が，「外国法の適用と裁判所」として論じられる問題の，全体像であると言えよう[614]。なお，それらの諸点に，本章3.1の最後で扱った「手続問題と実体問題」の性質決定の問題などを加えれば，それらを「渉外訴訟過程論」として一括して取扱うことも可能となる。

■ 外国法は法か事実か？

　ドイツ民訴法（ZPO）293条は，「外国で妥当する法……については，それが裁判所によって不知（unbekannt）である限りにおいて証明（Beweis）を要する。その法規範の調査（探求）にあたり，裁判所は当事者によってもたらされた証拠（Nachweise）によって制約を受けず，他の認識手段を利用する権限があり……」，と定める。そして，この同条第2文をベースとし，判例が，その文言を越えて，職権による（von Amts wegen）外国法の内容確定を，裁判所の義務としてきた。

　その際，裁判官は，"義務的裁量" により（nach pflichtmäßigem Ermessen）外国法の調査（探求）をすべきものとされてきた。然るべき義務的裁量をして外国法の調査をしなかった場合には，ZPO 293条違反として，上告理由になる，とされている（ただし，裁量を如何に行なったかは上告段階では審査されないという，微妙な扱いにはなっている）。職権探知主義（Untersuchungsgrundsatz）の妥当する手続においては，一層徹底して，当然外国法の内容も職権で確定せよ，とされてきた[615]。なお，上告理由に関する従来のZPO 549条（現在の545条）の文言（連邦法云々の適用違背についてのみ上告をなし得るとする）との関係で，前記の "義務的裁量" を尽くした上でなら，外国法それ自体は上告可能な連邦法でないから，その適用違背は上告理由たり得ない，とされる。だが，実際には同条の例外がどんどん認められてきている[616]。なお，ドイツ国際私法の正しい適用がなされたか否かは，もとよりそれが連邦法（Bundesrecht）であるが故に，上告理由となる。

実際に，どこまでの時間と労力をかけて外国法の内容的調査をすべきかは，大きな政策課題となるが，三ケ月章教授のようにドイツを範として論ずるならば[617]，実務主導で国際私法の理想の実現に向けて一歩一歩進んできた実際のドイツの蓄積の上に，日本での問題処理のあり方を正しく重ねあわせて論ずる必要がある。

　とくに，ドイツの場合，ZPO 549 条（現在の 545 条）の文言がかなり足かせになっていることは事実であるが[617-a]，既に日本には，最判昭和 56 年 7 月 2 日民集 35 巻 5 号 881 頁がある。このケースでは，原判決が韓国法（相続準拠法）上の経過規定の適用を誤り，旧法を適用すべきところ，新法によってしまった。判旨は，上告理由を容れて，「原判決は……大韓民国法の解釈適用を誤ったものというべく，この違法が原判決中上告人の本訴……請求を棄却した部分に影響を及ぼすことは明らかである」として，原判決を破棄した。その取扱においては，準拠法として選択された外国実質法は，国内実質法と同等のものと把握されている。正当である。

　もっとも，その取扱が比較的明確な経過規定などは別として，準拠外国法の適用違背として実際に破棄され得る場合というものを，多少具体的に詰めて考えてゆこうとすれば，後述の「外国法の解釈」の問題に突きあたることになる。この点では，その後の最判平成 9 年 2 月 25 日家月 49 巻 7 号 56 頁が注目される。これは，韓国人夫婦の離婚につき，有責配偶者からの離婚請求を認めた原判決は韓国法の解釈適用を誤ったものとする上告理由に答えて，同国法の解釈に具体的に踏み込んで原審判断を正当としたものである（1 審判決は，本件請求を認容することは韓国法の「解釈の限界を超える」としていた）。かくて，日本では，この二つの最高裁判決を通して，上告段階での前記の問題は，既に解消したものといえる。

　さて，ドイツの実務が ZPO の規定をベースとして着々と蓄積を重ねつつあることとの関係で，1978 年のオーストリア国際私法を見ておく必要がある。と言うのは，そこに私の考える最も端的な処理が，見事に定式化されているからである。即ち，「牴触法的判断過程の全体が職権によってなされる

こと (die volle Amtswegigkeit der gesamten kollisionsrechtlichen Beurteilung)」が，明確に示されている。

まず，同法2条は，連結点の具体的所在地の確定につき職権による調査を規定する。国際私法の職権適用が同国の一致した判例・学説によって認められていることを踏まえた規定である。

「弁論主義（Verhandlungsmaxime）」の妥当する，通常の損害賠償請求のような場合においても（！），両当事者が連結点の所在を適宜操作することにより，国際私法の正しい適用を阻害することは許されない，との妥当な政策判断が，そこにはある[618]。なお，この点については，ドイツでも日本でも，弁論主義の妥当する訴訟においては当事者の主張・立証する事実の範囲内でのみ「連結点構成事実の確定」をなし得る，との立場がある[619]。弁論主義が妥当する訴訟において，裁判官が勝手に事実を探知してしまっては，「当事者の攻撃・防禦への不当な干渉」になるから，とされる。

だが，この立論はおかしい。その点を示すために，私は3つの論拠を挙げている[620]。第1に，アメリカのいわゆる結果選択主義をとるならば格別，伝統的な準拠法選択方法論たる「暗闇への跳躍」からは，実質法的価値に対して中立的に，当該生活事実関係の現実的本拠社会が何処にあるかを虚心に探求するのみであり，上記の批判はあたらない。

第2に，例えば不法行為地という連結点（法例11条——通則法17条，22条に相当）を考えてみると，それは，国際裁判管轄・準拠法選択の2つの場面で問題となる。そして，（国内土地管轄の決定と異なり）国際裁判管轄については，従来より職権による事実の探知が認められてきている[620-a]。日本の国際裁判管轄を肯定するにせよ否定するにせよ，そこには国内土地管轄の決定の場合とは質的に異なる重大な政策決定が必要となるからである。そうなると，同じ不法行為地の決定について，国際裁判管轄と準拠法選択とで，ちぐはぐなことになって実におかしい（しかも，前者は準拠法の問題，即ち連結点確定を含む一連の問題に，先行して判断されるものである）。

第3に，例えば前出・注473），560）のような，貸金請求の前提として婚

姻・相続等の家族法上の問題が生じたような場合，弁論主義の妥当する訴訟だからということで，国籍や常居所の決定を当事者の主張・立証に委ねる（しかも一方の訴訟当事者は当該家族関係にとって，単なるアウトサイダーであったとせよ），と言うのにも抵抗がありはしないか，といった諸点である。かくて，オーストリア国際私法2条の立場は，正しいし，さらにそれを徹底してゆく必要がある[621]。

なお，同国国際私法3条[622]は，外国法の適用は職権によりなされる旨明示し，かつ，同4条は，外国の（国際私法及び）実質法の内容確定を職権で行なう旨，ダメ押し的な規定を置いている。これらの規定により，外国法の適用が法律問題（Rechtsfrage）であることが明示され，その適用違背は上告可能（revisibel）とされるのである[623]。

ちなみに，このようなドイツ語圏の諸国での流れの中にあって，当のドイツでは，ツヴァイゲルト等によって，「任意的牴触法（freiwilliges oder fakultatives IPR）」論[624]なるものが説かれている。即ち，当事者が外国法の適用を求めないならば，裁判官は法廷地法を適用すればよく，少なくとも一方当事者が外国法の適用を求めたならば国際私法を通した処理を行なうが，国際私法が明確な処理基準を示さないならば，より良い内容の実質法（ベター・ロー）を適用すればよい，とするのである。ここに，前出・注332）にも示しておいたところの，「仮面を脱いだツヴァイゲルト」の本心が示されている，とも言える。そうした意味で，法廷地国際私法の適用を任意的なものとすることは，もとより許されることではない[625]。

さて，「外国法は法か事実か？」という当初の問題に戻れば，まさにそれを事実とする取扱が，英米ではながくなされてきていた。だが，とくに改革への動きが顕著なのはアメリカである[626]。コモン・ローの伝統を受け継ぎ，法と言えば法廷地法のみを意味し，外国法（及び他州法！）は法ではなく，要するにそれは事実だ，というところから出発し，次第に他州法の内容については，「裁判所による通告（judicial notice）」が認められるようになる。それが徐々に他国法についても及ぶが，その間に1936年の Uniform Judicial

3.5 外国法の適用と裁判所

Notice of Foreign Law Act や 1962 年の Uniform Interstate and International Procedure Act などもつくられてゆく。

そして，1966年には，連邦民訴規則に Rule 44.1 が，上記の後者のユニフォーム・アクトをベースに，設けられることになるのである。そこでは，外国法に関する争点を持ち出そうとする当事者は，その旨のノーティスを与えよ，とはされるが，外国法の規定内容についての当事者の立証の責任は著しく緩和され，裁判所は，一般の証拠規則からも当事者の提出する資料からも拘束を受けずに，適切ないかなる資料をも考慮して外国法の規定内容を決定し得る，とされる。そして，外国法の内容決定に関する裁判所の判断は，法律問題とされ，上訴の対象とされる。

ただし，他面において，両当事者が外国法に関する争点を提出しない場合には，外国法が適用されるべきでないことを彼らは合意したものとみなされ，かかる場合には，一般に法廷地法が適用される，とされている[627]。このあたりがツヴァイゲルトの「任意的牴触法」論ともつながるわけではあるが，外国法を事実として扱うコモン・ローの拘束から脱しようともがくアメリカの苦悩[628]を直視し，我々のスタンスを一層明確化すべきところであろう（これは，比較法学者としてのツヴァイゲルトの，見識の問題でもある）。

なお，外国法を事実とする伝統からは，外国法の内容について十分な立証がなされなければ請求自体を棄却する，との処理につながる。アメリカでは，それを避けるために，全くアメリカとは異なる法体系に属する外国の法（例えば中華人民共和国法）を，強引に法廷地州法と同じ内容だと推定したりする無理な処理を行なったものも少なくないが，すべては外国法を事実とする不自然な前提から発している，と言えるのである。

ところで，あくまで極めて特異な事例としてだが，反面教師的な意味合いで，ここで紹介しておくべきものがある。大阪地判昭和35年4月12日下民集11巻4号817頁である[629]。これは，昭和7年に当時の上海共同租界において交付された本件物品につき，その返還，それが不可能ならば塡補賠償を，更に，第3次請求として売買代金の支払を，それぞれ求めた訴である。

判旨は，次のように説く。即ち，「或る法律関係につき，適用さるべき準拠法たる特定の国の法律の内容が，如何なる内容であるかは，訴訟当事者の主張立証をまつことなく原則として裁判所が職権を以て調査すべき事項であるが（即ち，特定の法規の内容は，紛争解決の尺度に過ぎないのであって，紛争そのものではない），これに対し，或る法律関係につき適用すべき準拠法が如何なる国の法律であるかは，単に民事紛争解決の尺度の問題であるに止らず，当事者間の紛争の内容そのものであるから（即ち，本来民事紛争の対象となるべき事項である），準拠法として特定の国の法規の適用を主張し，その法規の適用により自己に有利な法律効果の発生（請求権の存在）を主張する当事者において，特定の国の法律の適用があることを訴訟上主張，立証する必要がある」とした。そして，この点の証明を欠くとして，請求を棄却したのである。

なお，判旨は，法例の何条が適用されるかについては，前記第2次，第3次請求につき不法行為の法例11条，契約の同7条をそれぞれ適用すべきだとし，その上で上記の如く述べている。また，判旨は，日本法が適用されるべきだとする原告の主張につき，「その前提事実につき証明がない」としてこれを斥けている。また，第3次請求については，法例7条2項（「当事者の意思が分明ならざるときは行為地法に依る」としていた）により行為地法を準拠法とし，その行為地が上海共同租界であることを前提とした上で，そこで日本法が行なわれていたとする原告の主張を斥け，「当時共同租界において如何なる法律……が行われていたか」の証明がない，ともしている。

とくに最後の点など，そこまで詰められているならば，あとは職権で処理できるはずだし[630]，そうすべきでもあろう。総じて，本判決の説くところは，異例かつあまりにも不当である。

ただ，いくら職権探知をしても，具体的な連結点の所在地がどうしても不明である場合（上記ケースはそうしたケースではない[630-a]）は，例外的に生じ得る。例えば1986年改正によるドイツ民法施行法5条2項は，当事者無国籍の場合と並んで，その者の国籍を確定し得ない場合をも規定し，当事者の

3.5 外国法の適用と裁判所   271

常居所地法，それがなければ居所地法による，としている（法例新28条2項・同29・30条［通則法38条2項・同39条——ただし，通則法制定に当たって，住所地の決定に関する法例新29条は，削除された。「常居所地連結」に一本化されたことが，これと関係する］と対比せよ）。いずれにしても，何らかの補充的連結点を用いて処理する必要がある，ということにはなろう[631]。

■ 外国法の解釈[632]

さて，以上の如き検討を踏まえ，最も重要な点に移る。外国法の解釈について，一体如何なる方針でのぞむか，ということである。

従来わが国では，判決の国際的調和の理念から直ちに下降してか，外国法はそこで解釈・適用されているままの形で法廷地国で適用すべきだといった，それ自体無内容な点ばかりが強調され，当然あり得べき当該外国法内部での解釈のバラつきにつき，十分な配慮が必ずしもなされていなかったように思われる。

もとより，外国法をいわば自国法の眼鏡で見ることによる歪みは，全面的に排除しなければならないが，その大前提のもとで考えても，当該外国で判例も学説も分かれていたとする。まず，そのいずれを選ぶかについて，法廷地裁判官の主体的な判断がなされるべきことは当然である。

ところが（！），三ケ月教授は，「外国法の解釈」とは，「何が当該外国の現在の時点においての通説であるかの認定」の問題だとされつつ，「その国で判例・学説が対立していることはむしろ常識であろう」から「何が……通説であるかの認定……が難しいときは……外国法の内容が不明であるとして……慣れ親しんだ内国法の適用……によって処理するほかない」とされる[633]。あまりに不当と言うべきである。

この点で重視すべきは，三ケ月教授が大いに参考とされたはずの（！）ドイツにおいて，極めて慎重を要するものの，当該外国法をさらに発展させる解釈（Rechtsfortbildung ausländischen Rechts）も，「外国法の解釈」として可能だし，場合によっては必要たり得る，とされていることである[634]。従っ

て，調査した外国法の解釈の幅が α の広がりを持っていたとしても，その α の中からどれをとるかに限られず，別な β という解釈を施すことも，また許されると言うべきである。

つまり，外国法の解釈もまた，"法創造的"な作業であること[634-a]にかわりはないのである。徒に受け身になることなく，ただし，当該外国法の中に全面的に身を置きつつ，法廷地裁判官の主体的なとりくみが，なされねばならない。

この点で，前記の「外国法は法か事実か？」の項で言及した最判平成9年2月25日家月49巻7号56頁が，想起されるべきである。有責配偶者からの離婚請求を認めることは韓国法の「解釈の限界を超える」としていた1審判決に対して，この最高裁判決は，同国法の解釈に具体的に踏み込んで原審判断を正当とした。方向としては，それでよいのである。

なお，既述の任意的牴触法論においては，外国法を適用した裁判の質の低さも，そのような立場をとることの1つの理由とされていた[635]。国際的な事件の場合には，外国法を適用すると言っても，当該外国の純粋な国内事件用の処理をそのまま持って来るだけでよいかが問題となる場合がある。

つまり，日本法が適用される場合にも，既述の最判昭和49年12月24日民集28巻10号2152頁（日本に帰化した白系ロシア人婦人の遺言の方式に関する事例）のように，事案の国際（渉外）性に対して十分な考慮が必要である[636]。それと同様に，外国法を適用する場合にも，実際の生活事実関係が法廷地国社会にも深い現実的牽連を有するとすれば，それをも考慮した解釈が，当該外国法において果たしてどのような形でなされ得るかを，探究せねばならない[637]。ピタリとあてはまる適切な判例があればともかく，そうでなければ，前記の如き解釈指針でのぞむ必要があるはずである。この点を強く自覚した個々の裁判官の，主体的なとりくみの中で，外国法規定（条文）をただあてはめただけであるかの如き，私自身もときとして感ずる，国際的民事紛争の実際の処理へのある種のもの足りなさも，次第に解消されてゆくのではないか，と期待する。

この点で最判昭和59年7月20日民集38巻8号1051頁[638]は，法例旧16条の下で離婚準拠法とされた韓国法が，当時，離婚に伴う財産分与を認めず，慰藉料のみを認めていたこと[639]に関して，次の如く述べた。即ち，同法上は，そこで認められる慰藉料の算定にあたって，婚姻中に協力して得た財産の有無・内容を斟酌することができる「としていると認められる」としたのである。それを理由に，財産分与請求それ自体が否定されるとしても，本件の場合，国際私法上の公序を適用する必要はない，としたのが本判決である（公序関連の問題は，後出・注663）の本文以下で，本判決の後訴遮断効との関係で論ずる）。

　そのような，かなり踏み込んだ解釈を準拠外国法に対して行なうことに対しては，批判もある。だが，私としては，既述の如く，上記のこと自体は一般論としてむしろ積極的に支持すべきものと考える[640]。

　だが，むしろ問題とすべきは，1審以来，妻の請求通り300万円の慰藉料が認められてきた本件において，その"慰藉料算定の過程"につき，具体的に（準拠法所属国とされた）韓国における実際の処理の参照された形跡が，全く無いことである[641]。しかも，同じく1審以来，この300万円につき，「民法」所定の年5分の"遅延損害金"の支払が，認められている。そこで言う「民法」とは「韓国民法」と区別されているようでもあり，実に釈然としない[642]。

　前出・注634-a）を参照されたいが，遅延損害金も当該の慰藉料（ないし損害賠償）債権と同一の準拠法によるのが理論的には正しく，かくて，慰藉料の点に関する韓国法の適用は，かなり形骸化したものだったようにも思える。本件の如く"擬似渉外事件性"の強い事案において[643]，あえて本国法主義を貫く，とするのならば，それなりの決意をもってのぞむべきである。リップ・サービス的に韓国法制度の外枠だけを淡くなぞり，あとは日本法的に処理するというのでは，何のために準拠法を選択するのかが，大きな問題として残るはずである。

　なお，解釈しようにも，外国法の規定内容がいくら調べても分からない，

という場合も起こり得る。「外国法の内容の不明」な場合の処理[644]については，三ケ月教授のように（不明の幅を極めて広くとりつつ！[645]）法廷地法による，とする立場もあるが，他に，条理説・近似法説，等もある。

条理という言葉はあまり使いたくないが，条理説と近似法説を同視する見方もある[646]。近似法説とは，法体系の近似する国の法を，この場合に適用する説であるが，例えばベルギー法が不明な場合にフランス法による，といった処理が，最も密接な関係の原則に導かれた伝統的な準拠法選択方法からして問題がないかを，考える必要がある（法体系として近似するが，当該生活事実関係と無縁の国〔社会〕だったらどうか，等）。また，条理の名で，実際の裁判の場において高度な比較法的作業を展開せよというのも，三ケ月教授が強く主張するように，あまり現実的でないし[647]，条理の蓋を，あけてみたなら法廷地法，といったことも生じ得る。

そもそも，何をもって「不明」というかも，事案の個別的処理のために要求される規範の内容的精度とも関係する。正直言って，あまり一般論をふりまわす気になれないが，そこで不明とされた場合は，原点に立ち戻り，最も密接な関係の原則の導くところに従い，例えば法例新14条（通則法25条）のような段階的連結の規定においては，次順位の連結方法による，等の補充的連結を，まずもって考えるべきであろう[648]。

3.6　国際私法上の公序

■ 国際私法上の公序の基本的機能

法例新33条（通則法42条）に規定された国際私法上の公序は，本書2.3の前出・注171）の本文以下で論じたように，何ら外国実質法規定そのものを指弾するためにあるのではない。具体的な事案を処理する上で，それをそのまま適用することによって，法廷地国社会において，真に忍び難い事態が生ずる場合に，当該外国法の適用から生ずる結果を排除するのである。当該外国法は，最も密接な関係の原則に導かれて選択されたものであり，事案の

3.6 国際私法上の公序

個性に鑑みてその外国法に然るべき解釈を施してもなお生ずる上記の事態に対して，いわば最後の手段として存在するのが，国際私法上の公序なのである。

従って，その適用は，極めて慎重になされねばならない[649]。十分な内国牽連性のある場合に，はじめて法例新33条（旧30条——通則法42条）が適用され得る，という重要なその適用要件が設定されているのも，そのためである。民訴新118（旧200）条3号の，外国判決承認要件としての公序についても，十分な内国牽連性の要件がやはり解釈上付加されている[649-a]。

そして，重要なこととして，法例新33条（通則法42条）・民訴旧200（新118）条3号の公序は，わが民法90条の公序良俗規定と何ら直結するものではない[650]。事案の国際性（渉外性）を十分勘案しつつも，法廷地国社会におけるミニマムな社会秩序を守るために，やむにやまれず介入するのが国際私法上の公序だということになる。

国際私法上の公序（以下，単に公序とも言う）が実際に適用されてきた従来の裁判例は，いくつかの事案の類型に分かれる。とくに，家族法領域では，法例の本国法主義規定（通則法にも基本的に引き継がれたそれら）の解釈による柔軟化が十分でなかったこともあり，当事者の国籍のみで準拠法が決せられることの不都合が，準拠法選択段階を通り越して，準拠法適用段階にまで至り，最終的手段たる公序で辛うじて回避される，といった現象もないではなかった[651]（本書2.3の注186）の本文以下で論じた最判昭和52年3月31日民集31巻2号365頁にも，そうした面があった）。

だがこれは，後述の公序適用後の処理において，日本法（法廷地法）が適用される，という従来の通説・判例を前提とした上でのことである。既述の内国牽連性（十分なそれ）の要件との関係で，国際私法上の公序の適用の有無が問題となるケースに限って，当該生活事実関係の本拠がいずれの国（社会）にあるかの認定が比較的細かくなされる，といった歪んだ現象も生じていた。これは，そもそもおかしなことである。法例が概括的に指示する連結点の所在地社会が，真に当該生活事実関係の現実的本拠であるか否かは，常

に個別事案において検証されねばならないからである。

　さて，平成元年法例改正前の家族法領域の裁判例をまずは見てみると，実際に国際私法上の公序が適用された事案類型は，主として以下の通りである[652]。即ち，①離婚禁止国法の適用の排除（以下，一々「適用の」と言わないこともある），②死後認知を認めない外国法の排除，③強制認知を認めない外国法の排除，④離婚に伴い子の親権者を妻となし得ない外国法の排除，等である。まず，①は実際上フィリピン人夫に対する妻（大多数の場合に日本人妻）からの離婚請求に殆ど特化された類型とも言え[653]，④は，同様の意味で韓国法が当該問題の準拠法となる場合の類型，と言える。②，③は，アメリカの州法を中心としつつ，若干のバラつきがある。その他としては，⑤死後認知の出訴期間の制限に関するもの，等もある。

　最高裁判決としては，まず，最判昭和50年6月27日家月28巻4号83頁が，上記の最後の，⑤の類型にあたるものである。韓国民法上父の死後1年までに死後認知の訴をせねばならぬが，それを徒過した請求につき，公序適用を否定した[654]。

　最高裁が実際に公序を適用したものとしては，④の類型に属する最判昭和52年3月31日民集31巻2号365頁がある。だが，当該の韓国民法の規定は，その後改正されている[655]。また，最判昭和59年7月20日民集38巻8号1051頁が，当時離婚に伴う財産分与を認めていなかった韓国法の適用につき，公序適用を否定していることは，既に示した通りである[656]。

　他方，財産法の分野では，大判大正6年3月17日民録23輯378頁[657]が，消滅時効の問題を当該債権の準拠法によらしめつつ，「時効期間の長短は国際公安に影響を及ぼす」として，当該外国法上の消滅時効期間が日本のそれより長期なら，「法例〔旧〕第30条規定の如く我国の時効を適用すべ」きだ，とした（ただし，原判決が，消滅時効規定の公益性から，常に法例旧30条の公序を介してこの点を「訴訟地の法律に従うべき」だ，としたのに対し，上記の如き〔第1段階での〕性質決定を示した上で示された判断である）。

　この最後のものは，事案との関係で，ダイレクトに公序が適用されたもの

とは言い切れないが，死後認知を求め得る期間にせよ，時効期間にせよ，その長短を論じて公序に反すると言うのには，一般的にもかなり抵抗があるであろう[658]。それで真に忍び難い事態が法廷地社会において顕在するか否かの問題（後述）である。

さて，以上に略記したように，従来の国際私法上の公序の機能は，かなり限局化されたものであったにとどまる。準拠外国法上，相当ショッキングな法制度があり，事案の個性によるフレキシブルな判断が，はじめからシャット・アウトされてしまう場合のうちのいくつかの事案類型につき，十分な内国牽連性の存在を前提として，はじめてそれが適用され得るのである。

しかも，平成元年法例改正により，前記①の類型の大多数を占めるフィリピン人夫に対する日本人妻からの離婚請求については，公序に至る前に，準拠法選択段階において，フィリピン法の適用それ自体が否定されることになった。一般にも，法例新16条本文（通則法27条本文）の段階的連結において，共通本国法がないため，共通常居所地法によることになる。それがフィリピンにあれば別だが[659]，日本にあるならば日本法によることになる。

従来のこの事案類型においては，婚姻締結後，夫があまり家庭（の所在する社会）に定着しないケースも多かったので，具体的な共通常居所の決定（最も密接な関係の原則に導かれた目的論的な決定）を，遡って検討するのも必要な作業だが，少なくともダイレクトにフィリピン法の適用（夫の本国法）に至ることは，かくて，なくなった。

だが，一層ドラスティックに，「夫婦の一方が日本に常居所を有する日本人なるときは離婚は日本の法律による」とする，法例新16条但書（通則法27条但書）の「日本人条項」が設けられてしまった。自国民保護的な色彩をも強く有するこの「日本人条項」によって，フィリピン人夫に対する日本人妻からの離婚請求はほぼすべてカヴァーされることが，平成元年の法例改正時にも，ことさら強調されていたのである[660]。

他方，前掲最判昭和50年6月27日のケースにしても，法例新18条（通則法29条）2項第1文によったとすれば，いわゆる選択（択一）的連結の手

法を通して日本法（子の本国法）が適用され，当該ケースでは民法787条の定める期間内（父の死後2年半後）の訴提起ゆえ，認知請求が認められることになって，結論が逆転する。ここでも公序適用の有無を論ずる前提が崩れることになる。

日本人条項や選択（択一）的連結というもの自体への強い疑問については，既に述べた。だが，それを別とすれば，平成元年法例改正を経た状況下（通則法制定後も同じ）においては，公序条項の発動が，従来よりも一層限局化されるに至っている。そのことには，注意すべきである。

なお，その後のものとしては，異教徒間の婚姻を無効とするエジプト法の適用を公序で排斥した東京地判平成3年3月29日家月45巻3号67頁，そして，後述の公序適用後の措置とも絡むが，法例新21条（通則法31条に対応）の第1段階連結としての韓国法（離婚後の親権者指定の問題）の適用を公序で排斥し，第2段階連結としての「子の常居所地法」（日本法）によった東京地判平成2年11月28日判時1384号71頁，他方，アメリカ特許法を適用して日本国内での行為を差止めを認めることは法例33条の公序に反するとしてこれを排斥した最判平成14年9月26日民集56巻7号1551頁がある。だが，この最後の最高裁判決に内在する大きな問題については，本書3.1の注456-b）の本文以下において，既に扱った通りである。

ところで，公序適用を否定した東京地判平成5年1月29日判時1444号41頁には，複雑な思いを禁じ得ない[660-a]。このケースでは，ラス・ヴェガスのホテルでの賭博に負けた日本在住の日本人客に対して，日本国内での債権回収がなされたが，その回収行為が外為法違反等にあたるとして，日本国内で関係者が検挙された。その際，回収金が小切手等として任意提出され，検察官が証拠として領置したのち，所有者不明（所有権放棄による）として押収物還付公告がなされた。原告Xは前記ホテルの経営者であり，当該押収物は自己の所有に属するとして還付請求をしたが拒絶され，最終的に最決昭和54年12月12日判時954号120頁で，還付不能が確定した。

そこでXが，被告たる国（Y）を相手に不当利得返還請求をしたのが，本

件である。判旨は，訴外の日本人客とXとの契約の準拠法はネヴァダ州だとした上で，当該の「契約関係は，内国社会との牽連関係において間接的かつ希薄」(!?) だから，公序を適用してネヴァダ州法を排斥すべきではない，とした。

一般論としてはなるほどそうであろう。だが，本件は，ジャンケットと言って，日本人客を組織的に，旅費，食費，宿泊費無料で，ラス・ヴェガスに招待し，賭博をさせて，帰国後賭博債務を払わせる制度（何とネヴァダ州法公認のものである）によるものである。日本人客が真に自主的にラス・ヴェガスに行って賭博をした場合とは，事情を異にするのである。

判旨は，本件の問題は「Xの日本人客に対する賭金債権の請求権の存否でもなければ，Xの賭金債権の回収業務の受託者に対する回収金の返還請求権の存否でもなく」，上記の如き経緯の下におけるXのYに対する不当利得請求等なのであるから，「そのような意味において」内国牽連性が乏しいとするが，この判断はおかしくはないか。判旨は，契約準拠法たるネヴァダ州法によって，本件押収物に対するXの所有権が認められることを前提とし，国に対する不当利得請求を日本法で判断している。だが，ネヴァダ州法により本件押収物についてのXの所有権を認めることが，「内国の社会生活の秩序を害することになるかどうかによって」(判旨)，国際私法上の公序の適用の有無を決する，と考えるべきである。

その際に，単に民法レヴェルにとどまらず，刑法等の分野でも，国家の公認しない賭博については極めて厳しい態度でのぞむ日本の社会秩序のあり方に，十分な考慮をする必要がある。国際私法上の公序に法廷地実質法上の価値をそのまま注入することはもとより疑問だが，法廷地社会として譲るに譲れぬ一線というものはやはりある。その点をめぐる価値判断の問題である。

判旨は，上記の如きジャンケットなるものの存在を，具体的判断過程で何ら考慮していない。この種の請求を認めた場合，Xの如き立場の者にとっては，いくらでも日本人客を，（刑法の国内犯処罰規定の網をくぐって）無料招待という飴でラス・ヴェガスに連れ出し，日本での債権回収につき押収がな

されても，その後で本訴の如き請求をすれば，所期の目的を達成する，というメカニズムが成立する（勿論，本判決の既判力はそこまで及ばないが，社会的事実としてはそうなる危険性が非常に強い）。

　ジャンケットという，国家主権の枠組を無視した腕を深々と日本国内にさし入れる制度の肯認は，単なる一般のラス・ヴェガス賭博旅行とは質的に異なる問題を提起するはずである。当該回収メカニズムの内国牽連性は十分にあり，契約準拠法とされたネヴァダ州法の適用をそのまま認めるのは，本件だけに限って考えても，極めて疑問である[661]。従来の事例とはかなり異なる，公的秩序維持に重点を置くべきケースではあるが，ボーダーレス化時代においては，今後こうしたケースもしばしば起こり得ると思われるので，とくに一言した次第である[662]。

■ 真に忍び難い事態とは？ ——別訴の可能性と公序

　ここで，家族法上の問題に再び戻って考えたい。内国社会で"真に忍び難い事態"が発生する場合に限って，国際私法上の公序が発動され得る，と既に述べた。ところが，ある事例の判例評釈を通して，私の頭には，この点を当該訴訟の中で考えるのみでよいのか，という疑問が生じた。公序適用が実際には否定された最判昭和59年7月20日民集38巻8号1051頁である。それに即して考えてみよう[663]。

　財産分与1700万円，慰藉料300万円を請求する，という本件請求の組み立て方がまずかったために[664]，財産分与を認めない韓国法の適用を公序で排斥すべきか否かが問題となった。ただし，判旨は韓国法上の「慰藉料の額が，当該婚姻の当事者の国籍，生活歴，資産状況，扶養の要否及び婚姻中に協力して得た財産の有無・内容等諸般の事情からみて，慰藉料及び財産分与を含むわが国の離婚給付についての社会通念に反して著しく低額であると認められる場合」には公序に反する，としている（原判決で認められた慰藉料300万円の算定プロセスがあいまいな点[665]は，ここでは措く）。

　そして，判旨のこの基準において「著しく低額」なものしか慰藉料の名で

認められない場合があったとする。そこで直ちに公序を適用すべきか否か。——それがここで一言したい問題なのである。

と言うのも，本件で妻側が終始求めていた財産分与 1700 万円の中身については，もともと妻の実家からの資金で取得された土地建物の売却代金が，現在夫名義になっている土地建物（価額は 1000 万円を下らないもののようである）の購入資金をなしていた，との点がある。妻側は，そうした経緯から，この土地建物は実質的には X の所有だ，としていたのである（本件では，第三者が何ら登場していないことに，注意せよ）。

この場合，本訴で財産分与を否定された妻が，別途後訴を提起し，当該土地建物の所有権を，ダイレクトに争ったらどうなるか。まず，かかる後訴の提起が，本判決によって遮断されるかが問題となる。詳細は前出・注 66 3) 所掲のものに譲るが，遮断されない可能性が，本件では大きい。

というのも，1 審以来，夫婦の財産関係に関する認定は十分ではなく，従って財産分与は認められたが額が不服で後訴を提起した，というケースとも大きく異なる。とても同一の紛争の蒸し返しとは評価できないのが，上記において想定した後訴である。

認められた慰藉料 300 万円の中で，「婚姻中に協力して得た財産の有無・内容」が斟酌されているのが本件であるが，これも，どこをどう斟酌したのかが極めて不明確である。当事者の手続権を重視するならば，上記の後訴には相当脈があるはずである [666]。

問題は，後訴の準拠法であるが，もはやそれが離婚訴訟と切り離されたものと見れば，法例 10 条（改悪を免れて通則法 13 条に受け継がれた）により，目的物所在地法たる日本法によることになる。そして，わが国内で取得された不動産の，内部的所有関係のみを争うのがこの訴訟だということになり，上記の推論は，そのような当該取引関係の center of gravity の探求においても，むしろ自然である。

実は，この点を韓国法によらしめ，かつ，当時の韓国民法 830 条 2 項による「共有財産の清算請求権」を行使すれば本件妻がどの程度の財産を取得で

きるか，といった点まで確定した上で，国際私法上の公序の適用を論ずべきだ，との指摘が，本判決の調査官解説においても，なされている[667]。そのような，本訴以外にも妻側に争う手段が残されている，と見得る場合において，慰藉料額が著しく低額ゆえ公序に反すると言うのは，尚早ではないか，というのが私見の骨子である。

　当事者の争い方が種々の点でまずい本件の場合，とくに上記のことを感ずる。国際私法上の公序は何のためにあるのかを，つきつめて考えた場合，当該訴訟の中に閉じて「真に忍び難い事態」が法廷地国社会で実際に生ずるかを論ずるのみでは足りない場合もある，と思われる（既述のラス・ヴェガス賭博回収金事件とは別な意味で，1つの訴訟のみに閉じた公序違反性判断だけで十分かが，問われるべきことになろう）。

　もっとも，離婚を切実に求めている当事者に対して離婚禁止国法を適用することをどう考えるか，といった場面では，当事者に他の道はないのであるから，その訴訟の中で，上記の点を判断せねばならない。また，法例新16条（通則法27条）の下で，当事者が国籍や常居所の所属国を移動させれば準拠法の変更が生じ得るから，そこまで考えて……，といったことがここで主張されているわけではないことは，もとよりのことである。

■ 公序で排除される具体的範囲とその排除後の処理

　法例新33条（通則法42条）は，旧30条の「其規定が」の文言を，平成元年法例改正に際して「その規定の適用が」と改めたのみで，明治以来の旧30条をそのまま受け継いでいる。そして，法例制定に先立ついわゆる「旧法例」（明治23年に公布されたが施行はなされなかった[668]）の14条では，「刑罰法其他公法の事項に関し及び公の秩序又は善良の風俗に関するときは行為の地当事者の国民分限及び財産の性質の如何を問わず日本法律を適用す」としていた。

　法例旧30条の制定にあたり，穂積陳重博士は，公序適用後日本法によるのは当然として，とくにこの点を旧30条に明示しなかった[669]。即ち，「唯

3.6 国際私法上の公序

だ国家が通常の場合[670]を予想して外国法に依ることを規定せる場合に若し其外国法に依るが為に自国の公の秩序又は善良の風俗に反すべき結果を来すの恐あるときは外国法に依るべからざることを明言するを以て足れり」とする,同博士の起草者としての説明が,なされている。

最判昭和52年3月31日民集31巻2号365頁も,「法例〔旧〕30条により,父の本国法である大韓民国民法を適用せず,わが民法819条2項を適用し」た原判決を正当としている。また,最判昭和59年7月20日民集38巻8号1051頁も,(実際には公序が適用されなかったので)傍論ではあるが,この点を明確に述べている[671]。従来の判例・学説上の一般の理解も公序適用後は正面から日本法を適用する,とするものであったし,私はそれでよいと考える[671-a]。

既述の如く,国際私法上の公序が実際に適用されるのは,極めて限られた,例外中の例外に限られるし,真に忍び難い事態の発生の如何を,当該訴訟(裁判)を離れて,さらに厳密に考えるのが私見である(そこにおいては,とりわけ問題の多い本国法主義の諸規定の場合につき,準拠法選択段階での作業を抜本的に柔軟化することを通して,その段階で本来処理すべき問題が準拠法適用段階に持ち越されて公序適用に至る,という場面をミニマイズすることが意図されてもいる)。そこまで絞るならば,もはや起草趣旨に沿って日本法を適用することでよい,と考えているのである。

だが,法例旧16条(離婚)に即しつつ,公序適用後は「夫の本国法に次いで当面の関係と緊密な牽連をもつ法」が適用されるべきであるとする見解[672]もあり,また,平成元年法例改正後の事例として,東京地判平成2年11月28日判タ759号250頁は,法例新21条(通則法32条に対応)の段階的連結の第1順位(子と父の共通本国法)としての韓国法の適用を公序で排斥したのち,第2順位の子の常居所地法たる日本法によった。これは,離婚後の親権者を妻となし得ないとする改正前韓国民法の規定に関するものである。

だが,この判旨が,第2順位の準拠法がやはり外国法であった場合にも同

じ論理を辿るものかは，明らかではない。同じく日本法を適用するなら，ということでリップ・サービス的に国際的配慮を示したのではと見るのは，うがち過ぎた見方かも知れない。だが，段階的連結の場合に常にこのように解した場合の煩雑さ，つまり，第2順位の準拠法についても別な意味で公序が適用されざるを得ない場合をも考えねばならぬ。そもそも，公序違反を例外中の例外ととらえる限り，既述の如くダイレクトに日本法を適用するのみで，十分とすべきである[673]。

　他方，公序を適用するということにより，そこで既に当該紛争は解決しているのだから，外国法の適用を排斥したのちに（例えば日本法を適用する際の前提たる）法の欠缺状態は，そもそも存在していない，とする「欠缺否認説」なる考え方もある[674]。離婚禁止国法の適用を排除する，との判断の中には，離婚を認めるとの判断が含まれている，という主張と考えればよい。

　だが，例えば財産分与や消滅時効そのものを認めない外国法の適用を排斥した場合にも，同じことが言えるかを考えよ。その処理の基準（例えば財産分与の額の具体的算定や，時効中断，等の具体的問題の更なる処理）を何国法に求めるかの問題は，やはり残るはずである。また，離婚のみの求められた単純な事例においても，裁判官は，やはり明確な法規定に基づいた判断を志向するであろう。

　なお，浦和地判昭和59年12月3日家月37巻12号53頁は，当該ケースの場合，「日本国民法770条1項2号に該当〔する〕ことが明白であることを慮るべきである。よって，本件においては法例〔旧〕30条によってフィリピン共和国法の適用を排除すべきである。よって，原告の離婚請求は理由がある」としている。冒頭の一文からして，これをもって欠缺否認説がとられたと断言することは，出来ないであろう[675]。

　ところで，公序適用後の措置がかくて法廷地法によらしめられた場合に問題となるのは，どの範囲で準拠外国法規範の適用が排除されるのか，である。もとより，一般論としては，公序適用は例外中の例外ゆえ，排除される外国法の範囲は極力狭く解すべきであり，最も密接な関係の原則に導かれて決定

3.6 国際私法上の公序

された当該準拠外国法適用の趣旨を損なわぬように，とは言える。そして，それを極力追求すべきではある。

例えば，離婚と共に親権者指定が求められた場合に，後者につき韓国法の適用を排除した最判昭和52年3月31日民集31巻2号365頁が，離婚自体は韓国法によるべきだとしているのは，その意味では正当である。だが，同様の事案において，離婚がそもそも準拠外国法上認められない場合に，その部分の適用を公序で排斥したあとの処理はどうするか。離婚は可能としたあとの処理を，当該外国法により，他の場合の親権者ないし監護権者指定に関する当該外国法規範を適用する，という道はたしかにあり得る。だが，それは，当該外国法の本来の趣旨とは異なるものである。そもそも離婚自体をシャット・アウトするのがその法の趣旨だからである。

なお，かなり古い事例だが，スイス法上消滅時効にかからぬ債権につき，公序を適用してスイス法を排斥したドイツの1922年の判決[676]は，原審にスイスの最長の時効期間（10年）を適用すべきか否かの判断を委ねた[677]。それについても，上と同様の問題があると言える。つまり，前記の問題は，既述の公序適用後の処理の問題ともかかわる。

この後者の問題につき，ドイツでは，上記の如き準拠外国法の中での処理をまずもって志向しつつ（ただし，特別な債権についての上記の規定を排除し，例えば〔zB〕通常の時効の規定による，とされる），準拠外国法上のかかる通常のルールによることが明らかに不適切な結果となる場合には，まずもってドイツ法による，とする立場がある。ただし，そこでは，時効を認めない外国法を排除したのちにドイツ法上の極めて短期の時効期間が適用される，等の（準拠外国法の趣旨と対比して）過度な結果ないし不適切なそれのもたらされる場合には，ドイツ法（法廷地法）によることなく，個別事案に即した実質法規範の創設が志向されている[678]。ちなみに，ドイツ民法施行法6条第1文も，文言上は[679]わが法例新33（旧33）条（通則法42条）と同様に，公序で外国法を排除するとのみ規定していることが，こうした議論の前提をなしている。

公序適用後の処理は，かくて，排除された部分の規範の補充を如何にすべきかの問題，また，排除された部分の代用規範（Ersatznorm）と排除されずに残る準拠外国法の規範との関係をどう処理するのかの問題，という2つの問題を提起する。前者の問題の決着は既につけたつもりなので，専ら後者の問題に絞って，ここで一言する。

既述の如く，①離婚，そして，②それに伴う親権者指定，という2つの問題が当該争訟で提起された場合，②のみについて公序が適用された場合は，①の点が当該準拠法に留保されたままになることは，理解し易い（ただし，そこでも「準拠法選択上の事案の分断」をどう考えるか，という点は残る[680]）。だが，離婚禁止国法の場合につき，①が公序で排斥された際，②をなお当該準拠外国法によるべきかは，1つの問題である。その点は，前出・注676)〜678)の本文に示したドイツの判例や学説（後者についてはその前段の処理）にも示されている，あまりにも技巧的処理の当否と，深く関係する。

そこで，横浜地判昭和38年4月26日家月15巻10号149頁，東京家審昭和51年9月6日判タ351号313頁を見てみると，いずれも離婚禁止国法たるフィリピン法の適用を排除し，日本法によって離婚を認めたのち，親権者指定についても日本法によっている。公序で排斥される外国法規範の範囲を極力狭くすべきだとの，一般論としてはもとより正当な立場からは，日本法の適用範囲を不当に拡張したものとしての批判が，容易になされることになる。

だが，この点につき私は「事案の分断の側面にも着目する必要がある」との視点から，次のように論じてきている。即ち「当該紛争事実関係の核心的部分において公序が適用され，しかも争点相互のつながり，等からして事案の分断が得策ではないと思われる場合には，むしろ公序によって外国法の適用が排除される部分を通常より広げ，かかる側面から"統一的な規律"を試みる必要性もあるのではないか。そして，公序適用の前提たる十分な内国牽連性の存在は，右のごとき解決がなされた場合のその結論の正当性を，国際私法的に基礎づけるものともなるであろう[681]」と考え，その角度から上記

2つの裁判例を「支持し得ないではない」としているのである。本書では，上記引用部分の「争点相互のつながり，等」の部分を若干詳しく説明したことになる。どうであろうか。

以上で，国際私法上の公序に関する，従ってまたいわゆる国際私法総論に関する論述を，終えることとする[682]。

注

409) 前出・注73) につづく本文参照。なお，前出・注94) の本文以下で論じた点がこれと深くかかわる（というか，性質決定問題の一環をなすものと外国では認識されている）ことは，これから示す通りである。
410) 池原・前掲国際私法総論115頁。なお，石黒・前掲解釈論的構造34頁。
411) 前記の表2参照。なお，後出・注509) の本文以下で，これを論ずる。
412) 前出・注173) 参照。
413) なお，山田・前掲国際私法（平4）46頁以下（第3版では47頁以下），木棚＝松岡＝渡辺・前掲国際私法概論（新版）29頁以下（第3版でも29頁以下），等。
414) 前出・注94) の本文以下。
415) 石黒・前掲解釈論的構造290頁。同・前掲国際私法〔新版——プリマシリーズ双書〕71，156頁でも示唆しておいた点である。なお，本文の前者の問題に傾斜して論ずるケーゲルの所説（この点につき Lüderitz, *IPR*, at 58〔2. Aufl. 1992〕）においても，例えば，外国の消滅時効に関する（実質法上の）ルールを実体・手続いずれと性質決定すべきか，といった問題把握のあることに注意すべきである。G. Kegel, *IPR*, at 198 (6. Aufl. 1987). なお，Kegel/Schurig, *IPR* (9. Aufl.), supra, at 141f, 351f と対比せよ。
416) 英語では classification, qualification, characterization などと言われるが（E. F. Scoles/P. Hay, *Conflict of Laws*, at 52〔2nd ed. 1992〕; Cheshire and North, *Private International Law*, at 35〔13th ed. 1999〕，等），ドイツでは Qualifikation の語が一般に用いられている。
417) Ch. von Bar, *IPR* Bd. 1, at 499f (1987); H.-Ch. Heyn, Die „*Doppel-*"*und* „*Mehrfachqualifikation*" *im IPR*, at 17ff, 21ff, 30f (1986); K. Firsching, *Einführung in das IPR*, at 52 (3. Aufl. 1987); Sonnenberger, *Münchener Kommentar zum BGB* Bd. 7, at 145 (2. Aufl. 1990); M. Keller/K. Siehr, *Allgemeine Lehren des IPR*, at 439ff (1986) 等，いずれも性質決定における2段階の作業を分けて論じており（なお，後出・注428) の本文以下の議論との関係で，更に，J. Kropholler, *IPR*, at 114〔5. Aufl. 2004〕をも見よ），

Scoles/Hay, supra (note 416), at 52ff は，これに連結点の確定の問題も含めている。ただし，この最後の問題は別に扱った方がよい（その限りで，池原・前掲総論 95 頁参照）。なお，本文で示した点につき，井之上宜信「国際私法における性質決定問題に関する一考察（1）〜（3・完）」法学新報 95 巻 1・2 号 99 頁以下，同 3・4 号 39 頁以下，同 5・6 号 75 頁以下（昭 63），及び，山内・前掲国際私法（平 5）35 頁。さらに，Lüderitz, *IPR*, at 58（2. Aufl. 1992）.

なお，国際私法上の性質決定に関するドイツ等の錯綜した議論，とくに後出・注 428）の本文以下の「細字」部分の論述は，むしろ，純然たる「論文」としてもともと意図されていた部分ゆえ，論述の基準時点は，後出・注 452）までの部分において）基本的にその本書初版の時点に固定することとする。

418) 前出・注 101) 参照。
418-a) 本書 4.4 の注 799) 参照。
419) H. Weber, *Die Theorie der Qualifikation*, at 24 (1986).
420) 少なくとも類似の外国法上の法制度を包摂するものとしてその概念構成がなされていたことにつき，Sonnenberger, *MünchKomm.* Bd. 7, at 149 (2. Aufl.).
421) その意味で，例えばわが民法上のいわゆる内縁や，それに類する cohabitation などについても，法例 13 条以下（通則法 24 条以下）の婚姻の概念の中に，（一般論としては——後述）包摂されるものと見るべきである。石黒・前掲国際家族法入門 14 頁以下，同・前掲現代国際私法〔上〕135 頁以下。なお，一般論として K. Schurig, *Kollisionsnorm und Sachrecht*, at 219f (1981); F. Vischer/A. von Planta, *IPR*, at 16f (2. Aufl. 1982)等参照。さらに，後出・注 599) の本文をも参照せよ。
422) ただし，彼の所説とて，前出・注 420) で示した法廷地実質法説と同様に，一切の例外を認めない，といったリジッドなものではない。M. Wolff, *PIL*, at 161 (2nd ed.1950); S. Grundmann, *Qualifikation gegen Sachrecht*, at 46 (1985). なお，Schurig, supra, at 221f は，ウォルフの所説を，むしろ法廷地国際私法説登場への発展の，過渡的なものと位置づけている。
423) この点については Weber, supra, at 127f を見よ。
424) 前出・注 101) の本文の前後を見よ。なお，本文で示した点のため，ウォルフにおいては，例えば法廷地国際私法上「夫婦財産制」といった概念が示されている場合，そうした概念（Systembegriffe）をいかに構成すべきかの点が不明確になっていることを指摘するのは，Ch. von Bar, *IPR* Bd. 1, supra, at 501f. その意味で，ウォルフの説への言及も，本文に示した「送致範囲」の点に即して行なう方が，むしろ自然であるとも言える。Heyn, supra, at 22. ただし，Kegel, *IPR* (7. Aufl.), at 205ff.
425) Kegel, supra, at 208ff.
426) Id. at 210ff. なお，池原・前掲総論 115 頁以下，山田・前掲国際私法（平 4）50 頁以下（同書・第 3 版では 51 頁以下）。
427) ドイツ語では「第 2 段階での性質決定」（Qualifikation zweiten Grades; sekundäre

Qualifikation）とも言われる。Firsching, *Einführung*, at 52（3. Aufl.）. むしろこれこそが国際私法上の性質決定だ，とする立場もあることにつき Heyn, supra, at 30; Lüderitz, supra（2. Aufl.）, at 58. ただし，上記のフィルシンクの用語法は，オーストリアを中心に（スイスでも）説かれる「段階的性質決定（Stufenqualifikation）」論と紛らわしい（Heyn, supra, at 30）。のみならず，イギリスで従来説かれていた「第2次性質決定」論（山田・前掲国際私法〔平4〕55頁以下〔同書第3版では56頁以下〕，池原・前掲総論100頁以下——ただし，この種のイギリスでの議論の tentative な性格につき石黒・前掲金融取引と国際訴訟196頁以下，同・前掲国際私法〔新版——プリマシリーズ双書〕95頁以下）との関係も，実に紛らわしい。そこでニュートラルな見地から，本文で示したように私は表現するのである。

428） Grundmann, supra, at 32. なお，同条の「職権により」の部分は，後述の「外国法の適用と裁判所」の問題における重要な主義を示したものである。さしあたり，石黒・前掲国際民事紛争処理の深層247頁以下。なお，以下の細字部分の論述の仕方につき，前出・注417）の後段を見よ。

429） Grundmann, supra, at 33.

430） 前出・注98）参照。

431） 前出・注96）の本文と対比せよ。ただし，本文で示したような帰結は，この第2段階での性質決定につき，法廷地実質法（lex fori materialis）説をとるドイツの根強い考え方においても，外国法の規律と法廷地法のそれ（いずれも実質法レヴェル）との機能的同質性を重視してゆけば導き得ないではない，とするのは Grundmann, supra, at 33. この点については，後出・注435），450）参照。

432） Heyn, supra, at 24. 第1段階での性質決定では準拠法によらしめないので，「縮限された」と言うのである。

433） Sonnenberger, supra, at 146f; Ch. von Bar, supra（Bd. 1）, at 503f 等を見よ。

434） Sonnenberger, supra, at 147. なお，前出・注431）と対比せよ。

435） Sonnenberger, supra, at 153. なお，これと全く同じ論理操作が，（後述のドイツ型反致観に立った上での）いわゆる反致の成否についてもなされている。Id. at 158, 254ff. 即ち，準拠法所属国たる外国からドイツへの反致（さらには第3国への転致——それらの概念構成については後述）を考える際に，やはり機能的分析が重視される。当該外国国際私法上の当該事項への（第1段階での）性質決定がドイツ（法廷地国）国際私法と異なっているとしても，それだけでは反致（や転致）を否定しないが，その外国国際私法が，それをドイツとは機能的に異なった種類の概念（eine funktionell andersartige Konzeption）によって把握しているならば，そうした外国牴触規則はそもそもドイツ牴触規則による指定の範囲には包摂されない，とされる（Id. at 255f. なお，この点については，さらに，Ch. von Bar, supra（Bd. 1）, at 504ff; Lüderitz, supra（2. Aufl.）, at 62f; Keller/Siehr, supra, at 441 等をも見よ）。準拠法選択の国際的な一致を当該準拠法所属国たる外国との間で考える，という国際私法上の反

致についての従来の理解からは，同じ事案（一層厳密に言えば当該問題）がその外国でどう裁かれるかの１点を見ればよいはずであり，上記の議論の後段は，既にして疑問とすべきである。なお，後出・注445），449），450）参照。

436) Vischer/von Planta, supra (2. Aufl.), at 17.
437) Ibid. ただし，その類似性ないし相互関連性（Zusammengehörigkeit）をどこまで強く要求するかというのが，前出・注435）の本文で示したドイツ的ゆき方との関係で，問題となる。*Lausanner Kolloquium*, infra, at 36 (von Oberbeck) 参照。そして後出・注450）及びその本文を参照せよ。
438) ただし，草案段階からの議論の力点は，同条２項の「外国法の規定の適用は，それが単に公法的性格を有することによっては排除されない」とする点（前出・注44-b）の本文と対比せよ！）に置かれていた。なお，石黒・前掲［注132］法協101巻２号326頁。また，*Lausanner Kolloquium über den deutschen und schweizerischen Gesetzentwurf zur Neuregelung des IPR*, at 3f (Kreuzer) (1984)参照。
439) 従って，前出・注435）の本文に示したドイツ的なゆき方の，「これに対して」以下の後段部分の限定（より正確に言えば，当該準拠外国法上の規律の仕方への言及）は，一切不要とすべきである（！）。準拠法指定をしたあとの処理は，「法律関係」の色づけには一切こだわらず，当該問題の処理をその国に委ねたのであるから，その国で如何に裁判等が（当該問題につき）なされるかを虚心に調べ，その規範を法廷地国で適用すべきことになる。前記の図３，図４の如き場合に極力準拠法を１本化せよという，そこで示した私の主張は，まさにこのことを踏まえた上での立論なのである（！）。
440) Keller/Siehr, *Allgemeine Lehren des IPR*, at 441 (1986).
441) LG Salzburg, ZfRV 1975, at 48である。オーストリア国際私法成立後の問題も含めて，M. Schwimann, *Grundriß des IPR*, at 19f (1982).
442) Ch. von Bar, supra (Bd. 1), at 504; Schwimann, supra, at 202. なお，わが国際私法上も同様であることにつき，折茂豊・前掲国際私法各論［新版］244頁以下。また，石黒・前掲国際私法と国際民事訴訟法との交錯23頁の図を見よ。
443) Ch. von Bar, supra (Bd. 1), at 504.
444) Schwimann, supra, at 24ffは，これを die Auswahl der passenden Sachnorm im berufenen Recht の問題としている。
445) Id. at 27. なお，Id. at 25ffは，これを Kanalisierung（直訳すれば水路設定）と呼んでいる。ただし，Id. at 29, 41fは，前出・注435）で示した反致との関係ではドイツ的な考え方をとらず，すべてを当該外国国際私法に委ねるべきだとする。（ドイツ型反致観〔後述〕をとるならば）正当である。もっとも，婚姻の方式の準拠法として送致された国における婚姻年令に関する（婚姻の実質的成立要件の）準拠法選択規則を見て反致の成否を決する，といったことはもとよりなされ得ない。Id. at 41f. この点も，法廷地国際私法の個々の規定の趣旨から考えてゆくべきこと

である。後出・注450）参照。
446） 前出・注426）の本文参照。
447） Schwimann, supra, at 27. そこではケーゲルの所説等が引用されている。
448） Id. at 28.
449） 前出・注100），101）の間の本文を参照。石黒・前掲国際私法〔新版——プリマシリーズ双書〕156, 71頁。
450） 前出・注435）の本文参照。かかる立場をとると，本来当該外国で当該問題の処理に用いられる規範が，法廷地国で適用され得ない，といった場合が，そこで示されている例からも問題となる。この点では，前出・注438），439）の本文で示した線を徹底させてゆき，問題を法廷地国際私法上の利益衡量に純化して考えてゆくべきだと思うのである。ドイツでの議論は，この場面，即ち，国際私法上の性質決定の局面における「実質法からの解放」が，十分ではないと考えられるのである。なお，江頭教授の「法人格否認の準拠法」に関する論述が，かかる背景を有するドイツ国際私法上の議論を参照されつつなされてしまったことは，つくづく残念なことであった。石黒・前掲国際私法の危機241頁。前出・注25），146-a），そして，後出・注465-c）。
451） なお，前出・注63）参照。
452） 前注で論じた点とあわせて考えると，一般的にはこうした形で実質法の影を払拭し切らないと，規範の積極・消極両面での牴触（Normenhäufung oder Normenmangel）が生じ得る（なお，前出・注98）参照）。Keller/Siehr, supra, at 441f は，こうした場合には「適応（調整）問題」として処理すればよいとするが，その前に本来の国際私法的処理において，なすべきことがあるはずだと私は思う。
453） ただし，「性質決定」の対象は法律関係（Rechtsverhältnis）か，生活関係（Lebensverhältnis）か，それとも法的問題（Rechtsfrage）か，といった点も，ドイツではいまだに見解の一致しない点の1つである。例えば Heyn, supra, at 18.
　　私としては，契約と不法行為とがともに問題になると，当然準拠法を2つ用意しなければならない，といった短絡が生じないように，法律関係の語を極力避けている（！）のである。前出・注75）の本文参照。かかる私の基本観については，石黒・前掲国際私法の危機210頁。
454） 国際私法上の反致との関係でもこの点の問題があることにつき，前出・注435），445）参照。
455） なお，石黒・前掲金融取引と国際訴訟222頁以下，同・前掲国際私法〔新版——プリマシリーズ双書〕74頁以下。学説については，山田・前掲国際私法（平4）267頁以下（同書［第3版］では296頁以下）。
455-a） 平成18年の通則法制定過程での，物権の準拠法に関する改正論議の問題性につき，石黒・前掲国際私法の危機159頁以下，森田博志・前掲（注1-c））論文参照。幸いにも"改悪"は免れたものの，そこでは，およそ国際私法の何たるかを

理解しない議論が横行していたのである。
456）　本書4.3の注773）の本文以下の部分参照。さしあたり，石黒・前掲金融取引と国際訴訟232頁以下，同・前掲国際私法〔新版――プリマシリーズ双書〕334頁以下。
456-a）　平成18年の「法例廃止」・「通則法制定」の直接のきっかけとなった法例12条への「規制改革」サイドからの批判の不十分さと，債権譲渡の効力（対抗要件）を，債務者と債務者以外の第三者とで分けて規定するといった，改正過程で示されていた暴論に対しては，石黒・前掲国際私法の危機61頁以下，74頁以下，92頁以下，前掲（注1-c））・公正貿易センター報告書10頁以下。

なお，同前（公正貿易センター）報告書・13頁以下では，"国際的な証券の振替決済"に関する「ハーグ間接保有証券準拠法条約案」に対する批判も，同様になされている。その規律内容の詳細はともかく，ある金融機関の同一の拠点に口座を有する，同一の証券についての国を異にする投資家（顧客）につき，顧客ごとに準拠法が異なり得ること，また，当該証券の発行者（債務者）との関係は，本条約案の規律外ゆえ，振替決済システム内での処理と，証券発行者（債務者）との関係が，準拠法選択上，"分断"され，かえって複雑な問題が生じること，等の批判が，そこでなされている。準拠法の，無用な"分断"は，そもそも問題である。

ちなみに，このハーグ条約案は，アメリカ系の国際的な証券振替決済システムとして著名なユーロクリア（なお，石黒・前掲新制度大学院用教材75頁以下）側の強い意向を背景として作成されたものと，見るべきである（前出・注54）の後段参照）。ユーロクリア側は，システムの効率性重視ですべてを考えたがるが，その考え方自体に問題がある。中里実＝石黒共編著・電子社会と法システム（平14）10頁以下（石黒）。幸い，欧州中央銀行の反対等により，この条約案については，署名会議も開かれていない。そうあって，当然である。いずれにしても，日本としてこれを批准すべきではない。万が一批准すれば，準拠法に関する4つ目の条約となるが，先行する3つの条約につき，それぞれ（条約遵守義務違反の問題を含め）重大な問題のあったことも，想起すべきである。前出・注54），235）。だが，本条約案がもたらすであろう理論的・実務的混乱には，計り知れないものがある。

なお，階層構造をなす国際的な証券振替決済システム（や電子認証システム）における準拠法問題の処理については，石黒他・前掲（注26））国際金融倒産382頁以下（石黒）参照。また，前記条約案につき本注同様に立ち入った批判を行った，本書2.1の注54），及び本書4.5の注827-b）参照。
456-b）　石黒・前掲（注1-c））法曹時報57巻1号2頁。詳細は，同・前掲国境を越える知的財産127頁以下，とくに371頁以下。
456-c）　同前（国境を越える知的財産）・215頁以下。
456-d）　同前・284頁以下，377頁以下。なお，従来のわが国内における混乱した議論につき，同前・287頁以下。なお，後出・注479-a）を見よ。

専ら「保護国法」によるべしとするベルヌ条約 5 条 2 項との関係は同前・169 頁以下，182 頁以下。この「保護国法」とは，その国の中での侵害の有無がまさに問題となっているところの国の法，という意味に解すべきだが（同前・190 頁），それが具体的にどこかは，法廷地国際私法が（条約に導かれつつ！），これを決定する，という構図になる。

　パリ条約についても，この基本構図は同じである。同前・230 頁以下，215 頁以下，等。種々の議論の混乱との関係で，一々図を描いてシミュレーションを行った同前・263 ～ 284 頁を見よ。図を書くと，自然に，何処が最も当該事案において影響を受ける特許法秩序かが明らかとなる。パリ条約上の特許独立の原則に導かれつつ，かくて定まる国の法（「保護国法」）を，不法行為準拠法として，自然に選択すべきなのである。

　ちなみに，法例 11 条 1 項の下でのかかる処理は，通則法 17 条本文の「加害行為の結果が発生した地の法」の決定にも，もとより"織り込んで"行くべきである。前掲最判平成 16 年の事案でも，XY の"眼差し"は，日本国内での X の行為に向けられていた。そこに注目すべきなのである。

456-e)　同前・359 頁に図を示しつつ，同前・357 ～ 360 頁で論じた，重要な点である（！）。なお，本書 4.1 の，後出・注 730-a）と対比せよ。

456-f)　同前・360 頁，同・前掲国際民訴法 229 頁以下。

456-g)　同・前掲国境を越える知的財産 375 頁以下。同前・375 頁に引用した中山信弘・工業所有権法上［第 2 版・平 10］331 頁，335 頁の説明と，対比せよ。

456-h)　本判決の問題点の概要については，相沢英孝＝大渕哲也＝小泉直樹＝田村善之編・知的財産法の理論と現代的課題（平 17）511 頁以下（石黒）。なお，属地主義を除いた判旨の論点については，中山信弘＝相沢英孝＝大渕哲也編・特許判例百選［第 3 版・平 16］214 頁以下（石黒）。また，混乱した議論の氾濫する日本の，憂慮すべき状況の中にあって，冷静かつ丹念な分析を広汎に示し，海外での論議（！）をも正確に反映した労作たる，金彦叔・知的財産権と国際私法（中山信弘編集代表・知的財産研究叢書 7 ［平 18］）の存在に，注意すべきである。

457)　池原季雄＝早田芳郎編・渉外判例百選（第 2 版・昭 61）150 頁以下（石黒）。

457-a)　「国際私法とは何なのか？——実質法と牴触法との基本的な関係」について略述した，石黒・前掲法曹時報 57 巻 1 号 2 頁以下参照。

458)　なお，本審判については，前出・注 457）引用のものの他，石黒・前掲国際私法〔新版——プリマシリーズ双書〕116 頁。ちなみに，本審判は，「内外国家行為相互の代替可能性」をめぐる諸問題（同前・262 頁以下。詳細は同・前掲国際私法と国際民事訴訟法との交錯 87 頁以下，112 頁以下，同・前掲国際民訴法 114 頁以下）との関係でも，重要な意味を有する。後出・注 607）参照。

458-a)　石黒・前掲国際私法の危機 9 頁以下。この"平成 11 年法例改正"では，民法改正で「成年後見」の制度が導入されたことを受け，必要もないのにそれを法例

の規定に直結させ，法例4条の「禁治産」，同5条の「準禁治産」，の語を消し，24条の「後見」の規定からも「禁治産」の語を消し，25条の「保佐」の規定にも，民法規定とあわせる細かな文言の変更をした。明治期の法例制定時点では，国際私法上，「禁治産」等の語を用いる必要性は，当時の学問の発展段階からして致し方ないことであったが（「嫡出」・「非嫡出」等と同様！——前出・注227-c）の本文参照），平成11年にもなって，かくまで「民法」（法廷地実質法）そのままに文言をあわせる必要はなかったはずであり，逆に，「要保護者の能力補充」等の，各国実質法上の主義から中立的な文言に変える必要が，あったはずである。

459) 池田＝早田編・前掲百選（第2版）150頁以下（石黒）で批判したところである。
460) 同前・151頁（石黒）。
461) 法例旧20（新21）条と旧23（新24）条との関係（通則法32条と35条との関係）は，親権と後見との同時的併存が極めて例外的にしか生じないわが民法（835条・838条2号・868条等）を頭に置けばクリアーだが，本審判に示されているように，そもそもそうした割り切り方とは異なる外国の法制度もある。それをも統轄するフレキシブルな概念構成が，国際私法上は要求されるのである。
462) 本国法主義規定の，個別事案との関係での硬直緩和の問題は，ここでは措く。
463) 前出・注74)につづく本文参照。
464) 以上このケースにつき，池原＝早田編・前掲百選（第2版）151頁（石黒）。なお，後出・注473)の私見と対比せよ。
465) 石黒・前掲解釈論的構造241頁以下，同・前掲国際私法〔新版——プリマシリーズ双書〕84頁以下。
465-a) 同・前掲国際私法の危機222頁以下。
465-b) 同前・221頁以下。
465-c) 前出・注25)，146-a)で言及した江頭教授の法人格否認の準拠法に関する所説について，ここで正面から論じておこう。石黒・同前238頁以下で論じた点である。

　江頭教授（江頭憲治郎「法人格否認の法理の準拠法」企業結合法の現代的課題と展開［平14］10頁）は，その類型論において，とくに「会社法的利益保護」（ないし「制度的利益擁護」）の類型においては，「否認の要件が専ら会社内部組織に関わり……準拠法として会社の従属法［設立準拠法］以外は考え難い」とする。同・株式会社・有限会社法［第2版・平14］33頁以下（同書第4版［平17］では35頁の注(2)）にも挙げられているその例（「事例1」とする）は，日本法人Y社のパナマ子会社A社（ペーパー・カンパニー）が所有する船舶がアメリカ領海内で事故を起こし，被害者たるアメリカ人Xが，日本でAの親会社Yに損害賠償請求をした場合，である。その場合，「法人格否認」の準拠法はパナマ法（！）だとされる。YA間に「内部関係」があり，その内部関係の準拠法（の一つ）たるAの設立準拠法で，外部関係に立つXとの関係が，専ら規律されるというのである。

この江頭教授の類型論を支持される落合誠一教授は，東京高判平成14年1月30日判時1797号27頁の評釈（ジュリスト平成14年重要判例解説［平15］272頁以下）で，次のように論じておられる。この事例（「事例2」とする）は，日本法人Y_1社の百％出資子会社たるバハマ法人Y_2社とオランダのX社（X社は日本のB社の百％出資子会社）との間で契約が結ばれていたが，Xが（Y_2とともに）Y_1を日本で訴えた，というものである。海外子会社設立に至るY（Y_1）側の事情は，江頭教授の前記「事例1」と，ほぼ同じである。だが，落合教授は，この「事例2」は，江頭教授の言われる「会社法上の利益保護」の類型ではなく，「私法上の個別具体的な利益保護の問題」だ，とされる。ちなみに，江頭教授の類型論において，前記の類型以外においては，私の言う外部関係（Xとの関係）の準拠法によることになるのだが，落合教授は，この後者の事例につき，法人格否認の点をXと（Y_2と）の債権債務関係の準拠法（私の言う「外部関係」の準拠法）によらしめるべきだ，とされる。のみならず，本件での問題は，「契約の当事者は誰か」の問題に帰着する，ともしておられる。ちなみに，落合教授のこの立場を，本書4.1の図28に関する説明と対比せよ。私見と軌を一にする立場である。だが，江頭教授の類型論を支持されることころが，私見と異なる。

　さて，問題は，この二つの事例で，一体何が違うのか，にある。「事例1」では，単発的な「事故」で，YAの内部関係の外（外部関係）に立つXが被害を受けた。「事例2」では，1本の「契約」に絡んで，$Y_1$$Y_2$の内部関係の外（外部関係）に立つXが被害を受けた。XがY（Y_1）を狙う（否認を試みる）事情も，ほぼ同じであろう。紛争が，裁判所に持ち込まれ，事実関係が絞り込まれる過程でも，流れはほぼ同じであろう。そのプロセス（！）において，「会社法的利益保護」の問題か否かが，いかにして判断され得ると言うのであろうか。そのあたりを，冷静に考えていただきたい。

　少なくとも，この類型論は，実際の紛争処理の過程で使いにくいし，そもそも「会社法的利益保護」の問題だから，外部のXが内部関係の準拠法（の一つ）によって対抗を受けるというのは，国際私法的に考えた場合，釈然としない説明の仕方，である（否認されて困る側は，「会社法上の利益保護」の問題だと，常に主張するであろう）。実質法に拘泥しない，もっとニュートラルな説明が，なされるべきである。

　石黒・前掲国際私法の危機241頁に示したように，これは，江頭教授が，実質法にいまだこだわる傾向の強いドイツの牴触法上の議論を参考とされたことと，関係する。実際にも，江頭・同前［第4版］35頁注（2）と39頁注（8）とを対比すれば，江頭教授がわが商法（実質法）上の類型論を，直ちに国際私法（牴触法）に持ち込んでおられることは，明らかである（なお，江頭・前掲株式会社法［平18］では，その38頁以下で，「個別的利益調整」型と「制度的利益擁護」型として，多少表現は変更されているが，前記のパナマの設例を含め，従前の指摘と，内容的には同じである）。

本書4.1の図28にも「法人格否認」の語がある。この図にならって図を描いて，その上で考えてほしい。なお，石黒・前掲国際私法の危機223頁以下には，法人格否認の準拠法を含めた，藤田友敬教授の種々の設例（藤田友敬「会社の従属法の適用範囲」ジュリスト1175号［平12］9頁以下）について，以上示して来た「内部関係・外部関係」論からの批判的検討を，行っている。これについても，同様の図をまず描いて，その上で考えると，問題の所在が明らかとなるので，ぜひ試みていただきたい。

466)　反対，例えば山田・前掲国際私法（平4）55頁（同書［第3版］では，56頁）。
467)　石黒・前掲現代国際私法〔上〕135頁の指摘を見よ。
468)　同・前掲法協105巻6号883頁以下，890頁以下。
469)　前出・注421)参照。
470)　ただし，同・前掲現代国際私法〔上〕135頁以下。
471)　同・前掲法協105巻6号884頁。従来の判例の分析については同前・890頁以下。なお，同・前掲前掲国際私法〔新版──プリマシリーズ双書〕45頁。
472)　石黒・前掲現代国際私法〔上〕137頁。なお，その先において，私は種々の形で（第1段階での）性質決定論の有する意味あいの相対化への試みを続けている。この点については同・前掲国境を越える環境汚染（平3）118頁を見よ。
473)　なお，貸金請求の前提として認知の成否が争われた東京高判昭和50年12月9日判時807号28頁において，私は次のように指摘した（石黒・ジュリスト649号〔昭52〕127頁。なお，池原=早田編・前掲渉外判例百選〔第2版〕151頁〔石黒〕）。即ち，本訴の眼目たる債権の処遇が認知の成否の問題に移しかえられ，結果として認知準拠法のみによって決定されることは若干不自然であるとし，本判決の既判力が認知（や相続）の点に及ばないことをも考慮した上で，認知の成否の点も含めて債権準拠法による一括規律をすることはできないものか，と述べたのである。なお，後出・注560)参照。もとより債権準拠法を柔軟に選択し得ること，そしてそれにより，本件取引関係（そして貸主側の相続や認知）についての現実的本拠の法が適用され得ることを意識した上での立論である。これは後述の先決問題論とも絡む問題である。なお，このケースの上告審判決たる最判昭和53年2月24日民集32巻1号110頁への評釈としての，石黒・法協96巻5号（昭54）654頁以下。
474)　詳細は石黒・海法会誌復刊27号（昭58）3～45頁，及び，同・前掲金融取引と国際訴訟314頁以下。簡単には，同・前掲国際私法〔新版──プリマシリーズ双書〕76頁以下。なお，林田学「外国担保権の実行」沢木敬郎=青山善充編・国際民事訴訟法の理論（昭62）437頁以下。
475)　折茂豊・国際私法各論〔新版〕（昭47）97頁以下，山田鐐一・前掲国際私法（平4）271頁以下（同書［第3版］では301頁），沢木敬郎・国際私法入門［第3版・平2］210頁以下，木棚=松岡=渡辺・前掲国際私法概論（新版）136頁（同書［第3版］では138頁），等。こうした区別も，また，担保物権か否か，法定のそれ

か約定のそれか，といった区別も一切不要であることにつき，石黒・前掲金融取引と国際訴訟323頁。さらに，前出・注472)を参照せよ。

476) 山田・同前（平4）267頁（同書［第3版］では296頁）。
477) 船舶先取特権については公示なく船舶抵当権に優先する権利の成立を狭めるべきだ，との点の付加される場合がある（なお，林田・前掲448頁）。だが，本文で示した通説は船舶関係に限って示されたものではない。誤解なきよう十分注意せよ。また，公示の欠如を理由に累積適用をする説はかつてのドイツ語圏にもあったが（なお，石黒・前掲海法会誌復刊27号21頁以下），わが通説はこうした実質的根拠を度外視して呈示されるものであることにも注意せよ。
478) 久保岩太郎・国際私法論（昭10）612頁以下。なお，石黒・前掲海法会誌復刊27号26頁。
479) 詳細は前出・注474)所掲のもの参照。
479-a) ドイツの学説と格闘した久保教授の労苦に対し，その後の学説の無責任振りが大いに問題とされるべきこの局面で，想起されるのは，知的財産権保護との関係での「属地主義」に関する，同様の状況である。前出・注456-a)とその本文で示した点だが，パリ条約上の「特許独立の原則」につき，信じ難いことに，従来，外国学説を自身の目で検討していたのは，木棚照一教授（木棚・国際工業所有権法の研究［平1］69頁以下）のみだった。相沢=大渕=小泉=田村編・前掲知的財産法の理論と現代的課題518頁以下（石黒），石黒・前掲国境を越える知的財産308頁以下，287頁以下。しかも，この場合には，木棚教授の外国学説に対する理解に基本的な問題があった。にもかかわらず，その後の諸学説が，木棚説を"祖述"するのみだったのである。そして，そうしたことが，本書3.1の「具体的な性質決定のなされ方：その2」で示した，問題ある最高裁判決へと，結びついて行ってしまったのである。
480) 前出・注477)参照。
481) 山田三良・国際私法（昭5〜6）308頁以下。
482) なお，石黒・前掲海法会誌復刊27号28頁以下。
483) 石黒・同前28頁
484) 同前・30頁。
485) 詳細にわたる分析は，石黒・同前16頁以下，同・前掲金融取引と国際訴訟317頁以下。
486) 石黒・前掲海法会誌復刊27号20頁。
487) E. Frankenstein, *IPR* Bd. 2, at 100 (1929).
488) 石黒・前掲海法会誌復刊27号17, 20頁に原文を引用してあるので，是非参照せよ。
489) 同前・43頁注86), 32頁以下。なお，前出・注475)，及びそれに相当する本文を見よ。

490) 石黒・同前 20 頁, 32 頁以下。
491) なお, 同・前掲国際私法〔新版——プリマシリーズ双書〕113 頁以下をも参照。
492) なお, 前出・注 477) 参照。
493) 同・前掲海法会誌復刊 27 号 21 頁以下。
494) 前出・注 216) 参照。
495) 競合する担保権者の順位の決定が不可能になり得る, ということはあるが, 競売申立権の存否, 等については両準拠法によるダブル・チェックを行なうことは可能である。通説がこの点に沈黙するのは, 不可解であろう。同・前掲海法会誌復刊 27 号 36 頁。
496) 石黒・同前 38 頁以下, 同・前掲金融取引と国際訴訟 316 頁以下。
497) なお, この場合の法廷地法の適用については, 論ずべき点が別にある。さしあたり, 同・前掲金融取引と国際訴訟 339 頁以下, とくに 343 頁以下を見よ。
498) なお, 通説側からは, とくに折茂教授が, 法定担保物権については被担保債権とそこで設定される物権との「生来的な結合関係」があるが, 約定担保物権についてはそれがないから前者 (の成立) のみにつき累積をするのだ, との論を立てておられる。この論が成り立つか否かについては, 石黒・同前 322 頁, 同・前掲海法会誌復刊 27 号 34 頁, 同・前掲国際私法〔新版——プリマシリーズ双書〕78 頁に, それぞれ図を示して批判したおいたが, その図を掲げた説明は, ここでは割愛する。
499) 石黒・前掲講座現代家族法 (島津古稀記念) 3 巻 (平 4) 412 頁。
500) 同前・397 頁以下で詳論したところ。なお, 同前・409 頁以下の注 64 をも見よ。
501) 同前・398 頁を見よ。
502) 折茂・前掲国際私法〔新版〕各論 428 頁以下。養子縁組準拠法と相続準拠法とをそもそも当然の如く分けて選択すべきか否かの点が, その前提としてあるが, それはここでは措く。
503) 前出・注 500) 参照。
504) Sonnenberger, *Münchener Kommentar zum BGB* Bd. 7, at 181 (2. Aufl.). (Id. [3. Aufl.], at 247 と対比せよ)。なお, 石黒・前掲講座現代家族法 3 巻 408 頁。また, 後出・注 580) と対比せよ。他方, 後出・注 604) の本文をも見よ。ただし, 石黒・同前 416 頁に示したように, ドイツで Substitution について議論される際, 種々の理論的不明確性がなおそこに伴っていることに, 最も注意すべきである。
505) 前出・注 501) の本文参照。
506) 石黒・前掲講座現代家族法 3 巻 413 頁。なお, この種の問題の処理につき, 同・前掲国際民訴法 114 頁以下, 同・前掲国際私法〔新版——プリマシリーズ双書〕262 頁以下参照。
507) 石黒・前掲国際私法〔新版——プリマシリーズ双書〕113 頁以下, とりわけ 114 頁を見よ。なお前出・注 76) につづく本文で示した表 2 の「準拠法のカタログ」を見よ。

508) 石黒・前掲講座現代家族法3巻410頁。なお，同前・416頁をも参照せよ。また，後出・注582），605）参照。なお，山田・前掲国際私法（平4）271頁以下の（ロ）の議論も，これまで論じた諸点を前提に，批判的に考察すべき点が多々あることを付け加える。

509) なお，石黒・前掲金融取引と国際訴訟84頁以下（ノー・アクション・クローズ），190頁以下（一般，及び，賠償額の算定），196頁以下（消滅時効），249頁（相殺），同・前掲国際民事紛争処理の深層197頁以下（当事者能力・訴訟能力），211頁（当事者適格），同・前掲解釈論的構造288頁以下（一般，及び，当事者適格），同・法協96巻5号655頁以下（当事者適格），同・ジュリスト580号（昭50）138頁（当事者適格〔保険代位〕），同・前掲国際私法〔新版――プリマシリーズ双書〕86〜96頁（全般），等参照。以上のそれぞれカッコ内は，この点の性質決定が内外で争われ，あるいは問題となり得る事項としてそこで主として扱ったもの。

510) 石黒・前掲国際私法と国際民事訴訟法との交錯74頁以下。

511) 前出・注95）を見よ。

512) 例えば，沢木・前掲国際私法入門（第3版）228, 229頁，等を見よ。なお，ある問題が手続問題だとしても，個々の実質法（手続法上の規定を含む）規定が「手続規定」か「実体規定」かを個別に決定してゆく必要があるとする石黒・前掲解釈論的構造290頁参照。研究の初期段階のものゆえ，若干用語としては紛らわしいが，その意図するところは，本文に示した通りのものである。

513) 福永有利「渉外訴訟事件における訴訟追行権」山木戸克己編・手続法の理論と実践（下）（昭56）101頁である。石黒・前掲国際民事紛争処理の深層211頁。なお，小林秀之・国際取引紛争（昭62）133頁以下（なお同書〔第3版・平15〕では146頁以下）。

513-a) なお，東京地判平成10年5月27日判時1668号89頁は，立証責任の問題は法律効果の発生要件と密接に結びつくことから契約準拠法たるドイツ法によるとしつつ，表見証明ないし一応の推定は，自由心証の枠内での経験則の適用の結果に過ぎず，真偽不明のときに適用される立証責任や立証責任転換と異なり，訴訟法的性格を有するから，法廷地法たる日本法による，としている。

514) 石黒・前掲国際民事紛争処理の深層109頁。

515) ドイツの議論を直輸入し，民訴旧51条（新33条）の文言（ドイツの場合と同じ）から，訴訟能力の点を専ら当事者の本国法によらしめようとする立場があるが，それへの批判は，石黒・前掲国際民事紛争処理の深層200頁以下で行なった。なお，同・前掲国際私法〔新版――プリマシリーズ双書〕92頁以下。

516) 兼子一・新修民事訴訟法体系（増訂版・昭29）110頁。なお，石黒・前掲国際民事紛争処理の深層208頁。

517) 当事者能力（ケニヤ法上のパートナーシップ）の場合につき，東京地判昭和35年8月9日下民集11巻8号1647頁は反対。

518) 石黒・損保判例百選（昭55）208頁以下（同・同百選［第2版・平8］202頁以下），同・ジュリスト580号137頁以下，同・前掲国際私法〔新版――プリマシリーズ双書〕91頁以下。
519) 福永・前掲101頁。なお，石黒・前掲国際民事紛争処理の深層211頁。
520) なお，前出・注472) 参照。とくに，石黒・前掲金融取引と国際訴訟190頁以下参照。こうした私の基本観につき，同・前掲国際私法の危機208頁以下。ちなみに，本書では触れ得ないが，消滅時効の問題（わが国際私法上は，実体問題の準拠法による）をめぐる英米での，問題ある従来の処理と，イギリスの1984年のForeign Limitation Periods Actによる問題の整理については，同・前掲金融取引と国際訴訟196頁以下，同・前掲国際私法〔新版――プリマシリーズ双書〕95頁以下。なお，Dicey & Morris, *The Conflict of Laws*, at 188ff (11th ed. 1987). とくにId. at 190f（なお，Id. [13th ed. 2000], at 174ff.) 参照。さらに，前出・注427) をも参照せよ。
521) 平成元年法例改正との関係での問題については，さしあたり石黒・法律時報61巻13号37頁，同・前掲講座現代家族法3巻393頁以下，同・前掲国際私法〔新版――プリマシリーズ双書〕178頁以下。
522) 石黒・前掲解釈論的構造187頁以下，同・前掲国際私法と国際民事訴訟法との交錯110頁，同・前掲現代国際私法〔上〕147頁以下，281頁，同・前掲国際私法〔新版――プリマシリーズ双書〕164頁以下，97頁以下，49頁以下，404頁以下，等。
523) 前出・注125) の本文の図6と対比せよ。
524) この図18の〔Ⅲ〕図の〔1〕において，A国の実質法規範のどこまでが切り取られて法廷地国で実際に適用できるかの問題が，前出・注94) の本文以下，そして，前出・注414) の本文以下において論じた「選択された準拠法への具体的な送致範囲の問題」である。それはいわば，A国実質法への指定の，水平的な範囲の問題である。前出・図3，図4と前注の本文とを対比せよ。
525) なお，ゲームの理論とアメリカ通商法301条との関係については，伊藤元重＝奥野正寛編・通商問題の政治経済学（平3）191頁以下（石黒），及び，石黒・前掲法と経済117頁以下。
526) 前出・注85) の本文参照。なお，「準拠法選択の基準時点」との関係での（その後の当該外国国際私法の改正等による）反致の成否については，前出・注89)。また，条文上，「本国法」とあるか「国籍を有する国の法律」とあるかで反致の成否を分けて考えることの不自然さ（条約上反致を否定する際の用語法を日本語に訳す際のまずさが，その後の法例改正でも引き継がれて一層問題を混乱させている）については，前出・注217)，235)，及び，注521) 参照。さらに，法廷地国際私法上の（第1段階での）性質決定と異なる性質決定（同前）が当該外国国際私法においてなされていた場合の反致の成否について，前出・注435)，445)，449)，450) 参照。

注　　301

527)　石黒・前掲解釈論的構造175頁。
528)　穂積起草委員の説明を，原文を示して批判的に考察した石黒・同前173頁以下を見よ。
529)　Lüderitz, *IPR*, at 76 (2. Aufl.); Kegel, *IPR*, at 245 (6. Aufl.).　なお，ドイツでは例えば不法行為についても反致が認められていることにつき Lüderitz, supra, at 75.
530)　日本で二重反致を認める立場については，山田・前掲国際私法（平4）71頁（同書〔第3版〕では71頁以下）を見よ。なお，石黒・前掲国際私法〔新版――プリマシリーズ双書〕171頁。同・前掲解釈論的構造192頁以下と前注とを対比せよ。
531)　なお，石黒・前掲国際私法〔新版――プリマシリーズ双書〕166頁。
531-a)　ケーゲルの窮状打開策（及び池原教授の立場）とその問題点については，石黒・前掲解釈論的構造192頁以下。なお，前出・注529），530）参照。
531-b)　同前・187頁以下。
531-c)　同前・188頁以下。
531-d)　同前・1～240頁，とくに224頁以下。
531-e)　同前・205頁以下。
531-f)　同前・206頁以下。〔1841〕2 Curt. 855である。
531-g)　同種の反致論の止揚への試みを含めて石黒・前掲解釈論的構造224頁以下。簡単には，沢木編・前掲国際私法の争点54頁（石黒）。なお，前出・注229）と対比せよ。
532)　石黒・前掲解釈論的構造213頁以下。
533)　それは，いわゆる反致との関係を離れても，随所でドイツ牴触法上強調されるものであり，むしろ「ドイツ型牴触規定観」と呼ぶべきものである。この点は「先決問題」論に即して後述するが，更に，同・前掲国際民訴法99頁以下。
534)　前出・注528）参照。
535)　簡単には，石黒・前掲国際私法〔新版――プリマシリーズ双書〕172頁以下を見よ。
536)　わが判例による本国法主義諸規定の硬直緩和への営みとの関係をも含めて，石黒・前掲解釈論的構造41頁以下，234頁以下，同・前掲現代国際私法〔上〕145頁以下，同・前掲講座現代家族法3巻394頁，同・前掲国際私法〔新版――プリマシリーズ双書〕49頁以下，沼辺＝太田＝久貴編・前掲家事審判事件の研究（2）260頁以下（石黒），等。
536-a)　ただし，最判平成6年3月8日家月46巻8号59頁は，中華人民共和国人の相続につき，同国法上，不動産の相続についてはその所在地法を適用する規定のあることから，日本法への反致を認めている。同国の経過規定を含めての判断である。
537)　なお，石黒・前掲国際民訴法138頁以下，188頁注456），同・前掲現代国際私法〔上〕146頁注66の本文，及び，同・295頁以下参照。

538) 前出・注156) 参照。
539) 前注参照。
540) 前出・注531-b) の本文参照。
541) 石黒・前掲現代国際私法〔上〕149頁。ただし，山田・前掲国際私法（平4）72頁は，隠れた反致は「理論的にみて必ずしも不当とはいいがた」いとしつつ，その理論の中身を十分示していない。同書〔第3版〕・72頁，513頁も同様。
542) 石黒・前掲解釈論的構造49頁。
543) 石黒・前掲現代国際私法〔上〕151頁以下。
544) 前出・注536) を見よ。なお，相続の場合に生ずる反致関連での種々の問題とわが判例への批判的考察については，沼辺＝太田＝久貴編・前掲家事審判事件の研究(2) 260頁以下（石黒）。
545) 前出・注521), 526) 参照。
546) 前出・注531) の本文参照。
547) 前出・注521) の本文参照。
548) 石黒・前掲法律時報61巻13号37頁。
549) 前出・注220) につづく本文で示した表4を見よ。
550) 簡単には Lüderitz, *IPR*, at 75 (2. Aufl.)。
551) 既に，山田・前掲国際私法（平4）72頁以下，410頁以下，417，424頁（ただし，同書〔第3版〕477，485，496頁と対比せよ），木棚＝松岡＝渡辺・前掲国際私法概論（新版）54頁（同書〔第3版〕では55頁），等を見よ。なお，法例新15条1項但書（通則法26条2項1号）に言う「国籍を有する国の法律」は「本国法」と違うから「文理上，当然」反致が排除されるとする山田・同前73頁（第3版でも73頁）の議論に対しては，前出・注526) 参照。法例新18条1項後段・2項後段，新20条1項後段の承諾・同意等の要件（通則法29条1項後段，同2項後段，31条1項後段）につき反致が否定されるとする山田・同前72頁（第3版では73頁）の批判する見方については，石黒・前掲講座現代家族法3巻393頁。
552) 石黒・前掲解釈論的構造122頁以下。なお，同・前掲講座現代家族法3巻394頁，同・前掲国際私法〔新版──プリマシリーズ双書〕97頁以下。その後のドイツにおいて，従来の私見と殆ど同様の観点から，先決問題論という問題枠組自体への鋭い批判がようやくなされつつあることに，私は意を強くしている。Schurig, Die Struktur des kollisionsrechtlichen Vorfragenproblems, in: H.-J. Musielak/K. Schurig (Hrsg.), *Festschrift für G. Kegel*, at 549ff (1987)。
553) 日本においては，一般にそうである。例えば山田・前掲国際私法（平4）144頁以下（同書〔第3版〕の162頁）。
554) 石黒・前掲解釈論的構造123頁。
555) 石黒・同前137頁以下。なお，Schurig, supra, at 564, 566, 573ff.（ただし，Id. at 576には注意。）

556) 前出・注531-b）につづく本文参照。なお，石黒・同前137頁，196頁以下とSchurig, supra, at 575, 588とを対比せよ。
557) これは，石黒・前掲国際私法と国際民事訴訟法との交錯を通じて得られた理念型であるが，つとに同・前掲国際家族法入門（昭56）189頁以下において示しておいたところでもある。この〔Ⅰ〕図に示した点の骨子は，石黒・前掲国際私法〔新版――プリマシリーズ双書〕183頁以下にも示してある。
558) 前記の図21と，図18の〔Ⅱ〕・〔Ⅳ〕図とを対比して考えよ。
559) 本問題が契約や不法行為，といった財産法上の問題でもあり得ることにつき，Schurig, supra, at 559, 563, 582f 等，及び，石黒・前掲国際私法〔新版――プリマシリーズ双書〕102頁参照。なお，部分問題（Teilfrage）等の別途の構成については後述する。
560) Schurig, supra (*Kegel Fschr.*), at 586f. なお，石黒・前掲国際家族法入門192頁において，貸主たる夫の死亡後，妻が貸金請求したケース（なお，前出・注473）と対比せよ）を念頭に置き，①契約解釈，②相続，③婚姻の成否，という3つの事項のあるとき，②を本問題，③を先決問題とすることは何ら当然ではないのに，通説が②と③との関係ばかりを論ずることを，問題視しておいた。この点では，やはりSchurig, supra, at 587 が，本文に示したのと同様の別の設例を，①相続，②その財産が被相続人の所有に属していたか否か（第1段階の先決問題），③その財産が前占有者の所有に属していたか否か（第2段階），④後者の者がその財産の取得時に行為能力を有していたか（第3段階），といった先決問題の連鎖（Vorfragenlinie）として掲げていることに，注意すべきである。
561) 石黒・前掲国際私法〔新版――プリマシリーズ双書〕102頁。
562) 石黒・前掲解釈論的構造124頁以下。なお，山田・前掲国際私法（平4）147頁（同書〔第3版〕では163頁）。他方，内国牽連性の強い場合は独立連結説を，外国（具体的にどこの国かが，さらに問題となる）との牽連性が強い場合には従属連結説をとる，との立場への批判として，Schurig, supra, at 577, 589, 及び，石黒・同前128頁以下，137頁以下。また，同・前掲国際私法〔新版――プリマシリーズ双書〕99頁以下で示したように，東京地判昭和48年4月26日判時721号66頁（なお，山田・前掲国際私法〔平4〕148頁〔同書〔第3版〕では164頁〕）については，従属連結説をとっていたならばどうなったかが，現実味を帯びて説かれ得るが，このケースはむしろ内国牽連性の強い事案であったことにも，注意すべきである。
563) なお，石黒・前掲解釈論的構造126頁。
564) Schurig, supra, at 550. なお，Id. 549ff, 及び，Sonnenberger, *MünchKomm*. Bd. 7（2. Aufl.）, at 159ff に示される理論状況は，石黒・前掲解釈論的構造128頁以下に示したのと大差ないものと言える。ただし，Sonnenberger, supra, at 162f に示されたように，その後は従属連結説の原則的否定（従ってまた先決問題論という理論枠組自体の否定）を主張する見方が若干有力化している。Schurig, supra, at 591ff; Ch.

von Bar, *IPR* Bd. 1, supra, at 529（後者は例外なしに独立連結すべきだ，とする）。Kegel, *IPR*（6. Aufl.）, at 232 も同旨。なお，Kegel/Schurig, *IPR*（9. Aufl.）, supra, at 381.
565） 石黒・同前 131 頁，Schurig, supra, at 558ff; Sonnenberger, supra, at 160f.
566） Schurig, supra, at 558f, 581ff. なお，こうした状況の中であえて原則として従属連結説をとる Sonnenberger, supra, at 164 が，Id. at 164ff とりわけ Id. at 166f で示す例外の恣意性を，私は強く感ずる。なお，Id., *MünchKomm*. Bd. 10（3. Aufl.）, at 224ff と対比せよ。
567） Schurig, supra, at 585f. なお，石黒・前掲国際民事紛争処理の深層 246 頁と対比せよ。
568） 前出・注 562）。
569） 石黒・前掲解釈論的構造 124 頁以下。
570） 同前・125 頁以下，Schurig, supra, at 594. なお，Schwebel v. Unger, 42 D. L. R.（2d）622（1963）である。
571） Schurig, supra, at 594f. なお，石黒・同前 126 頁。
572） 英米における外国離婚の承認に関する独特のルールについては，石黒・前掲国際私法と国際民事訴訟法との交錯 199 頁以下。
573） 夙に J. G. McLeod, *The Conflict of Laws*, at 50ff（1983）においてなされていた指摘である。
574） Id. at 53. なお，石黒・前掲解釈論的構造 126 頁以下。このほか，J.-G. Castel, *Canadian Conflict of Laws*, at 163-165（4th ed. 1997）とも対比せよ。
575） 前出・注 531-f）につづく本文の図 19, 前出・注 533）につづく本文の図 20 と対比せよ。
576） 石黒・前掲解釈論的構造 134 頁以下，同・前掲国際家族法入門 193 頁以下，同・前掲国際私法〔新版──プリマシリーズ双書〕104 以下。なお，Schurig, supra, at 590 も，実質的には通常の牴触規定の法政策的に見た不十分さゆえに，法的なバイパスの機能を，先決問題論の実際が担っている，としている。
577） ただし，この点で Schurig, supra, at 589 の指摘は，なお不十分である。
577-a） 石黒・前掲国際私法の危機 223 頁を見よ。
577-b） 本書 2.1 の注 75），及び，本書 2.4 の注 222），等参照。
578） 前出・注 94）の本文以下参照。そこに示した図 3, 図 4, 前出・注 97）の本文に示した表 3, 等を参照せよ。
579） 前出・注 498）につづく本文の個所を参照。
580） 前出・注 504）参照。なお，「代替可能性（Substitution）」に関する前出・注 506）の本文で示した問題を想起せよ。
581） 前出・注 578）参照。
582） 前出・注 508）の本文参照。
583） 前出・注 98），102）の本文参照。

584）　適応（調整）問題について論じた石黒・前掲国際家族法入門195頁以下（とくに201頁以下），同・前掲金融取引と国際訴訟202頁以下，同・前掲国際私法〔新版——プリマシリーズ双書〕106頁以下（とくに126頁以下），等。ちなみに，Lüderitz, *IPR*, at 89（2. Aufl.）も，一般論として牴触法の調整を優先させている。また，積極的規範牴触（Normenhäufung）の場合につき，Keller/Siehr, *Allgemeine Lehren des IPR*, at 454（1986）は，牴触法の調整に際して全く新たな牴触規定を作って処理すること（なお，木棚＝松岡＝渡辺・前掲国際私法概論〔新版〕76頁——同書第3版では78頁）に対してネガティヴであるが，その限りで正当である。

585）　Kegel, *IPR*（6. Aufl.）, at 335. なお，石黒・前掲国際家族法入門202頁，同・前掲金融取引と国際訴訟202頁以下，同・前掲国際私法〔新版——プリマシリーズ双書〕117頁以下。

586）　Kegel, supra, at 219. だが，かかる考え方がわが学説によってそのまま受け入れられている。池原・総論273頁，山田・前掲国際私法（平4）150頁（同書第3版では166頁），等。そこがまずもって問題なのである。後出・注612）参照。

586-a）　Kegel/Schurig, *IPR*, at 68, 371（9. Aufl. 2004）.

587）　石黒・前掲国際私法〔新版——プリマシリーズ双書〕118頁以下。

588）　石黒・前掲家裁月報37巻9号38頁以下。なお，同・前掲国際私法〔新版——プリマシリーズ双書〕125頁。

589）　前注参照。

590）　後述の，準拠外国法の解釈の問題である。さしあたり，石黒・前掲国際民事紛争処理の深層233頁以下，同・前掲国際私法〔新版——プリマシリーズ双書〕160頁以下。

591）　例えば，夫の本国法の解釈として導き得ないはずの本文で示した帰結を，実質法的調整の名の下に導く，といったことも実際には考えられることに，注意せよ。

592）　なお，婚姻に伴う夫婦の氏の問題を婚姻の一般的効力の法例新14条（通則法25条）によらしめるのが多数説であるが（山田・前掲国際私法〔平4〕370頁——同書第3版では428頁以下），他方，同条は連結点の所在地国の変更で「準拠法の変更」が生ずる主義をとる（同前・366頁以下——同書第3版では424頁。なお，石黒・前掲国際私法〔新版——プリマシリーズ双書〕380頁以下，とくに384頁を見よ）。人格権説をとってその後の国籍変更があった場合にも同様の事態は生ずるものの，旧準拠法（例えば共通常居所地法だったとせよ）において夫婦別氏が認められていたが，新準拠法上夫婦は共通の氏を必ず有すべし，となった場合にどうなるのか，といった点も問題となる。やはり夫婦が自己の氏にこだわった場合の問題である。本文に示した点とあわせて考えるべき問題であろう。

593）　折茂・前掲国際私法各論〔新版〕387頁，山田・同前441頁（同書第3版では524頁），等。

594）　石黒・前掲国際私法〔新版——プリマシリーズ双書〕125頁と対比せよ。なお，

本文で述べた点と深く関係する事案についての，問題ある東京家審平成4年6月22日家月45巻11号47頁に対する，石黒・渉外判例百選〔第3版・平7〕186頁以下参照。

595) 石黒・前掲国際私法〔新版——プリマシリーズ双書〕122頁をも見よ。
596) 同前・108頁以下。
597) 池原・前掲国際私法総論269頁。なお，石黒・同前108頁以下の（1）の例は，これを念頭に置き，かつ，その後の法例改正や扶養に関する条約の批准をもあわせて論じたものである。本書では，問題を単純化してその骨子のみを示す。
598) 従来の法例新〔旧〕18条（通則法29条に対応）等との関係での，より実際の条文に即した議論については，石黒・同前を見よ。
599) なお，前出・注222）及びその本文参照。さらに，前出・注421）及びその本文をも参照せよ。
600) 前出・注498）につづく本文，とくに前出・注508）の本文を見よ。
601) なお，池原・前掲総論271頁注6と折茂・前掲国際私法〔各論〕351頁以下の注6とを対比せよ。ただし，その前者が「かような解釈も……一種の『適応』〔問題としての処理〕を試みているものとみることもできよう」とするのは，「適応（調整）問題」の概念を混乱させるだけであって，問題である。本来，本文に示したように考えるべきことのはずである。ちなみに山田・前掲国際私法（平4）420頁注4（同書第3版では491頁注6）は，扶養の前提として要求される，アメリカ法上のacknowledgement, recognitionは，法例新18条（通則法29条に対応）で言う「認知には含まれない」とするが，なぜそう解さねばならぬのか，疑問である。
602) 石黒・前掲国際私法〔新版——プリマシリーズ双書〕111頁以下，とくに113頁参照。
603) 前出・注504）及びその本文参照。従ってまた，それは，いずれにしてもいわゆる「適応（調整）問題」とは区別して論じられねばならない。石黒・前掲講座現代家族法3巻408，410頁以下，413，416頁参照。
604) 単純化されたモデルであることにつき，前出・注598）参照。図中の斜線部分は，それぞれの準拠法への送致範囲としてこのモデルで想定されている部分。
605) 前出・注508）の本文，及び，注601）の本文参照。
606) 山田・前掲国際私法（平4）153頁以下（同書第3版では170頁），木棚=松岡=渡辺・前掲国際私法概論（新版）77頁（同書第3版では79頁），等。
607) 石黒・前掲国際私法と国際民事訴訟法との交錯130頁，同・前掲講座現代家族法3巻408頁。Firsching, *Einführung in das IPR*（3. Aufl.）, at 59 も同旨。ただし，Sonnenberger, *MünchKomm*. Bd. 7（2. Aufl.）, at 181. なお，Sonnenberger, supra, at 182は，かくてこの点は準拠外国法の解釈問題だとしつつ，その外国法から見ての代替可能性の判断が厳格で，法廷地手続法による代替を認めてくれない場合には，適応（調整）問題が生ずる，とする（Id., 10 *MünchKomm*. [3. Aufl.], at 249）。

だが，この点については後述の「場所は行為（の方式）を支配する（locus regit actum）」の原則の介在の余地が十分にあり，それによる理論的説明をすることが必要となる。石黒・前掲講座現代家族法3巻408頁，同・前掲国際私法〔新版——プリマシリーズ双書〕262頁，同・前掲国際民訴法114頁以下，等。なお，前出・注457），458）の本文に示した裁判例を参照。また，イギリス養子法上の養子決定をなすにつきわが家裁の特別養子縁組成立の審判をもってこれに代えることができるとした東京家審平成元年10月24日家月42巻7号47頁，アメリカ人間のハワイ州法を準拠法とする離婚につき，同州法上の裁判所の裁判を，最もそれに沿うものとして家裁の審判に置き換えた横浜家審平成3年5月14日家月43巻10号48頁，裁判所の決定を要するフィリピン法上の養子縁組について，「方式」に関する法例新22条但書を「適用」して日本の方式でそれを成立させた盛岡家審平成3年12月16日家月44巻9号89頁，等参照。

608) さしあたり，石黒・前掲金融取引と国際訴訟200頁以下，同・前掲国際私法〔新版——プリマシリーズ双書〕130頁以下，等。

609) Kegel, *IPR* (6. Aufl.), at 226. なお，山田・前掲国際私法（平4）150頁以下（同書第3版では166頁以下）は，これを紹介する。

610) この点については，石黒「同時死亡者の間の相続関係はどこの国の法律によるか」国際家族法実務研究会編・問答式国際家族法の実務（昭62——加除式）896頁以下。

611) 同前・899頁。

611-a) なお，Kegel/Schurig, *IPR* (9. Aufl.), at 370f が，従来のケーゲル的手法を恣意的（willkürlich）だと批判し，そこにおいて，前出・注586-a）の本文で示した点が記されていることに，注意せよ。

612) 石黒・同前900頁。ドイツ学説の混乱は，同前・900頁以下に示した通り。なお，木棚＝松岡＝渡辺・前掲国際私法概論（新版）77頁（同書第3版では80頁）は，まさにケーゲルの掲げる例を示し，「わが国の国際私法上の実質法規定として同時に死亡したものとみなすという規定をつくり……」，といった（かつての！）ケーゲル的処理をそのまま示す。なお，山田・前掲国際私法（平4）150頁以下（同書第3版では166頁以下）のケーゲル説の紹介とも対比せよ。ちなみに，山田・前掲第3版166頁には，Kegel/Schurig の引用はあるのに，前出・注586-a）とその本文で示した同書の重要な主義の転換（シューリッヒの改訂によるそれ）が，何らフォローされていない。ここだけの問題ではないことを留保しつつ，この点，指摘しておく。

613) 石黒・前掲講座現代家族法3巻416頁。

614) 石黒・前掲国際民事紛争処理の深層213頁以下，同・前掲国際私法〔新版——プリマシリーズ双書〕141頁以下。

615) 石黒・前掲国際民事紛争処理の深層217頁以下。なお，同・前掲国際私法〔新

版——プリマシリーズ双書〕141頁以下。
616) 石黒・前掲国際民事紛争処理の深層231頁以下。例えば非訟事件についてはZPO549条（現在の545条）は不適用ゆえ，上告可とする，等々。
617) 司法エネルギーの合理的配分，あるいは，平均的裁判官への期待可能性という制度論的視野を重視されるのは三ケ月章教授であるが，その同教授の問題提起を正面から受けたのが，石黒・同前213～250頁である。
617-a) Kegel/Schurig, *IPR* (9. Aufl.), at 509.
618) 石黒・前掲国際民事紛争処理の深層247頁以下。ただし，同国国際私法上，当事者自治（主観的法選択）が認められ，それによって，明示の指定がなされた場合はその例外とされる。国際私法上の当事者自治をどう見るかの問題であり，私は，さらに徹底して考えている。同・前掲国際私法〔新版——プリマシリーズ双書〕147頁以下。
619) 石黒・前掲国際民事紛争処理の深層247頁。
620) なお，石黒・前掲現代契約法大系8巻266頁以下をも参照せよ。
620-a) 同・前掲国際民訴法195頁注503）。
621) 前出・注618)参照。
622) なお，前出・注428)参照，
623) Schwimann, *Grundriß des IPR*, at 51f (1982). なお，石黒・前掲国際民事紛争処理の深層247頁以下。また，スイス新国際私法典の場合については，石黒・同前226頁以下。
624) 石黒・前掲現代契約法大系8巻254頁，同・前掲現代国際私法〔上〕116頁以下，同・前掲国際民事紛争処理の深層237，242，249頁，同・前掲国際私法〔新版——プリマシリーズ双書〕143頁以下。
625) なお，石黒・前掲法協百周年記念論文集3巻610頁以下。Kegel/Schurig, *IPR*, at 498 (9. Aufl.).
626) 以下の諸点につき，E. F. Scoles/P. Hay, *Conflict of Laws*, at 418ff (2nd ed. 1992). なお，石黒・前掲国際民事紛争処理の深層220頁以下。これに対して，イギリスでは，依然として外国法を事実とする伝統が，根強く残っている。Dicey/Morris, *The Conflict of Laws*, at 221ff (13th ed. 2000). この英米の対比につき，Kegel/Schurig, supra (9. Aufl.), at 503.
627) Scoles/Hay, supra, at 425. なお，以上につき，Scoles/Hay/Borchers/Symeonides, *Conflict of Laws*, at 543ff (4th ed. 2004).
628) 石黒・前掲国際民事紛争処理の深層221，238頁。
629) 石黒・前掲国際私法〔新版——プリマシリーズ双書〕142頁，145頁以下，154頁。
630) 同前・145頁以下。
630-a) 同前・147頁。

631) 同前頁，及び同・前掲国際民事紛争処理の深層244頁。
632) 石黒・前掲国際民事紛争処理の深層233頁以下，同・前掲国際私法〔新版――プリマシリーズ双書〕160頁以下。
633) 三ケ月章「外国法の適用と裁判所」同・民事訴訟法研究（10）（平元）所収，90頁。この点につき，石黒・前掲国際民事紛争処理の深層228，233頁。なお，後出・注645)の本文参照。
634) 石黒・同前・234頁以下。
634-a) なお，「損害賠償」の問題について，とくに「具体的な賠償額の算定（損害の金銭的評価）」については，準拠法（例えば当該債権債務の準拠法）の大枠での規律の下ではあれ，国際私法上，正面から法廷地裁判官の裁量の余地を，認めてよいと考える。同・前掲金融取引と国際訴訟193頁以下。なお，「損害賠償」問題を正面から扱った同前・187頁以下参照。また，各国実質法上既にして興味深いもののある「利息」の点の国際私法上の扱いについては，同前・184頁以下。
635) 石黒・前掲法協百周年記念論文集3巻568頁。
636) 前出・注93)の本文参照。
637) 前出・注92)参照。なお，石黒・前掲国際民事紛争処理の深層245頁注164参照。
638) 前出・注278)，及び，石黒・前掲国際私法〔新版――プリマシリーズ双書〕162頁。
639) その後，1991年1月1日施行の改正韓国民法で，「財産分割請求権」が認められるに至っている。金容旭=雀学圭・新しい韓国・親族相続法（平4）89頁以下。
640) なお，石黒・前掲法協105巻6号881頁以下。
641) 同前・882頁。
642) 同前・883頁。ただし，幸いにも韓国の民事法定利息は年5分であった。なお，賠償額の具体的な算定に関する牴触法上の取扱一般については，前出・注634-a)，および石黒・前掲国際私法〔新版――プリマシリーズ双書〕96頁。
643) 前出・注277)の本文参照。
644) 石黒・前掲国際私法〔新版――プリマシリーズ双書〕158頁以下，同・前掲国際民事紛争処理の深層228以下，同「外国法が不明な場合」野田愛子=人見康子編・夫婦・親子215題（判タ747号）（平3）482頁以下。
645) 前出・注633)の本文参照。
646) 沢木・前掲国際私法入門（第3版・平2）60頁。
647) 石黒・判タ747号483頁。
648) 同前・482頁以下。
649) なお，石黒・前掲現代国際私法〔上〕141頁以下。
649-a) 同・前掲国際訴法223頁。
650) 同・前掲国際私法〔上〕・557頁以下。

651) 国際私法上の性質決定（第1段階でのそれ）により、本国法主義の妥当する規定から当該事項を解放し、事案の諸事情を一層勘案できる連結点を示す規定の適用を導いたり、英米との関係で既述の隠れた反致の手法を用いたり、この公序を用いたり、といった国際私法総論上の諸技術が、本国法主義緩和のために用いられてきている。そのような判例の努力とその限界については、石黒・前掲現代国際私法〔上〕133頁以下、同・前掲解釈論的構造19頁以下、同・前掲国際私法〔新版――プリマシリーズ双書〕43頁以下、等。

652) 石黒・前掲解釈論的構造63頁以下。

653) もっとも、東京地判昭和55年2月22日判タ412号145頁はエチオピア法（同国革命により日本人妻の身辺に危険が迫り、やむなく帰国した妻から所在不明となってしまった夫に対する離婚請求）を、東京地判昭和38年9月6日家月16巻1号124頁はヴェトナム法を排除した（ただし、後者は同国法の適用を排除したのち条理上東洋における文明国としての日本民法の規定の趣旨に従って事案を処理した。国際感覚のなさを感じさせる言いまわしである）。また、神戸地判昭和54年11月5日判時948号91頁は、フィリピン人夫から在日朝鮮人妻に対する離婚請求において公序を適用したもの。ただし、新潟地判昭和63年5月20日判時1292号136頁は、日本人妻からフィリピン人夫に対する離婚請求につき、フィリピンとの婚姻生活上の牽連性も強かったためか、公序を適用しなかった。なお、この点につき、石黒・前掲国際私法〔新版――プリマシリーズ双書〕46頁。

654) 石黒・前掲国際私法〔新版――プリマシリーズ双書〕47頁。なお、前出・注216) で示した最判平成3年9月13日民集45巻7号1151頁と対比せよ。

655) 前出・注172) 参照。

656) 前出・注278) 参照。

657) 石黒・前掲金融取引と国際訴訟200頁参照。

658) 徳島地判昭和44年12月16日判タ254号209頁（わが民法172条よりも長期の、6年の消滅時効期間を定めるニューヨーク州法の場合につき、公序を適用しなかった）参照。なお、同じく財産法分野で、例えば、船舶抵当権の準拠法とされたロシア法上、公示なしに第3者に対抗し得る抵当権設定が認められる点をとらえて法例旧30条を適用した、長崎控決明治41年12月28日新聞550号12頁がある。だが、この点は石黒・同前327頁と対比して考えるべき問題である。

659) 例えば新潟地判昭和63年5月20日判時1292号136頁の事案を、この観点から検討せよ。

660) 石黒・前掲法律時報61巻13号34頁。なお、同・前掲国際私法〔新版――プリマシリーズ双書〕48頁。

660-a) 同・前掲国際民訴法226頁以下の、ジャンケットに絡むネヴァダ判決の承認・執行をいかにもあっさりと認めた東京地判平成3年12月16日判タ794号246頁の問題性と、あわせ考えよ。

661） ただし，ジャンケット契約を全体として見た場合，客の誘い出しと回収のメカニズムの重点は，むしろ，はっきりと日本国内にあると言うべきである。なお，こうした全体的考察は，日本の判例の苦手とするところのようである。例えば，石黒・前掲国際民訴法151頁の東京地判昭和34年6月11日下民集10巻6号1204頁に関する論述とも，対比せよ。

662） なお，国際労働法の分野において，国際私法上の公序を介してわが国の労働法を導く，という過渡的な法律構成をとるべきか否かの問題がある。東京地判昭和44年5月14日下民集20巻5=6号342頁，東京地決昭和40年4月26日労民集16巻2号308頁，等に即して，石黒・前掲国際私法〔新版――プリマシリーズ双書〕135頁以下。この点については，陳一・前掲（注256））論文参照。また，イラン石油国有化法の適用が問題となった東京高判昭和28年9月11日高民集6巻11号702頁（石黒・前掲国際民訴法54頁以下）などにも関連して，国際私法上の公序を普遍人類社会に共通のもの（いわゆる「普遍的公序」）と把握する見方の当否も問題となる。なお，同・前掲現代国際私法〔上〕245頁，同・前掲国際私法〔新版――プリマシリーズ双書〕128頁。いずれの問題についても，私の答はネガティヴである。なお，前者の問題については，前出・注125）の本文に示した図6を見よ。また，国有化・収用については，石黒・前掲ボーダーレス社会への法的警鐘123頁以下をも見よ。

663） 石黒・前掲法協105巻6号885頁以下で論じた点である。詳細はそれに譲る。

664） 同前・890頁以下，893頁。

665） 前出・注641）参照。

666） なお，石黒・前掲法協105巻6号888頁の引用する最判昭和46年7月23日民集25巻5号805頁をも参照。

667） 石黒・同前886頁。

668） 同・前掲解釈論的構造144頁。

669） 同・前掲金融取引と国際訴訟201頁以下。

670） なお，同「外国法が不明の場合」判タ747号483頁，同・前掲解釈論的構造144頁以下，等参照。穂積博士が本文に示した個所の直前に「外国法に依ることあるは寧ろ例外に属すとの思想」に言及しておられる点をどう把握すべきかの問題である。

671） 石黒・前掲法協105巻6号885頁。

671-a） ただし，本書3.1の注456-b）の本文以下で批判した，混乱の極と言うべき最判平成14年9月26日民集56巻7号1551頁の判旨は，公序により「米国特許法……は適用しない。……よって，上告人の米国特許法に基づく……請求は，これを認めるべき法令上の根拠を欠き，理由がない」とした。一見すると，そこには公序による外国法排斥後の日本法の適用が，明示されていないようにも思われる。だが，判旨は，米国法の適用が「わが国の採る属地主義の原則［！］に反する」ことを，

別途，明確に公序適用の理由として示している。そのことに，注意すべきである。石黒・前掲国境を越える知的財産 400 頁以下，とくに 403 頁以下。

672) 折茂・前掲国際私法各論（新版）301 頁以下。例えば在日韓国人妻がフィリピン人夫に対して法例旧 16 条の下で離婚請求をした場合には，公序適用後，韓国法による，等。

673) ただし，山田・前掲国際私法（平4）136 頁。なお，平成16年刊の同書第3版 148 頁に，依然として「Kegel ……によれば，法廷地国際私法上の事項規定 Sach-norm である」云々として，このあたりの説明がなされていることは，何とも釈然としない。これとて，同書の随所に感ずることではあるが，前出・注 612)，及び前出・注 586-a) とその本文（!!）を見よ。また，次注における同書の揺らぎを凝視せよ。

674) かかる考え方に対しては，ドイツ学説の継受（ないしは引用）の問題も含めて石黒・前掲金融取引と国際訴訟 202 頁以下，及び，山内惟介「わが国際私法における公序条項の適用について――『欠缺否認説』に対する若干の疑問」日本比較法研究所・比較法の課題と展望（昭 57）55 頁以下を見よ。ただし，山田・同前（平4）135 頁（第3版では 148 頁）の説明における江川英文・国際私法（改訂増補・昭 45）118 頁の位置づけは多少問題である。江川説は「内国法を適用すべきではないとする見解」を批判しているのである。なお，池原・前掲国際私法総論 261 頁における江川説の位置づけと対比せよ。また，山田・同前（平4）135 頁は，公序適用後は「渉外的事案に個別的に適用されるべき内国の公序に属する実質法」が適用されるとし，ケーゲルの言う「法廷地国際私法上の事項規定」がそれだ，としておられる。だが，このケーゲルの所説は，前出・注 585)の本文に示したような考え方を内包するものであり，そこまでのことを十分踏まえた立論かが問題である（前注参照）。結局，そのようなプロセスを経て，山田・同前頁（平4）は池原説との一体化をはかるのだが（同書第3版では 148〜149頁），そこに本注冒頭に示した山内説，及び私見による批判が関係してくることになる。

もっとも，ドイツでの状況には，ここでもかなり混沌としたものがないではない。Sonnenberger, *MünchKomm*. Bd. 7 (2. Aufl.), at 341ff; Lüderitz, *IPR*, at 95f (2. Aufl.); Ch. von Bar, *IPR* Bd. 1, at 546f や，その後の Kegel/Schurig, *IPR*, at 538ff (9. Aufl.); v. Hoffmann/Thorn, *IPR*, at 278 (8. Aufl.)等を対比せよ。なお，後出・注 676) 以下に相当する本文参照。

675) なお，石黒・前掲国際私法〔新版――プリマシリーズ双書〕135 頁。

676) RG v. 19. 12. 1992, RGZ 106, 82ff.

677) Ch. von Bar, supra, at 547 は，これはしない方がまし（untunlich）だったとする。30 年の時効期間を定めるドイツの法規範の方が，排除されたスイスの法規範よりも，代用法〔規範〕（Ersatzrecht）として一層ふさわしい，というのがその理由である。なお，前出・注 674)，及び，前出・注 585)の本文と対比せよ。

678) Sonnenberger, supra（2. Aufl.）, at 343. ちなみにそこでは，この場合に第3国法を持ち出して処理することは問題だとされている。前出・注673）の本文と対比せよ。また，本文の最後に示した処理方法は，前出・注674），及び，注585）の本文に示した"従来"のケーゲルの所説（Lüderitz, supra, at 96 は，これを法的安定性を害する，と正当に批判していた。なお，前出・注612），及び前出・注586-a）とその本文を見よ！）に極めて近い。ただし，Sonnenberger, supra, at 342 は，こうした処理が「適応（調整）問題」と近い存在（Nähe zur Angleichungsproblematik）だと言うにとどめている。前注と対比せよ。なお，Id. 10 *MünchKomm*.（3. Aufl.）, at 439ff でも，こうした叙述が受け継がれている。
679) ただし，前出・注669）の本文参照。
680) なお，石黒・前掲国際私法（新版——プリマシリーズ双書）134頁。
681) 石黒・同前頁。
682) なお，いわゆる「法律回避」の問題もある（そこで言う「法律」とは，本来適用さるべき準拠法のことである。連結点の所在地をマニピュレートする，等の主観的意図をもって行動した場合に，国際私法上それをどう処理するかの問題である）。この点は，世界的に著名な「グレトナ・グリーン婚」の問題をはじめとして，石黒・前掲国際私法〔新版——プリマシリーズ双書〕137頁以下に譲る。同前・140頁に記したように，明治期の法例制定に先行する「旧法例」の10条但書は，日本法上の方式の故意による潜脱につき，法律回避を問題としていたが，穂積博士は，法例制定に際し，当事者の意思に立ち入ることの問題性を指摘し，正当にかかる考え方を，否定した。詳しくは，同・前掲国際私法と国際民事訴訟法との交錯70頁以下の注123，同・73頁以下の注130，同・145, 169頁。なお，同・前掲国際民訴法117頁，同・前掲現代国際私法〔上〕564頁，同・前掲金融取引と国際訴訟213, 263頁，等をも見よ。また，後出・注801）の本文を見よ。

4

国際私法各論

4.1 国際契約法

■ 国際私法上の当事者自治の原則[683]

　本書では，既にお分かりの通り，各論的諸問題も，本書3までの論述に極力"織り込む"手法をとってきた（本書の事項索引を活用して頂きたい）。その点につき，改めて注意喚起した上で，本書4に進むこととする。

　さて，国際契約と純粋に国内的な契約との区別については，前出・注64）につづく本文において，一応論じたところである。国際契約については，平成元年法例改正の対象外だった法例7条1項（通則法7条に対応）でもそうであるように，広く国際私法上の当事者自治の原則が認められている。と言っても，ここで言う当事者自治が，本書2.2の前出・注125）の本文に示した図6の下で，特定国の「強行法規」の適用を回避し，別な国の法の適用を導く機能を有するものであることには十分注意を要する。実質法（民商法）レヴェルでの私的自治ないし当事者自治とは，「法律効果」が明確に異なるのが，この場面での，即ち国際私法上の当事者自治なのである。

　他方，1984年のニューヨーク州の制定法が，25万米ドル以上の一定の商事契約につき，当該契約が同州と合理的関連性を有すると否とにかかわらず，契約の両当事者がニューヨーク州法による旨合意し得る，と定めていること

が，当時のアメリカである種の驚きををもってとらえられていたこと[684]は，一体何を意味するのか。世界的な紛争解決のフォーラムとして，誰しもが（ロンドンとともに）まずもって想起するのがニューヨークであろうが，アメリカでは，牴触法第2リステートメント Section 187（2）（a）（b）にも示されているように，やはり，密接関連性テストの下に契約準拠法を考えてゆくことが基本である[685]。ここで問題とする当事者自治の原則が，そこにおいて無批判に受け入れられているわけではないのである。また，統一消費者信用法典§1.201（8）においては，裁判管轄条項と共に，準拠法条項を置くことが禁止されて来ていた[686]。つまり，従来のアメリカでは，（牴触法上の）当事者自治の原則は，決して自明の理「ではなかった」のである。そこに注意すべきである。

もともと，アメリカでは，契約の締結地法・履行地法によるとする従前からの考え方につづく，第3のそれとして，当事者自治（party autonomy）が位置づけられてきており[687]，当事者自治を認めつつも，そこに center of gravity テスト，つまり密接関連性テストを介在させる形で，契約準拠法の決定のなされる傾向にある（もとより，各州ごとにこの点を検討する必要は大きいが[687-a]）。アメリカの革命的方法論（準拠法選択に関するそれ）は，強行法規の介入の局面で大きく顕在化し得るものの，盛んに議論のなされた不法行為の場合に比べれば，契約の準拠法の決定については，少なくとも従来は，かなり穏やかな展開であった，と言えよう[688]。

さて，ここで出発点に戻る。国際私法上の当事者自治の原則は，最も密接な関係の原則に導かれた伝統的な準拠法選択方法論において，特異な位置を占める。何故に，（両）当事者による主観的法選択を認め，しかも，上記のような実質法上の当事者（私的）自治とは異なる強い効果を認めるのかが，問題となる。

そうしたことへの説得的な理由としては，やはり客観的連結の困難ということがあろう。ユーロ市場での債券発行などは，そのことを如実に示す[689]。そのような客観的連結点（正確には連結要素［connecting factors］）の極度の

4.1 国際契約法　　317

拡散状態においては，たしかに契約準拠法を契約当事者が定めてくれないと，パニック状態になり得る。最後の手段としての当事者自治の機能は，たしかに今日でも認めざるを得ない。

　だが，これは契約類型と事案の諸事情とに依存することである。日本市場での従来のいわゆる円建外債の場合[690]を例にとると，発行体（起債者）が外国の事業体であることを除けば，非常に日本社会との密接牽連性が強い。従来は，それをも反映してか，発行諸契約の準拠法は，（ほぼ）例外なく日本法とされていたが[690-a]，かかる場合に外国法を契約準拠法として指定することが，どこまで合理的かは，そもそも問題である。この場合，日本が法廷地国であれば，本書2.2の前出・注125）の本文に示した図6に示した通り，日本の絶対的強行法規は，いずれにしても適用される。だが，相対的強行法規は，外国法を契約準拠法とすることにより，排除されてしまう。本書2.1の前出・注67）につづく本文で示した通り，わが利息制限法の取扱も，こうした局面で問題となるのである。

　他方，従来通り当事者自治（もはや一々国際私法上の，とは断らない）を認める場合にも，強行法規，とりわけ絶対的強行法規の取扱が，別途大きく取り上げられてきていることは，既に示したところである。即ち，本書2.2の前出・注131）の本文以下で示したように，1980年のEC契約準拠法条約7条1項をめぐる理論的問題が一方にある（第3国の絶対的強行法規の取扱）。他方，本書2.4の前出・注247）の本文以下で示したように，労働者・消費者といった弱者の保護を国際私法上重視してゆく過程で，別途客観的に定められ得る準拠法（otherwise applicable law）上の強行法規は，契約の両当事者の主観的法選択があっても排除され得ないことが，同条約5条・6条で認められている。そうした努力を一層純化し，客観的連結を貫くべきことは，前出・注252）につづく本文でも示したところである。

　こうした流れは，客観的連結が困難な場合のために従来通りの当事者自治を，一般論としては存置せしめつつ，他方で，本来ならば適用されるべき特定国強行法規を排除するという，（国際私法上の）当事者自治の原則の"過大

な機能"について，修正を加えてゆこうとするものである。その流れは，最も密接な関係の原則に導かれた伝統的な方法論の基本を，一層自覚的に堅持する立場の私からは，それなりに当然の流れとして受けとめられる。

ただ，そこに実質法的価値と牴触法的価値とが，なお未整理なまま混入する傾向がある。まさにそうした「実質法的価値と牴触法的価値との混淆」そのままに，消費者契約・(個別的)労働契約についての特則が，平成18年制定の通則法11条・12条に設けられてしまったことは，つくづく残念なことであった。その規定の仕方の拙劣さを含め，この点は，本書2.4の注248)に続く本文において，前記EC条約の規定との対比を含め，批判したところである（1980年EC契約準拠法条約のEU規則への格上げ作業の中で，消費者契約についての主観的法選択［当事者自治原則］の"排除"——スイス新国際私法典の場合にならったそれ——が志向されていることについては，前出・注252-a)の本文で示した)。

ともかく，伝統的な国際私法の方法論に対するそうした雑音，ないし夾雑物を取り除き，かつ，なぜ今「主観的法選択」がそのまま維持されてよいのかを疑う観点から呈示されるのが，私見における，法例7条1項（通則法7条及び8条）で問題となる当事者の意思の"客観化・規範化"[691]，ということである。それは一見，極端な主張のように思われがちである。だが，例外的な諸事情があれば，（消費者契約・個別的労働契約に限らず！）「最も密接な関係の原則」に導かれつつ客観的連結を貫こうとするそれは，EC契約準拠法条約7条1項的な，第3国の絶対的強行法規の介入を拒絶しつつ，otherwise applicable law，つまり客観的に十分選択され得る契約準拠法上の（相対的な強行法規を含めた！）強行法規が，当事者の主観的意思のみにより排除されることの問題性を直視する，いわば中間的な道（！）だったのである。

さて，従来は，法例7条1項の中で，主観的法選択（契約当事者の合意）を明示の合意と"黙示の合意"（後出・注710)の本文以下の"黙示の準拠法指定"[691-a]）に分け，しかるべく同項の中で妥当な解決を模索する形だったが，平成18年の通則法制定により，黙示の合意に相当する部分が，切り出され，

通則法8条となった。

　通則法8条1項は，「最も密接な関係がある地の法」によるとするが，「当該法律行為の当時において」という，"無用の時点の限定"がある。契約当時はA国と圧倒的な関係があったが，紛争段階では両当事者ともにB国にそれがシフトしていた場合，過去の契約時点に，どれだけこだわるべきなのか。もとより，この点は，契約関係の安定性の要請とのバランス問題だが，一切例外なく過去の時点に"固定"してしまってよいのか[691-b]。いずれにしても，通則法9条の"事後的変更"の規定と同様，第三者との関係では別だが，当事者間の紛争だとして，一切例外なしの時点の固定化には，若干抵抗を覚える。

　ちなみに，1980年EC契約準拠法条約4条（主観的法選択のない場合）の1項は，時点を定めず「契約と最も密接な関係を有する（most closely connectedな）国の法」を適用するとし，2項の推定規定の中で（!）"契約締結時点"での「特徴的履行」（後述）を問題とする。しかも，同条5項で，2項の推定を外す際，"if it appears from the circumstances as a whole that the contract is more closely connected with another country"なら，その国の法による，とする。すべてを包み込むこの5項の例外規定に，時点の限定はない。

　規定がこうなっていれば，上記の私の抵抗感はなくなる。時点の限定を，同条約の通り，推定規定の中において置けばよかったのに，実に拙い。やはり，不文の法理としての「最も密接な関係の原則」（準拠法選択上の一般条項——ただしここでは，通則法8条1項の本旨に立ち返る，との説明もできる）に，こうした場合の硬直緩和を期待するほかないのが，通則法の場合である（本書でこれまで示してきたように，これは，ここだけの問題「ではない」）。

■ 実質法的指定と牴触法的指定——いわゆる分割指定・部分指定[692]と関係づけつつ

　さて，本書2.1の注67），そして本書2.4の注241）の本文，注252）に続く本文でも，「実質法的指定」と「牴触法的指定」との関係について，一言

しておいた。それを、ここで論ずる。

契約書の中に明示の準拠法指定条項らしきものがあったときにも、この「実質法的指定」と「牴触法的指定」とを区別して考えてゆく必要がある。法例7条1項（通則法8条）、つまり国際私法上の当事者自治では、後者が問題となる。

例えばわが国の損害保険業界では、いわゆる外航貨物海上保険契約につき、英法準拠約款なるものを用いてきた。かつてのその文言は、"This insurance is understood and agreed to be subject to English law and usage as to liability for and settlement of any and all claims." というものであった。即ち、「この保険は、すべての塡補請求に対する責任及びその処理についてはイギリス〔イングランド〕の法及び慣習に従う旨了解し、かつ合意する」という内容である。これが直ちに法例7条1項（通則法8条）で問題となる牴触法的指定なのか、それとも、契約条項に一々イングランドの法令や判例を書き込むかわりに、それらを一括インコーポレートした、いわゆる「実質法的指定（incorporation of law; materiellrechtliche Verweisung）」なのかが、問題となるのである。

私見における当事者の意思の"客観化・規範化"（既述）に向けた具体的作業にあっても、契約準拠法決定上、当事者の主観的意思は、いずれにしても重要なファクターとはなる（客観的連結が極めて困難な場合には、それは決定的なものとなり得る）。そこで、この条項が従来どのように取扱われてきたかが問題となる[693]。

まず、東京控判昭和7年12月27日新聞3531号15頁を見ておく。前記条項があるにもかかわらず、保険事故発生に伴う本件訴において、被告たる保険会社（〔株〕三菱海上火災保険）は、当該保険契約上、契約準拠法の定めはないと"主張"していた。即ち、「当事者は其契約の成立及効力に付概括的に何れの国の法律に依るべきを定めざりし為め法例第7条第2項により行為地法たる日本法を以て準拠法と為すを相当とすべき」だ、との主張である[694]。そこに「効力」とある点に注意すべきである。即ち、前記の（従来

の）英法準拠約款は，保険契約の成立問題はカヴァーせず，後述の，そして前出・注79）でも従来のわが国内の状況につき一言したところの，後述の「部分指定（Teilverweisung）」にあたる，とも言い得ないではない。

だが，いずれにしても保険会社側は，法例7条1項（通則法7条に対応）に言う当事者の主観的法選択は，何らなされていない，と"主張"したのである。そして，保険会社側は，前記の英法準拠約款について，次の如く述べた。即ち，「本件保険証券に記載したる事項に付ては其の効力並に解釈は総て英国法及英国の慣習に従うべき特約あるを以て我国の公益規定に反せざる限り……実際上英国の法規慣習により決定すべきものとす」，という"主張"である。要するに，英法準拠約款は，そこでは「特約」として位置づけられ，契約準拠法たる日本法上の公益に反しない限り，つまり，（多少表現をリファインすれば）準拠実質法上の強行規定に反しない限度で，それによることになる。これが，まさしく実質法的指定の意味するところなのである。

さて，判旨であるが，この保険会社側の主張の通りに判断している。もっとも，判旨は英法準拠約款により「英国法及慣習を以て準拠法となすべき旨」が定められた，との表現を用いているが，日本法が本件保険契約の準拠法たることを認めた上でのものであり，英法に基づく処理が（準拠法たる）日本法上の公益規定に反するか否かを問題とするのが，判旨の論理である。「準拠法」なる語の不用意な用いられ方は，議論の本筋にかかわるものではない。

ところで，上記事件と当事者を同じくする，同時期の同様の保険事故をめぐる紛争につき下されたのが，大判昭和13年8月31日新聞4323号18頁である。細かな事実認定は示されていないが，保険契約の準拠法と英法準拠約款との関係については，上記の判決と全く同旨が，本判決によっても示されている。また，（株）横浜火災海上保険を当事者とする東京控判昭和15年4月24日新聞4587号12頁でも，（株）東京海上火災保険その他の会社の動向に留意しつつ，同旨が示されている。さらに，東京海上が原告となった保険代位訴訟たる神戸地判昭和45年4月14日判夕288号283頁（本書3.1の注

518)の本文で言及した事例)においても、保険契約準拠法は、日本法とされている。

かくて、英国の損保業界との深いつながりの中で展開してきたわが損保業界における、この英法準拠約款は、そのような約款を呈示する側の当事者たる損保会社の主観的意思の問題として、既に実質法的指定であることが、判明する。ところが、東京地判昭和52年5月30日判時880号79頁(被告は〔株〕同和火災海上保険)は、英法準拠約款を「準拠法約款」だとし、「保険契約自体の有効性と航海事業の適法性[694-a]については日本法に準拠するが、保険金請求……については、英国の法と事実たる慣習に準拠する趣旨であり、かつ、そのように解するのが海上保険業界の慣習［！］である」とした。そして、争点たる保険契約上の地位の移転については、「英国の法と慣習……が適用され、〔わが〕商法650条1項の適用は排除される」とした。

だが、注意すべき点がある。即ち、商法650条1項(保険の目的の譲渡)は任意法規であり、その排除は一般の契約条項でもなし得る。つまり、本件との関係では、英法準拠約款が牴触法的指定か実質法的指定かで、結論が異なってこない(！)。そのことに十分注意すべきである。

牴触法的指定か実質法的指定かで差が生ずるのは、"強行法規との関係"(そして、注の中で示す通り[695]、"訴訟上の取扱")において、である。判旨は、従来のわが海上保険業界の慣習に沿って判断したとするが、そうであるならば、なおさら同じ英法準拠約款に関する前記の諸事例との整合性を意識すべきところであった。

私としては、従来より「準拠法」なる語が若干あいまいに用いられてきたわが国内での議論に幻惑されたのがこの最後に挙げた判決である、と考える。そこにおいて英法準拠約款に牴触法的指定としての位置づけが与えられた、と言い切ることが出来るかは、非常に疑問である[696]。

むしろ、わが損保業界は英法準拠約款を実質法的指定と解することで一貫してきた、と見るべきである。ただ、とくに戦後、海上保険業務のウェイトが下がってきたためか、それが花形的存在だった戦前に比して、牴触法(国

4.1 国際契約法

際私法)的な詰めが,多少甘くなっていることは,あるかも知れないが[697])(なお,ここで扱った英法準拠約款との関係では,平成18年の通則法制定過程で,当初法例改正上のオプションのひとつとされていた,次に論ずる「分割指定」[697-a]の規定の創設が,結局見送られたことに,注意すべきである。特段の事情のない限り「分割指定」を認めるべきでないとした,東京地判平成13年5月28日判タ1093号174頁の存在をも勘案した場合,それではわが損保業界が,英法準拠約款をどう見てゆくべきかが,ここで問われることになる)。

ところで,英法準拠約款を仮に牴触法的指定と解すると,それは,既述の如く,保険契約の成立を除く,契約の一部分のみについての準拠法指定(「部分指定」ないし「分割指定」[698]))だということになる。前掲東京地判昭和52年5月30日が,そうしたことを認めた事例とされることが少なくない。そして,一般論としても,当事者自治を認める以上,当事者の期待・取引安全からして,分割指定(ないし部分指定)を認めるべきだ,とされる[699]。

ただ,契約の一部のみにつき準拠法指定がある場合(部分指定)と,その各部分につき別々の法が指定される場合(分割指定)とでは,多少問題が異なる。後者については,統一的な契約関係につき準拠法選択上の「分断」が生ずることから,複数準拠法の接合面での種々の困難や矛盾・牴触が問題となり得る。

実は分割指定(部分指定)を認めた例としてよく持ち出される1980年のEC契約準拠法条約3条1項の審議に際しては,様々な問題が提起されていた[700]。結局,分割(部分)指定は認められたが,まず,それにより特定国の強行法規が意図的に回避される危険については,同条約7条(第3国の絶対的強行法規の介入)による手当てのあることが,前提とされていた。他方,とりわけ分割指定については,既述の「分断」による矛盾・牴触の点が意識され,それが表面化した場合には,同条約4条による客観的連結を行なうべきことが,そこで説かれてもいた。また,この最後の点を重視しつつ,一般論として,疑わしき場合には当該指定を実質法的指定と解すべきだとの主張も,別途なされていた[701]。

さらに，ドイツでも，上記の条約3条1項の審議過程でのかかる議論をも踏まえつつ，単一の契約につき複数の準拠法が選択されることによる契約関係の"分断（ないし細分化—— Zersplitterung）"が法的不安定性をもたらすことに鑑み，矛盾した結果（widersprüchliche Ergebnisse）の生じない限りでのみ分割指定が認められる[702]，とされている。他方，契約の一部分のみにつき準拠法指定があった場合には，当該契約全体について単一の準拠法が選択されたものと推定すべきだ，ともされている[703]。

　こうした諸点が，わが国での前記の議論において，どこまで踏まえられているのかが，問題となる（部分指定から契約全体の準拠法を推定する，という前記の最後の点はともかくとして）。当事者自治を認めたのだから，あとは芋づる式にどこまでも，と考えるのは問題である。「分断」は本来のぞましくないことであり，また，法廷地国裁判官への負担も考えねばならない。

　イギリスでも，分割（部分）指定が野放図に認められているわけではない。イギリスでは，契約準拠法の決定上，やはり単一の準拠法によるべきことが志向されつつ，安易かつ十分な理由なく契約を"分断"する（split）ことはなされ得ず，unusual で compelling な事情があるときにのみ，かかる分断が肯定され得るにとどまる，とされている[704]。そこでも，かかる単一の契約関係の主観的意思による"分断"が，かくて分断された各部分の接合面で，種々の困難（difficulties）をもたらすことが，問題視されているのである[704-a]。

　なお，ここで国際再保険契約に関するイギリスのある事例に注目しておこう。イギリスで「分割指定」が認められたとされる事例，である。ノルウェーの元受保険会社（X）がノルウェー国内にリスクの所在する動産保険につき，その90%をロンドンのロイズ等に再保険に出した。元受保険契約の準拠法はノルウェー法とする明示の合意があったが，再保険契約には明示の準拠法指定はなかった。だが，再保険（reinsurance）ゆえ，元受保険契約をすべて内にとりこむ形になってはいた。これが，ここで扱う Vesta v. Butcher 事件[705]のあらましである。

　Xが再保険者Yに請求をした本件において，1審判決は再保険契約の準拠

法はイングランド法だとした上で，その契約にとりこまれた元受保険契約の条項の解釈と効果についてはノルウェー法が準拠法になるとした。つまり，「分割指定」を認めたのである[706]。だが，小林登教授がこの1審判決につき述べておられるように，あえてかかる考え方をとってまで「準拠法の指定を分断して考える必要があったのか」は「大いに疑問」である。再保険契約にとりこまれた元受保険契約についてのノルウェー法への指定を，"実質法的指定" と解すれば「十分だったのではないか[707]」と，私も思う。

ちなみに，このケースの控訴審判決では，元受保険契約はノルウェー法，再保険契約は専らイングランド法にそれぞれ準拠するとしつつ，再保険契約の一定の条項がノルウェー法による元受保険契約の条項と同一の効力を与えられる，としている[708]。そこでは，再保険契約上の責任が事実上（de facto）ノルウェー法による，との表現も用いられているのであり[709]，理論的に一層整理すれば，上記の如くなるはずである。

本件は，再保険契約の構造を牴触法（国際私法）的に把握する上でも，重要な事例と言える。だが，分割（部分）指定を認めねば処理できないケースとは言えない，と思われる[710]。

■ **主観的法選択なき場合――「黙示の準拠法指定」から通則法8条へ？**――
既に，前出・注691-a)・691-b) の本文で，通則法8条の問題は略述した。以下，従来の流れとの関係を意識しつつ，残った論点たる，通則法8条の「特徴的な給付」の考え方について，論ずることとする。

既述の如く，当事者の明示の準拠法指定のない場合，従来は，法例7条1項の中において，黙示の意思を探求する形で，最も密接な関係の原則に導かれた客観的連結がなされて来た。前出・注710) の後段で示した，リングリング・サーカス事件に関する最判平成9年9月4日民集51巻8号3657頁の判旨が，この点では最も分かりやすいか，とも思われる。通則法8条1項の「最も密接な関係がある地の法」の探求も，この判旨のように，諸般の事情の総合的考慮によって，なされるべきである。

だが，あえて，前出・注694）で言及した最判昭和53年4月20日民集32巻3号616頁について，ここで見ておこう。判旨は，バンコク銀行（東京支店）Yと当時日本に居住していた訴外の華僑Aとの間の定期預金契約の準拠法につき，次の如く述べて日本法によるとした。即ち，当該預金契約は，「円を対象とする」ものであり，当該銀行東京支店が日本国内で行なう一般の銀行取引と同様，「定型的画一的に行われる附合契約の性質を有する」こと，「外国銀行がわが国内に支店等を設けて営業を営む場合に主務大臣の免許を受けるべきこと，免許を受けた営業所は銀行とみなされること（銀行法32条〔現47条——外国銀行支店の免許の規定〕）等を参酌すると」，当該「支店の所在地法である日本法を黙示的に指定したものと解すべきである」としたのである。

銀行法上の規定を持ち出すことには，さして説得力はないし，附合契約性にまで言及する必要があるかも問題である。また，使用通貨が円か外貨かも，それだけでは決め手とは，必ずしもなるまい。本件預金契約は，Y銀行香港支店が香港でAの経営する企業に対して香港で行なった融資の見返りとしてなされたものであり，その意味で，香港法か日本法かが選択肢となる。

だが，本件紛争はAの本件預金債権を日本で差押えて転付命令を得たX_1，そしてX_1から一部債権譲渡を受けたX_2と，Yとの間のものである。私としては，前出・注689）で一言した点の一環として，「紛争の相対的解決の趣旨」から，「YA間の紛争であれば格別，本件$X_1$$X_2$Y間の紛争については，その紛争事実関係の重点が日本にある」と判断する[711)]。従って，判旨は結論的には正当である。

附合契約とまで言う必要はないが，一般の銀行取引と同様の定型的画一的な取引であることは，一般的には当該支店所在地法の適用を導く重要なファクターとはなる。だが，本件の場合，香港での取引の見返りとしてのものであるとの点が，若干微妙となるのである。私が紛争の相対的解決の点に言及したのは，このためである（それから先の本判決の問題については，本書4.3の，本件事実関係を図示した図32の前後で扱う）。

■ 特徴的給付の理論——通則法8条2項の問題に焦点を当てて

既述の如く，黙示の意思の探求は，最も密接な関係の原則に導かれた諸般の事情の総合的考慮によりなされる。その意味で，通則法8条1項は，従来の実際の作業に，基本的な変更をもたらすものではない。ただし，（同条3項はともかくとして）通則法8条2項が，問題となる。「特徴的な給付」の問題である（3項は，不動産関係）。

実は，スイスの考え方の影響の下に[712]，1980年のEC契約準拠法条約4条2項以下は，いわゆる「特徴的給付」の理論を採用している。即ち，当事者の明示の法選択なき場合には，「特徴的な履行ないし給付（characteristic performance; charakteristische Leistung）」を行なう側の当事者の常居所地法，ないし業務統轄地（central administration）の法または主たる事業地（the principal place of business）の法により，契約上，履行が主たる事業地以外の事業地（a place of business）を通してなされる場合には，その営業所所在地法による，との推定（presumptions）をする，との処理である。いずれにしても当該の者の側の準拠法によることになる。

ただし，それによるとeコマースなどを考えれば分かりやすいように，サプライ・サイドに立つ企業側（一般的にいえば，強者側）の準拠法の適用が導かれ易い[713]（後述する）。しかも，業務統括地や主たる事業地がいきなり出てくるのも，違和感があるはずである（上記の最後の推定のみで十分ではないか，ということである）。常にそれでよいかは，そもそも大いに問題である（実際の取引のcenter of gravityを虚心に探求するという，ここで本来必要とされるべき作業とのギャップが，問題である！）。

また「特徴的給付」の考え方においては，対価としての金銭支払を行なう者の側の準拠法には着目されないことになるが，同様に，常にそれでよいかは，問題である[714]。そのため，いずれにしても，ここでの推定が一応のものであることには，十分な注意を要する[714-a]。

通則法8条2項についても，かかる観点からの考察が，必須となる。まず，条文上，「一方のみ」が特徴的給付を行うときとあるので，双方にそれぞれ

特徴的給付ありとなれば，8条1項の「最も密接な関係」の原則に戻ることになる。2項は所詮推定規定だが，どっちが特徴的か，などといった非本質的なところで無駄な労力を費やすことのないよう，留意すべきである。

2項本文が，特徴的給付を行う当事者が，「当該法律行為に関係する事業所を有する場合」には，「当該事業所の所在地」法によることを正面に立てている点は，前記EC条約の場合よりもまともである。ただ，関係事業所が複数の国（法域）にある場合に，「その主たる事業所の所在地の法」とある際の，「その」は，「当該法律行為に関係する二以上の」の文言を受けた「その」であり，「そのうちの相対的には主たる……」の意味に解さねばならない。この点，注意を要する（次の項目の冒頭で再説する）。

そうでないと，A国・B国の事業所が絡んでいるからということで，当該取引と全く関係しないC国の，当該企業の本店所在地法がこの「推定」を受けたりして，8条1項の「最も密接な関係」の本旨にもとることになる。これに対して，いきなりC国法になるのだとこだわるなら，なおさらこの推定は，拘束力の弱いものとして考えねばならない。拙い立法だが，8条の1項との関係での推定であることに，留意すべきである。

なお，ここで，1980年EC契約準拠法条約（単にローマ条約といわれることもある）の，「特徴的給付」に関する4条2項と，同条5項（より密接な法があればそれによるとして，2項の推定が外される）との関係に関する，最近のイギリスの判例を見ておこう。信用状取引の準拠法[714-b]との関係で，2項の推定を，本書における私見と同様の，リラックスしたスタンスで外し，5項によって，柔軟な準拠法選択を行った事例である[714-c]。

事案は，英国のX社のインドネシア向けの機器の売買に絡み，輸入国インドネシアのA銀行が信用状を発行したが，これについて，同じインドネシアのY銀行が，確認をし，信用状債務を負うに至った。だが，その確認行為は，Yの代理人たるイギリスのB銀行により，イギリスで行われていた，等々の事情があった。

判旨は，パラ[63]において，"[T]he geographical location of the factors

[!!] which, absent the presumption contained in Article 4 (2), are of most obvious significance when considering the closest connection with a particular country, are not the location of the central administration or place of business of either of those banks but the place where the documents necessary to procure payment to the seller/beneficiary are to be presented and checked, and the place where payment to the seller/beneficiary is to be made against those documents." と述べた。そして，この観点から，本件の場合，条約4条2項の推定を外すべき，「より密接な関係」のある法（イギリス法）がある，としたのである。

条約の制約の下での判断であり，それゆえに批判はあるものの[714-d]，振り返ってわが通則法8条2項の適用を考えた場合には，本判決の姿勢から学ぶ点は多い，と私は考える。

■ 主観的法選択なき場合と「特徴的給付」？──ユーロ市場でのインターバンク取引等を例に

通則法8条2項にあまりウエイトを置くべきではないとの，既述の観点を維持した上で，ユーロ市場でのインターバンク取引を例とする。本書2.2の冒頭以下で示した米・イラン，米・リビアの金融紛争の場合である。イラン（リビア）側銀行から預金を預かったロンドン所在の米銀支店に対する，支払請求である。

双方当事者とも銀行だが，通則法8条2項をあてはめた場合，預金を預かる側が特徴的給付をしている，などということになったと"仮定"して，その場合，前記の（A国・B国の事業所が絡んだ場合の指摘の）如く解さないと（関係事業所が複数国，例えば英米にあるということで），米銀側の「主たる事業地」（ニューヨーク，等）の法が適用されてしまう（！）。とんでもないこと，である。

まだこの実際のケースでは，アメリカとの接点がそれなりにあったものの，例えばここに，通貨も米ドルではなく，等々のアメリカとの密接関連性を希

薄化する諸仮定を追加したとしても，この点を前記の如く解さないと，やはり米銀側のアメリカ国内の主たる事業地の法になってしまう。それではおかしかろう。この点は，「特徴的給付」という考え方自体が有する，「最も密接な関係の原則」との"距離感"を，暗示している。

実際のイングランドでの訴訟においては，既述のように，イングランド法・アメリカの州法（とくにニューヨーク州法）のいずれを準拠法とすべきかが，鋭く争われた。ロンドンでの米銀現地支店とイラン・リビア側のロンドンの拠点との取引であり，この場合に，the place where the account is kept を客観的な（！）連結点とし，イングランド法を準拠法とする，というのが，前出・注127）で示した米・リビア金融紛争の英国1審判決の立場であり，正当である[715]。そのような正当な営為を，通則法8条2項が阻害することのないように，これを運用する必要があるのである（！）。

米・イラン金融紛争においても，黙示の準拠法指定の枠内で，ロンドンで米ドル（ユーロ・ダラー）建てのインターバンク取引があった場合，米ドルの国際的決済メカニズム（前出・注127）で示したように，少なくとも観念的には常にアメリカ国内で最終的決済がなされる）を重視し，アメリカ国内，とりわけニューヨーク州に center of gravity があるとするか，それとも実際に取引がなされた「場所」としてのイングランド（ロンドン）を，黙示的意思による準拠法所属国とするか，が問題とされた。

アカウントがキープされている場所，という意味でも，ロンドンとニューヨークで，観念的には（ただし，2当事者モデルで考えればの話である！——現実はそうではない[716]），まるで鏡のように双方でアカウント調整がなされる。そのいずれが実像であり，虚像であるか，の問題である。だが，実際にアメリカ国内に持ち込まれるのは，無数の取引の最終的な"決済尻"の調整のみであり，mirror account とは言っても，それは観念的なものであるにとどまる。

また，ユーロ市場でのかかる取引においては，どこで誰を相手に取引をしても同じ，というわけではなく，市場ごとに，また取引相手ごとに，もとよ

り種々の考慮がなされて取引がなされる。米・イラン金融紛争で問題となったいわゆるユーロ預金[717]は，短期定期預金の形をとるが，瞬時の取引がなされるその性格から，準拠法条項など存在しない。そこで黙示的意思の探求が問題となるのであるが，私としては，むしろアメリカ国内でのアカウント調整（上記の意味でのそれ）は，鏡の中の虚像に近いものと見るべきだ，と考えているのである。

なお，国際的な電子的資金移動（EFT）取引との関係[718]についても一言する。国際的な銀行間のデータ通信システムたるいわゆるSWIFT[719]を通した処理（現在はSWIFT-IIの時代ではあるが），等を考えればよい。

例えば，外国向け送金の場合である。送金依頼者Xが外国のAへの支払のために日本のB銀行にゆき，送金を依頼する。B銀行は当該外国のC銀行に向けて指図をし，C銀行から，Aと取引のあるD銀行に同様の指図をする。順調にゆけば資金がAに渡るが，その途中で何かがあった場合，XがB・C・Dを相手に訴える際にどうなるか，ということである。X→B→C→D→Aという資金の流れは，しかしながら，B・C・Dという国際的EFTシステム内部の者（内部関係！）と，その外部にあるXとの取引（外部関係！），という形でとらえる必要がある（本書3.1の，注463)に相当する本文以降の項を参照せよ）。

実は，国連国際商取引法委員会（UNCITRAL）のEFTリーガル・ガイド草案が問題となる前から，私は，「国際的なマネー移動のメカニズムの利用者とその牴触法的保護[720]」を重視しており，上記Xの立場の者との関係で，B・C・Dを一体視して考え，XがB・C・Dのいずれか，あるいはその中の複数の者を相手に訴える場合には，むしろ準拠法はX・B間の取引に引き寄せられ，X・B間の取引の準拠法により一括規律すべきだ，と主張してきている。それは，上記リーガル・ガイド草案のネットワーク責任論，そしてそれを引き継ぐ「国際振込に関するUNCITRALモデル法」14条の資金返還保証（money-back guarantee[721]）の基礎にある考え方を，牴触法的に昇華した結果としてのもの，とも評価し得るはずである。

つまり，かかるメカニズムの外にある者を，ある種の弱者と把握し，その牴触法的保護をはかることになる。別に，通則法11・12条（消費者契約・[個別的]労働契約）のみが牴触法上の"弱者保護"，ではないのである。そのことを示す意味もあるが，他方，かかる処理は，本書3.1 の「内部関係・外部関係」論からの帰結でもある。

そして，その私の発想は，国際的な荷為替手形の決済に絡む東京地判昭和45年3月27日下民集21巻3=4号500頁の原告側主張とも，軌を一にする。このケースでは，前記のX→B→C→D→Aの流れの中で，D（これをYとする）を相手にXが訴えたものである。X側は，「銀行間の順次行われた委任または復委任は，手形金取立という単一の事務処理のためのもので，1個の法律行為と目すべきである」として，D（Y）に対して損害賠償請求をした。国際裁判管轄をめぐってXがかかる主張をし，管轄が否定されただけで終わったのが本件ではある。だが，少なくとも牴触法上は，（国際裁判管轄のみならず[722]）準拠法選択においても，かかる考え方に，十分なプレスティージが与えられるべきである。ここで上記ケースの問題点を図示しておこう。図25である。

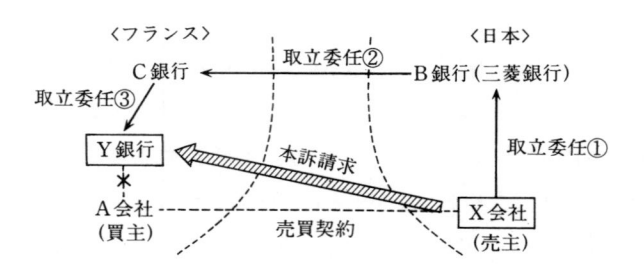

図25 国際的なマネー移動のメカニズムと飛び石的請求
　　　　──東京地判昭和45年3月27日の事案

なお，図25のXの立場の者がかかる請求をする場合，契約に基づく請求のほか，不法行為請求も考えられるが，そこでも同様の準拠法選択過程が辿

られるべきであろう。契約準拠法の決定につき論じている際にこの例を持ち出すことはミスリーディングではないか、とも思われ得る。だが、そこに黙示的意思探求という、従来の法例7条1項の枠組みの中で堅持されてきた作業の、本質が示されている、とも言える。「最も密接な関係の原則」に導かれた当該取引関係の center of gravity の探求において、契約・不法行為と言った区別は、さしたる意味を持たない。国際私法上の性質決定（第1段階でのそれ）においても、前出・注472）、及び注520）の本文等で示したように、種々の形で性質決定論の有する意味を相対化させ、「準拠法選択上の事案の分断」の問題を直視しようとするのが私見である。そこで、黙示的意思探求の脈絡において、この問題に言及したのである。

黙示的意思の探求作業は、とりもなおさず、契約における客観的連結への模索である。意思を擬制するフィクションを問題視する際には、黙示的意思と仮定的意思との区別がなされることもあったが、かかる区別に、さしたる意味はない。そして、客観的連結が可能である場合に、何故当事者の主観的意思に、実質法上の私的自治ないし当事者自治を越えた、非常に強い効果を認める必要があるのか、との出発点での疑問[723]に、私は回帰することになるのである。

ところで、この事例のような場合、Xが、Yと直接の契約関係があったと、一層明確に主張したとして、通則法8条2項との関係は、どうなるのであろうか。契約関係の存否（成否）もまた、一応契約準拠法によることになるが、主観的法選択がなければ、その準拠法を決めるのは通則法8条となる。8条1項のみであれば、柔軟な処理が期待できるが、特徴的給付（金融サービスの提供）を行うのはY側だとして、本件の場合には、当該法律行為に関係する事業所も主たる事業所もフランスにあり、フランス法の適用に、「推定」が働くことに、なりそうでもある。だが、"ネットワーク" の中にある者と、その外にある者との関係、という既述の牴触法的な切り口からは、むしろ逆に、ネットワーク外にある者がそのネットワークに接した地が、準拠法の第1候補となる。Xが、通則法11条に言う「個人」としての「消費者」では

なく，零細な企業であったとせよ。通則法11条は適用されず，通則法8条の問題となって，この2項の「推定」が，働いてしまうことに，なりそうである。これが，前出・注713）の本文で一言しておいた，「特徴的給付」論の，一つの問題，である。

ともかく，実際の事案を前にした，「最も密接な関係の原則」に導かれた自然な推論のプロセス，あるいは，牴触法上の一定の政策判断に基づく正当な判断過程と，通則法8条2項とが，こうした"緊張関係"に立つことだけは，ここで指摘しておくべきであろう。

■ **準拠法の事後的変更（通則法9条）——契約外債務に関する通則法16条・21条との関係を含めて**

前出・注699）で示した点が，通則法9条で，条文化されてしまった。当事者による契約準拠法の事後的「変更」である（通則法16条・21条の問題は，それを片付けた後で論ずる）。通則法7条の主観的法選択は「当該法律行為の当時」の「選択」ゆえ，前記の注699）で示した東京地判昭和52年4月22日下民集28巻1-4号399頁のような処理は，通則法の下では，若干の変更（？）を受けることになり得る。

この事案では，アメリカのX社が日本法人Yの日本で製造する物品の供給を受けることを内容とする契約が，問題となったのだが，X（の代理人？）が訴訟手続において終始準拠法は日本法であるとの意思表明をし，Yも同様であった。判旨は，法例7条1項の中で考え，当該契約の準拠法自体が，"黙示の意思"の問題として日本法となるとした。ただ，判旨は，上記の点だけではなく，契約交渉が日本でなされたこと，Xが日本に連絡事務所を設置していたこと，材料や制作方法についてもX側の者が来日し，具体的指図をしていたことを，あわせて考慮していた。前掲のリングリング・サーカス事件最高裁判決と同様，諸般の事情を考慮し，ただし，その中で，訴訟手続の中での両当事者（契約当事者）の行動をも，勘案したのである。

これに対して，通則法9条の事後的「変更」の規定との関係では，どうな

るか。まず，順を追って考えよう。

　通則法7条からして，契約締結の「当時」の明示的な法選択はないとして扱われる可能性が高い。8条1項に移行するとして，そこにも契約締結「当時」の最も密接な関係，とある。だが，前記の判旨の考慮事由中，材料や制作方法についてもX側の者が来日し，具体的指図をしていた，との点は，契約締結後の事情ゆえ，その扱いが微妙となる（8条1項の"時点の限定"の問題性は，前出・注691-b）の本文で既に一言しておいた）。判旨が，それ以外にも両当事者の契約締結後の諸事情を勘案して，黙示の準拠法指定につき判断していたとすれば，それらも同じ扱いとなりそうである。

　そのまま次に移行するとすれば，8条2項となり，特徴的な「給付」は日本の製造者Xがするから，ということで，本件では幸い同項の下でも判旨の結論と同様，「日本法」が導かれる。ただしそれは，8条2項の推定を"機械的"に当てはめた処理，である。"結果"ではなく，"プロセス"が問題である（！）。ともかく，8条の2項との関係で，常に従来の判例が志向した，諸般の事情の総合考慮による準拠法の決定が可能となるわけではない。そこに，注意すべきである。既述の点である。

　だが，そうした手順を踏まずとも，今や通則法9条があるから，訴訟手続内でのXYの一致した行動だけを見て，契約準拠法の「変更」があったとして，いきなり日本法が適用される，ということになりがちであろう。だが，「変更」とある。"変更前の法状態"は，どうなるのか。しかも，前記の事案では，契約締結時点での明示の準拠法選択は，何らなされていなかったというのが，すべての前提であった。

　それをしも「変更」というのか，ということは別として，ともかくも実態としては，両当事者が日本法でよいと言っているから"それ以外の点"は一切度外視して，法廷地法で処理すれば簡単だ，という方向に，すべては流れるのであろう（通則法制定にいたる過程での議論を考えると，なおさらそう思われる）。だが，そこで"度外視"された諸点は，従来の判例が，「最も密接な関係の原則」という，伝統的な国際私法体系の最も重要な価値の実現を目

指して慎重に考慮してきた事柄である。それが"度外視"され，実態としては，「悪しき法廷地法主義」ないし"不当"な"homeward trend"への流れが，通則法9条によって，加速することになってしまい得る。

他方，この点については，両当事者がともに外国企業であって，しっかりした弁護士もついており，この9条を使ってニューヨーク州法に変更する，となったら当てが外れる。改正関係者はそうならないことを欲しているのであろうが，あり得る展開である。そうなると，前出・注699）で略述した点が，表面化する。

訴訟の終盤で外国法への「変更」がなされれば，「要件事実」も「要証事実」も異なってくる。事実審口頭弁論終結間近にそうなったら，どうするのか。当事者の利益のためだと我慢してしばらくしたら，また別の外国法に変更する，などとなったらどうするのか。当事者の利益（？）と訴訟追行上の裁判所側の（実は国際私法的な！）利益とが，交錯することにもなる。それらの問題の整理は，通則法の条文上，何ら明らかではない。新会社法の場合のように，法務省令でも出して，それに従え，ということにでもなるのであろうか（なお，後出・注810）を見よ！）。

ともかく，通則法8条との関係でこの9条を見ると，従来の判例の柔軟な処理に対して，なんとなくギクシャクした感じがするはずである。それもそのはず，「黙示意思の探求」という従来の判例にも見られた正当な営為を，葬らんとしたのが，平成18年通則法制定に至る改正作業の出発点にあった，"歪んだ発想"である[723-a]。法改正はこれで終わりではない。通則法制定の前後で，どちらがよかったのか。いずれ，冷静にその点が検証される日の来ることを，私は願っている。

さて，通則法7条の契約締結時点で明示の法選択があったとして，その上で9条の「変更」が問題となったとする。10条1項の方式については「変更前の法」によるとあるが，方式以外の点については，遡って契約締結時点にまで及び得る，と解さないと，1本の契約につき，時点を区切っての複数の準拠法の登場となり，それ自体厄介なことになる。

1980年EC契約準拠法条約に基づく規定を置くドイツでも,「事後的法選択(nachträgliche Rechtswahl)」による契約準拠法の「変更」につき,それが契約締結時点に遡ってのものと解するのが,一般的には当事者の意思に沿うとされている。当事者は,一定時点の前後で二つの異なる法を適用する利益を,通常有さないからだ,とされている[723-b]。

　当事者の意思が明確にそうではない,ということになったならば,今度は日本における外国法の職権適用という,本書3.5で論じた点との関係で,裁判官が重荷を負うことになる,といった展開となる。いずれにしても,第三者との関係は,9条但書にあるように別だが(ただし,この当然の但書が,改正作業の当初においては,曖昧だった[723-c])。

　なお,9条但書との関係で,通則法11条(消費者契約)・12条([個別的]労働契約)の弱者保護の規定を視野に入れ,ついでに若干見ておこう。11条2項は8条を,12条3項は8条の2項(特徴的給付)の適用を外しているが(ただし,消費者の常居所地法——otherwise applicable law としてのそれ——は「最も密接な関係の原則」に導かれてのものであり,11条2項が,8条1項をも排除していることには,若干の屈折を感ずる),「変更」の9条は,11条・12条との関係でも,その適用が明示されている。

　例えば,次のような場合を,ある種の頭の体操として考えてみよう。すなわち,企業側が,企業側にとって弱者保護の問題のないA国法を明示的に選択し,当初はそれで済んでいたとする。そして,通則法11・12条による"弱者側の法"の強行法規にも,企業側にとって,さしたる問題はなかった,と仮定する。だが,その後,A国で弱者保護強化の大改正の動きがあり,慌てた企業側が,弱者側にそれと知らせず,弱者側との事後的合意で契約準拠法を変更し,既述の趣旨でそれを遡及適用させたとする。準拠法の変更それ自体については弱者側も了解していたとする。そして,その後A国法が前記の方向で改正されたとする。弱者側は,もともとの主観的法選択による準拠法上の保護を,失ったことになる。だが,彼らは,9条但書との関係での「第三者」ではない。契約の当事者,である。同様のことは,もとより他の

場合にも起こり得るが，主観的意思による契約準拠法の変更が，一体何をもたらし得るのかのイメージを，多少膨らませておくために，一言した次第である（準拠法選択上の合意の成否の準拠法[723-d]の問題は，別にあるが）。

さて，通則法の9条と同様，事後的な準拠法の主観的意思による変更を認める通則法16条（事務管理又は不当利得）・21条（不法行為）についても，（「変更」につき以上述べた諸点をすべて踏まえつつ）ここで論じておこう。これらの規定は，それらの事項の原則的連結（ないし後述の特則規定）のみならず，前記のそれぞれの規定の"前"に置かれた，"明らかにより密接な関係がある地"の法の適用を認めた「例外条項」にも，優先するものとして考えられている[723-e]。

もともとの案では，物権の準拠法についても同様の規定があったが，幸いにして落ちた。だが，契約外債務（事務管理とか不当利得とかいった"言葉"を不用意に国際私法上用いるべきでないことは，本書の随所で既に論じたとおり）に関する事後的法選択（主観的なそれ）の候補は，改正作業の初期段階では，何と「日本法」のみ（！）だった。

もとより，当事者の合意があればということだが，弁護士も（裁判所も？）日本法の方が楽なのは自明である。そこに"蟻地獄"的な罠を仕掛けるのである。物権についても，同様であった。かくて，前出・注723-d）に引用したもので厳しく批判したように，契約・契約外債務・物権という広範な分野において，「法廷地法」がすべての上に君臨する構図，だったのである。もとより，私は，断固抵抗した。

だが，契約の場合の通則法9条について既に述べたように，「日本法のみ」との，極端に閉鎖的な立場でなくなったとしても，大勢は，「法廷地法」に流れるであろう。所詮は，同じことなのである。本書冒頭で示した日本社会に巣食う"非国際性"がなくならない限り，その状況は変わるまい。

他方，同じことゆえ不法行為の21条について述べるが，1対1の単純な訴訟ではなく，国際的な集団訴訟を考えよ。被害者側が一致団結してくれるならともかく，ばらばらだったとして，一部の者のみが加害者側と準拠法の

「変更」に合意したとする。それが, "社会的にはひとつのまとまりのある事象[723-f]", 例えば本書1.2冒頭の例のような, 大量薬害訴訟だったとせよ。「変更」により, それに合意した者と否の者との間で, 準拠実質法が違い, 救済の程度等も, 違ってしまう。本当にそれでよいのか。また, "統一的な準拠法選択" に向けた純粋に国際私法的な利益を, 簡単に "爆破" してしまって, それで本当によいのか (u.s.w.)。

　実際の事例からの示唆とは無縁の "観念論" で, しかも単純な場合のみを想定した, かかる安易な法改正に対しては, 本書1の注13-c) に示した私の重要なメッセージ ("あるべき法解釈論の姿" に関するそれ！) に留意した上で, とくに法曹実務の英知に, 今後を委ねるべきであろう。

■ 強行法規の特別連結論？

　さて, この辺で次の問題に移る。前出・注125) の本文で示した図6に対し, いわゆる強行法規の特別連結 (Sonderanknüpfung) 論[724]なるものがある。主として公法的法規に着目しつつ, 私権に影響する場面でのそれらの適用は, 従来の国際私法から "切り離し" (！——本書1.3の注45-a) の本文と, 対比せよ), 別枠で処理すべきことが, 1940年代はじめのドイツで, ヴェングラーやツヴァイゲルトによって提唱されたのである。

　それらの所説においては, 当事者自治の原則が無制限に認められるとの前提があり, いわゆる強行法規 (ただし, それがどこまでのものをさすかは, 論者によってまちまちである) については, 当該契約関係と十分に密接な関係を有する国のものであればそれを適用すべきだ, とされた。だが, そのドグマーティッシュな割り切り方の問題のほか, 複数国の強行法規 (介入規範ともいう) が矛盾した内容の規律を命じた場合に生ずる混乱の問題がある。そこから, 特別連結論はそのままの形では採用されず, 前出・注131) 以下の本文で示した1980年EC契約準拠法条約7条1項のような形での処理が志向されることになるのである。

　ところで, 強行法規の特別連結論においては, 本書2.2の前記の図6にお

いて，契約準拠法所属国の「強行法規」のうち一部分が，カテゴリカルに切り取られ，他の関係諸国の同様の法規と同列に置かれる。法廷地国でのそれらの適用の有無は，上記の如く，通常の準拠法選択とは別の論理によることになるのである。そこで言う「強行法規」とは，図6とは別の角度から，国家政策的・社会政策的・経済政策的な秩序を維持するためのもの[725]，と一応整理されるが，そこから先は殆ど無法状態に近い混乱が半世紀以上にわたり続いている。

　実は，スイス新国際私法典13条2項が，外国の法規範はそれが公法的性格を有することのみによってはその適用を排除されない，としているにもかかわらず，上記の特別連結論と同様の角度から，(私契約に介入し得る)一定の準拠外国法規範の適用を除外しようとする見方がある[726]。特別連結論の影が，いまだ色濃く残っている，というのがドイツ語圏の諸国の実情ではあるが，その当否はもとより疑問である[727]。

　ところで，ここでやはり一言すべきは，IMF協定8条2項bである[728]。「加盟国の通貨にかかわる為替契約（exchange contract）であって，この協定の趣旨に沿うその加盟国の為替規制に違反するものは，いかなる加盟国の領域内においても執行され得ない（unenforceable）」と規定する。強行法規の特別連結論との関係では，かくて，あるIMF加盟国の為替規制が，全加盟国で尊重され，それに違反する一定の契約が執行され得ないことになる。

　もっとも，当該国の通貨にかかわる（involve）という要件がどこまで密接関連性基準に合致するかの問題もある。また，「執行され得ない」とは何を意味するか，から始まって，この条約規定（統一法）の解釈をめぐっては，各国で多様な解釈のズレがある（本書2.6の注336）の本文と，対比せよ）。最もこの規定を広く解すると，アメリカが資産凍結措置等を発動すればそれが全世界に自動的に谺し，同項b所定の効果が発生することにもなる。日本の国際金融界はこの条項の存在を殆ど意識していないようだが，自らが原告となり訴えた場合の大きなバリアとなり得る規定である[729]。戦後のブレトン・ウッズ体制が崩壊した今，この規定の存在意義そのものが大きく疑われ

て然るべきであり，一般の（前記図6に示した）牴触法的処理で十分なはずである[729-a]。

■ 契約関係における事案の「客観的」な分断――「補助準拠法」と「方式」，等――
　既述の分割（部分）指定について述べたように，私は当事者が主観的に契約関係の準拠法選択上の分断をすることには反対である。だが，通貨やいわゆる履行の態様（mode of performance――具体的履行方法）と呼ばれている諸問題については，客観的見地からあえて「分断」をし，通貨所属国法や事実として履行のなされる（あるいは履行が請求される）地の法による必要がある。
　それらの，契約準拠法から切り取られた部分を規律する準拠法を，補助準拠法（Nebenstatut）と言う[730]。契約上例えばフランス・フランでの支払が定められていたが，のちにフランの切り下げがあった場合，あるいは，かつてのドイツのように，ライヒス・マルクがドイッチェ・マルク（DM）に切換えられた場合，等にどうするか，といった問題が通貨所属国法によるのだと考えればよい。また，具体的な積荷の引渡方法や検査・瑕疵の通知，等の引渡に伴う義務や，前記の如き意味での履行地で，特定の日が休日であり（契約準拠法所属国では否），その日に履行出来なかったらどうするか，といった問題が履行地法（事実としてのそれ）によることになる。ただし，履行地法が，それに委ねられた事項を越え，履行の態様に関するその地での規制の違反に対し，契約全体の無効等のサンクションを加えていた場合には，もはやその点は，本体たる契約準拠法自体に委ねられているものとして，後者によって判断されることになる。
　これらの事項についての「分断」は，それなりの理由があってなされるものであり，必要である。それを越えて，さらに当事者に分割（部分）指定を認める必要はない，というのが私の立場である[730-a]。
　なお，履行の態様のうち，実際上も極めて重要なのは，わが民法403条にも示された「代用給付権」の問題である。つまり，「支払（履行）地国通貨

の選択権」である。

　最判昭和50年7月15日民集29巻6号1029頁は，債務者のみならず債権者にも円で支払請求をし得る旨の選択権を与えると共に，換算の基準時点を原則支払時，裁判の場合は事実審最終口頭弁論終結時と設定した（ただし，この点については重大な問題があるが，注に譲る[731]）。

　これは日本法が準拠法となる場合の処理であり，かつ，民法403条は任意法規である。契約準拠法が外国法である場合，「民法403条＋最判昭和50年」によって形成された日本法の立場は，日本を「法廷地国＝事実として履行のなされる（または請求される）国」とするケースで，如何に取扱われるか。上記最高裁判決には換算時点の点で多少問題があるが[732]，為替差損分についての損害賠償の可否，等の点は債務の内容に深くかかわり，当該債務（契約）の準拠法によるとしても，上記の点は履行の態様の問題に含めて考えてよいのではないか，と思われる。

　なお，同様の準拠法選択上の契約関係の「分断」は，いわゆる法律行為の「方式」（従来の法例8条2項本文——通則法10条）や「取引保護」の規定（法例3条2項——通則法4条2項に相当する[732-a]）によってもなされる形になっている。ただ，いずれにおいても，いわば本体たる契約準拠法の適用は前提とされつつ，場面を限って別の準拠法（行為地法）が介入し，それによって救われるならばよしとする形での処理である。

　まず，前者であるが，これは「場所は行為を支配する（locus regit actum）」の原則[733]を条文化したものと言える。契約等の当該事項（家族法上の事項等も含む）の準拠法上の方式を踏むことが原則だが，実際に行為を行なう地（国）でそれと同じ方式を踏むことが困難ないし不可能な場合もある，ということで13世紀頃から認められてきたのがこの原則である。図26を掲げる。

　ただ，この原則は，当初，図26に示したように，裁判所を担い手とする狭義の非訟事件について問題となった。当該事項の準拠法（lex causae）上要求される特殊な方式を踏むことが困難ないし不可能であっても，行為地法

4.1 国際契約法　343

```
                    locus regit actum
                    の原則の成立
                         ‖
  宗教婚の問題     ←――― 裁判所を担い手とする（狭義の）非訟事件  ┐   形成訴訟の問題
  いわゆる Privatform の問題      〔遺言→一般の法律行為〕         ┆ ·········→
                              ↓  ↓  ↓                            
                              公証人を担い手とする非訟事件        │
                              その他の官庁（一般の行政庁）      ├
                              を担い手とする非訟事件              │
                        国家機関（裁判所など）による            │
                        同意の要否の問題、など                   ┘
                                                                  法律行為の成立について
                                                                  の国家行為による形
                                                                  成（Gestaltung）の要否
                                                                  ・態様の問題
                                                                                          筆者における「方式」の概念
```

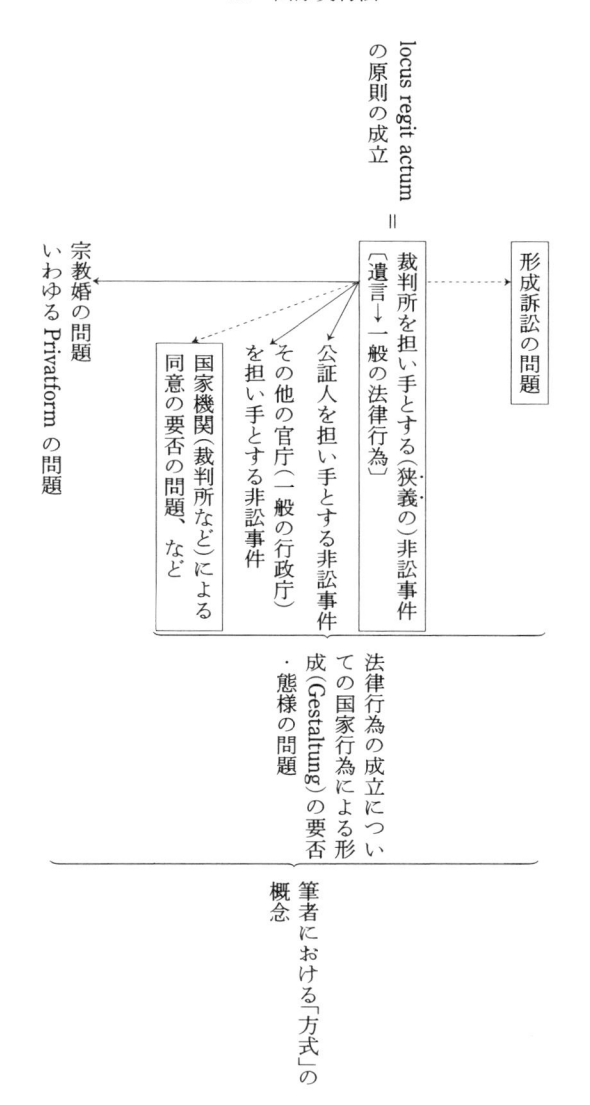

*図中の実線の矢印がこの原則の形成過程を示し、点線のそれは、これを踏まえて私が「方式」概念にとりこもうとする問題を示す。

図 26　「場所は行為（の方式）を支配する」の原則の形成過程*

上のそれを踏んでいればよい，とするのがこの原則である。

その法的意味を知るためには，非訟事件の本質について新堂幸司教授が述べておられる点，即ち，「ローマ法の下では，訴訟〔裁判〕のもつ公示作用を利用するために，法律行為を訴訟〔裁判〕のかたちでおこない，被告は原告の主張を争うことなく望む法律効果を生じさせるために任意に裁判に服するという形がとられ……これが非訟事件……の語源となった[734]」との点に，まずもって注意すべきである。私的自治が進むにつれて，国家機関の関与なく法律行為（契約等）をなし得るようになり，その過程で図26の左端にある私署証書の問題（Privatform），つまり，一定の契約についての書面の要否，等の点につき，それが「方式」と把握された上で上記の原則によって処理される，といった展開に至るのである。

日本の国際私法の教科書等においては，何らこの点が踏まえられていないはずである。だが，この原則，そして「方式」の問題については，『国際民事訴訟法』の中で論じた方がよい点が多々あり，ここではこの程度とせざるを得ない[735]。

「方式」の点につき上記の如き「分断」がなされる一方，従来の法例3条2項の内国取引保護は，いわゆる行為能力に関する規定である。取引行為が日本でなされた場合，能力問題はその者の本国法によるとの前提の下に，日本法上能力者ならばそれとして扱う，というものである。非常に古典的な場合，即ち，外国から無能力者（本国法上のそれ）がフラッと日本に来て（あるいは在住していて）日本人と取引し，あとで能力問題でもめた，といった場合を考えれば，分かることは分かる。

だが，そもそも能力問題が当然に契約問題から「分断」される，との前提に問題はないのか。また，そこで言う行為地の決定につき法例9条との関係[736]はどうか，日本人の外国での法律行為，外国人の第3国たる外国での行為，等を同項との関係でどう整理するか，といった問題も派生していた。この種の問題については，正直言って全く私はファイトがわかなかったのだが，ともかく通則法との関係を含め，既に本書において述べたところへと，

注を頼りに[737]，回帰していただきたい。

■「いわゆる代理」の準拠法――「法人格否認の準拠法」論，等との関係において

さて，以上に対し，実際上も極めて重要なのは，「いわゆる代理」の問題である。ただ，ここでも，「代理（agency）」の問題を国際私法上，常に契約準拠法の射程から切り離し，「分断」をすべきかが，そもそもの問題の出発点となる。本書 3.1 の，「具体的な性質決定のなされ方：その 4」の項，そして，その注 465-c）で"詳論"したところが，これと関係する。

ところで，不用意に「代理」という"言葉"を用いるわが学説の，民法上の議論に過度に引き摺られた混迷状況は，殆ど悲惨と言うべきであり[738]，

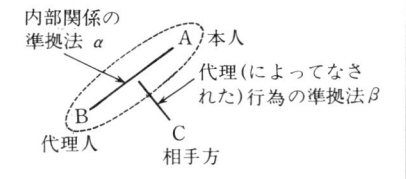

〔従来の問題把握と分析的手法〕

① 代理の可否…β（争いなし）
② 代理権の有無・範囲…α（＊）
　＊ α の具体的内容：
　（イ）法定代理…法例新21条・新24条等（争いなし）
　（ロ）任意代理…対立あり
　→・授権行為（法例 7 条準用）または委任等の基本関係の準拠法説（通説?）
　　・代理行為（がなされた）地の法によるとの説（折茂）
③ 表見代理・（狭義の）無権代理の問題
　（イ）AC 間・BC 間の問題…対立あり
　→・β による説〔久保・実方〕
　　・AC 間は $\alpha\beta$ 累積とする（BC 間は β のみ?）説〔江川〕
　　・代理行為地法説（ただし，法定代理の場合は若干はっきりせず?）〔折茂〕
　（ロ）AB 間の問題…事務管理または不法行為の準拠法による
④ 代理（によってなされた）行為の成立・効力…β（争いなし）

内部関係の準拠法 α
A 本人
代理（によってなされた）行為の準拠法 β
B 代理人
C 相手方

図27　代理の準拠法?――従来の一般の理解

誰がどの説をとる，といったことよりも，従来からの議論の幅を大まかに示すことに，ここではまず専念したい。そこで，図 27 を示すこととする（内国取引保護云々の点は捨象する）。

図 27 の整理は，若干の単純化を伴うものであり，上記の目的のためのイメージ図位にお考え頂いた方がよいが，何かおかしくはないか。ここでも，（本書 3.1 の注 465-c）の本文以下で論じた，「いわゆる法定担保物権の準拠法」の場合と同様——そもそも，図 27 に「法定代理」などとあることに，注意せよ。「法定」か否かは，準拠法を決めたあとに，当該準拠法に委ねられた問題のはずである）安易に法廷地実質法上の「代理」に関する議論を横目で見つつ，机上で論をなしたが如き観を，私は否めない。そもそも，図 27 の②と③とを区別するなど，はなはだ実務的ではない。ただし，代理行為地法によるとの説は，このあたりを踏まえたものとも言える[739]。

また，致命的な問題として，そこで言う「代理」とは何かにつき，せいぜい「名板貸」を含む，等の説明があるにとどまり，はっきりしないのが通常である。そこで図 28 で一応の整理（私見の出発点としてのそれ）をする。

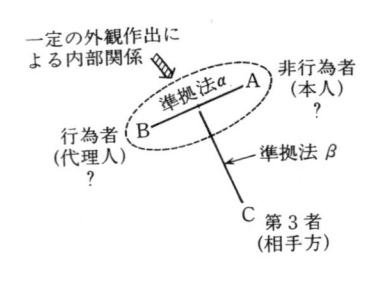

〔わが実質法上の関係諸概念——参考まで〕
- いわゆる代理
- 名板貸
- 法人格否認
- 経営委任[740]
- 営業の賃貸借
- 事務管理
- 信託
- 法人代表 etc.

関係ナシ！
① 行為者が AB いずれの名義で行為するか？
② 内部関係で権利義務は AB いずれに帰属するか？
③ 内部関係はいかにして作出されたか？（合意・名義冒用 etc.）

図 28　国際私法上の「代理」とは？
　　　——私見の出発点

最も一般的な表現をすれば，図28のAB間に「一定の外観作出による内部関係」（その準拠法はα）が形成され，それをもとにB（行為者——これを代理人と表現すると，ややこしくなる）が，第3者Cと取引（その準拠法はβ）をした場合に生ずる諸問題が，何となくここで議論されていることが分かる（その際に，非行為者たるAに，何らかの要保護性のある場合も含まれている）。

そうであれば，「内部関係と外部関係」とを区別して考えればよいではないか——それが，難行した1978年の「代理の準拠法に関するハーグ国際私法条約」作成作業の出発点であり，かつ，果たして契約準拠法（図28の準拠法b）の射程からいわゆる「代理」を区別して論ずべきかが，そこで種々争われたのである[741]。

この条約は，内部関係は内部関係の準拠法αにより，外部（第3者——取引の相手方——との）関係は準拠法βによる，とのシャープな処理定式を示した上で，$\alpha \cdot \beta$ の決定方式を，種々の妥協の末に模索する。それぞれにつき，明示の準拠法指定があればそれによるが，otherwise applicable law として，代理人の営業所地・代理行為地の2つの連結点を種々組み合わせて規律するのである。

ちなみに，この2つの客観的連結点のうち，とくに前者は，前出・注712）以下の本文で示した「特徴的給付」の考え方によったものだが[742]，これは一応のルールだったはずであり，他方，代理行為地法主義に傾くかに思われた従来のイギリスでは，それが契約の準拠法（proper law of the contract）のラフな表現でしかないことが，認識されるに至っている[743]。

かくて，同条約の基本枠組を"換骨奪胎"し，そこに，前出・注691）の本文で示した，契約準拠法決定上の当事者の意思の「客観化・規範化」，という私の既述の基本観をインプットしたところに，いわゆる「代理」の問題に関する私見が成り立つことになる。本人の要保護性，等の点も種々勘案しつつ，内部関係・外部関係それぞれの準拠法を決してゆけば十分ではないか，ということである[744]。

だが，それだけでは問題は解決しない。「代理とは何か？」という問題設

定自体が，かなり怪しいからである。前記ハーグ条約は英米法上の代理概念や事務管理を広汎にとりこみつつ，他方，法人代表や信託を，そこで言う「代理」から除き，信託受託者は，そこで言う代理人ではない，などとする。だが，これらは条約作成上の現実からする妥協であり，理論的なものではない[745]。それらも含めて考える必要がある。

さらに，国際金融取引の実際においては，前記図28のABCの関係がそうクリアではなく，例えばユーロ・シンジケート・ローンの組み立ての要をなすリード・マネージャーの立場を図中のBとし，借主AとBとの関係を$C_{1～n}$（シンジケートに加わる各国の多数の金融機関）から見れば，図28の図式になるが，Aの側からB・$C_{1～n}$のローン組み立てに至る営為を見ると，B・$C_{1～n}$間に図中の点線で示した内部関係があるようにも見えてくる。どこに外観作出による内部関係があるかは，"見る方向"（！）によって違って来得るのである[746]。さらに，そもそも誰と誰との間で契約が締結されたかがあいまいなまま国際取引の流れが処理されてゆく，といった傾向もないではない。

そこで，具体的紛争との関係で，前記図28の図式の下で内部関係・外部関係を分けて考える，との方針によりつつも，最終的には，「いわゆる代理の問題は，国際私法においては，契約当事者の確定とそれをめぐる外観保護の問題へと発展的に解消されるべき」運命にある[747]，と私は考えているのである。

4.2　契約外債務の準拠法

■不法行為地法（lex loci delicti）主義をめぐって——「法的安定性 vs. 具体的妥当性（柔軟性）」

明治期に制定され，平成18年の「法例」の「廃止」まで妥当してきた法例11条1項は，事務管理・不当利得・不法行為といった"言葉"を用いつつも，それらを一括して，準拠法を決定する規定であった。それは，"契約

外債務"という，その後海外で広まった用語法を実質的に先取りする，先見性のある処理だったと言える（法例 11 条の 2 項・3 項の問題はともかくとして）。

　だが，通則法 14 〜 22 条は，「事務管理又は不当利得」と「不法行為」を分け，16 条・21 条の，事後的な合意による準拠法の「変更」の規定を双方に設け，更に不法行為については，生産物責任（18 条）・名誉・信用の毀損（19 条）の特則まで設けた。「明らかにより密接」云々の例外条項も 15 条と 20 条とに分散しているが，16・21 条の事後的な「変更」の合意の規定がその後にあり，通則法制定過程での法務省サイドの（隠れた）強い意向として，この「変更」の規定が一番上に立つことが，強調されていた。しかも，原案では日本法の事後的選択のみが認められていた。前出・注 723-d) に続く本文で批判した点である。

　さて，法例 11 条は，「事務管理，不当利得又は不法行為」につき，それ「に因りて生ずる債権」の成立・効力は，「其原因たる事実の発生したる地」の法による，としていた。その文言は，通則法 14 条の「事務管理又は不当利得」の場合の原則規定に，そのまま受け継がれている。不法行為の原則規定たる 17 条は，（加害行為の）"結果発生地"・"加害行為地"（後者は，従来の用語法で言えば "行動地"）という二つの連結点を示すが，そのいずれによるかは，法例 11 条 1 項の，「其原因たる事実の発生したる地」の理解について，従来から議論されてきたところであり，問題の本質は，その限りでは変わらない。

　そのことを確認した上で，従来の法例 11 条 1 項の，「其原因たる事実の発生したる地」という文言の，もともと意味していたところにつき，一言する。穂積陳重起草委員は，外国で荷造りをした爆発物が日本で爆発した場合を念頭に置き，不法行為の「原因の発生地」と，「債権の原因たる事実の発生地」とは異なる，としていた。そして，前者は外国だが，後者は日本であり，上記の場合に日本法を適用すべく同項を作成した，と述べている[748]。

　不法行為の準拠法については，不法行為地法（lex loci delicti）主義が同項で採用されたことを踏まえ，それが行動地・結果発生地いずれをさすかが，

種々議論されてきた。これも，かなり観念論の色彩が強い議論だったが[749]，かくて起草者は，基本的には結果発生地法説に立っていたことになる。

だが，不法行為地の決定も，最も密接な関係の原則に導かれた目的論的作業の中で然るべく決定されるものである。形式論は排除さるべきである。道路交通事故に関するアメリカでの（1960年代はじめまでの）処理があまりに硬直的であったことは既に述べたが[750]，そこまでゆかずとも，この不法行為地法主義をめぐる種々の硬直性の緩和への議論が，戦後の伝統的な準拠法選択方法論内部での発展に対して大きく貢献したことは，注意されてよい[751]。とくに，第2次大戦後のイギリスで，不法行為準拠決定につき，「プロパー・ロー（proper law）の理論」を説いた J.H.C. Morris の功績は大きく，そこから，各国国際私法上の，不法行為（契約外債務の代表としてのそれ）の，そして他の事項における，準拠法決定の"柔軟化"の波が生じた。

通則法17条以下の「不法行為」の規定を考える上では，このモリスの指摘に立ち返って考える必要のあることを，私は痛感する。彼の主張のエッセンスは，次の点にある。

"[W]hile in many, perhaps most, situations there would be no need to look beyond the place of the tort, we ought to have a conflict rule broad enough [！] and flexible enough [！] to take care of the exceptional situations as well as the more normal ones; otherwise the results will begin to offend our common sense [！].[752]"

ちなみに，これは，"CERTAINTY OR FLEXIBILITY"（！）と題した項における指摘である。そして，モリスの「プロパー・ローの理論」は，最も密接な関係の原則に導かれつつ，準拠法決定を，"黙示の意思の探求"を軸に柔軟に行おうとする，「契約」の場合の考え方（なお，例えば，前出・注714-c）の本文で示したイギリスの最近の判例を見よ）を，「不法行為」の場合にも移入するところから始まったのである。だが，通則法制定過程での議論はといえば，契約につき，「黙示の意思探求」の封じ込めを図り，ここで扱う不法行為についても，同様の暗い意図を示し，闇雲に（その実屈折した形で，

"隠れた法廷地法主義"を含めた意味での！）法的安定性を，志向していた[753]）。

通則法17条は，不法行為地の決定につき結果発生地を原則とする。その限りでは，既述の穂積博士の，法例11条1項についての基本的な見方と同じである。しかも，法例11条1項と同じく，不法行為「によって生ずる債権の……」とある。

■ 法例11条1項について穂積陳重起草委員が掲げていた「例」を出発点として ———

穂積博士は，既述のように，外国で荷造りした花火が日本で爆発した場合に，日本法を適用する趣旨だと，法例11条1項の趣旨を説明していた。だが，一層の国際性を有する事案を，ここで考えてみよう。

カナダへの海外ツアー中に，日本のツアー会社Yが現地で用意した花火が爆発して，ツアー客たる日本居住の日本人Xが被害にあったとする。Xが帰国後，日本で治療を受け，Yに賠償請求した場合，穂積博士は，どう答えるのであろうか。

形式的にみれば，事故地イコール結果発生地として，カナダ法が，通則法17条1項の「加害行為の結果が発生した地の法」（結果発生地法）と言えそうである。そして，17条但書の加害行為地法の適用は，この場合，なさそうである。だが，17条だけで考えると，本文・但書とも，そうなるとカナダ法しかなくなってしまう。

20条の例外規定があるから，よいではないかといわれそうだが，「準拠法選択上の一般条項」（あるいは，その縮減形態たる20条）に何でも放り込むのは，決して賢明なことではない。原則規定の中で，それなりの処理が，まずもってなされねばなるまい。

ここで想起すべきは，通則法17条が，法例11条1項と同様，不法行為「によって生ずる債権の……」と規定していることである（既述）。上記の想定事例では，日本に戻ってからの治療費等が，Xの「債権」であるし，カナダでの「加害行為」の「結果が発生した地」は，むしろ日本だということになりはしないか。

私は，国際裁判管轄決定上の「不法行為地」についても，「例えば外国で生じた事故についても，［物理的な損害発生地のみを機械的に問題とするのみではなく！］『残された遺族［等］が事故により実際に生活［等］に苦しむ地』を『損害の現実化した地』として」考えるべき「場合も，ある」と主張して来ている[754]。上記の想定事例の場合にも，通則法17条の解釈として，日本法が準拠法（結果発生地法）とされるべきである（前記のモリスの言葉の具体化として，である）。

　ところで，上記の想定事例は，実は，千葉地判平成9年7月24日判時1639号86頁の事案における「スキー」（スキーの接触事故）を「花火」（花火の爆発）に，そしてYを「同じツアー客」（日本在住の日本人）から「日本のツアー会社」に，それぞれ"変換"しただけのものである。判旨は，法例11条1項に基づき，「本件においてXの主張する損害は，いずれも我が国において現実かつ具体的に生じた損害である。そして，……法例11条1項の『その原因たる事実の発生したる地』には，当該不法行為による損害の発生地も含まれる」とした。通則法17条本文の結果発生地も，これと同様に，柔軟に決定されるべきである。

　だが，実際の前記千葉地判の事例において，例えばYがカナダ在住の日本人だったら，あるいは更に，Yがニューヨーク在住の韓国人だったらどうか（国際裁判管轄の問題は，今は捨象する）。事案の諸事情が少し様相を異にするだけで，状況は変わってくる。そのことを，既述のモリスの言葉は示していたのである。

　なお，千葉地判のこの処理については批判もあるが，その批判を行い，かつ，法例11条1項の主義の改革を支持していた側の者も，「裁判所は，行動地か結果発生地かというよりも，むしろ個々の事案に応じて柔軟に［！］不法行為地を決定して」来たことを，実は認めている[755]。同様の正当な営為は，通則法17条の下でも，十分に維持可能，と言うべきである。

　ただし，加害行為地法の適用を，結果発生地での結果発生が「通常予見することのできないものであったとき」に"限定"する通則法17条但書は，

4.2 契約外債務の準拠法

上記の，従来の裁判所側の営みに関する指摘（それ自体はもとより正当。事実であるから！）からしても，穏当ではない。例えば，アメリカ企業Yが，殆どアメリカとの実質的関連を欠く事案につき，日本の中小企業Xを被告として，アメリカで賠償請求の訴えを起こし，Xが日本で，Yを被告として債務不存在確認請求を行う，といった国際二重起訴の場合[756]を考えよ（ちなみに，ここで通則法18条の生産物責任の規定が適用されると，即ち，Yが日本でXを訴えたとすると，一見したところでは，「通常予見」云々の同条但書は別として，「被害者が生産物の引渡しを受けた地の法」，即ちアメリカ（のどこかの州）の法が準拠法となってしまいそうである。XからYへの直接の引渡しのケースで，それが日本の港や空港でなされた場合は別として）。

このXの日本での反対訴訟の準拠法は，どうなるのか。従来は結果発生地と行動地（加害行為地）との間で柔軟な処理がなされてきたが，それが通則法17条但書によって"阻害"されるのか否かの問題である。だが，Xが単純な債務不存在確認ではなく（!!），より踏み込んで，Yの不当な訴訟によって，日本国内でアメリカでの応訴のための金銭的負担（高いアメリカの弁護士費用，等）や評判の低下，等の損害を受けたのだと訴えれば，その準拠法は，Xの損害が実際に発生した結果発生地の日本の法に引き寄せられる。

アメリカ判決の日本での承認・執行については，別途アメリカに国際裁判管轄があるか否か，等の承認要件（民訴118条）を争う道もあるし，従来どおり債務不存在確認請求を起こせば，大体中間判決で片が付くという従来の"相場観"（前出・注756）所掲のものを見よ）からも，準拠法となると若干はきつくなるが，一定の効果は期待しうる。

だが，アメリカでの理不尽な（そうは言えない事案ももとよりあったが[757]）訴えに対する重要な防御手段として，法曹界からもそれとして支持されてきたところの，日米企業間の訴訟に関する従来の争い方のパターン[758]を，なぜ今変えねばならないのか。そうすべきだという実務からの要請が，一体あるのか否か。

例えばそれが，本書1.1の注1-c）で引用した経済産業省（公正貿易セン

ター）の報告書の提起した問題でもあった。その 40 頁以下の『終わりに』（同省担当課長の執筆）から引用しておこう。そこには，法例改正のための「議論が，何のために，何を目指した，どのような改正を指向するのかという基本的な問題について明確な整理をすることなく，『改正ありき』とも言える手法で議論を継続しているという本質的な問題」が「あきらかになった」とされ，末尾には，「ここで，『法を涼きに作すも，その弊なお貪る（作法於涼貪）』という中国春秋時代の古典の知恵を想起することは有益であろう」，とある。「不必要な法制度を導入することがかえって国力をそぐことになることへの警鐘として」の言葉である。

　いずれにしても，原則規定が硬直的で動きがとれず，すべてを 20 条の例外条項や 21 条の（既述の）事後的法選択の規定に期待するというのは，誠に拙い立法である。今後は，それらの拙い法規定を前提としながらも，本書 1 の注 13-c) で一言した"あるべき法解釈論の姿"に思いを馳せ，かつ，前記のモリスの言葉の具体化に向けた，学界・法曹実務の英知が，問われることとなろう。

■ 従来の判例と契約外債務の準拠法

　ここで，従来の事例における法例 11 条 1 項の適用を見ておこう。例えば，いわゆる契約締結上の過失にあたる「ような」(!) 問題に関する東京地判昭和 60 年 7 月 30 日判時 1170 号 95 頁（控訴審判決は東京高判昭和 62 年 3 月 17 日判時 1232 号 110 頁[759]）では，契約・不法行為の準拠法を一応分けて考えつつ，共に同一の国の法を適用する，とした。その姿勢は評価できるが，若干心許ない点もある。当該契約締結交渉の過半が東京でなされているから，といった点に重点を置き，法例 7 条（ただし，2 項によった点は問題），法例 11 条で定められる準拠法を，日本法としたのである。けれども，当該交渉は，香港・シンガポール・マレーシア等でもなされていたのであり，今ひとつ説得力に欠ける。

　これに対して，トレード・シークレットの法的保護に関する東京地判平成

3 年 9 月 24 日判タ 769 号 280 頁 [760)] は，当該技術情報の入手等，当該違法行為の極めて重要な部分が日本国内で行なわれているとして，日本法が準拠法になるとした。日立・IBM 事件と対比すべき国際二重起訴事件であるが，その判断は概ね正当である。

　知的財産権侵害については，まず，東京高判平成 12 年 1 月 27 日判タ 1027 号 296 頁がある。特許権の属地主義からして，外国特許権に基づく日本国内での行為の差止め・廃棄は求め得ないので，この点について法例の定める準拠法決定の問題は生じないが，損害賠償請求については，法例 11 条 1 項により，本件で不法行為とされる行為は，すべて日本国内の行為であるから，として日本法を準拠法とした。その前段はともかくとして，後段の判旨は，正当である。

　ここで，本書 3.1 の注 456-b）の本文以下で批判した最判平成 14 年 9 月 26 日民集 56 巻 7 号 1551 頁が登場する。判旨は，「本件両当事者が住所又は本店所在地を我が国とする日本人及び日本法人であり，我が国における行為に関する請求である」ことを認めつつ，米国特許権に基づく請求だからということで，本書の上記個所で述べたような袋小路に迷い込んでしまった。本件紛争事実関係の重点（center of gravity）を一方では見つめつつ，なぜそれを準拠法選択の正面に据えなかったのかが，惜しまれる（損害賠償請求についてのみ法例 11 条 1 項の適用を認めたが，前出・注 456-e），456-f）の本文で示した屈折した見方からか，米国法が準拠法となる，とした）。なお，その後の東京地判平成 15 年 10 月 16 日判タ 1151 号 109 頁は，（米国特許権に基づく）差止請求と，不正競争防止法 2 条 1 項 14 号に基づく差止請求・損害賠償請求とで分けて考え，前者（ただし，米国内での行為が対象ゆえ，前記最高裁判決とは，事案を異にする）については米国法を，そして後者については，法例 11 条 1 項により日本法が準拠法となるとした。ともかく，当分は前記最高裁判決のもたらした混乱が支配する状況である。

　次に一群の事例をなすのは，本書 1.3 の注 45-a）に至るまでの本文で示した，太平洋戦争中の出来事に関する諸事例である。日本の建設会社を被告

とした事例たる，広島高判平成16年7月9日判時1865号62頁は，日本の当該の労働者が日本に連れて来られた事例であるが，当該建設会社が直接関与したのは，中国で被害者らが日本の貨物船に乗せられ，その管理が同社に引き継がれた時点から強制労働の終了までであること等からして，本件不法行為の主要な部分は日本で行われたと言えるから，法例11条1項による準拠法は日本法だとした。正当である。

　家族法関連では，まず，いわゆる内縁不当破棄による慰謝料請求についての，本書3.1の注470）の本文で言及した最判昭和36年12月27日家月14巻4号177頁があり，在日韓国人間の問題だったこともあり，法例11条1項により（共通の生活地たる）日本法を準拠法とした。また，日本在住のアメリカ人間での，第三者による婚姻関係侵害による慰謝料請求の事案たる東京高判昭和51年5月27日下民集27巻5-8号324頁は，本件はアメリカ人相互の紛争ではあるが，双方とも長年の間日本の社会で生活し，その風俗習慣にも理解を持つことが期待される者たちであるから，といった点も示しつつ，法例11条1項の下で，日本法を準拠法とし，かつ，日本の通常の場合に準じて慰謝料を定めるべきだ，とした。

　海事関係のものとして，まず，公海上の異国籍船舶の衝突に関する東京地判昭和49年6月17日判時748号77頁は，公海上ゆえ不法行為地法はなく，本件は日本人の日本法人に対する請求ゆえ，当該船舶の旗国法などによることなく，当事者双方の本国法たる日本法による，とした（これは，従来から論じられていた「不法行為地法主義」硬直緩和の一環としての，共通属人法への連結の1パターンである。通則法20条の例外条項では，共通常居所地が，そこで考慮される事情の一つとされている）。だが，仮に特定国の領海内での事故ならば当然にその国の法が準拠法となるか，また，当事者にそれぞれ異なる外国的要素をインプットして考えた場合にはどうなるか。このあたりが難しいところであろう。事案の諸事情の然るべき勘案，と言うと逃げの一手のように聞こえるかも知れないが，果たしてどこまでルール化をなし得るか，また，なすべきかが，既述のモリスの正当な指摘との関係を含めて，鋭く問わ

4.2 契約外債務の準拠法

れることになる

　なお，上記事例と対比されるものとして，やはり公海上の異国籍船舶の衝突に関する，仙台高判平成6年9月19日高民集47巻3号173頁がある。本書2.6の注332-a）で，統一法との関係での論点につき，私自身の評釈との関係を含め，言及しておいた事例である。公海上の異国籍船舶の衝突の準拠法については，加害船舶と被害船舶双方の旗国法の累積的・重畳的適用（要するにダブル・チェック）をし，船主責任制限については，法廷地法による，とした。

　他方，大韓航空事件に関する東京地判平成9年7月16日判タ949号255頁は，公海で生じた損害については加害者・被害者双方に共通本国法があればそれによるが，それなき場合には，事案に応じて，一切の事情（！）及び当事者間の衡平を考慮し，「条理」によって準拠法を定めるほかない，とした。前記のカナダでの日本人ツアー客の事故に関する千葉地判の判旨と対比すれば，公海上の事故地に着目するのみでよいか，また，法例11条1項（通則法17条）を離れていきなり「条理」ということでよいかが問題となる。だが，判旨は，加害者（大韓航空）と日本人たる被害者との運送契約上，到着地が日本（東京）とされていたこと，本件事故機は元来公海上を飛行した後，日本の領空を通過すべきであったのに，これを逸脱して旧ソ連の領空を侵犯してしまい，それが主要な原因となって本件事故に至ったこと，本件被害者の死亡した公海は，日本の領海に接続しており，北海道沿岸に遺体，遺品が多数漂着していること，等を考慮して，日本法を準拠法とした。

　この事例など，諸般の事情を，それなりに丹念に考慮しており，それを法例11条1項の枠内で行えたはずだという既述の点は別として，また，前記の千葉地判のような処理の可能性もあったことはともかくとして，事案の諸事情が不法行為準拠法決定上の決め手となることを，よく示している。痛ましい事件の記憶とともに，この事例における柔軟な準拠法決定のプロセスもまた，我々の記憶にとどめておくべきところ，通則法17条では，結果発生地を"機械的"に把握し，但書の加害行為地とあわせ考えたところで，公海

上の事故地にその地ありとなって，それだけでは決着がつかない。やはり，前記のカナダのツアー客の事例について示し，また，前記の千葉地判がそうしていたように，結果発生地の目的論的解釈を施しておく必要性は，高いものと思われる。

　なお，いわゆる不当利得に関しては，リベリア法人Xが日本法人Yに本件船舶を引き渡したのに，傭船料が支払われない状況下で，予備的になされた傭船料相当額の不当利得返還請求については，Yの利得の原因となった本件船舶の占有移転が現実に行われた地として，日本法が準拠法となるとした，大阪地判昭和36年6月30日下民集12巻6号1552頁が，目立つ程度である。わざわざ通則法に14～16条の規定を別に作り，不法行為と分けた処理を行うまでの必要性が，果たしてあったのかは，疑問である。

　なお，海事関係の前記諸事例に見られた「共通属人法主義」と同様の補充的な連結方法は，従来，とくに不当利得における「基本関係の準拠法」説[761]，といった形でも主張されていた。契約等の基本関係があるならばその準拠法による一括規律を考える，というのがその基本である。不法行為の場合にも同様のことは言える。だが，前出・注94）につづく本文で示した図3，そして前出・注107）以下の本文で示した点が，こうした考え方への私の答えとなる。「不当利得における基本関係の準拠法説」と表現するか，契約等の基本関係の準拠法への具体的送致範囲を不当利得まで広げて解すると言うかは，結局は同じことであるが，いずれにしても，従来の判例は必ずしも事案の諸事情を全く度外視して常に一義的な性質決定をしてきたわけではなく[762]，また，常に基本関係の準拠法に引き寄せて考えねばならない必然性もないと思われる[763]。ちなみに，こうした点は，通則法においては，15条・20条の例外条項の中で，考慮される諸事情の例示として，位置づけられている。だが，14条・17条の原則規定の中において，こうした点も，しかるべく勘案しながら，柔軟に準拠法が定められるべきである。例外条項の中でだけこの点を示す裏の意図は，上記原則規定の適用それ自体を硬直的に行おうとの点にあるようだが，再度，前記のモリスの言葉に凝縮された，

現実の世界の趨勢を，想起し，かつ，基本的にはそれに沿って来た，従来のわが判例の営為に，十分な敬意を払うべきであろう。

■ **不法行為の特則規定？——通則法18・19条**

　通則法18条（生産物責任），19条（名誉又は信用の毀損）は，不法行為の特則を定める，拙い規定である。今般の改正の初期段階では，『各国の実質法上の不法行為類型が多様化してきたから，それにあわせて［？］個別の規定を置こう』，といった"倒錯した論理"[763-a]とともに，混乱の極みとも言うべき不正競争・競争制限行為の規定，そして，知的財産侵害の規定の新設も，考えられていた。

　詳細は，注に引用したもの[763-b]にすべて譲るが，生産物責任（製造物責任——製造か生産かは，細かしい問題である）と名誉又は信用の毀損について特則を置いた場合，"それら以外"の類型（？）の扱いがどうなるのかが，すぐに問題となる。18・19条は特則ゆえ，それら以外は17条に戻る，ということになるのが常識的だが，なぜこの二つだけを特別扱いするのかが，十分に説明できないはずである。（なお，19条についての，後出・注763-e)の指摘にも，十分注意せよ）。

　この点で，前出・注763-b)の中で示したように，1999年のドイツ国際私法改正において新設された「契約外債務」の諸規定において，通則法18・19条のような不法行為の特則規定が，何ら置かれていないことにも注意すべきである。そうあって当然，である。

　しかも，一般の不法行為と生産物責任との境界は，世界各国の（！）実質法を広く見渡した場合，そんなに明確なものなのか。一般不法行為ならB国法となるところ，18条冒頭の場合にあてはまるからということで，それに従い，準拠法たるA国の法を見たら，A国法では何ら生産物責任を特別扱いしていず，逆にB国法では，一般不法行為と生産物責任（製造物責任）とを峻別していたとして，本書2.1の図3や，注107)の本文の，四宮教授の指摘（そこでの「契約」を「生産物責任」と置き換えよ——注94)以下の，

「選択された準拠法への具体的な送致範囲の問題」である！）との関係は，どうなるのか，等々。重要だから規定を置いてみました，といった説明は，通らないはずである。

■ 通則法 18 条（生産物責任の準拠法）の硬直性！

それでは，通則法 18 条を見てみよう。「生産物……で引渡しがなされたものの瑕疵」によって生ずる不法行為，とある。「被害者が生産物の引渡しを受けた地の法による」とあり，但書で，その地での「引渡しが通常予見」できない場合には，いきなり（！）「生産業者等の主たる事業所の所在地の法」による，とある。

但書の方を先に見れば，なぜサプライ・サイドの側に最も有利な法選択へと一気に導くのか。その地の法が，当該紛争事実関係と何ら関連していない場合にも，こんなことをなぜするのか。20 条の例外条項は，「明らかに……より密接な関係がある地」が存在しない限り，適用されない。「明らかに」とまではいえないが，center of gravity はここだろう，といった諸般の事情の総合考慮の道は，絶たれている。したがって準拠法選択上の一般条項それ自体の出番となるが，その前に，なぜこんな極端な処理を 18 条の中でしてしまうのかが，問題となる。

他方，「生産業者等」の定義は，加工・輸出入・流通・販売等と多様だが，「引渡し」がすべての前提となっている。ここで想起すべきは，例の JAL 国内線の墜落事故の場合，である[763-c]。

遺族側は，かつて尻餅事故を起こした機体の製造者（生産者）たるアメリカのボーイング社を被告として訴えた。その訴えは，当初アメリカで提起されたが，前出・注 763-c) に所掲のものに記したとおり，アメリカで不当に（条件付きの）門前払いとされ，遺族側は，フォーラムを日本に移した[763-d]。

この場合，注意すべきは，訴訟当事者たる遺族側はもちろん，事故の「被害者」も，何ら生産物の「引渡し」を受けていないこと（！），である。機体の引渡しを受けたのは，航空会社たる JAL である。

4.2 契約外債務の準拠法

そうである以上,「引渡しを受けた地」も,観念できない(!)。そうなると,通則法18条は適用されないことに,なってしまいそうである。「被害者」が「引渡し」を受けておれば18条,否ならば17条というのは,あまりに拙い立法である。あれだけ社会問題化した,実際のJAL国内線の事故の事例(国際的製造物責任訴訟の,典型的な事例である!)すら踏まえず,観念論だけで突っ走った結果がこれ,である。そこで考えられていた法的安定性とは,(ここだけの話ではないが)一体何のことだったのか,とも思う。

また,(原案にあった「取得」にせよ,批判を受けてのその改良版たる18条の「引渡し」にせよ)同様の問題は,他の場合にも起こる。前出・注763-a),763-b)に引用した著書の132頁以下で論じたことに尽きるのだが,例えば,次の場合を考えよ。

Yの生産(製造)した生産物の引渡しを,18条の「生産者等」に含まれる販売業者Zから,たまたま旅行中の通過国A国で受けたX_1(当該生産物を購入したとせよ)が,その常居所地国たる日本に戻り,そこで爆発等で被害にあったとする。被害にあったのは,X_1のみならず,たまたま近くに居た日本在住の$X_{2\sim n}$だったとする。$X_{1\sim n}$の生産者(製造者)Yに対する賠償請求の準拠法を考えよ。

この場合,X_1のみが「引渡し」を受けている。それのない$X_{2\sim n}$はどうなるのか。後者の者達は一般不法行為の17条に戻る,とでも言うのであろうか。そうなってしまったら,ここでも,(前出・注723-f)の本文にも一言したところの)"社会的にはひとつのまとまりのある事象"が,不当な準拠法選択上の"分断"を受けることになる。

また,「引渡しを受けた地」たるA国は,「被害者」たるX_1にとっても,単なる"偶然の地"である。なぜ,それが原則としての準拠法と,なってしまうのか(ちなみに,通則法11条〔消費者契約〕の場合には,同条6項1号本文で,消費者が自らそこに「赴い」た場合には,同条1〜5項を適用しないという規定がある。だが,通則法18条には,"その類"の発想に基づく規定がない)。

然るに,その地の法の適用を18条の中で外すためには,同条但書の,「そ

の地における引渡しが通常予見」できないものだったと言わねばならない。だが，それをしたところで，待っているのは生産者Yの「主たる事業所の所在地法」（！）である。同条但書は，問題をサプライ・サイドから見た，生産業者等の保護の規定である。問題把握の仕方が基本的に"捩れている"こと（！）に，気づかないか。

　それでは，この例において，実は生産者Yが，手広く日本で事業展開をしており，日本での広告・宣伝等で当該製品を知っていたX_1が，トランジットで立ち寄ったA国の空港免税店でそれを購入し，日本に戻って$X_{2～n}$とともに被害にあったとせよ。Yの事業所が日本にもあったとせよ。なぜ問題を，18条の示す二つの（この例で言えば，いずれも極端な！）選択肢の中でしか，考えられないのか。なぜ，もっと素直に，諸般の事情の総合考慮において準拠法を決定するという，事柄の基本を，かくまで拒絶するのか。

　ここでも，彼らは言うであろう。そんな場合のために20条の例外条項があるのだ，と。だが，既述の如く，原則は原則なのだから，18条の中でしっかり処理せねば，例外だらけとなる。健全な現象ではないし，そうしたことの起きないように，わざわざ不法行為の特則たる18条を作ったはずではなかったのか。

　おかしい。実におかしい。簡単なX対Yの2当事者の場合のみを考えて規定を作ってしまった結果である（そうだとしても，前記の設例ではおかしいこと，既述）。ここでも，本書1の注13-c)の本旨に立ち戻った処理が，なされてゆかねばならない（！）。

■ 通則法19条（名誉・信用の毀損の準拠法）の硬直性！

　以下同文の観があるのだが，通則法19条についても，一言のみする。「他人の名誉又は信用を毀損する不法行為」につき，同条は，「被害者の常居所地法」，被害者が法人等の場合は「その主たる事業所の所在地の法」による，とする。但し，この特則規定を見て，すぐに中身に入ることは，実は危険である。この点については，注の方で指摘してあるので，参照されたい[763-e)]。

個人の名誉・信用の毀損はその者の実際に住んでいるその常居所地で通常"顕在化"するであろうから，ということなのであろうが，そうであれば，17条でまかなえるはずである。その限りで，19条の特則を置く意味はない。他方，法人等については，いきなり主たる事業所の所在地法，である。これも，その地で通常「加害行為の結果が発生」するということであれば，同様に，17条でまかなえる問題のはずである。

だが，世界的企業は，実際には各国市場ごとに企業戦略を立て，活動しているであろう。そうした中，例えばフランスのX社に対し，日本国内で，日本のYが，日本語で名誉・信用の毀損行為を行ったとする。日本の中で，主として日本語で悪い評判が広がり，XがYを日本で訴えたとする。その場合，直ちにフランス（Xの主たる事業所のある地）の法が準拠法となる，とするのがこの19条の規定である。フランスには，何ら毀損行為による被害が広がっていなくとも，である。これも20条の例外条項で何とか，との論は今は捨象する。

Yが，専らXの日本でのビジネスにつき，イチャモンをつけていたとせよ。XYとも，その"眼差し"は，明確に日本に向いている。「其処」が，当該紛争事実関係の重点（center of gravity）のはずである。それなのに，何故フランス法なのか。

他方，Yも企業（シンガポール法人）だったとせよ。そして，実際のビジネスではありがちなこととして，XY双方が，相手方の"日本でのビジネス"につき，互いにイチャモンをつけ，泥仕合となっていたとする。XがYを，そしてYが反訴としてXを，それぞれ訴えたとせよ。通則法19条は，前者にはフランス法を，後者の反訴についてはシンガポール法を適用せよと言う。これもおかしな話である。

前記の例と同様，XYの"眼差し"が，日本市場，即ち日本に向けられているなら，何故素直に，その点を実際の準拠法選択に反映させることのできないような，硬直的な規定を置くのか。また，"事象"として一つなのに，何故こうした交叉的な請求において，"準拠法の一本化"ができない規定を，

わざわざ作ったりしたのか。

ともかく，この 18・19 条もまた，立法者の見識が，強く疑われる規定である。本書 1 の前出・注 1-c），及び，本書 4.2 の注 758）に続く本文で引用した，既述の『公正貿易センター報告書』41 頁の，「終わりに」の最後には，本書 4.2 で既に引用した部分に続き，「技術の発展や市場の動向に関する法案策定者の想像力［！］は一定の制約を受ける」ということは，「間違いのない事実であり，この意味において，不用意な，あるいは拙速な法改正はさけるべき」だ，とある（この部分の執筆者は，経済産業省の加藤洋一課長）。あれだけ警鐘を鳴らしたのにこれ，である。

■ 通則法 22 条（法例 11 条 2 項・3 項）の問題──知的財産権侵害，等に重点を置いて

通則法 22 条（法例 11 条 2・3 項に対応）は，本書 2.5 の前出・注 306）に示した，いわゆる特別留保条項である。国際私法上の公序以外にかかる規定を置くことの当否は，理論上はそもそも疑問であるが，通則法制定過程では，法例 11 条 2・3 項の削除案が有力で，とくに産業界から，アメリカの 3 倍賠償や懲罰的損害賠償の制度との関係[763-f]での危惧の念が強く示され，通則法 22 条として残った，との経緯がある。

ここでは，法例 11 条 2・3 項に関する実際の事例を，まず見ておく。図 29 は，同条 2 項の適用が問題となった東京地判昭和 28 年 6 月 12 日下民集 4

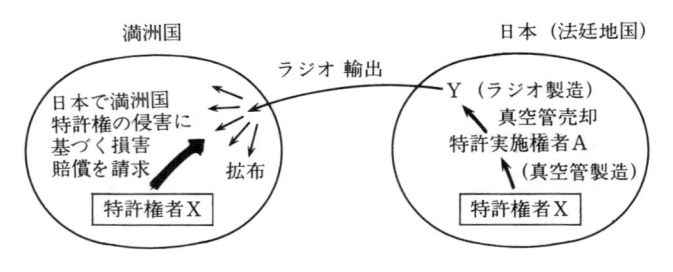

図29　外国特許権の侵害に対する救済
　　　　──東京地判昭和28年6月12日の事案

巻6号847頁の事案である[764]）。

　事案を細かく説明するかわりに，図29をじっくり見て頂きたいと思う。特許権・著作権等の知的財産権は，同一内容のものでも国ごとにバラバラ（独立）な属地的権利である。その意味での属地主義が，本書3.1の「具体的な準拠法選択のなされ方：その2」の項で示したように，多国間条約の批准によって認められてきている[765]）。

　上記の事案において，Xは同一内容の真空管の特許を日本・満洲国でそれぞれ有していたが，Xからライセンスを得て真空管を製造したAが，それをYに売り，Yはラジオにそれを組み込んだ。日本国内でのYのかかるラジオ販売をXが差止めようとしたり，賠償を求めたりすることは，出来ない。Xの日本特許権は，かかる意味で，既に「消耗」している。だが，Yが満洲国に当該ラジオを輸出し，市場に置くと（これを「拡布」というが，妙な日本語である），Xの満洲国特許権が待ち受けている。Xは専ら満洲国特許権の侵害を理由として，日本で訴えた。それが本件訴である。

　属地主義を強調すると，満洲国特許権は日本では無であり，本訴は直ちに棄却される，ともされ得る。事実，イギリスはこうした立場をとる[766]）。ところが，判旨は法例11条2項（通則法22条1項に対応）により，こうした硬直的な考え方をとった。日本の法によって外国特許権が認められない以上，同項に言う「外国に於て発生したる事実が日本の法律に依れば不法ならざるとき」にあたる，としたのである。不当である。有効な特許権が日本にあったと仮定した場合に，本件Yの行為が日本で行なわれたならば日本法から見て不法行為にあたるか，の点を見ればよいからである。

　なお，本書3.1の注456-b）の本文以下で批判した最判平成14年9月26日民集56巻7号1551頁の多数意見は，損害賠償請求についてのみ法例11条と，そしてその2項に言及し，但し，既述の属地主義を持ち出して当該請求を否定した。属地主義に関する理解の問題性は別として，前記の東京地判昭和28年6月12日下民集4巻6号847頁の不当な理解が実質的に排除されている点には，注意を要する[766-a]）。

次に法例11条3項（通則法22条2項に対応し，以下の部分の文言も同じ）であるが，「日本法により認められる損害賠償その他の処分」のみを被害者が求め得る，と規定されている。とくにアメリカの州法，等が不法行為準拠法とされた場合，そこで妥当する各州法上の懲罰賠償（punitive damages）や，連邦反トラスト法や特許法，等における3倍賠償（treble damages）等の規範を，日本で適用し得るかが問題となる。だが，前出・注125）の本文に示した図6に戻って考えて頂きたい。そこに示した4段重ねの箱のうち，最上段の白抜きの部分にこれらの規範が属するのではないかが，問題となる。

当該規範の性格を個別に検討する必要は常にあるが（とくに懲罰賠償規定は，州ごとに多様であり，注意を要する），私人が私的法務総裁の立場に立って法のエンフォースメントの度を高める，との基本的なその性格に，着目する必要がある[767]。なお，この点で，カリフォルニア州法上の懲罰賠償を命じた同州の判決につき，その部分は「その実質において，むしろ刑事法の領域に含まれる」として民訴旧200条（新118条）の承認対象から外す方向を示した東京高判平成5年6月28日判タ823号126頁（執行判決請求控訴事件——1審判決は東京地判平成3年2月18日判時1376号79頁）に，注目すべきである。刑事と言うよりも，非民事と言えば済むはずだが，ともかく外国判決承認の局面におけると同様，日本が法廷地国であった場合にも，これらの規範は，適用され得る準拠外国法上の民事的規範の中には，そもそも含まれない，即ちこれを適用することは，実質的な域外的公権力行使にあたる，と考えるべきである（萬世工業事件に関する最判平成9年7月11日民集51巻6号2573頁[767-a]は，上記の原判決よりも後退して，専ら民訴118条（旧200条）3号の公序に頼ったが，問題である）。そして，そうは言えない，となった場合に初めて法例11条3項（通則法22条2項）の問題になるのである[768]。

以上をもって「契約外債務の準拠法」を終えることとする。

4.3 国際債権法に共通する諸問題[769]

■ 三面的債権関係と準拠法[770]

　以上は，基本的には2当事者モデルで，1本の債権準拠法を取扱うものであった（いわゆる代理の問題は多少別だが）。だが，図30のように，それぞれに内部関係を有するXA・AYの間で，XからYに請求がなされた場合にどうなるかが問題となる。

　紙数節約のため，こうした問題に対する従来の学説の，必ずしも一貫性のない対応を，図30におけるXAY，$\alpha\beta$の記載をもとに，表6に示しておく。明らかにそれらは，またしても法廷地実質法の諸制度を横目で見つつのもの，との印象を私は抱くが，どうなのか。

　表6を御覧になって，なるほどと納得できる方にとっては，かえって以下の論述は有害かも知れぬが，一言する。三面的債権関係は表6の①〜⑤にとどまるはずはなく，日本法の枠組のみで考えても，破産法上の否認権や差押・転付命令，等の広義の執行法上の問題もある。また，ドイツ国際私法（EGBGB）1999年改正による，同法40条4項の「保険会社への直接請求」は，図30におけるXを被害者，Aを加害者とし（従ってαは不法行為準拠法），XがAの保険加入していた保険会社Y（保険契約準拠法はβ）に対して図30の請求をする際に，$\alpha \cdot \beta$のいずれかが直接請求を認めておればそれをなし

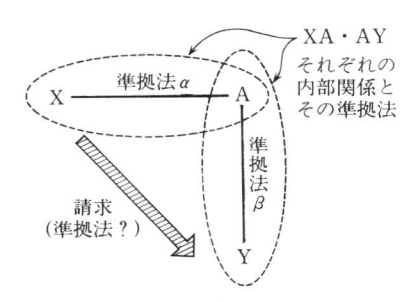

図30　三面的債権関係の基本的構図

表6 三面的債権関係についての日本の学説

三面的債権関係の具体的態様	① 債権の法律上の移転	② 債権質	③ 債権者代位権	④ 債権者取消権	⑤ 債権譲渡
準拠法の決定	αのみ	βのみ（若干の見解の対立については後述）	$\alpha\beta$累積説↔αのみ（対立）	$\alpha\beta$累積	・XAの内部関係……α説↔β説（対立） ・Yとの関係……法例一二条（Yの住所地法）
Xの地位	求償・代位権者	質権者	代位権者	取消権者	譲受人

得る（選択〔択一〕的連結），との立場を示したものである。

準拠法 $\alpha \cdot \beta$ が登場するこの局面で，考えられるのは，当面，$\alpha \cdot \beta$ いずれか一方によるとの処理，$\alpha\beta$累積（ただし，複数準拠法のダブル・チェック

4.3 国際債権法に共通する諸問題

でX→Yの請求を狭める実質的な理由が，牴触法上必要なはずである），そしてαとβとで規律すべき事項を分けて考えるゆき方，とであろう。私は最後のゆき方を志向する（ただし，なるべく$\alpha=\beta$となるように，といった実際の事案を前にした操作は，別途必要たり得る。だが，ここでは問題処理のメカニズム自体を問うているため，捨象する）。

それは，EC契約準拠法条約（1980年）の12条（債権譲渡），同13条（法律による債権の移転）の規律内容[771]，そして破産法上の否認権の準拠法につき実体法的アプローチをとる場合にも，それと同様のスタンスがドイツの学説上とられていること[772]，等をも"勘案"した上でのものである。だが，他方，かかる私の立場は，夙に明治30年末（！）の法例の審議に際し，起草者穂積陳重博士が，法例12条の債権譲渡につき，図30のそれぞれの内部関係を分け，債務者Yとの関係は法例12条によるが，譲渡当事者（XA）間の問題は図中の準拠法αによることを，当然の前提としていたことをも，重視するものでもある（そしてかかる私見は，本書3.1の，注463）の本文以下で展開した「内部関係・外部関係」論の，一つの"発展形態"としても，位置づけられる）。

明治の起草者のこの発想は，（債務者Yの住所地法を持ち出すことの後述の問題性を度外視すれば）1980年のEC契約準拠法条約12・13条の処理枠組を先取り（！）するものとも言える。この点は十分評価すべきであろう。

にもかかわらず，平成18年の「法例廃止」・「通則法制定」に向けた改正論議の中では，こうした穂積博士の発想に基づく"法例12条の先見性（！）"など，一切度外視され，日本国内でなされる（！）債権の一括譲渡（債権のバルク・セール）に際して，世界各国に散らばる債務者の住所地法上の対抗要件を一々踏めというのは，債権の流動化に反するとの，「規制改革」サイドからのクレイムを出発点とする"混乱"が生じた。即ち，債務者の，ではなく，前記の如き場合のみを前提に，「債権者側の住所地法」（日本法）によるべきだとされ，しかも，債務者への対抗要件と，それ以外の第三者への対抗要件とを分ける，等の愚論が登場した。前記の規制改革サイドか

らのクレイムは，日本を世界で唯一の法廷地と想定したもののようだが，個々の債権の譲渡につき，外国でそれを争う者が提起する訴訟など，まるで眼中に置かぬものであり，視野が狭すぎる，等々の問題がある[772-a]。だが，前記の注 1-c) に示した種々の抵抗もあり，通則法 23 条は，「債務者その他の第三者に対する効力」を従来の法例 12 条と同じく "一括" し，ただし，債務者の住所地法ではなく，「譲渡に係る債権について適用すべき法による」，とするに至った。

　それはともかく，私見においては，要するに，図30における AX 間の法的地位の移転自体については準拠法 α によりつつ，Y 保護の限度で（AX の「内部関係」の外に立つ「Y との関係」，すなわち「外部関係」では），準拠法 β による，というのが突き詰めたところでの，三面的債権関係の基本的処理定式となる。EC の前記条約 12 条 2 項は，債権譲渡（voluntary assignment）につき，譲渡された債権の準拠法（図30の β）は，「その債権の譲渡可能性，譲受人〔X〕と債務者〔Y〕との関係，その譲渡をもって債務者〔Y〕に対抗するための要件，及び，債務者〔Y〕による履行の免責的効力」を規律する，とする。それが，Y 保護の限度での準拠法 β の介入の，1 つの具体的な姿である[773]。

　ところが，まさに同様のことを考えつつ，法例 12 条につき起草者穂積博士は，債務者保護は「債務の根拠たる所の債務者の住所地」法によるとした。ここに，信じ難い程の立法上の過誤があった（!）。同条の立案に際し，AY 間の関係，つまり Y の法的地位が準拠法 β（Y の負う債務の準拠法）による，ということを，起草者は完全に失念していたかの如くである[774]。そこで，従来の法例 12 条については，その換骨奪胎の必要があったのである。

　その際，道は 2 つあった。表 6 の如き三面的債権関係についての法例規定は 12 条のみなのだから，12 条を他の場合にも及ぼし，いわゆる債権質（表 6 の中の②）などについても同条による，などとする見方もある。だが，上記の如き問題性からして，これは妥当でない。また，図31（同一債権の二重譲渡）の場合にどうすべきかについて，明治期の同条審議過程で，寺尾亨委

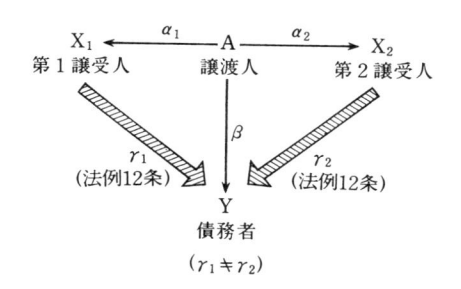

4.3 国際債権法に共通する諸問題

```
   X₁  ←α₁―  A  ―α₂→  X₂
第1譲受人    譲渡人      第2譲受人
     ╲      │β      ╱
      ╲r₁   │      r₂╱
    (法例12条) │   (法例12条)
         ╲  │  ╱
            Y
          債務者
         (r₁≠r₂)
```

図31　債権の二重譲渡と債務者の住所地国変更

員からの質問が出たにもかかわらず，穂積委員が，そんなことは「滅多にない」からよいであろう，といったあいまいな対応に終始していた点[775]も，勘案する必要がある。ここで，寺尾委員（東京帝国大学における，国際私法の最初の講座担当者である）の質問の内容を，図31として示しておく。

　法例12条の審議過程で，図31のような「三面的債権関係の"競合"」の場合が議論されていたことは重要である。図31のX_2の地位を，債権の第2譲受人ではなく，いわゆる転付債権者・代位弁済者・保険代位者・保証人，等に置き換えて考えよ。そして，前記表6に示したわが学説の従来の立場を，そこにインプットして，さらにじっくりと考えよ。

　X_1，X_2のみではなく，更にX_3……X_nが登場したとして，そのうち，一体誰が優先し，誰が劣後するのか。その基準は，単一の準拠法を設定しなければ解決できないはずではないか[776]。これは理論的には，ある種のパニックのはずである（！）。

　静態的に見て「個々の三面的債権関係」が，（債務者Yとの関係での対抗要件を具備することによって）それとして「成立」するか否かの問題と，その先にある「三面的債権関係の競合」の問題とは，十分に区別して論じなければならない。そして，「三面的債権関係の競合」状態におけるかかる優先劣後（priorities）の問題は，Yの負う当該債務の準拠法βによって処理するべきであろう[777]。まさに当該債権をめざして複数の者が争うのであるから，それは自然な処理とも言える（イギリス国際私法上の議論がこの点では参考に

なる)。すべての者の"眼差し"は、図31のAY間の債権債務に向けられている。そこに注目すべきなのである（前出・注776）の後半部分を参照せよ）。

　こうして各ステップを踏みつつ考えてゆき、私は、従来の法例12条の射程を、以下の如く狭めて解していた。即ち、同条は、個々の譲受人が債務者（及びその他の第三者）に対してかかってゆくための、いわば資格（対抗要件）のみに関する規定として限定的に解する。他方、その際、債務者が提出し得る抗弁等については、起草者の前記の如き考え方を生かし、図30、図31の準拠法βによらしめる。そして、債権譲渡以外の三面的債権関係においては、Y保護の限度で準拠法βに（対抗要件の点も含めて）よらしめる。さらに、それぞれに対抗要件を満たし、その意味で個々的に「三面的債権関係の成立」が肯定された上での、複数の「三面的債権関係の競合」の際の優先劣後問題は専ら準拠法βによる。——以上の如く問題を整理するのである。この立論の各パートは、それなりの比較法的検討により補強しているつもりであり、注に引用したものから適宜逆探知をしつつ、考えて頂きたい。

　これに対し、通則法23条においては、「債権譲渡以外の三面的債権関係」（それらを、わが実質法上の概念に拘泥しつつ、区別して論ずる必要はない！）についてはY保護の限度で準拠法βに（対抗要件の点も含めて）よらしめるとの、前記の私見を、自然な形で「債権譲渡」の場合にも、及ぼすことができるようになった、まさに、瓢箪から駒、の展開である（！）。

　ところで、前記のごとく、「個々の三面的債権関係」がそれとして「成立」するか否かの問題と、その先にある「三面的債権関係の競合」の問題とは、十分に区別して論じなければならない。そして、実は、いわゆる債権質の準拠法に関する最判昭和53年4月20日民集32巻3号616頁は、こうした一連の問題の整理の末に、ようやくその全体像をつかみ得るものだったのである。

　要するに、このケースは前記図31と同様の、「三面的債権関係の競合」が、性格を異にする三面的債権関係の間で生じたものである。この点を図32で示しておく。

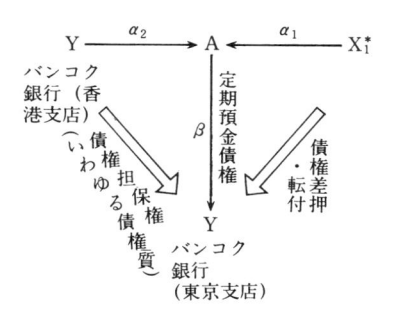

4.3 国際債権法に共通する諸問題

```
        Y    α₂    A    α₁    X₁*
      バンコク        定          
      銀行（香         期          
      港支店）        預          債
       （い          金          権
        わ    債     債    β     差
        ゆ    権           押
        る    担                 ・
        債    保                 転
        権    権                 付
        質）                     
                    ↓           
                    Y           
                  バンコク        
                  銀行           
                 （東京支店）     
```

(＊X₁からX₂への一部債権譲渡は捨象して図示する)

図32 最判昭和53年4月20日のケース

ちなみに、判旨は、図32のような状況下で、準拠法 β を日本法とし、いわゆる「債権質」の準拠法も β と同じだとして、日本法とした[778]。仮にYAYの「三面的債権関係の成立」が肯定されると、X_1AY のそれの成立は別途肯定されているので、「三面的債権関係の"競合"」の問題となり、X_1・Y間の priorities の問題が生ずる（図中にもあるように、$X_1 \to X_2$ の一部債権譲渡は捨象）。

だが、判旨は、YAYの三面的債権関係がいまだ成立していない（対抗要件を具備していない）、というところで本件を処理し、X側を勝たせた。Yの有するいわゆる債権質は、Aが香港で経営する訴外B会社への、Y銀行（香港支店）の信用供与への見返りとして設定されたものであり、Y香港支店宛に定期預金証書が交付され、担保権が設定されていた。

そうなると、債権質権設定の対抗要件（民法364条）たる通知・承諾上の、確定日付のある証書が日本法上は必要となる。だが、行為地は香港だとういうことになる（香港法上は確定日付は不要）。判旨は、「通知・承諾は、債権質の効力に関する要件」だから、「これを法例8条にいう法律行為の方式」とは言えないとした（原判決は、正当に、法例8条2項但書によっていた）。判旨のこの判断は疑問である[779]。

前出・注733）の本文で示した図26、及びそれに基づくそこでの説明にあるように、日本法上の確定日付なる「方式」を香港で一々履践することの困

難に鑑み，かの「場所は行為を支配する（locus regit actum）」の原則（法例8条2項本文——通則法10条2項に対応）のまさに処理しようとしたシチュエイションが，ここにはある。香港法上の方式を満たしておればこの点は十分なはずである。

かくて判旨の上記の立論が崩れれば，かくて「三面的債権関係の競合」の問題に至る。そうなれば，前出・注777）で一言した「単一の債権の多重譲渡や差押ないし仮差押の競合したケース[780]」につき，最判昭和49年3月7日民集28巻2号174頁，最判昭和58年10月4日判時1095号95頁，等が築いてきたいわゆる到達時説（確定日付ある通知の到達日時・仮差押命令等の送達日時の先後によってprioritiesの問題を処理しようとする立場）に，「国際的な別の要因」が新たに加わることになる。

最高裁としては，むしろそれを避けたかったのだろうが（後述），疑問である[781]。なお，純粋な国内事件で，本件と同様の事案が最高裁によって処理されたのは，ようやく最判平成5年3月30日民集47巻4号3334頁において，である（同時到達時の競合者間で，案分比例の処理をした）。前掲最判昭和53年では，かくて，国内事件でもまだ議論が不確定であった段階で，いきなり最高裁が問題処理を突きつけられた格好になる。そのことが，前出・注781）にもその一端を示したところの，無理な処理をももたらしていたものと，見るべきであろう。最高裁は，何としても問題を，（三面的債権関係）の"競合"に至る前の段階で，処理したかったのであろう。

かくて，このケースは相当本腰を入れて多面的に検討すべき重要事例となる。だが，さらにこのケースでも差押・転付といった執行法上設定される三面的債権関係が介在していた。

そして，前記表6に示した以外に，破産法上の否認権もある。かかる執行法上の諸制度から来る「手続的強制」の要素をどう考えるかの点が，さらに問題となるのである。これまで論じてきた「三面的債権関係の成立」，及びその「競合」の諸側面において，私は図30〜図32の準拠法 α と準拠法 β との，いわば"接ぎ木的処理"を，ただし，既述の「内部関係・外部関係」

論との "連続性" に留意しつつ，示して来た。そこに更に，法廷地国執行法上の "手続的強制のバイアス" がかかることになる[782]。

これによる "通常の牴触法的処理の変容" の問題は，種々の執行法上のメカニズムに内在する手続的強制の契機が，準拠法の如何にかかわらずその実現をはかるものか否か，との点に依存する。そう考えることが，最も分かり易いであろう。

つまり，法廷地の絶対的強行法規の介入の一場合として，この点をとらえるのである。前出・注125)の本文に示した図6に戻って考えて頂きたい。ただ，執行法上の当該メカニズムにおいては，実体法的諸要素を勘案しながら具体的帰結を導くことが少なくない。そのメカニズムは，実体問題の準拠法（準拠法 $\alpha \cdot \beta$）が日本法ではなく外国法とされる場合にも，そのままの形で機能することになる。そして，あくまで「法廷地手続法のイニシアチブの下に[783]」，「手続問題と実体問題との性質決定」の場合につき本書3.1の，前出・注513),519) の本文の前後で示したのと同様の処理が，この場合にもなされるべきなのである。この最後の問題は，ただでさえ難問たる三面的債権関係の問題の中でも，ワン・ランク難易度の高い問題ゆえ，ここではこの程度にとどめておく[784]。

■ いわゆる「相殺」の準拠法

「相殺」という "法現象" も，既述の「三面的債権関係」の枠組みの中で，基本的にとらえられる。そのことにつき一言した上で，従来の議論について，見ておく。

まずもって，相殺は「2つの」債権の運命にかかわるから「2個の」債権の準拠法によって債権の消滅が認められる必要がある（累積適用），といった通説[785]では，国際相殺の問題を処理し切れないことに，一刻も早く気付くべきである。

国際相続に絡むが相殺自体には国際性のなかった最判昭和56年7月2日民集35巻5号881頁を，再び見ることにする。当該相殺は，自働債権・受

働債権ともに数個あり，相殺の意思表示をした者も相手方もそれらの相殺の順序の指定をしなかった場合の，「相殺の順序」が問題となり，判旨は民法489条，491条の準用により充当を行なうべきだとした。それらのそれぞれ複数の対立する諸債権の準拠法が，すべて相異なる国の法だったとせよ。一体通説から答えが導けるのか（！）。

次に，前記の図32で示した最判昭和53年4月20日につき，いわゆる債権質を有していたのがY銀行ではなく別なZだったとし，前出・注781)で論じた相殺の主張をY銀行が専らしていたとする。Y銀行・Z・X_1がそれぞれ図中のAの有する定期預金債権にかかってゆく場合にどうなるか。この点を図33で図示してみよう（この図では，既にいわゆる相殺の担保的機能[786]はインプットしてある）。

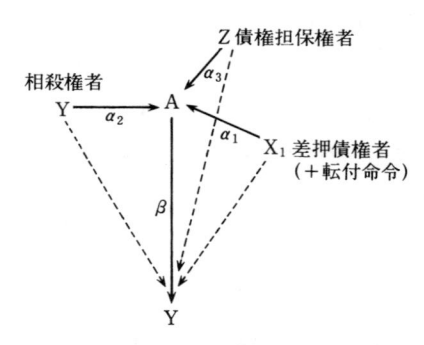

図33 相殺と三面的債権関係との競合

この図で直感的に御理解頂きたいのだが，図33のような状況下でも，やはり前記のprioritiesの問題は生ずるのである。つまり，単に相殺の準拠法をどうするか，ということのみを論じていては，十全な問題解決には必ずしも至り得ない，ということである。紙数の制約上，ここでは結論のみ[787]を示すが，この場面でのprioritiesの処理もまた，皆が狙うA→Yの債権の準拠法βによるべきである。

さて，相殺の準拠法を論ぜよ，ということならば，私は次のように一応答える。債権の「運命」を云々して直ちに累積適用に走る通説には，累積をして相殺につきダブル・ハードルを設け，その要件・効果を絞る実質的理由が示されていず，疑問がある。相殺は，通常，支払を請求された側が出す種々の抗弁の1つとして持ち出される。他の抗弁と一括してこれを規律する必要（準拠法選択上の事案の分断の回避）は大きいはずで，そうなると受働債権の準拠法（図33で言えば β）によることで十分なはずである[788]。

だが，更に一歩を進めれば（！），「相殺」という"法現象"は，本書4.3冒頭の，図30につき，X＝Yとした場合にあたる。XがAに，そしてAがX（図中のYをXに"変換"する）に，それぞれ債権を有していた場合の問題となる。そのXが，Aに相殺を主張する形となる。それを，AのX（図中のY）に対して有していた債権，即ち受働債権の準拠法による，ということになる。その点，本書初版における記述を，一歩進めておきたい。かくて，国際私法上，「相殺の準拠法」をそれだけ切り取って論ずる意味はない，ということになる。

だが，それはともかく，前掲最判昭和56年7月2日に即して一言したように，2つの債権が対立する古典的事例ばかりを考えていても，仕方がない。複数の受働債権があり，それらの準拠法が異なっている場合，これではいずれにしても収拾がつかない。しかも，国際的なインターバンク取引においては，図34の如き事態が生ずる。

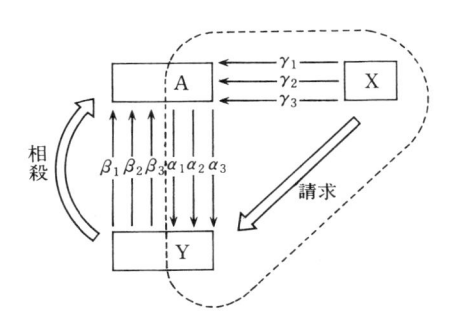

図34 多数対立債権の一括相殺と相殺の担保的機能

しかも，図中の債権は，3本ずつだが，実際には無数に近い債権債務の対立，となる。こうした場合には，もはや個々の債権債務はその個性を喪失し，AY 間のそれらの取引の center of gravity をなす国（社会）の法を，端的に探求してゆくべきではないか（XA 間についても同様）。そして，1983 年の著書で，私は，「AY 間に包括的な相殺契約（わが国法上のいわゆる交互計算契約のようなもの）」があればそれによることにも言及していた[789]。その後盛んに議論されるに至ったオブリゲーション・ネッティング[790]の構想は，まさにそれにあたる。ともかく，そうした形で国際金融取引上の複雑な事態を，極力図 33 のように単純化して処理してゆく以外に，方法はないと思われるのである[791]。

4.4　国際企業法

■ **外人法と牴触法**[792]——新会社法上の「外国会社」規定との関係を含めて——

外人法（Fremdenrecht）とは，外国人の法的地位（監督・規制面でのそれ）に関する実質法レヴェルでの法規範の総体である。ある事業体に法人格を付与するのは各国の実質法であり，そこで，国際私法上は「企業」というあいまいな用語を用いざるを得ないが，そのことを分かった上で法人ないし会社という言葉も適宜用いる。ともかく，企業についての規律は外人法・牴触法の両面にわたる。

だが，最も注意すべきことは，以下のことである（！）。即ち，明治期の法典編纂作業においては，ほぼ同じメンバーが主要な法典の作成にタッチし，かつ，そこでは，牴触法・外人法の一元的把握がなされていた。外国企業の取扱は，民法 36 条（現在の 35 条——外国法人の認許）及び同 49 条 2 項（現在の 37 条 5 項），そして，新会社法制定前の商法 479～485 条（485 条の 2 は，本書 1.2 の注 12）の本文，注 14-a）に続く本文で述べたように，昭和 25 年改正で追加された）で既に処理されたものとして，ともかくそこにおいては，扱われた。そして，民法・商法でそれがもはや"処理済"であることを前提と

し，法例の3条（人の能力[793]）の規定が作成された。

　穂積博士が法例3条で「人の能力は……」と書いたのは，「法人は含まない，それで『人』とやって自然人丈けを載せる積りであります」という視点からのものであった。即ち，民法の3起草者の1人である同博士は，「民法に於て単に『人』と云うと法人は這入って居りませぬ」との同博士の民法36条2項（当時）についての起草趣旨における言葉づかいを，踏襲したのであった[794]。本書1.3の冒頭にも示したように，"不平等条約改正"のための明治期の包括的法典編纂作業において，外国企業の十全な取扱は1つの核心をなす。起草者が外国企業（外国法人）に対する牴触法的規律をし忘れたなどという不自然な前提は，もはやとるべきではない（!!）。

　民法36条（現在の35条）2項本文が，認許された外国法人は「日本に成立する同種の者と同一の私権を有す」るとしたのも，梅博士の説明によれば，「同一の権利しか有せぬぞと云う制限的の積りであった」とされる[795]。原則的な内国民待遇（national treatment）の付与，というのが同項の基本的趣旨だったのである。

　要するにここには，外国法人の認許により，当該法人は何らかの外国の法によりそれが有する私権を日本国内でも有する，という論理が，前提としてある。そして，別な場面で「会社に関する法律関係は何に依て極める」のかが問題となり，それは「会社の属せし国の法律に依る」とされていた[796]。つまり，会社（法人）の属人法である。

　他方，同じく明治期における商法の外国会社の規定の審議において，岡野敬次郎起草委員は，内・外国会社の区別は「国際私法の原則より」決するとした。だが，その際，会社の「住所」によって区別をするべきだとする岡野委員に対し，穂積委員は「いずれの国の法によりて成立せる会社なるや」を基準とすべきだとした。実は，民法の3起草者は穂積博士のほか，梅・富井委員とも，揃って後者の立場，つまり設立準拠法による，としていたのである[797]。

　そして，そのことを踏まえた上で，かの商法旧482条の"擬似外国会社"

の規定につき，梅博士は，日本で事業を営むのに日本法の適用を免れようとして外国で「法人を組織しようと云うこと」の弊害を防ぐために，同条を設けたのだと説明していた（!!）[798]。梅博士の発想を，旧482条の，「日本において設立する会社と同一の規定に従うことを要す」との文言に即して，忠実に解すればよいのに，明治期の気概を忘れた解釈が蔓延(はびこ)っていたせいもあるが，その点を何ら踏まえず，新会社法制定過程では，この482条を"抹殺"し，タックス・ヘイブン等に設立される企業もそのまま外国法人として扱え，とのサプライ・サイドの議論が台頭し[798-a]，私はそれと闘った。梅博士の，前出・注798）所掲のものに引用した1910年の重要な基本（!）文献のことなど，誰も確かめずに，この規定を葬ろうとすることへの，私なりの抵抗であった。

　辛うじて，この擬似外国会社の規定は，新会社法821条として生き残った。だが，出来上がった規定は，ミゼラブルなものとなった。例えばタックス・ヘイブン等に設立される企業を，その活動の実態に即して「日本法人」とみなし，全世界所得課税の対象とすること[798-b]のためには，この規定は，使えないものとなってしまった[798-c]。

　ともかく，ここで出発点に戻れば，商法の外国会社規定も，かくて"外人法・牴触法の一元的把握"に立ち，設立準拠法を両レヴェルでの内・外国法人の区別に用いていた，ということになる。当時の感覚からは，設立準拠法主義の採用は，「むしろ当然の前提に近いものではなかったか」と思われる[799]。

■ いわゆる法人の属人法とその射程

　法人の属人法の決定については，設立準拠法主義と本拠地法主義との大きな対立がある。後者は，定款や登記・登録面での本拠（本店）ではなく，事実としての（actualな）業務統轄地法によるとする主義である。ある事業体が組合契約的なものから組織を充実させてゆき，いずれかの段階でいわゆる法人格を付与されるに至る，というプロセスの中で考えた場合，設立準拠法

主義は，要するに私人が選んだ地の法により規律をする，という意味あいのものとなる。即ちそれは，契約準拠法決定上の当事者自治原則との連続性を，強く有するものである[800]。

設立準拠法主義の弱点は，設立の簡単な，また会社やその発起人・代表者等の責任の軽い地での設立（一種の法律回避[801]）が志向される点にある。だが，前出・注798）の本文で示したように，商法旧482条のような擬似外国会社の規制が，従来は別にあった[802]。また，法人属人法の射程を後述の如く限定して対処する道がある。他方，本拠地法主義の場合，国有化・収用の危機に際して，あるいは企業戦略上，本拠を他国に移す[803]際に，当然に属人法の変更が生じてしまい，法人の存在自体が否定されかねないことになる[804]。やはり基本は設立準拠法で考えるべきである。

問題は法人の属人法の射程がどこまで及ぶかである。龍田教授も夙に指摘しておられたように，それは「会社の内部事項，あるいは組織法上の問題」に限られるべきである。会社の目的範囲外の行為についての制限（いわゆる ultra vires の法理などとの関係）の如き問題は，「取引に適用される法」によると解すべきである[805]。「代表機関がその〔法人属人法上の〕権限を越える取引を……したとき」の会社の責任の問題も同様である[806]。

なお，龍田教授は，「法人格否認法理についても……相手方が個人と取引したと思っていたら実は会社が当事者だったとか……いう局面では……取引に適用される法に基づいて解決するのがよかろう」としておられた[807]。私も，「子会社の債権者が子会社・親会社の実質的一体性を根拠に，親会社に対して請求してゆく場合も，当該子会社・債権者間の〔取引の〕準拠法によるべき」だと考えて来ていた[808]。

実は，上記の問題は，もとを辿れば「代理の対外関係（外部関係）の準拠法」について論じた点の，1つの応用でもある[809]。前出・注739）につづく本文で示した図28と，その前後の論述を参照されたい。本書3.1では，これを更に敷衍しつつ，「いわゆる法人格否認」の準拠法については，そこの注465-c）において，これを詳細に扱った。

次に，本書1.2の，前出・注13-b)，14)の本文で一言した，商法旧211条の2（子会社による親会社株式の取得の規制）の場合[810]を例に，前出・注9)の中で詳論した「社債管理会社（社債管理者）設置強制」の場合にも問題となる，「準拠法選択の論理」と"法廷地の絶対的強行法規の適用"という「規制の論理」との関係について，見ておこう。なお，同条の趣旨は，現在でも，新会社法135条による原則禁止として，ともかくも受け継がれている（後出・注816）冒頭に注意せよ）。

この点につき，龍田教授は，「日本企業の海外子会社が親会社〔たる日本企業〕の株式を取得するのは違法である」と正当に説かれる際，「それによって日本の親会社の資本充実が害され，支配の公正・株主の平等・株式取引の公正も，日本の親会社について危うくされるからである」と説かれる。規制の趣旨（「規制の論理」）からのダイレクトな立論である。だが，逆の面での問題，つまり，「外国企業の在日子会社が，〔外国〕親会社の株式を取得してよいかどうかは，外国親会社の本国会社法〔属人法〕によって決まる」とされる[811]。後者は，通常の「準拠法選択の論理」である。この両者のアプローチの差を，どう解すべきか。

ちなみに，落合誠一教授は，この点につき，「外国の子会社による日本の親会社株式取得の効力については，親会社の属人法である日本法が選択され，商法〔旧〕211条の2の適用を認めうる」としておられる。落合教授は，「国際的企業結合の属人法の決定については，親会社と子会社の属人法のどちらを基準にするかが問題となる」とされ，どちらの側の債権者・社員の保護が問題かにより，「最も影響を受ける会社に着目して，それとより密接な関係を有する国の法秩序」によるべきだ，とされるのである[812]。その立論からは，前出・注811)の本文で示した逆の場合には，龍田教授と同一の結論が導かれることになろう。

さて，龍田・落合両教授の立論との関係で，この点をどう考えるべきか。要するに，「準拠法選択の論理」のみで考えるか，それとも「規制の論理」から出発し，，当該規定を法廷地の絶対的強行法規と見て，商法旧211条の

2（新会社法135条）の趣旨から，ダイレクトに（準拠法とは別枠で！）問題を処理するかの問題である。

ここで決め手となるのは，本書2.2の図6に示したように，当該規定にこめられた政策目的とその性格である。例えばわが証券取引法（金融商品取引法——平成18年法律第65号による法律名の変更）の主要な規定は，前出・注125）の本文で示した図6で言う法廷地国の絶対的強行法規として，準拠法選択の論理とは別枠で，その適用が論じられる[813]。だが，実は証券取引法の中にも，一般不法行為の特則的な賠償責任規定が存在する。それらについては，日本法が準拠法となった場合にのみ適用されることになる[814]。

それと同じように，商法の中の規定だからすべて準拠法の論理のみで処理する，というわけでもない。どの法律の中におさめられていようと，要は個々の規定の性格と趣旨が決め手となる。商法旧211条の2の趣旨，及び違反の効果[815]（罰則つき——新会社法135条の違反についても，976条の10号で，罰則がある）を見ると，この規定は商法と証券取引法との間の鵺的な存在とも思えてくる。むしろ，法廷地の絶対的強行法規と位置づけつつ（従って，新会社法135条の規制の目的が問題となる），前出・注811）の本文で示した龍田教授の立論の前段の"論理"を，後段にも及ぼして考えた方がスッキリするのではないか，と思われる[816]。

さて，既述の如く，会社（企業）の外部関係については，会社（法人）属人法の射程外だと考えるべきである。だが，最判昭和50年7月15日民集29巻6号1061頁は，ニューヨーク州法を設立準拠法とし，同州に本店を置く会社の設立発起人が第3者と締結した契約の効力が設立後の会社に及ぶか否かにつき，これを「会社の行為能力の問題」だとし，「法例3条1項〔通則法4条1項に対応〕を類推適用して，右会社の従属法〔属人法の別の言い方〕」による，とした。この考え方からは，さらに当時の内国取引保護の規定（法例3条2項——通則法4条2項では，「内国」に限らない形で，かつ，裸の行為地法にも，一定の枠をはめた）の類推も説かれようが[817]，前記の如く考えるべきである[818]。

会社の内部関係における組織法的問題は，属人法による統一的規律によるべきだが[819]，外部関係は別である。会社の外部の第3者が，属人法上の事由を理由にその法的地位を左右されることは，牴触法上の問題として，前記の「内部関係・外部関係」論からしても，不当であろう。自然人の場合とのアナロジーで考えようとする発想には，早く見切りをつけるべきである。

　なお，会社の「内部関係」・「外部関係」の明確化を図るべく，藤田教授は，具体的な設例をもとに議論しておられる。それらについては，既に批判的検討を行っているが[819-a]，ここでは，同教授の掲げる分かりやすい例を二つ対比し，問題の所在を明らかにしておこう。

　アメリカにA社とその取締役Yが存在し，日本にA社株主Xが居るとする点は，二つの例に共通である。ただ，例の〔1〕では，Xは，A社の日本での株式公募に応じて株主となった者だが，例の〔2〕では，Xはもとからのα社株主であったし，日本国内にA社株主が相当多数居た，との設定となっている点が，違うと言えば違う。

　ともかく，例の〔1〕は，A社の日本での株式公募に際して"虚偽記載"があったため，XがA社取締役Yに対し，日本で「損害賠償」の訴を起こした場合である。これに対して例の〔2〕は，A社が日本のB社に"新株の有利発行"を行い，そこでXら日本在住のA社株主が，A社取締役Yに対し日本で「損害賠償」の訴えを起こした場合である。

　まず，本書4.2の図29の要領で，図を描いて見ていただきたい。即ち，日米の2国を大きく円で描き，アメリカの中にAY，日本の中にXを，それぞれ置き，問題となるAないしYの行為（例の〔1〕では"虚偽記載"，例の〔2〕では"新株の有利発行"）を，日本の中に，丸印の斜線等で書き込んでいただきたい。何となく似通った図が二つ，出来上がるはずである。私の結論は，この二つの例ともに，AY側の日本での"行為"について，それ自体については（！）AYの外部関係に立つX側の準拠法（不法行為の準拠法と見るのが，ここでは分かりやすかろう）による，というものである。ところが，藤田教授は，この二つの例を区別する。

即ち，同教授は，前記の例〔1〕については私見を引用しつつ，「YAの内部関係」の準拠法たるY社の設立準拠法ではなく，不法行為の準拠法など（Xとの）「外部関係の準拠法」によるとする。だが，これに対して，前記の例〔2〕については，「YAの内部関係」の準拠法たるY社の設立準拠法による（！），とされる。

後者の理由は，「争いの本質は，問題の……〔行為〕が既存株主全体の利益を最大化させていなかったという主張の是非」だから，「画一的判断になじむ類型」として，「あくまで会社の従属法〔設立準拠法〕によるべきで，「不法行為と構成され」ていても，不法行為準拠法にはよらず，同じ結論になる，とする。この説明の仕方の，当否が問題となる[819-b)]。

私は，前記の例の〔2〕で"新株発行の効果自体"が（差止め等の形で）問題となるのなら，「画一的処理」の要請から，基本的にはA社の「内部関係」に立つXAYの問題であることに"回帰"し，その関係を規律するA社の設立準拠法によらしめるべきだ，とは考える（もとより，事案の諸事情を度外視した，一応の見方にとどまるが）。だが，"損害賠償"が問題なのであり，画一的処理の必要性は，低い。

他方，「争いの本質」を問題とし，「既存株主全体の利益を最大化させていなかったという主張の是非」だからとして，前記の例〔1〕と区別する藤田教授の説明の仕方には，全く納得できない。本書3.1，そして，本書2.1で示した点が深く関係するが，紛争事実関係が裁判所に持ち込まれてから準拠法が選択されるまでのプロセスの問題として，前出・注465-c)で詳論した「法人格否認の準拠法」の場合ほどではないにせよ，準拠法選択をする際に，法廷地実質法（商法〔会社法〕）上の評価ないし"色づけ"が，やはり"混入"しているのを感ずる。

前記の例〔1〕について，Xがもともと有していたA社株式を，買い増しした上で訴えを提起していれば，「争いの本質」も，何となく「既存株主全体の利益を最大化させていなかったという主張の是非」に近くなりそうでもある。ともかく，こうした点に踏み込むことなく，本書2.3の注156)の本

文で示した"暗闇への跳躍"を，徹底させる必要がある。

更に，藤田教授が，例の〔2〕の場合につき，「不法行為と構成され」ていてもあくまでA社の設立準拠法だとされる点も，硬直的に過ぎる。例えばここで，アメリカの某州法を設立準拠法とする前記のA社の実質的コントロールが，日本から行われており，日本在住のYがB社への有利発行を指示していた，等の事実を付加して考えよ。それでも設立準拠法なのかを，冷静に考えるべきである。

最後に，別な側面から，会社の内部関係と外部関係との区別を明確化する意味で，社債の問題を，再度，手短かに見ておこう[820]。社債は，基本的に会社外の第3者からの資金調達の一環であり，かかる第3者との関係は社債契約の準拠法による。

なお，この点で，前出・注692) 以下の本文と注730-a) とで論じた，契約の分割（部分）指定との関係では，次の点が重要である。即ち，ユーロ市場での国際的社債発行の実務においては，社債発行諸契約の準拠法を極力一括して，例えばイングランド法による，といった処理がなされている。そうしないと複雑な契約条項の統一的把握が困難になるからである。

さて，国際的な社債発行について，それを「どの機関が決めるか，発行限度があるか，どのような社債を発行できるか」は会社の属人法による，というのが龍田教授の所説である[821]。たしかに，会社の内部関係においてはそうすべきであろう。だが，これまで論じて来たことと同じで，「対外関係でこれを持ち出して第3者と争うことはできず，この点の処理は，社債発行関係の契約準拠法による」べきである[822]。

次に，本書1.2の，前出・注6) 以下の本文で論じた点（わが商法改正による"単位株"制度の導入とユーロ市場）との関係で，転換社債の問題につき一言しておく。転換権が行使され，社債権者が株主となるまでは，社債権者と発行会社との関係は，会社の外部関係として契約準拠法による。注6) 以下の本文で示した問題は，「転換権行使，即換金」というユーロ市場での投資家の，基本的行動パターンと深く関係する。その投資パターンは，転換社債

を購入する投資家（債権者）の，基本的な契約内容をなす。それが，日本企業（起債者）の属人法の改正（単位株制度導入）によって阻害され，転換権を行使して即株式売却をし，差額を得ることが出来ず，足踏み状態になったのである。従って，それは契約準拠法（イングランド法ならば契約関係の挫折〔frustration〕が問題となり得る[823]）によって判断されることになる。

社債権者の団体的取扱も社債契約の準拠法による。そこで，前出・注10）以下の本文で示したように，円建て外債（日本市場で発行されるそれを，サムライ債という）の準拠法が日本法であり，起債者が日本の株式会社と同視し得る，それと equivalent なものであれば（なお，民法 36 条［現在の 35 条］2 項本文を見よ），商法旧 319 条以下（新会社法 715 条以下）の社債権者集会の規定が適用される。ドイツ・スイスの社債権者集会規定は，自国内に拠点なき企業の起債については不適用とされているが[824]，日本にはそのような制限はないのである。

にもかかわらず，外国会社には商法の会社法の，そして，新会社法の規定は（外国会社との明示のある場合以外）一律不適用とする排外主義的ドグマにより，社債権者集会決議の裁判所による認可の規定，等が無視されている。前出・注 13）の，そしてそれ以降の本文で示した点の深刻さを，関係者は深く認識すべきである。商法旧 479 条以下（新会社法 817 条以下）の外国会社規定は，当該事項の準拠法（lex causae）が外国法であった場合にも，規制・監督面で，最低限それらの規定には従え，との趣旨のものである。戦後新設された商法旧 485 条の 2（新会社法 823 条）も，前出・注 14-a）以下の本文で示したように，独禁法等々との関係のものであり[825]，ここでも龍田教授の正当な指摘に回帰する必要がある[826],[827]。

4.5 国際物権法

■ 目的物所在地法主義とその射程

法例 10 条（幸い，実質的な変更なく，通則法 13 条となった[827-a]）の定める

目的物所在地法（lex rei sitae）主義をめぐる基本的な諸問題は，本書3.1の，前出・注474）の本文以下で，いわゆる法定担保物権の準拠法に即しつつ，既に一応論じた。また，そもそも国際私法上，「物権」の問題と性質決定すべきか否かは，「目的物所在地法」によるべきか否か，というところから逆算せざるを得ず，ここでも"実質法からの解放"が必要であることは，やはり本書3.1の，前出・注455）の本文以下で，最判昭和53年4月20日民集32巻3号616頁の論理との関係で，論じた。

あえて再度言えば，「国際私法で言う物権」とは何かは，そう言うことの国際私法上の効果たる，目的物所在地法を適用することの合理性・妥当性から"逆算"して考えることで十分である（ただし，実際の事案において，債権・物権で準拠法を機械的に"分断"すべきではない，といった諸点は，別にある[827-b]）。各国実質法上，既にして，物権と債権との峻別という，ヨーロッパ大陸法系諸国，とくにドイツで典型的に発達した観念が，例えば英米法系の諸国等をも視野に入れた場合，常にとり得る前提とは言えないこと，そして，すべての国の法制度を等しく相手とせざるを得ない国際私法の基本からして，かかる"目的論的解釈"が必須のものとなる，ということである。

ただ，目的物が終始1国内にあって動かなければともかく，それが動きまわると，一々準拠法の変更が生ずる。それが故に，いわゆる「動産物権準拠法決定上の（"限定的な"）当事者自治の原則」などが学説上説かれる，といった面もある。だが，かかる主張の目立つドイツでも，本書初版で示した1984年の草案以来，客観的連結が貫かれており，1999年改正で新設されたEGBGB 43〜46条でも，それが維持された。とくに，その46条が，43〜45条の客観的連結に対し，「本質的により密接」な関係を有する地の法への連結を定めていること（例外条項）が，注目される[828]。

さて，いわゆる「運送中の物（res in transitu）」（積荷を考えよ）についての物権問題だが，日本では運送の目的地，つまり仕向地の法を適用しようとの考え方が非常に強い（運送証券が発行されていた場合も同じ！）。私もそれでよいと考えている。仕向地法は，擬制された所在地法としての存在である

（ただし，銀行取引では仕向地から被仕向地への送金，といった別の用語法があるので，混乱しないように注意が必要である）。

ちなみに，もはやここでは詳論できないが[829]，従来のドイツでは，発送地国と仕向地国とを同じウェイトで評価する傾向があり，そこから限定的当事者自治を認めようという考え方が派生する，といった一面もあった。そこにさらに，契約準拠法をも選択肢として加えるべきかが，問題になったりする。

さて，仕向地法主義を前提にするとして，問題は，国際運送の過程で目的物が事故・盗取・差押・長期の滞留などにあい，通常の運送の経路を逸脱して動きを止め，客観的に見れば安定的な場所（目的物所在地）を得た場合の処理である。そうした場合にもすべて仕向地法で処理する，というのはフィクションがきつすぎる。そこで，目的物は新たな安定的所在地を得たと考え（そう考えるべきかは，事案の諸事情による），その際の問題は現実の所在地法によることになる。ただ，理論的には仕向地法から現実の所在地法への，「準拠法の変更」が生じたものと扱うほかはない。

さて，目的物がＡ国・Ｂ国・Ｃ国と動きまわって日本に到着し，日本が法廷地国となってその物の物権問題が処理される場合を考えよう。その場合においては，物権の「成立」と「効力」とを区別して考える必要がある。Ａ国・Ｂ国・Ｃ国でそれぞれ担保権が設定されていたとする。運送中の物（res in transitu）の場合，通常の運送経路からの前記の如き逸脱（安定的逸脱，とでも言うべきか）のない限りは，それがＡ国・Ｂ国・Ｃ国を通過する際に担保権が設定されていたとしても，それらの「成立」については，仕向地法を所在地法と擬制するのが日本での通常の扱いである。

それゆえ，仕向地国が日本であれば，Ａ国以下の国々での担保権の設定，つまり「成立」は日本法による。そして，各国で担保権を設定したと称する者が日本に集まって訴訟になれば，「効力」もまた，仕向地法であり，かつ，もはや現実の所在地法ともなった日本法で処理されることになる。

だが，船舶自体が担保権の目的物となった場合にはどうか。実は日本では，

殆ど神話に近い旗国法主義への信奉がある（ドイツのEGBGB 44条は，船舶等の運送手段につき，登録地法による，等の規定を置くが，46条の例外条項が，問題ある場合には適用される）。最近でも，松山地判平成6年11月8日判時1549号109頁が，法例10条1項に言う所在地法の意味として，船舶所有権の得喪及び即時取得につき，専ら登録地法（旗国法）によっている。

A国→B国→C国という船舶の運航の流れの中で，それぞれの寄港地で船舶サービスが提供され，代金未払のまま，それらのサービス提供事業者が，それぞれ船舶先取特権（と翻訳される権利）を持っていると称して法廷地国たる日本に集まる。そうした場合，リベリア船籍の船ならリベリア法によってすべてを考えがちなのが，日本のこれまでの判例の傾向である。疑問である[830]。

　私は，船舶金融との関係などから新船建造等の資金供与を前提として設定される担保権（いわゆる船舶抵当権──この分野は，古くから条約が作成されてきたため，こうした用語を用いることの副作用は，相対的には少ないが，注意を要することに，変わりはない）については旗国法によることも致し方ないと考えている。だが，船舶サービス提供の際，寄港地に，船は現実の安定的所在地を有しているのであり[831]，それらの地の法により，それら担保権の「成立」を考えるべきである（法例10条2項［通則法13条2項］）。その上で，日本で当該船舶の差押・競売が問題となる場合には，新所在地国たる日本（これは法廷地国でもあるが，理論的にはあくまで法例10条〔通則法13条〕に即して上記の如く考えるべきである）の法により，「効力」，そして，その前提としての「存続（Fortbestehen）」の有無を考えねばならない[832]。

　法例10条2項（通則法13条2項）が，そこで言う「物権その他の登記すべき権利」の「得喪は，その原因となる事実が完成した当時における目的物の所在地による」としているゆえ，担保権等の設定（成立）については，前記のA国・B国・C国の法に，それぞれ依ることになる。その上で，それらの国々で成立した物権が，新所在地法たる日本法上「存続」し得るか否かが，判断されることになる。これは，新所在地国法たる日本の物権法秩序の

4.5　国際物権法

「寛容さ（Toleranz）」の問題である。

　本書 3.6 の前出・注 658）で言及した長崎控決明治 41 年 12 月 28 日新聞 550 号 12 頁を想起すべきである。公示なしで第三者に対抗できる当時のロシア法上の船舶抵当権につき，国際私法上の公序を適用した事例である。その非寛容さに対し，同じくかつてのロシア法上の登録なく成立し得る船舶抵当権につき，ドイツではこれを有効と認めるべきだ，とされていた。そのあたりの，考え方の対比が，必要[833]であろう。

　要するに，この作業は，外国で有効で成立した物権に対する新所在地国（それが日本であることを一応前提としている）物権法秩序からの，等価性（equivalence; Gleichwertigkeit）のチェックを意味する。言い換えれば，他国で成立した物権の，自国物権法上のそれへの引き直し作業である。そのフィルターを通した上で，新所在地国法により，競合担保権者間の優先劣後が決せられることになるのである。

　なお，貴重な事例として，イスラエル船籍の船舶（サブラ・コア号，バナナ・コア号）の差押・競売・換価・配当が日本でなされた，昭和 51 年の東京地裁の未公表事例が，担当裁判官自身の手による論文において，公表されている[833-a]。多数の国にまたがる権利者・担保権者が日本に集結したが，船舶抵当権については旗国法，いわゆる船舶先取特権については，本書 3.1 の注 497）の本文で示した立場により，日本法（法廷地法）によるとした（この後者の点は，疑問）。だが，配当上の（成立国を異にする）担保権者間の優先劣後は，競売地法たる日本法によった。「成立」と「効力」（及び「存続」）を分けるという，既述の立場からは，当該船舶の新所在地（しかも，客観的に見て安定的なそれ）の法として，この処理の結論を，支持できるところである。

　さて，船舶等のややこしい問題はともかく，一般の（動き回る物という素朴な意味での）動産について，旧所在地法上，いまだ有効な物権の設定・変動がなかった場合にはどうか。これは，所有権移転につき登記・引渡を要するドイツから，それらを済ませぬうちに目的物が（それらを不要とする）フ

ランスに移動した場合，あるいは動産の取得時効の場合を例として，説かれることが多い。

　この点は，いずれにしても，法例10条（通則法13条）の2項との関係では，原因事実の完成時の，即ち，要件具備（＝「成立」）となる地の法によるのであって，場合によっては，国境を越えた途端に物権変動が生ずる，といったことにもなる[834]。逆に，成立国で有効に成立していた物権が，途中の国では，既述のその国の物権法秩序の"非寛容"のゆえに"休眠"し，その後，更に他の国に移動して"復活"すること（Wiederaufleben dinglicher Rechte）なども，生じ得る[834-a]。

　目的物所在地法主義の弱点とも評され得ようが，やむを得ない帰結と考えるべきであろう。また，こうしたことからして，逆に，「運送中の物」については，極力，仕向地法で一括規律しようとする従来からの日本の行き方が，再評価されるべきではないか，とも思われる。

　なお，最判平成14年10月29日民集56巻8号1964頁は，自動車の所有権取得及びいわゆる即時取得の準拠法が問題となった事例である。イタリアでの本件自動車の盗難により，ドイツでこれを登録・使用していたAに対し，保険会社Xが保険金を支払った。本件自動車は，日本に輸入され，所有者を転々とした後，Yの登録を経ていた。Yにその引渡しを求め，Xが本件訴えを提起した。

　Xへの引渡を命じた原判決を破棄し，差戻しした判旨は，以下の如く論ずる。即ち，法例10条2項（通則法13条2項に対応）の所在地法とは，権利得喪の原因事実完成時に当該自動車が運行の用に供しうる状態であったなら，その利用の本拠地法，否の場合には，他国への輸送の途中である等の事情のない限り（！──この点が，既述の「運送中の物」に関する問題と関係する。判旨は，この点に関する前記の考え方を，否定してはいないのである），物理的な所在地法を言う，とした。

　また，いわゆる即時取得についての原因事実完成時とは，買主が本件自動車の占有を取得した時であり，その時点での物理的所在地法が準拠法となる

とした。本件では，日本への輸入後，Yの手に渡る前の旧所有者達の手で，既に本件自動車の登録が日本でなされ，運行の用に供されていたのである。

判旨は実は，運行の用に供される自動車が所在地国を転々と変えることから（ヨーロッパ諸国を考えよ），常に現実の所在地法によるのでは，準拠法の決定が不安定となること，そして，偶然的な所在地国の法との関係が，実際の事案において希薄となることを，明示的に問題としていた。他方，実際に運行の用に供されてはいたが，そのまま本件のように，その地を離れ，輸入国で取引される場合に，新所在地国での取引につき，もとの登録地法等の，現実の所在地の法以外を適用することが，取引の安全を害する点も，判旨は強調している。

もっと素直に日本法（本件自動車の所在地法，しかも，その輸入後は安定的なそれ）の適用を導く道が，あったとは思う。また，第一，ドイツ国際物権法に新設された「例外条項」（それのない日本の，通則法13条の下では，「準拠法選択上の一般条項」）のように，規定の運用に，若干のふくらみを持たせておけば済むようにも思う。この点で，本書4.2の，注752）の本文で引用した，不法行為準拠法決定に関する（ただし，それには限られない！）モリスの言葉に，回帰する必要も，ありそうである。

■ 国際的な物品運送と証券

運送証券の面でも電子化への流れが進んでいるが[835]，それはともかく，国際運送に伴って船荷証券（bill of lading; B/L）が発行されていたとき，証券自体を物と見た場合の問題処理は，法例10条（通則法13条）による。だが，問題は，証券所在地法（lex cartae sitae）や，船荷証券に記載された（債権法的側面での問題を本来規律すべき）準拠法の定めをもって，積荷の物権問題を処理しようとする考え方[836]について，である。

まず指摘すべきは，証券所在地法と言っても，船荷証券の場合，通常3通発行され，それらが代金決算の関係で別々に送付されることもあることを，十分踏まえねばならぬことである。また，船積書類の郵送中の紛失，等の場

合の問題もある。そこから生ずる厄介な問題に踏み込むよりも，法例10条（通則法13条）に忠実に，目的物自体に着目した処理（ただし，仕向地法主義というフィクションは伴うが）の方が，ベターであろう。

もっとも，前出・注836)に一言したように，スイス新国際私法典106条は，証券が物品を表章するか否かは，証券（物品証券〔Warenpapier〕）上に記載された法による[837]（準拠法の記載がそこになければ振出人の営業所地法による），とする。その上で，証券が物品を表章するとき，証券及び物品〔自体〕に対する物権〔問題〕は，動産としての証券に適用される法による，とする。証券所在地法主義である。

だが，スイスのこの規定も，最終的な"物の引張りあい"（Vorrang; priorities）については，物品自体の所在地法による，としている（この点で，本書4.3の，前出・注776)とも対比せよ！）。そこには，証券所在地法適用に至るプロセスとして重要な点も含まれているが[838]，結局は目的物自体の所在地法に回帰する，ということならば，なおさら証券自体に着目する必要性の有無が問われるはずである。私としては上記の如く考える。

なお，船荷証券という定型的な存在を実務的に頭に浮かべるとしても，その法的性格は，もとより各国ごとに異なる。だが，ラフに見て証券的効力が船荷証券よりはるかに弱い航空運送状（air waybill）が，国際航空運送には用いられているし，海上運送でも，証券的効力の乏しい（non-negotiableな）ものが用いられて来ている[839]。そうなると，従来は積荷の売買代金の決済のために船積書類を預かる立場にあった，金融機関の側の担保を，何に求めるか，等の点が問題となる。

一言するにとどめるが，国際航空運送では，銀行宛貨物（bank consignment）という手法も用いられる。航空運送状の荷受人欄に，仕向地国の銀行の名を記載し，その銀行が，代金決済完了を待って，実際上の荷受人（航空運送状に，この者はAlso Notify Partyとして記載される）に貨物を渡してよいとするリリース・オーダーを出す形になる[840]。私としては，この面白い実務的取扱から種々の国際訴訟の起こるのを，（研究目的で！）ずっと待って

いるが，もう少し待たねばならぬようである（多少，日本の銀行のリリース・オーダーの出し方に，気になる点があるのである）。

4.6 国際家族法

■ 後見等及び失踪宣告 ─────────────────────

わが民法の成年後見制度の創設（禁治産・準禁治産の規定の削除）をそのまま法例規定に直結させた平成11年法例改正の問題点は，本書1.1の注1-b）所掲のものに示した。平成18年の通則法制定においては，既述の法例3条に対応する通則法4条（行為能力），後見開始の審判等及び失踪宣告の，国際裁判管轄・準拠法に関する，通則法5条・6条が改正の対象であり，その他の国際家族法関連の規定は，平成元年法例改正を，そのまま引き継いだのみ，である。本書において，国際家族法上の問題も，極力本書3までの論述に"織り込んで"来た。したがって，いわば落穂拾い的に，以下の論述を行うこととなる。

従来の法例4条は禁治産につき定め，5条は準禁治産者につきそれを準用していた（いずれも平成元年法例改正の射程外）。そもそも両者を分けて規定する意味は，牴触法上はもともと存在しない。日本に住所又は居所を有する外国人につき日本で法例4条2項により禁治産宣告をした場合の後見については，平成元年改正による法例新24条（旧23条の条文番号が動いたのみ）の2項で，日本法によることになっていた。禁治産と後見は，その局面において，連動している。法例4条1項は，禁治産の原因は禁治産者の本国法によるとしていたが，その効果は「宣告を為したる国」の法によるとしていた。

日本が法廷地国（宣告国）となる場合のみを考えたのではなさそうな規定ぶりである。実はそうなのであり，詳しくは『国際民事訴訟法』で扱ったが，明治期の法例の起草者は，準拠法・国際裁判管轄・外国裁判等の承認の，3問題を一体的に把握しつつ，法例の国際家族法関連の規定を，作成していた[841]。だが，国際民事手続法の独自性を重視する見地から，かかる立法趣

旨は，根本的な修正を要する。なお，法例4条2項但書には特別留保条項[842]があった。

　通則法5条は，「成年被後見人」等の，そもそも国際私法上用いる必要性のない言葉を用いつつ，かかる要保護者が日本人であるか日本に住所または居所を有するときには，日本法で能力補充の審判等をなし得る，とする。これは，「後見等」に関する通則法35条が，能力補充を必要とする側の者（「被後見人等」）の本国法によるとしていることと，対応する。35条2項で，外国人の後見等につき，一定の場合に日本法による，とある。だが，後述の「マリアンヌちゃん事件」以外，めぼしい事案はない。

　ただ，いわゆる禁治産をめぐり，旧ソ連関係での事例がいくつかあったことは，若干注目されてよい。東京地判昭和63年4月25日家月40巻9号77頁，東京地判平成3年12月20日判タ792号207頁，後者の控訴審判決たる東京高判平成6年2月22日判タ862号295頁，である[843]。いずれも在日旧ソ連領事が，在日旧ソ連人の遺言相続に対して禁治産宣告で対抗しようとしたものである。

　両事件とも，裁判所は日ソ領事条約上，自国民につきかかる宣告をする権限がないから，との点を示して，旧ソ連側の請求を認めなかった。結論は正当だが，問題は理論構成である。

　在日旧ソ連領事は，いわば旧ソ連の国家機関の出先として，当該宣告を行なったわけである。ちょうど後述の領事婚・外交婚との関係で，日本の在外公館が日本国内の戸籍窓口のいわば出先として，婚姻届（のみではない）を受理し，それが日本（本国）に伝達されて日本人の戸籍に記載されるのと同じである。とすれば，在日旧ソ連領事に上記の権限がないとしても，旧ソ連としては，本国国内での禁治産宣告とそれを同視している立場であろうことが，容易に想像されるであろう。

　そもそも，領事条約に反するから無効だ，ということに直ちになるのか。条約は国家対国家の問題である。そのあおりをくらって私人の法的地位が左右されるのは，理論的にもおかしい。むしろ，この点は，ずっと在日だった

者につき，本国（国籍所属国）だからという理由のみで禁治産宣告をなし得るか，との点に着目しつつ処理さるべきである。つまり，旧ソ連に国際裁判管轄が果たしてあるのか，ということである。

法例の起草者（明治期のそれ）は，（既述の如く）身分能力の一般規定たる法例3条のあと，それを受けて法例4条を作成し，本国の国際管轄を肯定していた。だが，それを修正すべきことは既に述べた。要するに，ここでの問題は，外国禁治産宣告（外国国家行為！）の承認問題として，民訴新118条（旧）200条を基軸とした処理に委ねらるべきものなのである[844]。

同じことは，思い出深き「マリアンヌちゃん事件」[845]についても言える。東京高判昭和33年7月9日家月10巻7号29頁である。スウェーデン人を母，アメリカ人を父とし，非嫡の子として昭和24年4月（つまり私より1歳上になる）に横浜で生まれ，母のもとにあった彼女をのこし，母は翌年8月，つまり私が生まれた頃，横浜で死亡した。その直前，母は日本人女性Y_1に彼女のことを頼み，Y_1は，のちに結婚したY_2と共に，彼女を育てていた。

しかるに（！），昭和30年12月，在日スウェーデン公使Xが，ストックホルムの裁判所で自分がマリアンヌちゃんの監護権者に任命されたとして，彼女の引渡を求めたのである。裁判所は当時満9歳の彼女の意向を無視し，法例旧23条（新24条）の，「後見は被後見人の本国法に依る」との規定から，直ちにXを勝たせた。しかも（！），「一見して東洋人と識別される容ぼう」のマリアンヌちゃんにとっては「早くからスウェーデン市民の生活の中で……成長することが，同女の将来の幸福のために最も望ましい」などとした。

何たる国際感覚の欠如か。彼女の父はアメリカ人だったのであるし，そもそも準拠法の論理で処理すること自体おかしい。前記の在日旧ソ連領事の禁治産宣告の事例と対比すべきである。単に本国たるのみでスウェーデンの国際裁判管轄（民訴旧200条[新118条]の1号）は，肯定され得ないはずであるし，手続的保障（同条2項——非訟事件だからと言ってこの点が問題とならないわけではない）の点も問題である。

失踪宣告に関しては，従来の法例6条について，まず見ておく。この点も，

『国際民事訴訟法』で論じた方がよい面があるので，一言するにとどめる[846]。同条は，「外国人の生死が分明ならざる場合においては裁判所は日本に在る財産及び日本の法律に依るべき法律関係についてのみ日本の法律に依りて失踪の宣告をなすことを得」と規定していた。

　本国でかかる宣告をなし得ることを，明治期の起草者は当然の前提としていたが，かかる立法趣旨が踏まえられることなく，この点が，不毛な学説上の争点にもなっていた。日本に在る財産と言っても，いつの時点をとらえて考えるか，等々は，むしろ，国際倒産の場合とパラレルに考えた方がよい[847]。

　問題は，日本での宣告が「日本の法律に依るべき」，つまり，日本法を準拠法とする法律関係にしかその効力を及ぼさない，としている点である。夫が行方不明になって失踪宣告を求め，再婚しようと思っても，婚姻の一般的効力の準拠法が外国法だと，目的は達し得ない，といったことになる。もっとも平成元年法例改正で，従来の夫の本国法主義（旧14条）よりは見通しが若干明るくなったが，……といった問題があったのである[848]。6条をめぐっては原則管轄と例外管轄，失踪宣告の直接的効果（死亡の推定・擬制等）と間接的効果（相続開始・婚姻解消），といった言葉が不用意に用いられているので，実に分かりにくい面があったのである[849]。

　ここで，通則法6条を見ると，不在者の最後の住所地または国籍が日本であれば，日本法による失踪宣告ができるとするのが，その1項である。住所ならまだしも，「日本国籍」のみで管轄を肯定するあたりは，形式的に過ぎる。国際裁判管轄の基本[849-a]とかけ離れた規定である。なお，同条2項は，前出・注849）の本文に示した従来の混乱そのままに，それを多少膨らませた規定になっているが，物事の本質，とくに私の『国際民訴法』の3.1～3.3で論じた，『国際私法と国際民事訴訟法（国際民事手続法）との"交錯"』という牴触法の基本にかかわる重大な問題を直視しないから，こうした規定になるのである。

4.6 国際家族法

■ 国際婚姻法・親子法再説

　婚姻・親子については，既に本書の随所で言及した。個々の各論的問題を，準拠法選択の基礎理論（本書 2 章）や技術的諸問題（本書 3 章）の中で論じた方がよい面が多々あり，かつ，家族法上の問題はそうした議論に一層なじむからである。従って，ここでも落穂拾い的に若干の問題をピック・アップするにとどめる。

　まず，外交婚・領事婚の問題がある。民法 741 条が在外日本人間の婚姻につき，前記の如き役割を日本の大使・公使・領事に認めている。なお，民法 801 条は，在外日本人間の養子縁組につき，同旨を定めている。

　平成元年改正前の法例旧 13 条 1 項但書は，婚姻の方式につき極めて厳格な，つまり「場所は行為〔の方式〕を支配する（locus regit actum）」の原則（法例 8 条 2 項本文）が便宜のための補則（同条 1 項と対比せよ）であるのを越えた，厳格な行為地法（挙行地法）主義をとっていた。外国で特殊な婚姻の方式が認められていた場合の困難を，日本人間の場合につき救うのが，上記の制度であった，という位置づけになる[850]。この厳格な挙行地法主義[851]（法例新 13 条 2 項，そして通則法 24 条 2 項に，受け継がれている）は緩和され，法例新 13 条 3 項本文（通則法 24 条 3 項）で，当事者の一方の本国法によった方式でも有効とされたが，同項但書（通則法 24 条 3 項但書）で，一方が日本人で日本国内が挙行地なら 2 項に戻って日本法による，とされる。法務省的発想の規定と言えようか。これも日本人条項であり，理論的には合理的な説明がつかないはずである。

　なお，本書 3.1 の前出・注 451) の前後の本文で一言し，また，本書 4.1 の，前出・注 733) の本文に示した図 26 において，13 世紀以来の問題展開を図示した際に示したところの，宗教婚の問題は，方式として整理される。ただし，私署証書や宗教婚の問題を正面に据えて locus regit actum の原則を考察することは実に危い。図 26 を参照すべきである。

　なお，国際私法上の婚姻概念を実質法上の概念にとらわれず，広く設定するべきことは，本書 3.1 の前出・注 421) で一言したところであるが，東京

地判昭和46年3月12日判夕266号245頁は，婚姻予約の成立・効力につき明文の規定がないとして，法例旧13条1項本文（法例新13条1項［通則法24条1項］と同じ）をわざわざ類推適用するとした。

だが，問題となったのは婚姻手続を踏まなかったことに対する損害賠償であり，本判決は各当事者の本国法によるとしつつ，結局，中華民国法と日本法との累積適用をした。双方要件[852]ということで処理したことになるが，累積をして賠償の余地を狭める合理的理由があるのかどうか。むしろ，法例11条によるなどとして，ともかく単一の法によることを志向すべきではなかったかと思われる。本書3.1の，前出・注469）以下の本文と対比すべきでもあろう。

婚姻の一般的効力については，一応本書の各所で論じたつもりゆえ，夫婦財産制について，若干古いが重要な事例を見ておく。神戸地判昭和34年10月6日下民集10巻10号2099頁である[853]。

事案自体は，預かったピアノを返せと言われたのみのものだが，ともかく，神戸在住のイギリス人夫Xとその妻Aが登場する。Aがオーストラリアに帰郷する際，日本で買ったピアノを日本在住のYに預けたが，Xがあとでそれに気づき，そのピアノは自分が買ったものゆえ返せと言って訴えたのである。Yがそれを買っていたとすれば，もっと面白かったが，仕方がない。

判旨は法例旧15条（夫婦財産制）の下で，夫の本国法たるイギリス法によるとし，その上で同国法の内容をにわかに確定しがたいとし，外国法が不明だから条理によるとして，ともかくXを勝たせた。実にしまりのない判決だが，それはよい。Yがピアノを買っていたとすると，もう少し裁判官も本腰を入れたろうと思う。

ともかく，こうした場合，私が疑問と考えるのは，夫婦という内部関係を有する者の一方が第3者と取引をした場合の，その第3者との関係（外部関係）が，内部関係の準拠法たる夫婦財産制の準拠法による，とされることである。本書4.1の，前出・注739）につづく本文で示した図28（いわゆる「代理」の問題との関係）と対比して考えて頂きたい。また，本書4.4の，前出・

注809）の本文で論じた「会社の外部関係」の問題とも対比して頂きたい。前出・注744）の本文で示したように，この点を「いわゆる代理の外部関係」と同様に処理し，取引契約の準拠法を客観的・規範的に決してそれらによらしめる，という方法をとるべきであろう。

　この点で大いに参考となるのは，本書3.1の，前出・注464）につづく本文で示した，東京高判平成2年6月28日金融法務事情1274号32頁である。相続持分の第3者への移転が争われた際に，取引対象たる当該不動産の所在地法によって当該相続人と第3者との紛争を処理したのである。その基本スタンスは，預かったピアノにまつわる前記ケースに即して示した既述の点と，軌を一にするもののはずである。ところが，法例新15条2・3項（民法757条を削除すると共に，平成元年法例改正で新設された——通則法26条2・3項に対応）は，旧態依然たる内国取引保護的発想にとどまっている[854]。

　ともかく，本書において，初版におけるよりも一層の理論的展開を試みた私の『内部関係・外部関係』論の原点は，前出・注853）に引用した，『国際家族法入門』という，私が1981〜82年のスイス留学中にバーゼルで手にした，（法律学関係では）私の二冊目の小著においてであった（預かったピアノに関する上記の事例をもとに，この点を示した）。そう思うと，感慨深いものがある。

　さて，法例新16条（通則法27条）の離婚については，1点のみ補充する。それは，国際的な離婚事件における審判・調停の可否とその理論的説明である[855]。

　離婚準拠法上，離婚には判決を要するとしていた場合，わが通説は，当該外国法上の判決を当然のように日本の判決に置き換えてよいとしつつ，他方，先方が判決と言っているのだから，審判や調停では駄目だ，とする。これは実におかしな立論である。

　東京高判昭和50年12月9日判時807号28頁は，認知準拠法たる中華民国法上の認知の届出ないし登記は，認知の方式に属するとし，その上で法例8条2項本文（locus regit actum の原則——通則法10条2項に対応）により，

行為地たる日本法上の届出で代替し得るとした。正当である。裁判と行政行為とをあっさり分けて，別々な理屈をこねることの問題，である。

　準拠外国法の趣旨を重んじるならば，その国の法上の判決を当然日本のそれと同視することもまた，出来ないはずである。そもそも，このあたりの問題は，本書4.1の，前出・注73)の本文で示した図26をベースに考えてゆかないと，訳が分からなくなる。基本的に，国際的な審判・調停離婚の可否の問題は，「内外国家行為相互の代替可能性」をその主な任務としてきたところの，「場所は行為（の方式）を支配する」の原則によって整理する必要がある。つまりこの点は「方式」の問題だと考えるべきである（『国際民事訴訟法』の3.2で扱った基本的な問題である）。

　なお，「方式」について言及した関係で，平成元年法例改正で新設された法例新22条（通則法34条）と法例8条1項（通則法10条1項が対応するが，既述の如く，「効力」の語が，「成立」と変更された）との関係につき，一言しておく。かのlocus regit actumの原則に対する「方式」の本則につき，法例8条1項は「其行為の効力を定むる法律に依る」とするのに対し，前記の法例新22条（新14〜21条についての方式を定める）は，但書に法例8条2項本文のlocus regit actumの原則を掲げつつ，本則の方については，「其行為の成立を定むる法律に依る」とするに至っていた。

　同じ問題で，何故「効力」・「成立」というくい違いがあるのか。実にみっともない状態だったのである。

　なお，明治期の法例8条1項の定立については，既述の如く，本書2.1の，前出・注80)，及び注79)につづく本文で示した点が深く関係する。法例8条1項作成時，穂積博士が最新のドイツの用語法にとびついてしまったので，「効力」の語を用いたのだが，前出・注76)の本文に示した表2だけからも明らかなように，「方式」は「成立」問題の一環である。そのことは穂積博士も認めつつ，あえてドイツ的用語を用いたのである。法例新22条（通則法34条）は，どことなく坐りが悪い規定だが，その趣旨は，結論としては，私が従来詳細に分析したところに沿ったものと言える[856)]。

次に親子法についての補足に移る。まず，親子関係の存否確認[857]につき，嫡出親子関係の成立に関する法例新17条（通則法28条），非嫡出のそれの成立に関する法例新18条（通則法29条）を"段階的"に，分けて適用する考え方について。本書3.3の，注577）の本文に続く個所で論じた最判平成12年1月27日民集54巻1号1頁が，かかる無目的的な作業に終始していることは，返す返す残念なことである。

この点の規定のつくり方にそもそも問題のあることは，本書2.2の，前出・注220）につづく本文で示した表4，及び注222）の本文で，示した通りである。例えば当事者がいかなる意味でも（嫡出・非嫡出を問わず）法的親子関係が不存在であることの確認を求めていた場合にも，当然に上記の如く段階的に準拠法を別途決めねばならない，という風には考えるべきでない。

「分断」をせず，いずれか一方の規定を，争点としてのウェイト，密接関連性テスト，等から選んで適用することに，まずもって専念すべきであろう。なお，かかる場合につき，「一般的に親子関係の存否の確認」が求められているのだから「法例に直接の規定がない」として「当事者双方の本国法を累積」適用する，との所説[858]のあることは，何としても不可解である。規定がないとする論理も強引だし，（その当否については既に述べたゆえ，ここでは描くものの）択一（選択）的連結をとる法例の規定とは逆の帰結になる点（とくに存在確認）のアンバランスさも，指摘すべきであろう。

次に，最判昭和44年10月21日民集23巻10号1834頁について。法例旧18条の配分的適用主義の下で，子からの認知請求に対し，子の本国法たる日本法と父の本国法たる中華民国法が適用された。

中華民国法上は，子の出生後に実父がその子を養育していれば，とくに手続を要することなく認知が成立する（撫育認知）。判旨は，かくて同国法上「認知の要件がすでに具備している」が，日本法上は認知の届出か認知の訴が必要ゆえ，いまだ認知の要件は「完全に具備したことにはならない」とした。

だが，本書4.1の，前出・注723）の本文に示した図26をもう一度見て頂

きたい。「場所は行為を支配する（locus regit actum）」の原則との関係では，「無方式も方式である（Auch die Formlosigkeit ist Form.）」とされている[859]。本件の場合，実質的成立要件については双方の本国法上問題なく，かつ，一方の本国法上の方式も，既に履践されていることになる。

ちなみに，配分的適用主義の場合，法例新13条3項本文（婚姻の方式——通則法24条3項本文に対応）は，いずれか一方の本国法に依っていれば十分としている。私は従来より一般的にそう解してきていた[860]。そうなると，前記事例においては，既に認知は成立しているものとして扱うべきことになるのではないか。

前記の如く，判旨が「完全に」は要件具備に至っていない，とする点は，一層厳密に考えるべきところであった。なお，法例新18条（通則法29条）の下では，中華民国法のみにより得るため，直ちに上記の私見と同一の結論になることになる。

なお，平成元年法例改正前の，法例旧18条，旧19条の各2項は，それぞれ認知・養子縁組の効力の準拠法を置いていた。認知の効力は父又は母の本国法，養子縁組の効力（及び離婚）は，養親の本国法に依る，とされていた。

通説は，この各2項の「効力」の語を極端に狭く解し，子の取得する身分（嫡出子か否か），身分取得の遡及性，等のみがそこで言う「効力」と解した。そうした上で，法例8条1項の「効力」の語に，前記の各2項が対応する，などとしていた。この最後の点は，前出・注856）に至る本文で示した点が関係する。

また，前記の各2項は，例えば法例旧18条2項の趣旨として，明治期の法例制定時に穂積博士が述べられておられるように，「養育教育等の保護[861]」をそれによらしめようとするためのものであった。このような立法趣旨に対する検討の不十分さが，種々の混乱を生んでいたのである。

だが，法例新18・20条において，効力の規定は存在しない。その点をめぐって，平成元年の法例改正後，前記の法例旧18・19条2項についての解釈を新18・20条の規定の中に盛り込むか否かにつき，既に争いが生じて

る[862)]。改正に際し，十分詰めておくべき点だったはずであるが，この点もそのまま，通則法29・31条に引き継がれることとなった。

　国際養子縁組については，法例新20（旧19）条（通則法31条）の問題もさることながら，本書1.2の，前出・注21）以下で論じた国際養子斡旋の問題に注意する必要がある。日本で日本人男女の下で生まれた子が，斡旋業者の手で海外に連れ出され，実父母が日本で国際的人身保護請求をした。大阪地決昭和55年6月16日判タ417号129頁である[863)]。

　同決定は不当にも日本の裁判権はない，などとしたが[864)]，それはともかく，重要なのは次のことである。即ち，子の最善の福祉（the best interest of the child）[865)]を指標とするこの種の事案の処理において，法的な監護権が誰にあるかを決めるのはたしかに当該事項の準拠法（lex causae）ではあるけれども，最終的な判断は，むしろ「憲法直結型の処理」において，前記の指標の下になされねばならない，ということである[866)]。

■ 扶養の準拠法——日本の条約遵守義務違反！

　日本は，珍しく扶養の準拠法については，相互に適用範囲が重複する2つのハーグ国際私法条約を批准している（なお法例新34条1項［通則法43条1項］を見よ）。そして，法例の特別法たる扶養義務の準拠法に関する法律（昭61法律84号）が制定された。夫婦・親子その他の親族関係から生ずる扶養義務につき，それが適用される（同法1条）。

　そこでの準拠法の決め方を見てみよう。まず①扶養権利者の常居所地法による，とされるが，そこで（全く）扶養を受けられぬときは，②当事者の共通本国法により，それでも（全く）扶養を受けられぬときは，③日本法による，とされる（同2条）。ただし，離婚当事者間の扶養は離婚準拠法による（同4条1項）。同法8条は，1項で公序（「明らかに公の秩序に反するときは……」とある）を定め，2項で，扶養の程度につき，当該準拠法の定めにかかわらず，「扶養権利者の需要及び扶養義務者の資力を考慮して定める」とする。その理論的位置づけは若干興味深い。なお，同法2条には「共通本国

法」とあるが，実は条約上は，反致が全面否定されている[867]。他にも，条約の趣旨がかえってこの特別法上はっきりしなくなっている点が散見される。問題である。

　だが，最大の問題は，同法3条2項が，前出・注867）に示した1973年条約（新条約）の方の遵守義務に反している（!!）点である[868]。ちなみに，この点は，ドイツ等の教授達との議論でも，確認済みである（彼らは，唖然としていた）。

　即ち，前記の第2条は，①～③の3段階のいずれかの法により扶養義務が認められればよいとする，義務者に若干不利な規定である。同法3条1項は，それに対してバランスをとり，傍系親族間又は姻族間の扶養義務につき，扶養義務者は，共通本国法，それのない場合には扶養義務者の常居所地法上自己の義務のない旨，異議を述べられる，としている。1973年条約7条である。

　そして，問題の前記特別法3条の2項は，前出・注867）に示した1956年条約（旧条約）が適用される場合には，同条1項を一律不適用と，してしまっている。旧条約には，新条約7条（前記特別法3条1項）の異議の規定はない。そこで上記の如くした，とされる。

　けれども，この3条2項は，何ら新条約に存在しない規定である。また旧条約は，権利者（たる子）の常居所地法によるとし，それで駄目なら法廷地国際私法によれ，とするのみである。その法廷地国際私法の中身は問うていない。旧条約が新条約7条の適用制限を命じているわけでもないのである。

　他方，新条約は7条の適用を制限することを，何ら認めていない（!）。かくて，旧条約が適用される場合だから新条約7条の適用をその限りで制限する，といったことは，新条約7条に反するのである。

　要するに，旧条約を意識し過ぎて，何ら条約上の要請も，根拠もないのに，新条約7条の適用される場合を勝手に制限してしまったのが，前記特別法3条2項なのである。この点は，前記特別法の条文を見ているだけでは，全く分からない。大きな六法等で，是非この2つの条約の条文をじっくり見て，考えて頂きたいものである[869]。だが，意図的にか否かはともかく，一般の

六法を見ても，この二つの条約が揃って載ってはいない。だから，この恥ずかしい事態は，一般の知るところとはなっていない。

■ 国際相続法 [870]

　法例新26（旧25）条（通則法36条——一切変更なし）は，相続につき，被相続人の本国法主義をとる。明治期の法例制定時に，穂積陳重博士は，相続の"人格承継"的側面に重点を置いて本国法主義を採用した。だが，実際には財産法（"財産承継"）に強く傾斜した紛争が，多く生じて来る。

　そこで，本国法主義（国籍連結）の妥当性につき，最も密接な関係の原則からの，個別事案における国際私法的正義の実現に向けた種々の営為が，一般の家族法領域におけるよりも，一層必要になってくる。だが，実際には，およそ相続関連と観念され得る殆どすべての問題が被相続人の本国法により，つまり新26（旧25）条の文言通りに処理されてきている（それが，通則法36条にも引き継がれる形となろう。以後，内容的変更がない［！］ので，法例に即して記述する）。

　むしろ，明治以来の初期の学説の方が，その説くところにヴァラエティがあったようにも感ずる[871]。法例新26（旧25）条のような主義を相続統一主義といい，相続問題を挙げて単一の準拠法によることのメリットが，日本では大いに強調されてきた。だが，同じく相続統一主義をとるとされるドイツには，1986年改正前民法施行法28条があり，被相続人の本国法主義に対して重大な制約を加えてきた。

　つまり，相続（夫婦財産制も同じ）の準拠法所属国に存在しない物（Gegenstände）については，相続準拠法が全く適用されない場合がある。それは，そのような物の所在地国の法によれば「格別の規定の下に置かれる（besonderen Vorschriften unterliegen）」物について，である。多少分かりにくい規定だが，当該所在地国法上，動産・不動産で分けた国際私法（国際相続法）的規律がなされておれば，上記の場合にあたり，とりわけかかる不動産については所在地法によることに，かくて事実上なってしまう。そして，かかる

（準拠法選択上の）遺産の分断（Nachlaßspaltung）を生じさせる規定は，結局1986年改正後もEGBGB3条3項としてそのまま残存することになったのである[872]。

なぜEGBGB旧28条（新3条3項）につきとくに一言したかと言えば，わが通説が愛用する後述の「個別準拠法は総括準拠法を破る（Einzelstatut bricht Gesamtstatut.）」の原則なるものは，特殊ドイツ的な規定たる上記条項と深く関係づけられ，場合によっては殆ど同視されるものだからである[873]。

さて，相続統一主義を強調するわが通説において，ここでもまた，久保岩太郎・実方正雄の両教授により，ドイツ学説の継受の形をとって重要な論点が形成された。それが，相続メカニズムの入口と出口の問題たる，「相続財産の構成」と「相続財産の（相続人への）移転に際しての登記・引渡の要否」の問題とである[874]。

相続準拠法（総括準拠法〔Gesamtstatut〕——全財産を総括する準拠法）と個別的財産権の準拠法（個別準拠法〔Einzelstatut〕）との関係が，上記2つの問題を通して検討されたのである。つまり，相続準拠法だけでこの点を決してよいかが，2つの問題につき，それぞれ問題とされた。

まず，前者の問題であるが，これは，被相続人に属していた財産権のうちいかなるものが相続財産に組み込まれるか（例えば，不法行為に基づく損害賠償請求権，等）の問題である。けれども，両教授の用語法（そしてそれを受けたその後の通説のそれ）はかなり混乱しており[875]，しかも，ここで安易に「個別準拠法は総括準拠法を破る」といった，"言葉に頼った説明"のなされる傾向が，顕著である[876]。

要するに，「相続の客体性ないし被相続性」の問題を個別準拠法により，「相続財産への帰属ないし所属（性）」の問題は相続準拠法による，とされるのだが，その区別があいまいで，用語上の混乱もあるために，限りなく両準拠法の累積適用に近づいてしまうことになるのである[877]。いずれにしても，前記の如き格言に頼り，相続準拠法の意向に対して個別準拠法がそれを拒否する場面のみを論じつつ，結局は両準拠法の累積を説く傾向のあるこ

と[878)]は問題である。

　逆の場面では「総括準拠法が個別準拠法を破る」ことになり，この格言（？）は問題の一方の面を示したものであるに過ぎない（！）[879)]。そこに注意すべきである。

　久保・実方両教授とも，かくて両準拠法のダブル・チェックを受けて相続メカニズムからはじき出された個別的財産権の取扱は，個別準拠法による，としている。個別準拠法が当該財産権の被相続性を認めておれば，事実として同一人物の死亡に伴い，複数の相続が開始することになる。このことが，相続統一主義を大いに評価する通説の建前と，どう関係するのかが問題なのである[880)]。

　この点を専ら個別準拠法によらしめる私見が「根拠に乏しく，支持することができない」旨，さしたる論証もなく指摘する立場もある[881)]。だが，そう言えるかどうかは，以上のような"全体的脈絡"で判断して頂きたいものである。

　ところで，前記の第2の問題，つまり，相続人が相続メカニズムにより割当てを受けた個々の財産権の移転につき，登記・引渡等を要するか否かについても，久保・実方両教授によるドイツ学説の継受以来，通説は「個別準拠法は総括準拠法を破る」との"言葉"に頼りつつ，両準拠法の累積（ダブル・チェック）を説く。ところが，個別準拠法上当然の移転が認められ，総括（相続）準拠法上は否の場合にまで言及するのは，従来，わずかに久保教授のみ（！）であった。

　久保教授はその場合，相続準拠法上の要件具備を必要としていたが[882)]，他の通説側の諸説における詰めの甘さを，まずもって指摘すべきである。あいまいな"言葉"に頼った一面的・情緒的説明に終始するが如きことは，厳に慎むべきである。

　なお，旧時の学説は，この点を個別準拠法（例えば目的物所在地法）のみによらしめるものが少なくなかったように思われるし，私もそれでよいと考えている[883)]。実際の紛争の起こり方を考えれば，前出・注871)でも一言

した東京高判平成2年6月28日のような処理，つまり，相続メカニズムの外（外部関係！）の第3者との関係を，相続準拠法の射程から切り離して考えるゆき方には，十分な理由があるはずである。

また，相続の本質が財産承継に大きなウェイトを有するにもかかわらず，人格承継が主だとして法例旧25（新26）条を作成してしまった穂積陳重博士の判断を，実際の相続問題の実像にあわせて修正する上では，かかる営為は，必要なもののはずである[884]。かくて相続メカニズムの入口と出口の問題が，一応整理されたことになる。

さて，相続準拠法が日本法となる場合につき，ハワイ所在の不動産，つまり在外財産も含めて相続人に承継されるとした大判昭和9年6月5日民集13巻968頁がある。ただ，日本で遺産分割手続を進める場合には，在外相続財産の取扱と在外の相続人の保護をどうすべきかが，重要な問題となる。

東京高決昭和55年4月8日家月33巻3号45頁は，日本人の相続につきアメリカ在住のアメリカ人たる相続人が，分割審判手続において自らの関与する機会が奪われていたとして即時抗告したケースである[885]。期間遵守の点等についての配慮も，必要となり得る。だが，仮に日本法が相続準拠法だったとしても，相続関係での外国の裁判が日本で別途承認されたとすれば，当該外国裁判の日本での効力論の問題として，日本民法の定める相続人・相続分の定めと異なる帰結が，そこからもたらされ得る。その間の調整は，むしろ『国際民事訴訟法』で論ずるところに譲るべきであろう。

相続財産の国際的な清算については，本書1.2の，前出・注23）以下の本文で示した問題が，日本民法上の問題として，既にある。新潟家（長岡支）審昭和42年1月12日家月19巻8号113頁は，日本法に基づき選任された相続財産管理人の職務執行の範囲は一般に属地的なものであって「必ずしも他国に在る資産の管理に及ばない」とする。ただ，このあたりは，倒産属地主義緩和のための従来の解釈論的努力を，踏まえて考えるべき点である[886]。

他方，例えばイングランド法を相続準拠法とし，日本で同国法上の人格代表者（遺産管理人または遺言執行者）が選任された場合にはどうか。これに

ついては，折茂豊教授の記念碑的業績があり，イングランド法上の制度と幸いにも類似する日本の限定承認手続を適宜活用しつつ，実体準拠法たる同国法の適用をしてゆくことにはなる[887]。

ただ，その場合，同国法上は，同国所在の財産のみが基本的に清算対象とされている。とすれば，在日財産の清算はどうなるのか。これを「法廷地国所在の……」と読みかえて日本で適用する，というのは理論的におかしい[888]。だが，本書 1.2 の，前出・注 23) 以下の本文で示した点との関係で，日本での相続財産の清算が，最終的には相続財産の破産にまで至り得るものであることを，直視する必要がある。

私としては，相続準拠法の如何にかかわらず，日本でなされる相続財産の包括的清算手続における，清算対象たる財産の地理的範囲（在外財産の処遇も含む）は，これを手続問題と性質決定し，国際倒産の場合の扱いと連動して決すべきだと考えている[889]。

次に，相続人が事実として不分明な場合の処理について。具体的には相続人の捜索とその間の相続財産の管理・清算が問題となる。民法 958 条の 3（特別縁故者への相続財産の分与）による処理のなされた大阪家審昭和 52 年 8 月 12 日家月 30 巻 11 号 67 頁では，そこに至るまでの実際の相続問題の処理を，すべて日本法によっていたようにも思える（被相続人の国籍は「朝鮮」とされているのみ）。

だが，この点は，むしろ東京家審昭和 41 年 9 月 26 日家月 19 巻 5 号 112 頁をベースに考えるべきである。同審判は，「相続人のあることが不分明であるかどうかおよび最終的に相続人が不存在であることが確定できるかどうかの問題については，法例〔旧〕25 条〔新 26 条〕によ」るが，「相続人のあることが不分明である場合に，相続財産を如何に管理し，相続債権者等のため清算を如何に行なうかおよび相続人の不存在が確定した場合に，相続財産が何人に帰属するかの問題については……管理財産の所在地法」による，とした。学説から批判もあるが，私としては，密接関連性テストからも，この処理を正当と考える[890]。遺産（相続財産）管理一般に管理地法によらし

める必要はないと思うが[891]，上記の限度では前記審判の処理に従うべきであろう。

　相続の承認・放棄も相続準拠法によることになるが[892]，内外の複数の国に被相続人・相続人が共にその固有の財産を有していたとする。その１国で相続放棄や限定承認がなされても，相続人は安心できない。他の国で，それが外国裁判等として承認されないと，むしろその相続人が単純承認をしたものとして，被相続人の債権者からの追及を受ける，といったことが生じて来得る[893]。

　このあたりも，本書，即ち『国際私法』と，一対をなす，『国際民事訴訟法』との，交錯領域をなす。そもそも，国際民事手続法は，牴触法の固有の分野をなすのであり，本書1.3の，前出・注48，49）の本文に示した表１に，今一度回帰する必要がある。相続の場合には，とくにこの点への十分な認識が必要であり，例えば内外の相続財産管理人がぶつかったケースたる大阪高判昭和56年９月30日家月35巻３号49頁[894]なども，そもそも準拠法の論理で処理すべきか，（民訴旧200〔新118〕条に示された）手続法的論理で処理すべきかが，大きな問題となるのである[895]。

　書きたいことは山程あるが，頁数も尽きたし，身体ももたないので，これ位にする（『夏草を抜く魂を抜くやうに　　一憲』——本書初版の執筆をともかくも終えた私の実感は，平成５年の夏作ったこの句に，尽きている）。——そう書いた13年前の自分を見詰めつつ，かくて，平成18年５月12日午後８時24分，本書の改訂作業を（そして同年12月17日午後６時59分に，本書の初校を），一応終えることとする。

注

683)　石黒・前掲金融取引法大系３巻281頁以下，同・前掲金融取引と国際訴訟16頁以下，22頁以下，63頁以下，123頁以下，等，同・前掲現代契約法大系８巻247頁以下，同・前掲国際民事紛争処理の深層294頁以下，同・前掲国際私法〔新版

──プリマシリーズ双書〕283頁以下，等々を見よ。体系的叙述は，上記の2番目のものと最後のものにおいて行なっている。

684) R. A. Leflar/L. L. McDougal,III/R. L. Felix, *American Conflicts Law*, at 417f (4th ed. 1986). なお，Id. at 418 に示されているようにこのニューヨーク州法の規定は，国際契約に関する世界のフォーラムとしての同州の地位の維持のためには，国際私法上の当事者自治をはっきりと認めねばならないとの，むしろある種の政治的配慮に基づき作成されたものとも見得る。密接関連性を問題としないことが，連邦憲法上の full faith and credit 条項との間に，ある種の緊張関係をもたらし得るものであることも，そこに示されている。

685) Id. at 413ff. 423ff. ただし，この条項の（1）は，いわゆる実質法的指定（前出・注67）参照）に関するものであるにとどまるし，（2）（b）は，当事者の主観的法選択なかりせば適用されたであろう法域の法における，基本的ポリシーに反する限りにおいて，当事者自治の原則が排除されることを定めている。この（2）（b）については，石黒・前掲金融取引と国際訴訟46頁以下参照。

686) Leflar et al., supra, at 418.

687) Id. at 405ff.

687-a) アメリカの最近の状況につき，R. J. Weintraub, *Commentary on the Conflict of Laws*, at 482ff (5th ed. 2006).

688) アメリカの牴触法革命が，必ずしも牴触法の全分野に及んではいなかった（目立つ部分のみの革命であった）ことに，注意すべきである。主たる戦場とされたのは，不法行為，とくに道路交通事故の場合であった。石黒・前掲法協百周年論文集第3巻564頁。とくに海事事件においては，極めてオーソドックスな，つまり伝統的な方法論が，そのまま維持されており，かえって奇異に思われるほどである。例えば North End Oil v. Norman Spirit, 1993 American Maritime Cases, 88 (U. S. District Court, Central District of California) における当該取引関係の重点の決定の仕方を見よ。とくに，Id. 89, 91.

689) 石黒・前掲金融取引と国際訴訟23頁以下（ただし，ユーロ債の場合〔とくに連結点拡散の激しいのはユーロダラー債の場合〕にも，当該紛争限りのいわば微視的な準拠法選択を客観的に行なう余地は，十分にあり得る。同前・71頁以下），同・前掲現代契約法大系8巻247頁以下。

690) 本書1.2の前出・注10）及びそれにつづく本文，そして注10-a）を見よ。

690-a) 前出・注11-a）の研究会報告書における龍田節教授の報告参照。

691) 石黒・前掲金融取引と国際訴訟28頁以下，同・前掲国際私法〔新版──プリマシリーズ双書〕298頁。なお，後出・注723）の本文をも見よ。

691-a) なお，後出・注710）の後段の，リングリング・サーカス事件最高裁判決の判旨，等を見よ。

691-b) 同様の問題は，外国判決承認の際の，"承認要件審査の基準時点"について

も存在する。場合によっては（！），それを，当該外国判決の当時から，承認段階にシフトさせることも，必要たり得る。石黒・前掲国際民訴法241頁。
692) なお，前出・注79) 参照。「分割指定」の問題点については，本文で述べる点を，更に後出・注730-a) で，若干補充する。
693) 詳細は，石黒・前掲現代契約法大系8巻256頁以下。
694) ちなみに，法例7条2項は，当事者の意思が不分明ならば行為地法による，と規定していた。それ自体も問題だが（なお，後出・注732-a)，及び注743) の本文，等参照)，行為地の決定につき，いわゆる異法地域者間の意思表示に関する法例9条（とくに2項）が介在する不都合もあった。即ち，法例9条2項は，契約の成立及び効力については申込通知を発したる地を行為地とみなす，云々と規定していた。その連結の当否は疑問であるし，そもそも行為地という連結点の当否も，同じく問題である。そうしたことから，法例7条において，2項に移行する前に，当事者の黙示（implied）の意思を探求する作業が重視されるべきことになっていたのである。最判昭和53年4月20日民集32巻3号616頁もこうした処理をして，あくまで法例7条1項の中で準拠法を決していること（他に，例えば訴取下げ契約の準拠法に関する東京地判昭和55年6月13日判時984号102頁も同様。なお，石黒・前掲国際私法〔新版——プリマシリーズ双書〕151頁以下）につき，前出・注455) につづく本文参照。だが，依然として明示の準拠法指定がないと直ちに法例7条の2項によろうとする判例もあり，かつ，古い時期の判例には，一層その傾向が強く見られた。ただし，本文で示したケースなどは，黙示の意思を（その実，最も密接な関係の原則に導かれて）探求しても，結果は同じになるであろう。なお，いわゆる仏貨公債事件に関する大判昭和9年12月27日民集13巻2386頁をも参照。

ところで，平成18年の通則法制定に際し，法例9条の内容は，「方式」に関する規定に限定され，かつ，同じく方式に関する法例8条2項但書（「物権その他……」の方式の規定。同条2項本文の「場所は行為を支配する」の原則の特則）とあわせて，通則法10条（法律行為の方式）となった。したがって，契約準拠法決定と行為地法との関係での既述の問題はなくなった。

「場所は行為を支配する（locus regit actum）の原則」は通則法10条2項だが，同条3項で，「法を異にする地」に在る者への意思表示につき，2項との関係では発信地を行為地とみなすとされ，法例9条1項の主義が，そのまま継承されている。また，「法を異にする地に在る者の間で締結された契約の方式」の通則法10条4項は，わざわざ「場所は行為を支配する（locus regit actum）の原則」の通則法10条2項をも「適用しない」としつつ，申込み通知の発信地法「又は」承諾通知の発信地法のいずれかに適合すればよい，とする。要するに，申込み・承諾のいずれの発信地も2項の行為地だと言えばよく，拙い規定振りである。

694-a) なぜここで，「航海事業の適法性」などという言葉があるのかについては，前出・注693) 所掲の論文に示した。要するに，日本の海運（従ってまた海上保険）

の地盤沈下以降の実務書における不十分な指摘が，判旨にそのまま反映してしまっただけである。

　なお，東京高判平成 12 年 2 月 9 日判時 1749 号 157 頁が，国際貨物海上保険契約の保険証券上の，イギリスの法と慣習による旨の文言（本文参照）が，航海事業の適法性についてまでイギリス法によることを定めたものではないことを，認めている。ただし，これは，積荷の到着地たるアメリカの対イラン禁輸法で違法とされる以上，本件保険契約は公序違反として無効だとした原判決の，とんでもない考え方（本書 2.2 で論じた "第三国の絶対的強行法規の適用ないし考慮"）を否定したもので，相当屈折した事案である。なお，山下友信・保険法（平 17）140 頁は，英法準拠約款につき，後述の分割指定を認めた上で（同前・139 頁），「契約の適法性」は日本法によるのだから，ということで本判決を位置づけている。

695) 実質法的指定ならば，一般の事実と同様，当事者の主張・立証に基本的には委ねられる。石黒・前掲国際民事紛争処理の深層 241 頁。なお，牴触法的指定の場合には裁判時点で当該国に妥当する法規範が，準拠法指定後の法改正をも踏まえて適用されるのに対し，実質法的指定の場合には指定時点よりのちの当該国の法改正は無視される点に大きな違いがある，とされることが多い。例えば Dicey/Morris/Collins, *The Conflict of Laws*, at 1180 (11th ed.). だが，これは（契約準拠法たる実質法の立場を踏まえた）当事者の意思解釈の問題と考えるべきであろう。石黒・前掲国際私法〔新版──プリマシリーズ双書〕286 頁，同・前掲現代契約法大系 8 巻 253 頁。英法準拠約款の場合にも，同様のことが言えるはずである。

696) 石黒・前掲現代契約法大系 8 巻 263 頁以下。ただし，山下・前掲保険法 140 頁。

697) なお，その後，英法準拠約款は改訂されたが，本文で示した点にかわりはない。石黒・同前 265 頁以下，同・前掲国際私法〔新版──プリマシリーズ双書〕284 頁。

697-a) 同・前掲国際私法の危機 23 頁以下。

698) 前出・注 79) で，従来の日本の学説について，言及しておいた。なお，山下・前掲保険法 139 頁も，それらと同旨のようである。前出・注 694-a)。

699) 前注参照。なお，同様の芋づる式議論で，一度なされた法選択の事後的変更や，事後的法選択も認めるべきだとされることが，少なくない。だが，仮にこうしたことを認めたとしても，EC 契約準拠法条約 3 条 2 項のように，それには第 3 者の権利を害しない範囲で，との制約が付されるべきだし（山田・前掲国際私法（平 4）293 頁とその 297 頁とを対比せよ），例えば債権者・主債務者間の契約準拠法の変更による保証人の地位などを例として，この点を更に詰める必要がある。Lorenz, 7 IPRax (1987), at 273. また，Ibid にも示されている事実審の最終口頭弁論終結時までかかる事後的な選択・変更を認めるとの立場をとった場合，"要証事実" が異なってくる（!），等の問題のほか，Ibid も言及する安易な自国法適用への誘惑（homeward trend; Heimwärtsstreben）への温床としてそれが機能し得ることにも，目を向けねばならない（通則法の規定に即して後述する）。私はかかる立場にはそも

そも反対である。石黒・前掲金融取引と国際訴訟 134 頁以下，同・前掲国際私法〔新版——プリマシリーズ双書〕148 頁以下，等。また，訴訟手続上の当事者の意思の表明をも踏まえて黙示の準拠法指定をした東京地判昭和 52 年 4 月 22 日判時 863 号 100 頁につき，石黒・ジュリスト 668 号（昭和 53）139 頁以下。

700) Giuliano/Lagarde, Report on the Convention on the law applicable to contractual obligations, in: P. M. North (ed.), *Contract Conflicts*, at 371 (1982).

701) I. Schwander (Hrsg.), *Beiträge zum neuen IPR des Sachen-, Schuld- und Gesellschaftsrechts (Fschr. R. Moser)*, at 69f (Heini). ただし，Sonnenberger/Martiny, infra (2. Aufl.), at 1526 との微妙な差に注意せよ。なお，スイス新国際私法典において部分（分割）指定を認め得るか否かの明示の規定はないが，かかることを認めるのがそれ自体としてのぞましくない（an sich unerwünscht）ことについては，一致した認識があった。Heini, supra, at 69.

702) Sonnenberger/Martiny, *MünchKomm*. Bd. 7, at 1525f (2. Aufl.); Id. 10 *MünchKomm*. (3. Aufl.), at 1533f.

703) Id. (2. Aufl.), at 1526. ただし，Giuliano/Lagarde, supra, at 371 は，かかる見方に反対している。なお，Sonnenberger/Martiny, supra (3. Aufl.), at 1534f では，当事者の意思解釈に純化しつつ，本文に示した推定の点を，若干トーン・ダウンした形で示している。

704) Dicey/Morris/Collins, *The Conflict of Laws*, at 1163f (11th ed. 1987). なお，ドイツの側でも明確な部分指定を認めた判例が乏しいことをも挙げつつ，イギリスとの比較を重視する Lorenz, Vom alten zum neuen internationalen Schuldvertragsrecht, 7 IPRax, at 272f (1987). をも参照。

704-a) なお，Dicey/Morris/Collins, supra, at 1211-1214 (13th ed. 2000) は，大多数の場合，単一の契約の準拠法が一つであること（governed by one law [as most are today]）を踏まえつつ，かかる"分断"が highly inconvenient であること，1980 年 EC 契約準拠法条約の制定過程でも，当初の案にはなかったかかる"分断"が，何ら推奨されていたわけではないこと，いずれにせよ場合によって，それが wholly inappropriate な結果をもたらすこと，等に言及している。

705) Vesta v. Butcher, 〔1986〕2 Lloyd's Law Reports, 179（Q. B. 1985）;〔1988〕1 Lloyd's Law Reports, 19（C. A. 1987）;〔1989〕1 Lloyd's Law Reports, 331（H. L. 1988）.

706) 〔1986〕2 Lloyd's L. R., 193. もっとも，判旨には多少不明確な部分もある。なお，小林登「国際再保険契約における牴触法上の問題」石田満還暦記念論文集（平 4）205 頁。

707) 以上，小林・同前 214 頁。

708) なお，Dicey/Morris/Collins, supra (11th ed.), Second Cumulative Supplement (1989), at 217. ただし，Id. at 221 と対比せよ。

709) 〔1988〕1 Lloyd's L. R., 34. なお，最上級審の判断も，それを受けた形でのものになっている。なお，この事例，及び，前出・注 688) のアメリカの事例については海事事件の権威たる忽那隆治弁護士，そして，忽那海事法研究会の方々の御教示を賜った。

710) なお，同じく忽那先生から御教示頂いた「ユーロトンネル（Eurotunnel）事件」の判決（Channel Tunnel v. Balfour Beatty, 〔1993〕1 Lloyd's L. R. 291〔H. L. 1992〕）は，興味深いケースである。当該契約には，イングランド法とフランス法とに共通な諸原則に準拠する旨の条項があった。ただし，仲裁条項が別にあることには注意すべきである。

同判決が直接触れる論点ではないが，ここには当事者自治が国家法秩序（一国数法の場合にはその支分法秩序——例えば州法——を含む）への指定のみを認めるものか，との問題がある。Heini, in: *Fschr. Moser*, supra, at 71f; Sonnenberger/Martiny, *MünchKomm*. Bd. 7（2. Aufl.), at 1522ff 等にも示されているように，この点をめぐり争いが種々あるが，そのいずれにも示されているように，これは仲裁の場合を中心に，あるいはそこで殆ど専ら問題となる議論である。Lorenz, supra (IPRax 1987), at 272. は，それを前提とした上で，あくまでも国家法秩序への指定のみを肯定する。正当である。

なお，国際仲裁における仲裁判断の準拠法をめぐる問題（lex mercatoria 等の指定の可能性，等）については，石黒・前掲国際民事紛争処理の深層 271 頁以下，295 頁以下を対比せよ。また，同・前掲国際民訴法 303 頁以下，とくに 305 ～ 310 頁には，「まさにサーカスの"鏡"の部屋に入ったような事件」たる，リングリング・サーカス事件（東京地判平成 5 年 3 月 25 日判タ 816 号 233 頁，東京高判平成 6 年 5 月 30 日判タ 878 号 277 頁）に対する論述があるので，参照されたい。なお，この事件の上告審判決たる最判平成 9 年 9 月 4 日民集 51 巻 8 号 3657 頁は，国際仲裁契約の成立及び効力について，仲裁契約中に準拠法合意なき場合には，仲裁地に関する合意の有無やその内容，主たる契約の内容，その他諸般の事情に照らし，当事者の黙示の合意を判断すべきものとした。

事案は，同サーカス（Z）を日本に呼んだ日本法人 X が，Z の実質的所有者で代表者の個人 Y を訴えたものである。XZ 間で締結されていた本件契約における問題の仲裁条項は，X 申し立てならニューヨーク，Z 申し立てなら東京で仲裁するとの，"相互的"なものだった。だが，本件は，日本での興業にかかるものであり，紛争事実関係の重点は，いずれにしても日本にある。そこからすべてを考え直す必要がある，というのが私見である。石黒・同前 308 頁以下。

ちなみに，平成 16 年改正前の特許法 35 条（職務発明）との関係で，外国の特許を受ける権利の譲渡の対価に関する問題の準拠法を法例 7 条 1 項によらしめ，本件譲渡契約は日本法人 Y と日本在住の日本人で Y の従業員たる X とが，日本で締結したものゆえ，XY 間に日本法を準拠法とする「黙示の合意」ありとした原判決を

支持した，最判平成 18 年 10 月 17 日裁判所時報 1422 号 1 頁が，その後出ている（民集 60 巻 8 号に登載）。
711) 石黒・前掲金融取引と国際訴訟 223 頁以下。なお，日本での特許専用実施権に絡む事例たる東京高判平成 2 年 9 月 26 日判時 1384 号 97 頁における黙示的合意の探求については，石黒・判例評論 395 号（平 4) 173 頁以下。
712) 同・法協 101 巻 6 号 948 頁。スイス新国際私法典 117 条 3 項では，（物の）譲渡契約については譲渡人の履行，（物または権利を他人の）利用に供すべく引渡す契約については，引渡者側の履行，委任・請負及びそれに類するサービス提供契約の場合にはそのサービスの提供行為，寄託契約については受寄者の履行，損害担保・保証契約については，その義務者側（保証人等）の履行を，それぞれ特徴的履行として例示している。なお，石黒・法協 100 巻 10 号 1918 頁と対比せよ。スイスの場合には常居所地法と並んで，ダイレクトに営業所地法の適用が導かれている。
713) なお，同・前掲金融取引と国際訴訟 117 頁。
714) その限りで，von Overbeck, in: P. M. North (ed.), *Contract Conflicts*, supra, at 277 をも見よ。
714-a) 石黒・同前 154 頁も記したように，スイス国際契約法の大家たるフィッシャー教授も，スイス起源のこの特徴的給付の考え方が，あくまでも一応のルールたるにとどまることを，夙に強調しておられた。なお，同教授こそは，スイス国際私法における準拠法選択上の一般条項の，強烈な推進者だったことも，ここで想起すべきである。なお，同前頁に引用した Vischer, The Principles of Typical Performance in International Contract and Draft Convention, in: K. Lipstein (ed.), *Harmonisation of Private International Law by the EEC*, at 25 (1978) を見よ。
714-b) なお，信用状取引の準拠法につき，東京地判平成 15 年 9 月 26 日金法 1706 号 40 頁，およびその控訴審判決たる東京高判平成 16 年 3 月 30 日金法 1714 号 110 頁は，ともに，信用状取引において，発行銀行が主導的地位に立つことは認めつつも，信用状債務の履行が関係当事者にとって最も重要性を有するから，信用状債務の履行地の法を当事者が黙示的に合意したものとして，日本法を準拠法とした。
714-c) PT Pan Indonesia Bank Ltd. TBK v. Marconi Communications International Ltd., [2005] EWCA Civ 422 である（忽那海事法研究会で扱われた事例）。
714-d) Hare, The Rome Convention and Letters of Credit, Lloyd's Maritime and Commercial Law Quarterly [2005], at 417ff. なお，信用状取引と準拠法については，石黒・前掲金融取引と国際訴訟 102 頁以下。
715) 石黒・貿易と関税 1992 年 6 月号 54 頁，同・国際的相剋の中の国家と企業 225 頁。
716) なお，ロナルド・I・マッキノン（鬼塚雄丞＝工藤和久＝河合正弘訳）・国際通貨・金融論 207 頁以下の単純な論述を，いわゆるスコット鑑定書に基づく石黒・前掲ボーダーレス社会への法的警鐘 80 頁以下，同・前掲新制度大学院用教材 9 頁以下，

注　　**419**

717)　石黒・前掲金融取引と国際訴訟 5 頁以下，16 頁以下。
718)　同前・117 頁以下と沢木他・前掲国際金融取引 2（法務編）236 頁以下（石黒）とを対比せよ。また，名著たる岩原紳作・電子決済と法（平 15）を見よ。
719)　沢木他・同前 222 頁以下（石黒）。
720)　石黒・前掲金融取引と国際訴訟 117 頁以下。
721)　岩原紳作=藤下健・金融法研究資料編〔8〕・別冊〔1992〕83 頁以下，とくに 85 頁以下（岩原）参照。
722)　石黒・前掲現代国際私法〔上〕326 頁。なお，同・前掲国際民訴法 152 頁以下。
723)　前出・注 691）の本文参照。なお，国際金融取引の各類型ごとの客観的連結への試みは，石黒・前掲金融取引と国際訴訟 63 頁以下で行なっている。
723-a)　同・前掲国際私法の危機 17 頁以下。
723-b)　J. Kropholler, *IPR*, at 458 (5. Aufl. 2004).
723-c)　石黒・前掲国際私法の危機 27 頁以下。なお，事後的変更についての第三者の法的地位の保護との関係で，Kropholler, supra (5. Aufl.), at 459 は，本書 4.3 冒頭で扱う「三面的債権関係」の準拠法問題の一つたる，「直接請求（direktes Forderungsrecht）」の場合を，例として挙げている。「変更」により，それができなくなって，第三者が困る場合である。
723-d)　準拠法選択上の合意の成否は，国際裁判管轄の合意の成否とパラレルな問題である。後者については，この点を「法廷地たる日本の国際民事訴訟法によって決定されるべきもの」であって契約準拠法によるのではないとした大阪高判昭和 44 年 12 月 15 日判時 586 号 29 頁と，それを支持した最判昭和 50 年 11 月 28 日民集 29 巻 10 号 1554 頁（いわゆるチサダネ号事件――石黒・前掲国際民訴法 117 頁以下）がある。前者についても，（統一的処理の必要性等の観点から）法廷地国際私法によるダイレクトな処理を志向するのが，多数説（私見も含む）である。この点につき，石黒・前掲新制度大学院用教材 84 頁以下（貿易と関税 2000 年 3 月号 68 頁以下）。
723-e)　それへの批判として，石黒・前掲国際私法の危機 97 頁以下，152 頁以下，157 頁以下，そして 197 頁以下（!）。物権の場合の問題についての同前・182 頁以下とも対比せよ。
723-f)　同・前掲国境を越える環境汚染 130 頁以下，139 頁以下（!）。
724)　同前・50 頁以下，同・前掲金融取引法大系 3 巻 281 頁以下，同・前掲新制度大学院用教材 8 頁以下。
725)　Sonnenberger, *MünchKomm*. Bd. 7 (2. Aufl.), at 19.
726)　例えば Heini, in: *Fschr. Moser*, supra note 701, at 75f. ただし，そこでは，経済政策的措置（といってもアメリカの輸出管理法に基づくものが例とされる）等の公法的介入は国際私法による指定の枠外と言えるかも知れない（wären vielleicht doch

……），との慎重な表現が用いられている。

727) ドイツがEC契約準拠法条約7条1項につき留保をしているにもかかわらず，かかる考え方を解釈上復活させようとする立場については，例えば石黒・前掲ボーダーレス社会への法的警鐘179頁以下。

728) 石黒・前掲金融取引と国際訴訟51頁以下，同・前掲ボーダーレス社会への法的警鐘108頁以下，112頁，沢木他・前掲国際金融取引2（法務編）59頁以下（石黒），等。

729) 米・リビア金融紛争でこの規定がバリアとならなかったのは，イングランドでこの規定が狭く解されているからである。なお，石黒・前掲ボーダーレス社会への法的警鐘109頁。また，アメリカでこの種の訴訟を起こす際に，IMF協定8条2項bとワンセットで問題となるのは，アメリカにのみ特異な法理たる，いわゆるアクト・オブ・ステート・ドクトリンである。それについては，国有化・収用措置の国際的効力の問題とあわせて同前・127頁以下，同・前掲国際民事訴訟法55頁以下，同・前掲現代国際私法〔上〕241頁以下，同・前掲新制度大学院用教材15頁以下，沢木他・前掲国際金融取引2（法務編）53頁以下（石黒）。

729-a) その後，瀕死状態のIMFが，世界を巻き込んだアルゼンチン政府のデフォルト事件でどう動いたか，また，国家倒産条約作り等の見苦しい保身のためのその営み，等々の点については，本書1.2の注10-a）引用の貿易と関税2005年6月号所掲の論文参照。なお，同前・66頁以下では，同・前掲国際民訴法67頁以下の国家の裁判権免除につき，その後の東京地判平成10年11月30日判時1740号54頁，最判平成14年4月12日民集56巻4号729頁，東京地決平成15年7月31日判時1850号84頁，そして，問題ある2004年12月2日採択の「国連国家免除条約草案」についての言及がある。他方，その後，上記の最判平成14年（横田基地事件）よりも一層明確に制限免除主義への移行を示した，最判平成18年7月21日裁判所時報1416号8頁が出た。

730) 補助準拠法に関する従来の日本での理解に若干問題のあったこと（"neben"というドイツ語からして，主たる準拠法，即ち契約準拠法と "並んで" 存在する，特定の問題に限った準拠法，というのが「補助準拠法」である。当該問題については，専らそれによるのである）については，石黒・前掲金融取引法大系3巻294頁以下。なお，本文で示す点の詳細は，同・前掲金融取引と国際訴訟162頁以下，167頁以下，172頁以下，等参照。EC契約準拠法条約10条2項が履行の態様につき履行地法の「考慮」を義務づけるにとどまっていることへの批判は，石黒・同前169頁。また，本書2.2の前出・注138）の末尾部分と対比せよ。

730-a) なお，「分割指定」を認めた場合の問題点につき，若干補充する。まず，本書3.1の注509）の本文以下で述べた「手続問題と実体問題」との関係で，例えば「訴訟物」（なお，本書3.1の注456-e）の本文参照）や「既判力」についても，実体関係的な問題ゆえ実体準拠法による，といった単純な議論がなされやすい。もし

そうなったとして（私はもとより反対），当該契約につき「分割指定」が認められていたとせよ。そこで生じる困難もまた，一応考えてから政策決定する必要がある，と思われるのである。なお，「国際的な税務否認」との関係での，この「分割指定」の有し得る問題点については，同・前掲新制度大学院用教材85頁。

731) 1ドル360円換算を認めた本判決につき，本文で示した時点では換算レートがズレていた点，また，そもそも外貨建で判決をなし得るかが英米で大きな問題となっていた点，等については，沢木他・前掲国際金融取引2（法務編）94頁以下（石黒），石黒・前掲金融取引と国際訴訟172頁以下，等。

なお，この最高裁判決のケースは，日本が変動相場制に移行する，まさにその過程で生じた。一審判決言渡し後の昭和46年8月28日に，日本は制限付き変動相場制を採用し，事実審口頭弁論終結時には，実は1ドル329円余だった（！）。その後，同年12月18日に，1ドル308円を基準とする固定相場制への復帰があった後，昭和48年2月14日に，変動相場制に移行して今日に至るのだが，そうなった後に，前掲最判昭和50年が，事実審口頭弁論終結時を基準とし，1ドル360円での換算を支持したのである。実に妙な展開だが，要するに，弁護士がこうした点に疎かったためである。

ただし，外貨と円との換算時点について日本の判例を詳細に検討した結果，判明したのは，こうした無頓着が，もはや日本の法曹界の構造的問題となっていること，であった。しかも，海外では，各国実質法（民商法）上の問題として，いかなる通貨建てで賠償請求を行う「べき」なのかという，「損害通貨」の決定の問題が議論されているのに，日本ではそれがない，等の問題が明らかになった。こうした展開は，本書冒頭の「日本社会の閉鎖性」の一端でもある。以上に付き，石黒・前掲新制度大学院用教材55頁以下。

732) 前注引用のもの参照。ただし民法403条が不法行為請求にも適用があるか，果たしてわが民法上不法行為請求を外貨で行ない得ない（！）とする大判明治39年2月19日民録12輯236頁――日本の民法学説は，何の根拠も示さずに，単にこの判決を紹介するのみだった――に理由があるか（なお，石黒・前掲国際私法〔新版――プリマシリーズ双書〕303頁以下の，このケースの1・2審判決と対比してこの点を考えよ），等々の問題が別にある。同・前掲教材57頁以下。

732-a) ただし，法例3条2項が「内国」での取引の保護のみを問題とし，日本が行為地のときのみを規定していたのに対し，通則法4条2項ではその限定を外し，かつ，「当該法律関係の当時すべての当事者が法を同じくする地に在った場合に限り」との限定が入った。後者は，前出・注694)で論じた，「方式」以外の場面での，"裸の行為地法"の妥当に対する縛り，である。

733) その形成過程と法例8条2項本文（通則法10条2項に受け継がれたそれ）の立法趣旨の詳細については，石黒・前掲国際私法と国際民事訴訟法との交錯17頁以下，同・前掲国際民訴法110頁以下。

734) 新堂幸司・民事訴訟法〔第2版〕（昭57）20頁。同・新民事訴訟法〔第3版・平16〕では27頁（注1）。
735) 前出・注733）。簡単には石黒・前掲国際私法〔新版——プリマシリーズ双書〕255頁以下。
736) この点の争いにつき，山田・前掲国際私法（平4）188頁。なお，前出・注694）と対比せよ。
737) その種の問題につき山田・同前189頁以下。ともかく，通則法との関係では，前出・注・694），注732-a）参照。
738) ここでも，折茂・前掲国際私法〔新版〕各論64頁以下の他，種々の点での改説と共に学説整理をそれなりに試みる（？）山田・前掲国際私法（平4）247頁以下（同書第3版では274頁以下）を見よ。何かとスッキリしないものが残るはずである。なお，石黒・前掲金融取引と国際訴訟143頁以下，同・前掲金融取引法大系3巻298頁以下参照。
739) 折茂・前掲各論65頁を見よ。そして，様々な概念を殆ど1頁の中に氾濫させる江川英文・国際私法（改訂増補・昭45）185頁以下と対比せよ。
740) なお，石黒・ジュリスト710号（昭55）152頁以下。
741) 詳細は石黒・前掲金融取引と国際訴訟143頁以下（同条約16条で，EC契約準拠法条約7条1項〔第3国の絶対的強行法規の介入〕と同旨の規定が置かれていることにつき，同前・46, 155頁）。簡単には同・前掲国際私法〔新版——プリマシリーズ双書〕309頁以下。
742) 石黒・前掲金融取引と国際訴訟153頁。
743) 同前・154頁。
744) 前記図28の①〜③の点は，準拠実質法が適宜それらを考慮・判断すればよいことである。
745) 信託については，1984年に信託の準拠法及び承認に関するハーグ国際私法条約が，別に作成されている（それについては，池原季雄編・国際信託の実務と法理論（平2）149頁以下）。だが，それは信託という法律構成を直接有しない大陸法系の諸国でも，国際的側面で信託を承認させようとの，かなり屈折した経緯を有する条約でもある。なお，新井誠「ドイツ法の信託と英米法のトラスト」トラスト60研究叢書・信託および信託類似制度の研究（平5）87頁以下が，同条約との関係でのドイツの議論を紹介しており，興味深い。国際私法上，信託の準拠法なるものを別枠で考えること自体，そもそも疑問である。すべては，本文に示した図28と，前記の「内部関係・外部関係」論から，実際の紛争事実関係を直視しつつ，処理さるべきことである。なお，石黒・前掲国際私法〔新版——プリマシリーズ双書〕315頁以下。
746) 石黒・前掲金融取引と国際訴訟156頁以下。なお，同・法協95巻11号1842頁以下をも参照（国際航空運送の場合）。

747) 石黒・前掲国際私法〔新版——プリマシリーズ双書〕315頁，同・前掲金融取引と国際訴訟158頁以下。なお，前出・注465-c)。
748) 石黒・前掲金融取引と国際訴訟巻末の注120参照。
749) こうした議論については，山田・前掲国際私法（平4）324頁を見よ。過失責任が妥当する場合ならば行動地法，無過失責任が妥当するなら結果発生地法，といった同前頁での割り切り方が，国際私法上の性質決定に関する本書3.1での議論を踏まえた上で，一体実際上どういった作業を要請するものかを，冷静に考えよ。なお，同書第3版362頁以下では，さすがに，かかる問題ある指摘は，落ちたようでもあるが，前出・注476) とその本文の，「いわゆる法的担保物権の準拠法」では，そこに示したように，かかる発想が，そのまま"残存"している。
750) 本書2.3の，前出・注160) につづく本文を見よ。
751) 石黒・前掲解釈編的構造71頁以下，とくに83頁以下。
752) Morris/McClean/Beevers, *The Conflict of Laws*, at 370 (6th ed. 2005). この点につき，石黒・同前97～98頁を見よ。なお，例外的に，本書初版の注752)～760) を，組み替えることとする。
753) 石黒・前掲国際私法の危機97～149頁。
754) 同・前掲国際民訴法151頁。
755) 山田・前掲国際私法〔第3版〕371頁。前記の事例に対する批判は，369頁。
756) 石黒・前掲国際民訴法255頁以下。
757) 同前・265頁以下。
758) 同前・280頁注787) で引用した，本林徹「国際裁判管轄規定のあり方（下）」NBL517号（平5）46頁は，「わが国の中小メーカーが，アメリカで提訴され，膨大な翻訳作業や高い弁護士費用，不慣れな裁判制度のもとで応戦をせまられることの対抗策としてやむなく日本で『消極的確認』訴訟を提起せざるを得ないという現実」からして，「これを禁ずる……までの必要はない」，と明言しておられた。
759) いわゆる三井物産東南アジア木材開発プロジェクト事件。それについては石黒・前掲国際的相剋の中の国家と企業226頁以下。通貨換算に関する担当弁護士の信じ難い無頓着につき，同・前掲新制度大学院用教材64頁。
760) 国際二重起訴事件たるグールド対宮越事件。東京地裁平成元年5月30日中間判決判時1348号91頁（なお，同・前掲国際民事紛争処理の深層145頁以下，同・国際知的財産権〔平10〕54頁以下，同・前掲国際民訴法222頁以下）の本案判決である。
761) その紹介は山田・前掲国際私法（平4）313頁以下（同書第3版では349頁）。
762) 本書3.1の前出・注471) の本文参照。
763) 石黒・前掲国際私法〔新版——プリマシリーズ双書〕156, 319頁，同・前掲金融取引と国際訴訟147頁以下。
763-a) 同・前掲国際私法の危機122頁以下。
763-b) 同前・130頁以下。以下の本文での批判についても，それを見よ。更に，

（幸い落ちたが）海事関係の細かしい規定案も，並んでいたことにつき，同前・184頁以下。日本の海事関係の"真の"専門家達の見解につき，同前・11頁以下, 191頁以下。

なお，1999年のドイツ国際私法（民法施行法）改正で新設された「契約外債務」の準拠法の規定（EGBGB 38～42条）は，本書3.1の注465-c）の中でも一言したドイツ的伝統の下に，事務管理（39, 41, 42条），不当利得（38, 41, 42条），不法行為（40～42, 44条）の規定を置くが，不法行為につき，通則法18・19条のような"危なっかしい特則規定"は，もとより置いていない（！）。規定を分けるという点では，不当利得につき，やはり既述のドイツ的伝統の下に，給付型不当利得と侵害型不当利得とを分けている程度，である。以上につき，石黒・同前（危機）130頁，ホーロッホ（石黒訳）・前掲日独法学20号111頁以下，条文につき, Jayme/Hausmann (Hrsg.), *Internationales Privat- und Verfahrensrecht*, at 35ff (12. Aufl. 2004). ちなみに，この点は，本書初版85頁に示していた1984年の草案以来のものであった。

763-c) 石黒・前掲国際民訴法188頁注466）参照。

763-d) 同・前掲国際的相剋の中の国家と企業216頁。

763-e) 同・前掲国際私法の危機136頁では，更に，法廷地の一般の牴触法的処理がベルヌ条約の制約を受ける著作権の場合（私見の骨子は，同・前掲国境を越える知的財産190頁以下にまとめてある）を例に，ネット上の「なりすまし」と著作物の「改変」とが合体したケースを想定し，「名誉・信用の毀損」と著作権侵害との連続性にも鑑み，論じておいた。この点は，通則法19条が，その前者のみを切り取って条文化すること自体の当否の問題と，深く絡む。

763-f) ただし，アメリカの3倍賠償の規定や（典型的な）懲罰賠償規定は，後述の如く，わが国で適用され得る外国の法規範には，そもそも含まれないと考えるべきである。なお，石黒・前掲新制度大学院用教材1頁以下，また，前掲最判平成14年9月26日民集56巻7号1551頁の判旨との関係を含めて，石黒・前掲国境を越える知的財産404頁以下。

ちなみに，ドイツ国際私法（民法施行法）6条の国際私法上の公序条項は，「その適用がドイツ法の本質的な諸原則と明らかに相容れない結果をもたらす外国の法規範は，適用され得ない」と規定するが（石黒・同前403頁），それとは別に，1999年改正によるEGBGB 40条3項は，その「部分的具体化」（ホーロッホ［石黒訳］・前掲日独法学20号141頁注20））として，とくにアメリカの懲罰賠償規定〔等〕をターゲットとした（同前・114頁）規定を置いている。その1号は，被害者への適切な賠償にとって必要なものを本質的に超えるもの，2号は，被害者への適切な賠償とは明らかに異なる目的のためのもの，となっている（3号はここでは省略）。外国法上のそれらに基づく請求はなし得ない，とされているのである。

764) 石黒・前掲情報通信・知的財産権への国際的視点202頁以下，同・前掲国際私

法〔新版――プリマシリーズ双書〕328頁以下。なお，図29と同じ図を，同・前掲国境を越える知的財産138頁にも示し，前掲最判平成14年9月26日民集56巻7号1551頁の事案（その図解は同前・158頁），日立・IBM事件（同・133頁）との対比を行っている。

　ところで，本書の図29の特許権を商標権に置き換えて考えると，大阪地判昭和45年2月27日判時625号75頁（パーカー万年筆事件）の問題となる。いわゆる並行輸入（parallel import）が問題となった事案である。偽物商品はともかく，いわゆる真正商品ならば，その輸入の差止等は，むしろ許されず，そこからかかる並行輸入が，競争政策上も奨励されるべきことになる。

　並行輸入問題については，石黒・前掲国境を超える知的財産49頁以下，同・前掲法と経済192頁以下，同・前掲国際知的財産権100頁以下，109頁以下，158頁以下。BBS（特許）事件に関する最判平成9年7月1日民集51巻6号2299頁については，同前・231頁，陳一「特許法の国際的適用問題に関する一考察―― BBS事件最高裁判決を出発点としつつ」金沢法学46巻2号（平16）71頁以下，また，BBS事件の図解とともに，石黒・前掲国境を越える知的財産255頁以下，そして334頁（！）。

765) 同前（国境を越える知的財産）160頁以下。なお，本書3.1の注456-b）の本文以下の個所を参照せよ。

766) 同前・97頁，104頁以下の注41），等。1995年のイギリス国際私法の改正（当該不法行為が英国内でなされた場合に不法行為となることを，不法行為準拠法とは別に要求するという，いわゆるdouble actionability原則の，放棄）との関係は，同前・162頁以下。

766-a) 個々の裁判官の補足意見・反対意見を含めて，同前・404頁以下。

767) 詳細は石黒・前掲現代国際私法〔上〕497頁以下。また，萬世工業事件1・2審判決（東京地判平成3年2月18日判時1376号79頁，東京高判平成5年6月28日判タ823号126頁）との関係につき，石黒・前掲国際民訴法9頁以下，218頁以下，同・前掲ボーダーレス社会への法的視座133頁以下（その140頁以下には，問題となったカリフォルニア州民事法典3294条の原文があり，また，その151頁には，懲罰賠償に関する陪審のyes or noのマーク・シートと金額の記入，等についての1次資料が，原文のまま示されている），155頁以下，同・前掲国際民事紛争処理の深層168頁以下。なお，手塚裕之「米国各州の懲罰的賠償判決の性質・法的機能と本邦での執行可能性」ジュリスト1020号（平5）117頁以下。

767-a) 萬世工業事件に関する最判平成9年7月11日民集51巻6号2573頁が，前出・注763-f）で示したEGBGB6条と同趣旨のZPO328条4号（わが民訴118条3号とは文言が違う！）に不当に引き摺られた表現を用いている点を含めた批判として，石黒・前掲国境を越える知的財産402頁以下，413頁以下。

768) なお，同「トレード・シークレットと国境」小野昌延還暦記念・判例不正競業

法（平4）863頁。また，トレード・シークレット侵害につきアメリカで差止命令（injunction）が出された場合の取扱に関する同前・864頁と対比せよ（同論文は，石黒・前掲国際知的財産権54頁以下に所収。上記の論点は，その59頁以下）。さらに，差止命令と国家管轄権論との関係については，同・貿易と関税1992年10月号36頁以下（同・前掲教材24頁以下）。英米に特異な，「外国訴訟差止命令」の牴触法上の取り扱いについて，同・貿易と関税2006年2月号54頁以下。

769) 包括的な論述は石黒・前掲金融取引と国際訴訟184～254頁に譲らざるを得ない。

770) 同前・222頁以下，同・前掲国際私法〔新版──プリマシリーズ双書〕330頁以下。なお，同・前掲金融取引法大系3巻295頁以下の $\alpha\beta\gamma$ の記載には，不本意なことに複数個所誤植がある。

771) 条文の邦訳は石黒・前掲金融取引と国際訴訟229頁以下，13条については同・前掲国際私法〔新版──プリマシリーズ双書〕339頁以下，等。

772) 石黒・損害保険判例百選（昭55）209頁（同百選〔第2版〕では202頁〔石黒〕）。

772-a) 詳細は，同・前掲国際私法の危機14頁以下，61-78頁，92頁以下に，すべて譲る。なお，平成18年法例改正の出発点においては，債権譲渡のほかに，「債権質」，「相殺」，「法律による債権の移転」，「債権者代位権・債権者取消権」についても，規定が置かれようとしていたが，すべて落ちた。それらについての批判も，同前・78頁以下に，すべて譲る。

773) ただし，私見においては，Aとの内部関係（準拠法 α）で正当に代位したXが，自らYにかかってゆく際，それを「XAの内部関係」の外にあるYとAとの関係（外部関係！）を規律する準拠法 β が，拒絶したとしても，わが国が法廷地国である場合，更に，「AX間での代位権者」たるXによる「法定訴訟担当」を認めてゆく余地が残る。石黒・前掲損保百選209頁（同・第2版では203頁），石黒・前掲金融取引と国際訴訟245頁。

774) これは1つのミステリーである。石黒・前掲金融取引と国際訴訟236頁以下。なお，草案段階では現10条，現12条，現7条の順に規定が置かれていた。同前・237頁。

775) 同前・235頁。

776) いわゆる法定担保物権の成立の準拠法に関する通説が，競合担保権者間の順位の点（これも，prioritiesの問題である）を考えてか，効力については専ら所在地法による，としていたことと対比せよ。物権（モノ）であろうと債権であろうと，紛争当事者の"眼差し"の向けられているところに着目して，準拠法を選択すべきなのである。

777) 石黒・前掲金融取引と国際訴訟240頁。なお，prioritiesの問題を具体的に認識するためには，同・前掲国際私法〔新版──プリマシリーズ双書〕332頁，そして，同・ジュリスト809号（昭59）99頁以下で評釈した東京地判昭和55年3月31

日下民集 31 巻 1 〜 4 号 27 頁（倒産しそうな者の債権者達が，前者の有する優良債権を先を争って自己のものにしようと殺到し，競合するパターンでの問題），等を見よ。その後の最判平成 5 年 3 月 30 日民集 47 巻 4 号 3334 頁については，本文で言及する。

778) この点は，前記表 6 の，②の通説に従ったものと言える。
779) 石黒・前掲金融取引と国際訴訟 224 頁以下を見よ。なお，物権その他登記すべき権利の設定・処分について法例 8 条 2 項但書（通則法 10 条 5 項に対応）は，法例 8 条 2 項本文の「場所は行為を支配する」の原則（通則法 10 条 2 項）を排除するが，法例 8 条 2 項但書によらないとした限りでは，判旨は正当である。
780) 石黒・前掲国際私法〔新版——プリマシリーズ双書〕332 頁を見よ。
781) 実は，Y 銀行側は，いわゆる債権質とは別に，相殺の点も主張していた。ところが判旨は，当時の銀行法 32 条（現 47 条）の下で，免許を受けた銀行（Y 銀行東京支店）は銀行とみなされるから，東京支店から香港支店に（本件定期預金契約を解約した上で）送金手続をとらねば実際に相殺はできないとした。

　これも，苦し紛れの，無理な判断である。銀行監督上の規定を根拠に，あたかも Y 銀行香港支店とその東京支店を別法人であるかの如く判断し，いまだ債権債務が YA 間で対立していない，としたことになる。この点につき，石黒・前掲金融取引と国際訴訟 253 頁以下，沢木他・前掲国際金融取引 2 ［法務編〕74 頁以下（石黒）。いわゆるグローバル・セットオフの問題である。
782) 詳細は石黒・前掲金融取引と国際訴訟 244 頁以下。
783) 同前・246 頁。
784) 破産法上の否認権（その準拠法については，同・前掲国際民訴法 298 頁以下）をめぐり，他の三面的債権関係との競合が生じたとする。その際に，否認権を行使するのが外国の破産管財人だったらどうなるか（外国の破産手続のこの場面での承認が前提となる）。すべての問題が日本のみを forum として処理される場合の次に，この場面での問題を，さらに考える必要があることにも，注意すべきである。
785) 山田・前掲国際私法（平 4）332 頁以下（同書第 3 版では，381 頁）。
786) 石黒・前掲金融取引と国際訴訟 250 頁。
787) 同前・250 頁以下。
788) 前注参照。
789) 石黒・同前 251 頁。
790) 石黒・前掲国際的相剋の中の国家と企業 64 頁以下，竹内昭夫＝黒田巖＝神田秀樹＝前田庸「『支払決済システムの法律問題に関する研究会』報告書——オブリゲーション・ネッティングの法律問題について」日銀・金融研究 6 巻 1 号（昭 62）135 頁以下。なお，前田・神田両教授による金融法研究 7 号（平 3）2 頁以下，同・資料編（6）（平 2）2 頁以下のシンポジウムをも参照せよ。また，岩原紳作・前掲電子決済と法 554 頁をも見よ。

791)　国際的な相殺をめぐっては種々の重要な問題があるし，わが民法上も，例えば異種通貨間相殺（マルチ・カレンシー・セットオフ）をめぐる問題がある。通貨が違えば相殺はできないといった銀行実務家の理解（石黒・前掲金融取引と国際訴訟253頁）についてどう考えるべきか，ということである。それらについては沢木他・前掲国際金融取引2［法務編］71頁以下（石黒）を，参照せよ。なお，前出・注781）をも参照。

792)　詳細は石黒・前掲金融取引と国際訴訟256頁以下。なお，龍田節「国際化と企業組織法」竹内＝龍田編・現代企業法講座2（昭60）259頁以下，同・会社法（第3版・平5）399頁以下（同書第10版［平17］では467頁以下）。

793)　法例3条に「行為能力」という見出しを付する六法が多かったが，これには問題があった。同条（とくに1項）は人の身分・能力の一般規定として設けられたものだからである。石黒・前掲国際私法の解釈論的構造146頁。だが，心ない一般の論議に流された結果，通則法4条1項は，「人の行為能力は」と規定するに至った。

794)　石黒・前掲金融取引と国際訴訟259頁。

795)　同前・260頁。

796)　同前・260頁以下。

797)　同前・257頁以下。

798)　同前・263頁。

798-a)　神作裕之「会社法総則・擬似外国会社」ジュリスト1295号（平17）143頁を見よ。

798-b)　石黒・前掲国際民訴法38頁。なお，その旨を明示しておられた，同前・84頁注146）所掲の水野忠恒教授の論稿にも，注意せよ。

798-c)　新会社法821条の擬似外国会社規定の，日本国内での "継続的取引の禁止" という，思いもかけない規制強化との関係での外圧と，政府側（法務省民事局）の国会審議における見苦しい対応につき，神作・前掲144頁以下。

　　　なお，この点は，日米摩擦の種ともなりつつある。明治期の先人達の労苦を省みない，時流に流されたその基本スタンスゆえの，自業自得的事態ではあるが，いざ通商摩擦となれば，産構審の『不公正貿易報告書』の出番となる。ちなみに私は，この報告書作成のための委員会の，副委員長でもある。

　　　また，新会社法制定の背景に存在する基本的な考え方が，「エンロン以前」(!!)の，ステレオタイプ化された古いイメージのアメリカを，追い求めるかの如くである点（日米摩擦の文脈で言えば，アメリカ側から日本側への，「エンロン以前のアメリカ」の "強制的追体験"〔！〕要求，となる。なお，本書1の注13-c）と対比せよ！）につき，石黒・前掲貿易と関税2005年9月号54頁以下，同2006年12月号52頁。同・前掲国際私法の危機213頁以下の注14）にも注意せよ。"エンロン・ワールドコムの破綻" が，いかに従来のアメリカの歩んできた道にダメージを与えたのかの一端は，Schwarcz, The Limits of Lawyering: Legal Opinions in Structured Finance,

84 Texas Law Review（2005），at 1ff からも，十分に汲み取れるはずのところである。

799) 石黒・前掲金融取引と国際訴訟258頁。この意味で，あまり知られていないこととして，末弘厳太郎博士の「概念の相対性」論が，外国法人概念についてはかなり的を外れたものだったことについては，同前・256，261頁。

800) なお，以上の点につき，一部に残る理論的混乱の問題も含め，石黒・前掲国際私法の危機216頁以下参照。

ちなみに，本文で示した点との関係で，例えばドイツで，かつて強く主張されていた本拠地法主義においては，何ら法人格を有しない企業（事業体――組合も含む）の牴触法的規律についても，いわゆる法人との一体性が志向されていた。Sonnenberger/Ebenroth, *MünchKomm*. Bd. 7（2. Aufl.），at 444f. ただし，限界線上には微妙な問題が多々あった。なお，最近の状況につき，v. Hoffmann/Thorn, *IPR*, supra（8. Aufl.），at 289ff. また，EU法の下での，本拠地法主義への大きな制約を巡る議論も含めて，Kropholler, *IPR*, supra（5. Aufl.），at 555ff, 563ff.

801) 前出・注682) 参照。

802) 龍田・前掲会社法（第3版）402頁（同書第10版では，471頁）。なお，前出・注798) の本文参照。

803) これをSitzverlegungという。スイス新国際私法典161条以下は，この点につき細かな規定を置く。その背景事情につき石黒・法協101巻6号960頁。

804) スイスが設立準拠法主義をとったのも，この点にかなりのウェイトがある。石黒・同前958頁。

805) 龍田節・前掲現代企業法講座2所収論文280，281頁。ただし，同前281頁に「相手が悪意のときは別として」とある点（なお，同前・208頁）は，当該取引準拠法（実質法）に委ねられた問題のはずである。なお，石黒・前掲国際私法〔新版――プリマシリーズ双書〕352頁以下。

806) 龍田・同前282頁。

807) 同前頁。

808) 石黒・前掲国際私法〔新版――プリマシリーズ双書〕353頁以下。

809) 同・前掲金融取引と国際訴訟268頁，及び，同書巻末の注112参照。

810) 同・前掲新制度大学院用教材34頁以下。

なお，江頭・前掲株式会社法（平18）256頁は，会社法施行規則3条2項を引きつつ，「外国会社は会社法上の『親会社』であり得る」（!?）とし，他方，同規則3条4項により，「日本の会社の海外子会社」は，「親会社株式の取得制度に関する限り」において日本法上の株式会社「とみなされる」とする。そしてその上で，基本的には，本文で示した"規制の論理"に基づく論述をする。

ただし，下位規範たる施行規則によって，新会社法の「外国会社」への適用が左右されるとするその"論理構造"については，上村達男「新会社法の性格と法務省令」ジュリスト1315号（平18）4頁の法務省批判を想起すべきだが，それと同時に，

本書 1.2 の注 9)，及び注 13-a) に続く本文，更に注 13-c) で指摘した諸点との関係が，大いに問題となる。

811) 龍田・前掲現代企業法講座 2 所収論文 313 頁。
812) 落合誠一=近藤光男=神田秀樹・商法 II ——［会社］（平 4）251 頁（落合）。
813) 石黒「証券取引法の国際的適用に関する諸問題」証券研究 102 巻（平 4）1 頁以下。
814) 同前・12 頁。他方，従来の商法 266 条の 3（新会社法 429 条）なども同様ゆえ，会社属人法の射程外として，日本の会社であっても適用されない場合がある（石黒・同前頁）。龍田・前掲現代企業法講座 283 頁は，商法旧 266 条の 3 の第 1 項が法定の特別責任ゆえ，前記の擬似外国会社以外の外国会社にはこれを適用できないとするが，疑問である。同条が不法行為の特則だと見れば一般の外国会社にも適用できそうだが，実効は限られよう，ともされるが，実効性の問題は分けて考えないと混乱する。
815) 龍田・前掲会社法（第 3 版）220 頁以下（同書第 10 版では，243 頁以下）。
816) なお，藤田友敬教授は，本文で述べた趣旨，即ち，そもそも準拠法ルートで処理すべき問題と法廷地の絶対的強行法規の適用でダイレクトに処理すべき問題とが，商法（新会社法）・証券取引法の中に混在することを認める（なお，石黒・前掲国際私法の危機 209 頁）。同教授は，商法旧 211 条の 2 等を含め，外国会社には会社法規定を適用しないとする法務省サイドの見解を，「特異な見解」として一刀両断してくれてもいる（同前・228，225 頁）。ただし，商法旧 211 条の 2 の絶対的強行法規性については，最近の規制緩和傾向の中で，これを否定しておられる（この点につき，江頭教授の見解を含め，石黒・同前 228 頁以下）。だが，新会社法 135 条として（例外は拡大しつつも）生き残ったこの規定を，果たしてどう考えるべきなのか。神田・前掲会社法（第 8 版）89 頁は，立法論としての同条の更なる見直しを説いているが，当面は，本文で示した立場を，維持しておきたい。

　なお，ドイツでは，同国法上の共同決定（Mitbestimmung）につき，内国子会社の労働者代表に外国親会社の然るべき機関における共同決定をもさせようとし，それを認めぬ（親会社による子会社の）支配契約は無効とすべきだ，といった極端な主張もあった（石黒・前掲国際的相剋の中の国家と企業 139 頁以下）。国際的企業結合と共同決定との関係は，通常準拠法（属人法）の論理で処理されて来ていたが
　（B. Großfeld, *Internationales Unternehmensrecht*, at 94f〔1986〕; Sonnenberger/ Ebenroth, *MünchKomm*. Bd. 7〔2. Aufl.〕, at 511ff），微妙な問題も残されていたのである。なお，いわゆる属地主義との関係に言及する Richardi, Mitbestimmung und Auslandsbeschäftigung, 3 IPRax（1983），at 218 を見よ。最近の状況については，Kegel/ Schurig, *IPR*（9. Aufl.）, supra, at 585.
817) 龍田・前掲現代企業法講座 298 頁，石黒・前掲国際私法〔新版——プリマシリーズ双書〕352 頁以下。

818)　なお，東京地判平成4年1月28日判タ811号213頁も，契約締結についての法人の代表者の権限の存否・範囲・制限は，法人の行為能力又は権限の欠缺の問題だから，法人の従属法により，設立準拠法たるカリフォルニア州法によるべきだとしているが，同様の問題がある。

819)　ただし，石黒・前掲金融取引と国際訴訟267頁以下と，Schaffer v. Heitner (433 U. S. 186〔1977〕) に言及する同・前掲現代国際私法〔上〕301頁以下とを対比せよ。

819-a)　石黒・前掲国際私法の危機223頁以下。藤田・前掲ジュリスト1175号9頁以下である。

819-b)　石黒・同前225-226頁。

820)　詳細は，石黒・前掲金融取引と国際訴訟269頁以下，同・前掲教材29頁以下。簡単には，同・前掲国際私法〔新版——プリマシリーズ双書〕354頁以下。なお，新会社法上の問題につき，本多正樹「会社法上の社債の定義をめぐる諸問題」商事法務1781号20頁以下，同1782号4頁以下（平18）がある。

821)　龍田・前掲現代企業法講座288頁。ただし，同前・301頁以下の注75と対比せよ。

822)　石黒・前掲国際私法〔新版——プリマシリーズ双書〕355頁。

823)　石黒・前掲金融取引と国際訴訟274頁。

824)　同前・277頁以下，同・前掲教材36頁以下。

825)　石黒・前掲国際私法〔新版——プリマシリーズ双書〕357頁以下，同・前掲教材35頁以下。

826)　同・前掲教材30頁，36頁。

827)　日本法の国際化への文脈では，日本企業と外国企業とが何故ダイレクトに合併できないか（龍田・前掲現代企業法講座317頁），との点も問題となる。実はこの点は，夙に1986年に生じた「対ミネベア国際TOB（株式公開買付）事件」で，半ば顕在化しかけた点である。この事件については，石黒・前掲教材45頁以下，同・前掲ボーダーレス社会への法的警鐘38以下。通商摩擦の文脈では，さらに，同・前掲国際的相剋の中の国家と企業105頁以下，等。

　なお，この点は，新会社法制定に向けた動きの中で，落合誠一「国際的合併の法的対応」ジュリスト1175号（平12）36頁以下で，正面から論じられるに至った。だが，牴触法的には，なお種々の，基本的な問題がある。詳細は，石黒・前掲国際私法の危機242頁以下。

827-a)　石黒・同前159頁以下，森田博志・前掲注1-c）所掲論文（千葉大学法学論集20巻2号93頁以下）と対比せよ。改正過程での論議においては，そもそもそこで言う「物権」とは何なのかという「論理プロセス」の問題，準拠法の細分化が志向されていた関係での問題，債権譲渡の場合と同様のpriorities問題の未整理から生ずる混乱，（契約・契約外債務の場合と同様の，歪んだ）当事者自治導入等々，混乱の極にあった（石黒・同前160頁以下）。それらがすべて落ちたことは，喜ぶべき

ことである。

827-b) なお，この点で，本書3.1の注456-a）で論じ，石黒・前掲新制度大学院用教材75頁以下（ユーロクリア関連），同・貿易と関税2005年7月号52頁以下（世銀グローバル円債関連）で扱った諸点と，深く絡む事案が現れた。仙台高（秋田支）判平成12年10月4日金判1106号47頁（森下哲朗解説・国際私法判例百選［平16］86頁以下），である。

このケースは，ベルギー所在の振替決済機関たるユーロクリアの，メンバーである日本のY社からワラント債を購入した日本の個人投資家Xが，売買契約の無効等を理由に，Yを訴えたものである（預託金返還請求事件）。判旨は，XY間の契約準拠法は，黙示意思推認により，日本法とした上で，日本の実質法上の"共有権＝混蔵寄託"的構成（ペーパーレス化対応でも，かかる手法で末端の投資家の保護を図る必要性が，大きい），即ち物権法的保護の点についても，同様に日本法によった。結局，判旨は，契約準拠法への「送致範囲」を広げて，その準拠法により，いわゆる物権問題をも処理したことになる。

本件では，完全なペーパーレス化（証券現物なき発行）ではなく，（個別証券を観念上包摂する）いわゆる「大券」が出されていたが，その所在地法を問うのは，本件との関係では賢明ではない。「大券」自体の"引っ張り合い"が問題だったわけではないからである。また，本件は，本書4.1の注718）の本文以下，そして図25で扱った，"飛び石的請求"の事案でもない。判旨の上記結論は，正当とすべきである。なお，石黒他・前掲国際金融倒産384頁以下。

828) ドイツの改正過程につき，なお，石黒・前掲金融取引と国際訴訟328頁以下，及び，Lüderitz, *IPR* (2. Aufl.), supra, at 145; Sonnenberger/Kreuzer, *MünchKomm.*, Bd. 7 (2. Aufl.), at 2075，等。なお，本文との関係で一言すれば，当事者自治を認めるとは言っても，第3者との関係の問題は残る。石黒・同前330頁，同・前掲国際私法〔新版――プリマシリーズ双書〕361頁。また，選択肢をどこまで広げるべきかという，当事者自治の限定づけの問題もある。ちなみに，ドイツの通説（hM）は，この場合の当事者自治を，否定している。Hoffmann/Thorn, *IPR* (8. Aufl.), supra, at 514. なお，1999年のドイツ国際物権法規定の創設につき，ホーロッホ（石黒訳）・前掲日独法学20号114頁以下。他方，同前・115頁にあるように，EGBGB 44条が，ある土地から発する環境汚染等の関係での請求を，不法行為の準拠法に一括させている点も，注目すべきである。石黒・前掲国境を越える環境汚染117頁以下と対比せよ。

829) 石黒・前掲金融取引と国際訴訟328頁以下，331頁以下。

830) 石黒・同前339頁以下，そして何よりも山内惟介・海事国際私法の研究（昭63）を見よ。なお，林田学「外国担保権の実行」沢木＝青山編・前掲国際民事訴訟法の理論438頁注2，及び，旗国法主義の問題点を鋭く突く東京地決平成4年12月15日判タ811号229頁の判旨を見よ。だが，同決定が「船舶先取特権の成立と

効力の準拠法が異なるとさまざまな困難な問題を引き起こすので，両者は一致させることが望ましい」から，双方とも法廷地法による，とするのは極めて疑問である。この点は，本文でつづいて述べる。石黒・同前・345 頁以下と対比せよ。なお，秋田地判昭和 46 年 1 月 23 日下民集 22 巻 1-2 号 52 頁，東京地判昭和 51 年 1 月 29 日下民集 27 巻 1〜4 号 23 頁など，旗国法主義を当然の前提とするケースにおいて，旗国の変更の問題が伴っていたことにつき，石黒・前掲海法会誌復刊 27 号 5 頁以下。

831) 海難救助等が公海上で行なわれた場合の困難な問題については，石黒・前掲金融取引と国際訴訟 344 頁。

832) 同前・326 頁。

833) 石黒・同前 327 頁。なお，最近のドイツ判例につき，シェトル＝デトロフ（石黒訳）・日独法学 17 号（平 6）所収論文Ⅱ 2b）参照。

833-a) 石黒・同前 345 頁以下がそれに基づく論述を行ったところの，小川英明「外国船舶の任意競売の一事例——サブラ・コア号，バナナ・コア号事件について」判タ 345 号（昭 52）所掲論文，その 67 頁，70 頁以下に注目せよ。

834) 石黒・前掲金融取引と国際訴訟 324 頁以下。

834-a) 細かな点は別として，v. Hoffmann/Thorn, *IPR* (8. Aufl.), supra, at 529f.

835) 初期段階での検討につき，江頭憲治郎「電子式船荷証券のための CMI 規則」海法会誌復刊 34 号（平 3）5 頁以下，同「海上運送状と電子式運送書類」同 32 号（平 1）3 頁以下，等。なお，森下哲朗「電子社会と金融」中里＝石黒編・前掲電子社会と法システム 205 頁以下，216 頁以下参照。また，本書 3 の注 456-a），及び本書 2 の注 54）にも注意せよ（いずれも「証券のペーパーレス化」関連！）。

836) とくに前者の考え方につき，山田・前掲国際私法（平 4）279 頁（同書第 3 版では，311 頁）を見よ。そして，石黒・前掲国際私法〔新版——プリマシリーズ双書〕364 頁以下，同・前掲金融取引と国際訴訟 333 頁以下と対比せよ。なお，ここで批判する考え方に傾くスイス新国際私法典 106 条 2 項の，草案段階での扱いについては，石黒・法協 101 巻 6 号 945 頁以下をも見よ。また，同法典 106 条 3 項（複数の者が物権を主張し競合する場合の処理—— priorities の問題！）については，草案段階での規定に対するものではあるが，同・前掲金融取引と国際訴訟 240 頁参照。

837) なお，船荷証券上の準拠法条項によって積荷の物権問題をも処理するという立場に対しては，石黒・前掲金融取引と国際訴訟 338 頁。船主側の本店所在地法が準拠法とされていたとせよ。そもそも船荷証券は実物を見れば一見して明らかなように，極細字でプリントされた準拠法条項があるのみで，荷送人自体，それにはさしたる関心を有せず，それを受けとって代金決済システムの方にまわすのみである。一層積荷の実際の動きと遠い存在となるかかる準拠法条項で積荷の物権問題を処理するのは不当である。

838) 注 836）冒頭所掲のものと対比せよ。

839) 石黒・前掲金融取引と国際訴訟336頁以下。
840) 夙に，ワールド・エアーカーゴ編・航空貨物マニュアル（9版〔改訂・昭57〕）141頁，同（11版〔改訂・昭60〕）157頁に，この点に関する紹介があった。なお，「船荷証券の危機」に言及する江頭・前掲海法会誌復刊32号4頁と対比せよ。
841) これはいわゆる禁治産のみの問題ではない。簡単には石黒・前掲国際私法〔新版――プリマシリーズ双書〕192頁以下，詳しくは同・前掲国際私法と国際民事訴訟法との交錯191頁以下。なお，同・前掲国際民訴法106頁以下。
842) 前出・注306), 308) 参照。
843) なお，石黒・前掲国際民訴法214頁以下，同・前掲国際私法〔新版――プリマシリーズ双書〕370頁以下。
844) 石黒・前掲国際民訴法216頁の表1を見よ（！）。そして，同書・103頁以下を見よ。なお，同前・掲国際私法〔新版――プリマシリーズ双書〕372頁。いわゆる禁治産については，さらに同・前掲国際家族法入門169頁以下。
845) 石黒・前掲国際家族法入門140頁以下，とくに143頁を見よ。
846) そもそも訴訟と非訟，そして裁判と行政行為とで区別をすることは，それ自体が問題である（！）。同・前掲国際民訴法215頁。そして，一目瞭然（！）の，同前・216頁の表1を見よ。この点は，同前（国際家族法入門）・162頁以下，以来の私の問題関心である。なお，同・前掲国際私法〔新版――プリマシリーズ双書〕372頁以下。
847) 同・前掲国際民訴法293頁以下，及び，その後の法改正に関する，本書1.2の注26) 参照。なお，同・前掲国際家族法入門162頁以下には，もともとの起草趣旨を，細かく引用してある。
848) なお，山田・前掲国際私法（平4）178頁（同書第3版では194頁以下）と石黒・前掲国際私法〔新版――プリマシリーズ双書〕374頁以下とを対比せよ。
849) さしあたり，石黒・同前373頁以下。
849-a) 同・前掲国際民訴法133頁以下，107頁以下（！）を見よ。
850) それから先の問題については石黒・前掲国際私法〔新版――プリマシリーズ双書〕377頁以下参照。学説上，前記民法規定と同じ範囲で，共通本国を有する外国人間の外交婚・領事婚も認められてきていた。
851) なお，在日韓国人間の婚姻の方式につき法例旧13条1項但書により，挙行地法たる日本法上の方式を踏んでいないとし，他方，韓国法上も本件婚姻を有効と解する余地もないとしたのは東京高判平成2年2月27日家月42巻12号31頁である。ただし，一方配偶者の死後韓国に婚姻届が出され，かつ，同国で婚姻の存在を確認する旨の審判があり，その承認が民訴旧200（新118）条ルートで求められていたケースである。判旨は，この届出は偽造だったとし，前記審判は「詐欺的手段によって取得されたもの」ゆえ民訴旧200条3号により不承認となるとした。日本での婚姻届出書を偽造して韓国の裁判所に提出したケースである。

852）　なお，本書 2.4 の前出・注 216），及び，本書 2.5 の注 268）の本文参照。
853）　石黒・前掲国際家族法入門 41 頁以下を見よ。
854）　前出・注 816）につづく本文で批判したところと対比せよ。
855）　理論的には離婚のみに限った問題ではないが，詳細は石黒・前掲国際私法と国際民訴法との交錯 90 頁以下，131 頁注 247。また，同・前掲国際民訴法 115 頁以下。簡単には同・前掲国際私法〔新版――プリマシリーズ双書〕265 頁以下，同・前掲国際家族法入門 67 頁以下。
856）　石黒・前掲国際私法と国際民訴法との交錯 37 頁以下。
857）　石黒・前掲国際私法〔新版――プリマシリーズ双書〕391 頁。
858）　山田・前掲国際私法（平 4）425 頁（同書第 3 版では 499 頁）。なお，平成元年法例改正前の事例であるが，大阪家審昭和 39 年 9 月 12 日家月 17 巻 2 号 65 頁，那覇家審昭和 50 年 1 月 17 日家月 28 巻 2 号 115 頁，等がかかる立場をとる。
859）　石黒・前掲国際私法と国際民訴法との交錯 8, 55, 150, 160 頁。
860）　石黒・前掲国際家族法入門 122 頁。なお，同・前掲国際私法〔新版――プリマシリーズ双書〕392 頁以下。
861）　法例議事速記録 2 の 104（穂積起草委員の説明）参照。
862）　石黒・法律時報 61 巻 13 号 56 頁，同・前掲国際私法〔新版――プリマシリーズ双書〕397 頁以下と，山田・前掲国際私法（平 4）419, 423 頁（同書第 3 版では 489 頁以下，515 頁以下）とを対比せよ。
863）　前出・注 22）参照。
864）　その不当性につき，石黒・前掲国際私法〔新版――プリマシリーズ双書〕197 頁以下，同・前掲現代国際私法〔上〕342 頁以下，そして，同・前掲国際民訴法 6, 167 頁。
865）　なお，石黒・前掲法協百周年記念論文集 3 巻 608 頁。
866）　石黒・ジュリスト 733 号（昭 56）159 頁，同・前掲国際家族法入門 132 頁以下，とりわけ 134 頁。なお，前出・注 319）参照。
867）　同法は，扶養義務の準拠法に関する 1973 年のハーグ国際私法条約をベースに作成され，同法 3 条 2 項で子の扶養義務の準拠法に関する 1956 年のハーグ国際私法条約との関係を調整する，という形をとっている。なお，石黒・前掲国際私法〔新版――プリマシリーズ双書〕407 頁以下に，条約の条文と同法の条文とを対比した論述を行なっているので，参照されたい。そちらの説明の方が，分かり易いかも知れないので。ちなみに，反致否定の点は同前・409 頁。なお，前出・注 359）の本文参照。
868）　石黒・同前 410 頁以下を見よ。なお，前出・注 54）。
869）　扶養に関するこの 2 つの条約については，本書 2.6 の，前出・注 359）の本文に示した「条約相互の矛盾・牴触」の問題は，双方の連結方式が類似するものであるため，少なくとも基本的には顕在化しない形になっている。そのことが本文で示

した点と関係するのである。

870) 石黒・前掲国際私法の解釈論的構造241頁以下, 259頁以下, 同・前掲国際家族法入門175頁以下, 同・前掲国際私法〔新版——プリマシリーズ双書〕81頁以下, 413頁以下, 沼辺＝太田＝久貴編・前掲家事審判事件の研究（2）257頁以下（石黒），市川＝野田編・前掲相続の法律相談（第4版）459頁以下, 野田＝松原編・同書第5版（平12）529頁以下（ともに石黒），等参照。なお, 本書3.4の, 前出・注608) につづく本文参照。

871) 詳細な分析を行った石黒・前掲国際私法の解釈論的構造242頁以下と, 山田・前掲国際私法（平4）480頁以下（同書第3版では569頁以下）とを対比せよ。

　なお, 遺言の成立・効力（方式は遺言の方式の準拠法に関する法律による。法例新34条2項〔通則法43条2項〕）については, 法例新27条（通則法37条）で遺言成立当時の遺言者の本国法によるが, 遺言執行を含めて相続問題の処理については法例新26（旧25）条（通則法36条）に回帰する形になる。山田・同前（平4）484頁以下（同書第3版では580頁を見よ）。最近の事例として, 遺言者の本国法（インド法）からの反致を認めた東京家審平成13年9月17日家月54巻3号91頁も, 遺言執行者選任の事例であった。

　ちなみに, 本文で示した傾向があるがゆえに, 一層, 本書3.1の, 前出・注464) につづく本文で, その上告審判決とともに示した東京高判平成2年6月28日金融法務事情1274号32頁が, 大いに注目されるのである。そして, その考え方の原型を私が示したのが,『国際家族法入門』と題した"非入門書"において, であった。前出・注853)。

872) Firsching, *Einführung in das IPR*, at 156f (3. Aufl.) と石黒・前掲・国際私法の解釈論的構造241頁, 243頁以下の注3とを対比せよ。

873) 石黒・同前252頁に示したように, この原則はチーテルマンの提唱にかかるが, 不正確な表現として今日では批判が強い。

874) 詳細は石黒・同前250頁以下。なお, 同・前掲国際家族法入門181頁以下, 同・前掲国際私法〔新版——プリマシリーズ双書〕81頁以下。

875) この点については早川眞一郎「『相続財産の構成』の準拠法について」関西大学法学論集38巻2・3号（昭63）705頁以下が詳細に検討するところである。だが, 惜しむべきは, そこに一切久保・実方両教授におけるドイツ学説継受過程に関する分析のないことである。同「ハーグ準拠法諸条約と『相続財産の構成』」同39巻4・5号（平2）885頁以下も, 結局は上記の点を迂回するものである。なお, 同・38巻2・3号742頁以下は, 実際問題として個別準拠法のみによるのに近い取扱がなされることが多いであろうとしつつも, 相続準拠法の適用はそれとして確保した方がよいとする。どのような「属性」を有する財産が相続されるかを相続準拠法に委ね, それでチェックしようとするのである。早川説が安易な両準拠法の累積を批判するのは正しいが, 石黒・前掲国際私法〔新版——プリマシリーズ双書〕81頁

以下の,「薄皮を剥ぐがごとく論理的に問題を分けてゆこうとする極度に分析的な手法……」と,それによる実務的処理の煩雑さ,云々の点が早川説への批判である。本書3.1の,前出・注491)につづく本文で示した図17,のフランケンシュタイン的な立場,そして,前出・注498)につづく本文と,対比して考えよ。

876) 山田・前掲国際私法（平4）481頁（同書第3版では575, 583頁），木棚＝松岡＝渡辺・前掲国際私法概論〔新版〕227頁（同書第3版では181, 229頁），等を見よ。

877) 早川説における配分的適用の語の用いられ方は極めて問題だが（早川・前掲関大法学論集39巻4・5号890頁注2参照），それはともかく，本文に示した点との関係では，山田・前掲国際私法（平4）487頁注1の末尾を見よ（同書第3版では，582頁注1が，対応する）。なお，大阪地判昭和62年2月27日判時1263号32頁は,「本件債務の相続性を肯定しこれが相続によって……承継されることを肯認するには,不法行為準拠法……も相続準拠法……もともにこれを認めていることを要する」とする。

878) 例えば山田・同前（平4）の481頁と487頁注1とを対比せよ。

879) 前出・注873)の本文参照。

880) 石黒・前掲国際私法の解釈論的構造249頁以下。

881) 山田・同前481頁（同書第3版576頁でも,こうした点は,しっかりと受け継がれている）。本書3.1の注476)の本文に引用した同書の問題ある指摘（いわゆる『法定担保物権の準拠法』）と同様の,それこそ根拠なき論断である。学説継受過程もろくに調べずに,一体何が言えるのかの問題でもある。

882) 石黒・前掲国際私法の解釈論的構造250頁。

883) 同前・251頁。

884) 石黒・前掲国際家族法入門178頁。なお,山田・前掲国際私法（第3版）576頁は,遺留分減殺請求権の行使につき,それが「物権的効力」を生ずるためには,「個々の財産の準拠法によってもその効力が認められなければならない」とする。だが,「物権的効力」云々の点は,前出・注881)の中での私の指摘を想起すべきだし,それを措いても,この点は,相続メカニズムの内部関係と外部関係の,いずれで問題が生ずるかで,分けて考えるべきである。

　前者であれば相続準拠法によるべきだし,後者であれば,相続関係の現実的本拠社会の所在に関する判断をも適宜織りまぜつつ,第3者との取引関係の準拠法を（客観的・規範的に）決し,それに一括して（遺留分権の存否や及ぶ範囲も含めて）依ることも考えられる。もっとも,相続関係がそれによってかえって複雑になってしまう,等の点が重視されるとすれば,基本は相続準拠法によりつつ,外部の第3者にどこまで追及してゆけるかの点のみを外部関係の準拠法によることになろう。ただし,相続準拠法をどこまで柔軟に選択してゆけるかが決め手となる。いずれにしても,両準拠法のダブル・チェックは,ここでも不要とすべきである。なお,前出・注871)の最後の個所と,対比せよ。

885) 石黒・前掲国際家族法入門 176 頁, 224 頁以下参照。
886) 石黒・前掲国際民訴法 294 頁以下。なお, 沼辺=太田=久貴編・前掲家事審判事件の研究 (2) 269 頁以下 (石黒) 参照。簡単には, 石黒・前掲国際私法〔新版――プリマシリーズ双書〕270 頁以下, 同・前掲国際民事紛争処理の深層 305 頁以下。
887) 沼辺他編・前掲 272 頁以下 (石黒)。その理論的位置づけにつき, 石黒・前掲国際私法と国際民訴法との交錯 162 頁以下の注 357 を見よ。
888) 沼辺他編・前掲 273 頁 (石黒)。
889) 同前・274 頁 (石黒), 石黒・前掲国際民訴法 294 頁以下。なお, 本書 1.2 の, 注 26) 参照。
890) 沼辺他編・同前 265 頁以下 (石黒)。
891) 山田・前掲国際私法 (平 4) 484 頁 (同書第 3 版では 579 頁以下)。なお, 石黒・前掲国際私法の解釈論的構造 242 頁以下の注 1 参照。
892) 限定承認につき届出期間の点も含めて相続準拠法 (韓国法) によった東京家審昭和 52 年 7 月 19 日家月 30 巻 7 号 82 頁参照。もっとも国際裁判管轄に関するその判断には疑問がある。石黒・前掲国際民事紛争処理の深層 54 頁以下の注 43, 同・前掲現代国際私法〔上〕289 頁, 同・前掲国際民訴法 102, 164 頁。
893) 石黒・前掲国際家族法入門 220 頁以下。
894) それについては, 沼辺他編・前掲 274 頁以下 (石黒), 石黒・前掲国際私法〔新版――プリマシリーズ双書〕414 頁以下。
895) なお, 相続については, (平成元年法例改正の射程外に法例新 26 条, そして通則法 36 条があるために) 反致の問題のウェイトが高い。だが, 従来の裁判例において, (従来の反致に関する考え方を前提としたとしても) 不十分な点が多々見られることにつき, 沼辺他編・前掲 260 頁以下 (石黒)。

主要邦語文献

(外国の文献については,本文の注に適宜示した)

〔概　説　書〕

池原季雄　国際私法（総論）〔法律全学集〕（昭 48）有斐閣
石黒一憲　現代国際私法（上）（昭和 61）東京大学出版会
石黒一憲　国際私法〔新版〕〔有斐閣プリマ双書〕（平 2）有斐閣
石黒一憲　国際私法の危機（平 16）信山社
石黒一憲　国際民事訴訟法（平 8）新世社
江川英文　国際私法〔改訂増補〕〔有斐閣全書〕（昭 45）有斐閣
折茂　豊　国際私法（各論）〔新版〕〔法律学全集〕（昭 47）有斐閣
折茂　豊　国際私法講話（昭 53）有斐閣
神前　禎　解説 法の適用に関する通則法（平 18）弘文堂
神前　禎＝早川吉尚＝元永和彦　国際私法〔第 2 版〕〔有斐閣アルマ〕（平 18）有斐閣
木棚照一＝松岡　博＝渡辺惺之　国際私法概論〔第 3 版〕〔有斐閣ブックス〕（平 10）有斐閣
久保岩太郎　国際私法論（昭 10）三省堂
久保岩太郎　国際私法概論（改訂版）（昭 29）巌松堂
久保岩太郎　国際私法〔有信堂全書〕（昭 29）有信堂
小出邦夫編著　一問一答新しい国際私法（平 18）商事法務
実方正雄　国際私法概論（再訂版）（昭 27）有斐閣
櫻田嘉章　国際私法〔第 5 版〕〔有斐閣 S シリーズ〕（平 18）有斐閣
澤木敬郎編　国際私法の争点（昭 55）有斐閣
澤木敬郎＝道垣内正人　国際私法入門〔第 6 版〕〔有斐閣双書〕（平 18）有斐閣
溜池良夫　国際私法講義〔第 2 版〕（平 11）有斐閣
出口耕自　基本論点国際私法〔第 2 版〕（平 10）法学書院

道垣内正人　ポイント国際私法（総論）（平9）有斐閣
道垣内正人　ポイント国際私法（各論）（平10）有斐閣
別冊NBL編集部編　法の適用に関する通則法関係資料と解説〔別冊NBL110号〕（平18）商事法務
山内惟介　国際私法（平5）中央大学通信教育部
山田三良　国際私法〔現代法学全集〕（昭5〜6）日本評論社
山田三良　国際私法（昭7〜9）有斐閣
山田鐐一　国際私法〔現代法学全集〕（昭57）筑摩書房
山田鐐一　国際私法〔第3版〕（平16）有斐閣
山田鐐一=澤木敬郎編　国際私法演習（昭48）有斐閣
山田鐐一=早田芳郎編　演習国際私法〔新版〕（平4）有斐閣

〔専　門　書〕

石井照久=有泉　亨=金沢良雄編　国際取引〔経営法学全集20〕（昭42）ダイヤモンド社
石黒一憲　国際私法の解釈論的構造（昭55）東京大学出版会
石黒一憲　国際家族法入門〔有斐閣選書〕（昭56）有斐閣
石黒一憲　金融取引と国際訴訟（昭58）有斐閣
石黒一憲　国際通信法制の変革と日本の進路〔NIRA経済政策研究シリーズ19〕（昭62）総合研究開発機構（NIRA）
石黒一憲　国際私法と国際民事訴訟法との交錯（昭63）有信堂
石黒一憲　国際的相剋の中の国家と企業（昭63）木鐸社
石黒一憲　〔研究展望〕GATTウルグアイ・ラウンド〔NIRA研究叢書No. 890035〕（平1）NIRA
石黒一憲　情報通信・知的財産権への国際的視点（平2）国際書院
石黒一憲　国境を越える環境汚染（平3）木鐸社
石黒一憲　ボーダーレス社会への法的警鐘（平3）中央経済社
石黒一憲　ボーダーレス・エコノミーへの法的視座（平4）中央経済社
石黒一憲　国際民事紛争処理の深層（平4）日本評論社
石黒一憲　国際知的財産権（平10）NTT出版
石黒一憲　法と経済（平10）岩波書店
石黒一憲　日本経済再生への法的警鐘（平10）木鐸社

石黒一憲　グローバル経済と法（平 12）信山社
石黒一憲　国際摩擦と法〔新版〕（平 14）信山社
石黒一憲　新制度大学院用国際私法・国際金融法教材（平 16）信山社
石黒一憲　国境を越える知的財産（平 17）信山社
石黒一憲　世界貿易体制の法と経済（平 19）慈学社
石黒一憲他　国際金融倒産（平 7）経済法令研究会
伊藤元重=石黒一憲　提言　通商摩擦（平 5）NTT 出版
遠藤　浩=林　良平=水本　浩監修　現代契約法大系第 8 巻　国際取引契約（1）（昭 58）有斐閣
遠藤　浩=林　良平=水本　浩監修　現代契約法大系第 9 巻　国際取引契約（2）（昭 60）有斐閣
岡垣　學=野田愛子編　講座・実務家事審判法 5　渉外事件関係（平 2）日本評論社
折茂　豊　国際私法の統一性（昭 30）有斐閣
折茂　豊　当事者自治の原則（昭 45）創文社
折茂　豊　渉外不法行為法論（昭 51）有斐閣
折茂　豊　属人法論（昭 57）有斐閣
折茂　豊　国際私法研究（平 4）有斐閣
河村博文　外国会社の法規制（昭 57）九州大学出版会
木棚照一　国際工業所有権の研究（平 1）日本評論社
木棚照一　国際相続法の研究（平 7）有斐閣
木棚照一監修　「在日」の家族法 Q & A（平 18）日本評論社
金彦叔　知的財産権と国際私法（平 18）信山社
久保岩太郎　国際私法構造論（昭 30）有斐閣
久保岩太郎　国際身分法の研究（昭 48）有信堂
グロスフェルト著=山内惟介訳　多国籍企業の法律問題（昭 57）中央大学出版部
グロスフェルト著=山内惟介訳　国際企業法（平 1）中央大学出版部
グロスフェルト著=山内惟介訳　国際企業法の諸相（平 2）中央大学出版部
桑田三郎　国際私法と国際法の交錯（昭 41）中央大学出版部
桑田三郎　国際私法の諸相（昭 62）中央大学出版部
国際家族法実務研究会編　問答式国際家族法の実務（昭 62）新日本法規

国際法学会編　国際私法講座Ⅰ巻〜Ⅲ巻（昭28〜39）有斐閣
澤木敬郎=石黒一憲=三井銀行海外管理部　国際金融取引2法務編（昭61）有斐閣
澤木敬郎=南　敏文編著　新しい国際私法——改正法例と基本通達（平2）日本加除出版
多喜　寛　近代国際私法の形成と展開（昭54）法律文化社
多喜　寛　国際私法の基本的課題（平11）中央大学出版部
田中耕太郎　世界法の理論第2巻（昭8）岩波書店
溜池良夫　国際家族法研究（昭60）有斐閣
中里　実=石黒一憲共編著　電子社会と法システム（平14）新世社
西　賢　国際私法の基礎（昭58）晃洋書房
西　賢　属人法の展開（平1）有斐閣
ニーデラー著=桑田三郎訳　国際私法の根本問題（昭31）弘文堂
ヘーンリッヒ著=佐藤文彦訳（山内惟介監修）国際家族法（平4）日本加除出版
松岡　博　国際私法における法選択規則構造論（昭62）有斐閣
松岡　博　国際取引と国際私法（平5）晃洋書房
三浦正人　国際私法における適応問題の研究（昭39）有斐閣
Menkhaus, H./Sato, (Hrsg.), Japanischer Brückenbauer zum deutschen Rechtskreis: Fschr. für K. Yamauchi (2006) Duncker & Humblot
山内惟介　海事国際私法の研究（昭63）中央大学出版部
山内惟介　国際公序法の研究（平13）中央大学出版部
山内惟介　国際私法・国際経済法論集（平13）中央大学出版部
山田鐐一　国際私法の研究（昭44）有斐閣

索引

(本書のクロス・レファレンスをも充分活用されたい)

事項・人名索引

あ 行

アクト・オブ・ステート・ドクトリン　420
アメリカ人の本国法　174
アメリカ牴触法革命　72, 75, 82, 165, 169, 171, 239
アメリカ牴触法第1・第2リステートメント　74, 78
アメリカ統一商事法典　140
アメリカ特許法　278
アメリカ反トラスト法の域外適用　169
アルゼンチン政府サムライ債デフォルト事件　29, 420

「家」制度　114〜116, 169
域外通貨　27
　──市場　27, 56, 58
域外適用　170
イギリスのドミサイル（住所）概念の特殊性　167
遺産管理　262
遺産の分断　408
遺産分割協議　211
慰謝料　273, 280, 281
　──の算定プロセス　161
イシュー・アプローチ　77
異種通貨間相殺　428
一貫した渉外戸籍先例　113, 114
一国数法　143, 144, 146
一般条項　240, 241
一方的牴触規定　168
イラク・クウェート資産凍結　65, 163
イラン資産凍結措置　55
遺留分　100, 437
インターネット法　172
インターバンク取引　32, 330, 377
インパクト・ローン　42

ヴァン・メーレン（Mehren, A. T. von）　171, 172
　──の functional analysis　79
ウォルフ（Wolff, M.）　52, 196〜199
氏の性格論争　115
氏の変更申立　117

索　引

疑わしき場合は法廷地法による　74
訴取下げ契約　414
梅謙次郎　18
運送証券　393
運送中の物　388, 389

英米型反致観　237, 241
英米と日本　162
英法準拠約款　415
エクイティ　229, 230
円建て外債　317, 387
エンロン・ワールドコムの破綻　428

夫の本国法　82, 111, 112
　──主義　109
オブリゲーション・ネッティング
　378, 427
親子関係の存否確認　403
親子の共通本国法　171

か　行

外貨　166, 421
海外子会社設置　295
海外の銀行子会社　12
外交婚　396, 399
外国会社　9, 10, 378, 429
外国公法不適用の原則　23
外国人・外国法人の法的地位　18, 378
外国人労働者　176
外国訴訟差止命令　426
外国特許権　355
外国判決の承認・執行　38
外国法人規定　19, 429

外国法の解釈　271
外国法の適用と裁判所　47, 103, 134
会社の従属法（属人法）　385
会社法施行規則　429
会社法的利益保護　294
海商法　125, 413, 417, 424
外為法　13, 66〜68
　──違反の契約の私法上の効力　68
外地　144
海難救助　128, 129, 433
概念の相対性　197
外部関係　370
拡布　365
隠れた反致論　239, 241, 242, 310
貸金業法　29
カスタディアン　6
家族の準拠法　46, 95
課徴金　164
各国特許独立の原則　206
各国法の本質的平等　74
カードリーダー事件　24
家名不動の原則　116, 117
カリー（Currie, B.）　77
為替契約　340
簡易帰化　122
環境汚染　26, 432
韓国の家制度　171
監護権　210
監護権者の変更　41
換算レート　421
間接指定主義　152
間接反致　232, 234
完全養子　14

事項・人名索引　　**445**

管理地法　411

帰化　116, 272
期限の利益　8
期限利益の喪失　6
旗国法　356, 390
　　——主義　432
疑似外国会社　428, 430
擬似渉外事件　43, 273, 343
規制改革　3, 26, 124, 186, 292
規制緩和　8, 11, 28, 30, 430
規制の論理　429
規範構造の解明　231
規範牴触　52, 162, 223, 260
規範統合　54
既判力　296, 420
基本的な契約不履行　140
旧事案　149, 151, 193
求償権者　368
旧法例　3, 313
狭義の相続　262
狭義の反致　232, 234, 236
強行規定　321
強行法規　41, 138, 315, 317, 318, 339
　　——の二分法　62
強制労働　356
共通常居所地　174
　　——法　153, 160
共通属人法主義　358
共通法　143, 145, 146
共通本国法　153, 155, 156, 160, 174, 193, 405
　　——主義　152, 155

共同決定　430
共同相続　212
虚偽記載　384
虚偽牴触　76
居住者　66
　　——向け外貨貸付　42
銀行法　12
近似法説　274
禁治産　395, 434
金融商品取引法　13, 164

クラス・アクション　227
暗闇への跳躍　110, 267, 386
グールド対宮越事件　423
グレトナ・グリーン婚　313
クロス・デフォルト　7, 9
グローバル・セットオフ　427

ケイヴァース（Cavers, D. F.）　72, 75
経過規定　146, 147
刑事法　22
形成訴訟　343
競売　15
契約　50, 338
　　——外債務　87, 160, 175, 206, 338, 424
　　——解釈　303
　　——債権　204
結果選択主義　76, 241
結果発生地　351
血統主義　81, 92, 120, 260
血統による法的親子関係の成立　96
ゲームの理論　78, 234, 300

ケメラー（Caemmerer, von） 129
ケルゼン（Kelsen, H.） 107
原因の発生地　349
権益　117
欠缺否認説　284, 312
欠缺補充　189
現実的本拠　46
現地相場　161
限定承認　15, 438
限定的当事者自治　98〜101, 245, 389
権利質　204
権利能力　228

故意に相当する過失　129
行為地法　414
行為能力　228, 344, 428
合意の成否　419
行為の法　72
効果の準拠法　159
効果法　45
航空法　125
後見　209, 395
公示 477
　　――の欠如　221, 297, 310
公証人　179, 343
公序良俗　275
公法的法律関係　19, 22, 59
公法の牴触　22
小切手法　125, 132, 185
国際海上物品運送法　134
国際銀行監督　12
国際決済銀行　12
国際航空運送に関するワルソー条約

　　125, 127, 131, 133, 137
国際裁判管轄　19, 166, 265, 330, 352, 395
国際私法　155
　　――上の公序　24, 48, 112, 165, 221, 262
　　――上の指定　237
　　――上の弱者保護　102, 128
　　――上の性質決定　52
　　――上の当事者自治　102
　　――上の反致　164
　　――上の利益衡量　202
　　――で言う物権　388, 431
　　――的正義　75
　　――統一条約　126
　　――内在的な論理　111, 112
　　――の統一性　38, 125, 185
　　――の排除　130, 138
国際相続法　407
国際的銀行間取引をめぐる訴訟　56
国際的な企業合併　431
国際的な人身保護請求事件　185
国際的な動産売買　130, 131
　　――の準拠法に関するハーグ条約　188
国際的な労働者　106
国際的養子斡旋　14
国際倒産法　16
国際二重起訴　38, 353
　　――事件　423
国際振込に関する UNCITRAL モデル・アクト　331
国際法　142

国際養子縁組　405
国際労働法　180, 311
国籍　148, 275
　　——所属国法　21, 42
　　——選択制度　119, 122
　　——法　2
　　——を有する国の法　178, 300, 302
国連憲章第 7 章　65
国連国際商取引法委員会　142, 331
国連国家免除条約草案　420
国連統一売買法　125, 130, 139, 140, 142, 188
戸籍　143
　　——上の記載　117
　　——法　115, 144
国家管轄権　13, 14, 24, 57
　　——論　29, 168
国家主権概念　72
国家承認問題　169
子供の人権　119
子に対する扶養義務に関する 1956 年のハーグ条約　156, 435
子の側からの嫡出性の否認　93
子の監護　40
子の最善の福祉　185
子の常居所地法　171, 278
子の嫡出性　92, 94
子の特別代理人の選任　212
子の認知　92
子の非嫡出性　94
子の保護　97, 221
個別準拠法　408, 409
　　——は総括準拠法を破る　408

個別的労働契約　102, 104, 179, 180, 337
コミティ　32, 162, 171, 186
コモン・ロー　229
婚姻締結の自由　109
婚姻の一般的効力　95, 114, 256, 398
婚姻の成否　303
婚外の子としての地位　176
根本規範　107
婚約破棄　200

さ　行

在外財産　410
在外相続財産　16
最狭義の国際私法　37
債権質　204, 208, 368, 370, 373
債権者側の住所地法　369
債権者集会　8
債権者代位権　368
債権者取引権　368
債権者の住所地法　206
債権譲渡　206, 368, 370
債権的効力　218
債権の原因たる事実の発生地　349
債権の二重譲渡　370
債権の法律上の移転　368
財産後見人　209
財産承継　410
財産分与　280, 281, 284
サイバー法　169
裁判官の裁量　162, 309
裁判権免除　420
裁判所による通告　268

再保険　324
債務不存在確認請求　353
裁量　162
サヴィニー　22, 24, 62, 72, 73, 168
　　――的方法論の更なる深化　208
　　――の国際私法体系　168
　　――の本拠説　240, 241
先取特権　217, 218
差止めおよび廃棄請求　206
サプライ・サイド　327
サムライ債　8, 9, 387
3倍額賠償　37, 364, 366, 424
サンフランシスコ平和条約　43, 145, 147
三面的債権関係　419
　　――の競合　371
　　――の成立　373

時効　285
自己株式取得　11
事故地　351
　　――法　75, 170
時際法　34, 146, 147, 152, 191
資産凍結措置　23, 61, 64
自然後見人　209
質権　217
　　――者　368
執行管轄権　165
実効的国籍　155, 156
　　――論　119, 178
実質的再審査（レヴィジオン・オ・フォン）の禁止　157
実質的成立要件　44

実質法　55, 69, 161
　　――からの解放　291, 295
　　――的価値判断　76
　　――的指定　157, 319〜321
　　――統一条約　126, 128
　　――と牴触法　161, 293
失踪宣告　395, 397, 398
実損害　37
実体問題　195
　　――の準拠法　45, 55, 61
指定の範囲　201
児童の権利に関する国連条約　121, 181
私法・公法の峻別論　22
市民法　69
事務管理　160, 338, 348, 424
氏名公法理論　183
社会福祉事業法　14
社会福祉法　14
社債　8
　　――管理者　7, 28, 29
　　――発行会社　10
　　――発行限度規制の廃止　28
ジャンケット　279, 280, 310
　　――契約　311
シュヴィント草案　86, 240
宗教婚　201, 343
重国籍者　156
　　――の本国法　154
　　――の本国法決定　119
重国籍は是か非か　184
重婚　181, 251
住所地法主義　100, 158, 168

囚人のディレンマ　78
従属法　383
主観的法選択　98, 105, 308, 318, 321
主たる事業所の所在地法　363
主たる事業地　329
出生による日本国籍の取得　120
出生地主義　81
出訴期間の制限　175
ジュネーヴ統一手形法・小切手法条約　125, 132
主要問題　223, 224
ジュリスディクション　33, 57, 243
準拠法説　198, 199, 217, 218, 246
準拠法選択規則　20, 81
準拠法選択上の一般条項　47, 86, 89, 111, 251, 319
準拠法選択上の合意の成否　419
準拠法選択上の事案の分断　43, 134, 136, 158, 245, 246, 249, 253, 286
準拠法選択の一致　236
準拠法選択の基準時点　144, 160, 178, 300
準拠法選択の論理　28, 382
準拠法選択を論ずる具体的意義　69
準拠法適用段階　47
準拠法統一条約　131
準拠法の一本化　53, 180, 363
準拠法の事後的変更　334, 415
準拠法の変更　176, 305
準拠法約款　322
準禁治産　395
準国際私法　151, 155, 191
準正　92〜94

準用と類推　192
渉外戸籍先例　115, 182
　　──の貫徹　123
渉外事件　42
消極的規範牴触　199
常居所地　84, 150
　　──の確定　173, 184
　　──連結　173, 271
証券　394
　　──所在地法　393
　　──取引法　13, 164, 431
上告理由　265, 266
商事契約　315
承認された外国判決の効力　39
「承認」と「共助（援助）」　31
承認要件審査の基準時点　413
消費者契約　102〜104, 180, 337, 361
消費者の常居所地　104
消滅時効　195, 255, 284, 287, 300
　　──期間　310
消耗　365
条約遵守義務　137〜139
条約上の義務の衝突　142
条約相互の矛盾・牴触　141, 435
条約の法的地位　186
条約法に関するウィーン条約　141
条理　75, 206, 357
昭和59年の戸籍法改正　116, 118, 120, 122, 123
職務発明　417
女子差別撤廃条約　182, 184
職権　199, 265
　　──探知主義　265

新会社法　336
　——制定　10, 26, 28, 31, 162
人格権説　183, 258, 305
人格承継　410
親権者　209
　——指定　286
新国籍法　144
人際法　155, 193, 193
真正の法の牴触　76
真の適応（調整）問題　256, 258
信用状取引　418
信頼保護　192

スイス新国際私法典　23, 47, 62, 101, 165, 308, 318, 340, 394, 416, 418, 429
スコット鑑定書　418
スタチュートの理論　72
ストーリー（Story, J.）　73
スペイン人事件　108, 181
スモン訴訟　4
スモン病　26

生活関係　291
生活実態　84, 85
請求権競合論　53, 162
政策志向型訴訟　120
生産物責任　349, 359
性質決定　43
　——論　196
製造物責任訴訟　4, 26
成年後見制度　293, 395
政府利益　77
成立の準拠法　216

世界法　124
　——の理論　75, 124, 125
責任制限　167
絶対的強行法規　61, 164, 188, 317
　——性　115
絶対的な属人法主義　71
絶対的な属地法主義　72
設立準拠法　214, 380, 385, 429
設立発起人　214
船荷証券　393
　——統一条約　125, 134, 189
先決問題　47, 158, 181, 223, 224, 245, 246
　——の連鎖　303
戦後改革と戸籍法　183
前婚解消　251
　——の有効性　108
船主責任制限　188, 357
戦前の「家」制度　113
選択（択一）的連結　90, 175
選択された準拠法への具体的送致範囲　199, 203
船舶先取特権　222, 297, 390
船舶抵当　310

総括指定　235
総括準拠法　408
相殺　375, 427
相続　145, 147, 158, 212, 213, 244, 303
　——権　224
　——財産の構成　436
　——財産の破産　16
　——準拠法　50, 144

相対的強行法規　61
送致　49, 159, 199, 227
　　──範囲　199, 221, 225, 288
双方要件　108, 175, 181
即時全額償還　7
属人法　112, 167, 383
　　──決定基準　73, 168
属地主義　13, 206, 311, 365
属地法主義　168
訴訟能力　228
訴訟物　163, 207, 420
損害通貨　421
損害賠償請求　200, 206, 309
損害発生後の特約　127
存続　390

た　行

第1段階での性質決定　289
第1段階での先決問題　303
第2次性質決定　289
第2段階での性質決定　288
代位権者　368
代替可能性　223〜225, 260, 262, 293, 304, 306
太平洋戦争　355
対ミネベア国際TOB（株式公開買付）事件　431
代用規範　286
代用給付権　341
代理　345
代理行為地　347
　　──法説　345
代理人の営業所地　347

多数国間投資協定　190
タックス・ヘイブン　380
ダブル・プロテクション　105, 106
単位株　5
単一のドイツ国籍　148
段階的性質決定　289
　　──論　199, 202
段階的連結　83, 153, 173, 274, 284
短期定期預金　331
断絶養子　14
担保物権　222, 296

チサダネ号事件　419
父の本国法　283
嫡出　294
　　──以外の親子関係の成立　158
　　──親子関係の成立　158, 403
　　──子　223, 224
　　──と非嫡出との区別　96, 176, 177
　　──否認　227
中華民国人の相続　212, 301
中間判決　353
中国人・朝鮮人の本国法　147, 151
　　──の決定　191
中国人等の強制連行・強制労働　22
仲裁契約　417
重畳的保護　106
調整問題　44, 51, 52, 162
朝鮮戸籍　144
朝鮮民事令　143, 145, 147
懲罰的損害賠償　37, 364, 366, 424
直接請求　419
著作権　207, 365

ツヴァイゲルト（Zweigert, K.） 129, 187, 198, 268, 339
通貨法概念 166

牴触規定 33, 37, 45
牴触法 54, 161
　　——的指定 100, 105, 157, 319, 320
　　——的調整 254, 257, 258, 305
　　——の憲法化 77
手形法 125, 132, 185
適応（調整）問題 44, 47, 51, 52, 162, 253, 313
適用範囲画定規範 128
手続的保障 397
手続問題 195, 196, 375
　　——の準拠法 55
デフォルト 6, 7, 28
　　——事由 8
転換権行使 5
電子現金 163
転致 232, 234, 244
塡補請求 320

ドイツ型牴触規定観 248, 301
ドイツ型反致観 231, 235〜237, 239, 241, 243, 246, 251, 290
ドイツ国際私法 87
　　——上の実質法規範 255, 307
ドイツ人の本国法 147
ドイツ統一（再統一） 148
　　——の法的構造 147
統一ドイツ創設条約 148
統一法と国際私法 126

統一法優位の法的イデオロギー 198
等価性 391
東京トルコ協会事件 158, 159
同時死亡者間の相続 263
当事者自治 90
　　——の原則 42, 127
当事者適格 227
当事者能力 228, 299
当事者の利益 98
投資信託契約 209
同時履行の抗弁権 217
到達時説 374
登録地法 390
道路交通事故 413
特徴的給付 325, 327, 418
特徴的履行 319
特別代理人の選任 209
特別養子制度 14, 114, 307
特別留保条項 184
特約 321
独立連結説 252
特許権 207, 365
特許独立の原則 293, 297
特許法 366
ドミサイル 250
取消権者 368
トレード・シークレット 426

な 行

内縁 215, 288
　　——不当破棄 356
内外地間の戸籍の交流停止 144
内外不平等的取扱 97

内国後訴　40
内地　147
　　──戸籍　144
　　──と外地　143
内部関係　370
　　──の準拠法　214

二重反致　233, 235
　　──論　236, 238
日常家事債務　158
日米租税条約改正　165
日米摩擦　26
日華平和条約　43
　　──発効　145
2当事者モデル　330
日本国憲法施行　144
日本国籍　398
　　──継承権　121, 184
日本人条項　84, 119, 174, 184, 277, 399
日本人の相続　410
日本法人　380
任意代理　345
任意的牴触法　188, 268, 269
任意法規　138, 139, 342
人間関係調整機能　173
認知　260
　　──主義　92, 176

は 行

排外主義　10, 12, 27, 114
賠償額の算定　299, 309
陪審　425
配分的適用　175

配分的適用主義　403, 404
パーカー万年筆事件　425
ハーグ間接保有証券準拠法条約案　156
ハーグ国際私法会議　37, 73
ハーグ統一売買法　125, 130, 131, 134, 138, 139, 188〜190
「場所は行為を支配する」の原則　91, 104, 201, 307, 342, 414
バーゼル・コンコルダート　12
パリ条約　168, 208
判決の国際的調和　247
反射効　16
反訴　363
反対解釈　11
反致　159, 160, 175, 300, 406, 435, 436
　　──の可能性　176
　　──の選択的使用　239
万民法　69
判例法国　52, 162

被害者の常居所地法　362
比較法的考察方法　198
引渡拒絶　209
引渡しを受けた地　361
微視的な準拠法選択　413
非訟事件　308, 344, 397
日立・IBM事件　355, 425
非嫡出　176, 294
　　──親子関係の成立　92, 95
　　──子法　151
　　──性　176
人の法　72

夫婦財産制　50, 109, 197, 288, 400
　——の準拠法に関するハーグ条約　99, 178
夫婦の氏　305
父系優先血統主義　120
附合契約　326
部族　71, 168
仏貨公債事件　414
物権　204, 213, 291, 338
　——的効力　218
物品証券　394
物理的な所在地法　392
不統一法国　143
不動産所在地　178
不当利得　129, 160, 338, 348, 424
船荷証券上の準拠法条項　433
不平等条約の改正　2, 18, 19
部分指定　321, 323
部分問題　303
普遍主義的国際私法観の純化　124
普遍的公序　311
普遍主義　125
不法行為　50, 150, 160, 200, 206, 338, 348, 424
　——地法　207, 352, 349
　——請求と外貨　421
父母両系血統主義　120, 122
扶養義務の準拠法に関する法律　156
扶養調整　151
扶養と認知　258
フランク王国　168
フランケンシュタインの学説　217, 219

ブレトン・ウッズ体制　340
プロパー・ローの理論　350
分割指定　323, 324, 414, 420
紛争事実関係　208
分断　341, 344

米・イラン金融紛争　23, 54〜56, 329, 330
米・リビア金融紛争　23, 54, 58, 163, 164, 166, 329, 330
並行輸入　425
並行理論　101
平成元年法例改正　3, 46, 49, 84, 89〜91, 99, 106〜108, 110, 113, 120, 123, 150, 152, 154, 155, 158, 171, 173, 174, 184, 193, 231, 244, 282, 283, 300, 398, 401, 404, 435, 438
平成11年法例改正　3, 210, 293
平成4年の銀行法改正　12
ペーパー・カンパニー　294
ペーパーレス化　432
ベルヌ条約　168, 424
ベルリンの壁　148
　——の法的意義　192
変動相場制　421
弁論主義　267

包括的な相殺契約　378
法規の三分法　72
法人格否認　291, 294〜296
法人格否認法理　381
法定訴訟担当　426
法定代理　345

法定担保物権　217, 298
　——の準拠法　203, 426, 437
法廷地　20, 37, 159
　——漁り　192
　——実質法説　198, 205
　——法　20, 222, 335, 357
　——の設定　38
法廷地国　38, 44, 162, 164
　——の条約解釈　133
　——の絶対的強行法規　68
法廷地国際私法（自体）説　198
法定デフォルト事由　123
法的印象主義　171
法的親子関係の成立　259
法の位階構造　107, 181
法の欠缺　129, 134, 284
法務先例　183
法律回避　313
法律関係　291
　——の性質決定　197
法律行為論　45
法律効果　80, 315
法律要件　80
法例　143
　——改正　33
　——の成立　32
　——の本国法主義　119
保険代位　229
　——訴訟　321
保護国法　207, 293
保証債務の準拠法　17
保証債務の附従性　17
保証人　418

補助準拠法　420
ポツダム宣言受託　144
穂積陳重　2, 18, 45, 177, 240, 282, 349, 351, 407
母法秩序　141
ボン基本法　109
本拠地法主義　380, 429
本国法　21, 42, 91, 178, 302
　——主義　42, 72, 150, 158, 168, 234
　——主義規定　120
　——の絞りこみ　154, 194
本籍地　146, 147
　——主義　143
本問題　223
本来適用されるべき準拠法　98

|　　　　　ま　行　　　　　|

マリアンヌちゃん事件　396, 397
マルチ・カレンシー・セットオフ　428
満洲国　365
萬世工業事件　366, 425
マンチニ　72, 168

三井物産東南アジア木材開発プロジェクト事件　423
密接関連性テスト　316
みなし居住者　66
民事・非民事の混淆　170

無過失責任　423
無権代理　345
無能力　228

名誉・信用の毀損　349, 359, 363

黙示の合意　318
目的物所在地法　205, 409
最も重要な関係　78, 88
最も密接な関係　46, 84, 89, 154, 319
　　──がある地　85
　　──の原則　137, 138, 240, 242, 333, 337
モデル・アクト方式　142
「モノとカネ」論　166
物の法　72
モリス（Morris, J. H. C.）　354
文言解釈　29

や　行

薬害訴訟　4
約定担保物権　217
約款　322
山田三良　32

遺言　343, 436
　　──の方式の準拠法に関する法律　156, 177
　　──方式の準拠法に関するハーグ条約　99, 156, 239
譲受人　368
ユーロ・カレンシー　27
ユーロクリア　156, 292, 432
ユーロ円債規制　30
ユーロ市場　5, 27, 56, 58
ユーロダラー債　413
ユーロ転換社債　5, 6, 7

ユーロトンネル事件　417
ユーロ預金　58

要証事実　415
養子縁組　92, 94, 145, 244
　　──の成立　224
養子決定　307
養子の相続権　223～225, 260
傭船料不払　222
ヨーロッパ比較法学　130, 140
ヨーロッパ養子協定　15
438号通達　145

ら　行

ライヒス・マルク　341
ラス・ヴェガス賭博回収金事件　282
ラーベル（Rabel, E.）　125, 198

利益考量的アプローチ　169
利益相反行為　210
履行の態様　341
離婚　244, 276, 286
　　──慰謝料　161
　　──禁止国法　286
　　──に伴う財産給付　215
　　──に伴う親権者指定　171
利息　167, 309
利息制限法　42
立証責任　299, 415
リード・マネージャー　348
留置権　209, 217, 218, 222
領事婚　396, 399
領事条約　396

両性平等　108, 109, 112, 118, 182
領土変更　146
リングリング・サーカス事件　325, 334, 413, 417

累積適用　175, 297, 375
　──説　220, 221

例外条項　160, 179, 338, 349, 393
歴史の教訓　124
連結階梯　83, 153
連結点　42
連結要素　316
連邦憲法　413

労働契約　104
労務給付地　104
ローマ-Ⅰ　105, 175
ローマ-Ⅱ　175
ローマ条約　328
ローマ法　344

欧　字

Babcock v. Jackson 事件　78, 170
BIS　12
CHIPS　164
EC 契約準拠法条約　22, 23, 28, 41, 63, 90, 102, 106, 128, 163, 165, 317〜319, 323, 328, 339, 420, 422
　──上の留保　165, 420
EFT（electronic fund transfer）　142, 164
e コマース　327

foreign internal law　52, 162, 178
homeward trend　120, 129, 155, 158, 336, 415
IMF　420
　──協定 8 条 2 項 b　188, 340
KEPCO　8〜10
lex causae　45, 159
locus regit actum の原則　399, 402, 404
MAI　190
otherwise applicable law　102, 317
otherwise applicable law 上の強行法規　103, 105
priorities の問題　371, 373, 376, 426, 431, 433
UCC　140
ultra vires の法理　381
UNCITRAL　142, 331

判例索引

大判明治 39 年 2 月 19 日民録 12 輯 236 頁 421

大判大正 6 年 3 月 17 日民録 23 輯 378 頁 276

大判昭和 9 年 6 月 5 日民集 13 巻 968 頁 410

大判昭和 9 年 12 月 27 日民集 13 巻 2386 頁 414

大判昭和 11 年 9 月 15 日法律新聞 4033 号 16 頁 217, 220, 221

大判昭和 13 年 8 月 31 日新聞 4323 号 18 頁 321

最大判昭和 36 年 4 月 5 日民集 15 巻 4 号 657 頁 173

最判昭和 36 年 12 月 27 日家月 14 巻 4 号 177 頁 215, 356

最大判昭和 37 年 12 月 5 日刑集 16 巻 12 号 1661 頁 173

最判昭和 38 年 4 月 5 日訟務月報 9 巻 6 号 728 頁 173

最大判昭和 39 年 3 月 25 日民集 18 巻 3 号 486 頁 167

最判昭和 40 年 6 月 4 日民集 19 巻 4 号 898 頁 173

最判昭和 40 年 12 月 23 日民集 19 巻 9 号 2306 頁 68

最大判昭和 43 年 11 月 13 日民集 22 巻 12 号 2526 頁 42

最判昭和 44 年 10 月 21 日民集 23 巻 10 号 1834 頁 403

最判昭和 46 年 7 月 23 日民集 25 巻 5 号 805 号 311

最判昭和 49 年 3 月 7 日民集 28 巻 2 号 174 頁 374

最判昭和 49 年 9 月 26 日民集 28 巻 6 号 1331 頁 128, 129

最判昭和 49 年 12 月 23 日民集 28 巻 10 号 2098 頁 34, 144, 145, 160

最判昭和 49 年 12 月 24 日民集 28 巻 10 号 2152 頁 49, 272

最判昭和 50 年 6 月 27 日家月 28 巻 4 号 83 頁 276, 277

最判昭和 50 年 7 月 15 日民集 29 巻 6 号 1029 頁 68, 342

最判昭和 50 年 7 月 15 日民集 29 巻 6 号 1061 頁 214, 383

最判昭和 50 年 11 月 28 日民集 29 巻 10 号 1554 頁 419

最判昭和 51 年 3 月 19 日民集 30 巻 2 号 128 頁 128, 129, 135

最判昭和 52 年 3 月 31 日民集 31 巻 2 号 365 頁 24, 78, 82, 171, 275, 276, 283, 285

最判昭和 52 年 6 月 28 日民集 31 巻 4 号 511 頁 128, 167, 189

最判昭和 53 年 2 月 24 日民集 32 巻 1 号 110 頁 296

最判昭和 53 年 4 月 20 日民集 32 巻 3 号 616 頁 204, 222, 326, 372, 376, 388, 414

最決昭和 54 年 12 月 12 日判時 954 号 120 頁 278

最判昭和 56 年 7 月 2 日民集 35 巻 5 号 881 頁 161, 191, 266, 375, 377

最判昭和 58 年 10 月 4 日判時 1095 号 95 頁 374

最判昭和 59 年 7 月 20 日民集 38 巻 8 号 1051 頁 111, 161, 215, 273, 276, 280, 283

最判昭和 62 年 10 月 16 日金法 1200 号 51 頁 68

最判平成 3 年 9 月 13 日民集 45 巻 7 号 1151 頁 175, 310

最判平成 5 年 3 月 30 日民集 47 巻 4 号 3334 頁 374, 427

最判平成 6 年 3 月 8 日民集 48 巻 3 号 835 頁 213, 252

最判平成 6 年 3 月 8 日家月 46 巻 8 号 59 頁 301

最判平成 9 年 2 月 25 日家月 49 巻 7 号 56 頁 266, 272

最判平成 9 年 7 月 1 日民集 51 巻 6 号 2299

判例索引　　459

最判平成 9 年 7 月 11 日民集 51 巻 6 号 2573
　頁　366, 425
最判平成 9 年 9 月 4 日民集 51 巻 8 号 3657
　頁　325, 417
最判平成 12 年 1 月 27 日民集 54 巻 1 号 1
　頁　158, 246, 252, 253, 403
最判平成 14 年 4 月 12 日民集 56 巻 4 号 729
　頁　420
最判平成 14 年 9 月 26 日民集 56 巻 7 号 1551
　頁　24, 206, 278, 311, 355, 365, 424, 425
最判平成 14 年 10 月 29 日民集 56 巻 8 号
　1964 頁　392
最判平成 18 年 7 月 21 日裁判所時報 1416 号
　8 頁　420
最判平成 18 年 10 月 17 日裁判所時報 1422 号
　1 頁　418

長崎控決明治 41 年 12 月 28 日新聞 550 号 12
　頁　310, 391
東京控決昭和 7 年 12 月 27 日新聞 3531 号 15
　頁　320
東京控決昭和 15 年 4 月 24 日新聞 4587 号 12
　頁　321

東京高判昭和 28 年 9 月 11 日高民集 6 巻 11
　号 702 頁　311
東京高判昭和 33 年 7 月 9 日家月 10 巻 7 号
　29 頁　397
大阪高判昭和 44 年 12 月 15 日判時 586 号 29
　頁　419
東京高判昭和 47 年 12 月 12 日判時 692 号 46
　頁　215
東京高判昭和 50 年 12 月 9 日判時 807 号 28
　頁　296, 401
東京高判昭和 51 年 5 月 27 日判タ 344 号 232
　頁　161
東京高判昭和 51 年 5 月 27 日下民集 27 巻 5-
　8 号 324 頁　356
東京高判昭和 52 年 3 月 24 日判タ 355 号 279
　頁　161
東京高判昭和 54 年 7 月 3 日判時 939 号 37
　頁　158
東京高決昭和 55 年 4 月 8 日家月 33 巻 3 号
　45 頁　410
大阪高判昭和 56 年 9 月 30 日家月 35 巻 3 号
　49 頁　412
大阪高判昭和 56 年 10 月 14 日判時 1045 号
　95 頁　111
東京高判昭和 57 年 6 月 23 日行裁例集 33 巻
　6 号 1360 頁　184
東京高判昭和 57 年 6 月 23 日行裁例集 33 巻
　6 号 1367 頁　184
広島高判昭和 62 年 3 月 9 日判時 1233 号 83
　頁　222
東京高判昭和 62 年 3 月 17 日判時 1232 号
　110 頁　354
東京高判平成 2 年 2 月 27 日家月 42 巻 12 号
　31 頁　434
東京高判平成 2 年 6 月 28 日金融法務事情
　1274 号 32 頁　212, 214, 252, 401, 410, 436
東京高判平成 2 年 9 月 26 日判時 1384 号 97
　頁　418
大阪高決平成 3 年 8 月 2 日家月 44 巻 5 号 33
　頁　183
東京高判平成 5 年 6 月 28 日判タ 823 号 126
　頁　366, 425
東京高判平成 6 年 2 月 22 日判タ 862 号 295
　頁　396
東京高判平成 6 年 5 月 30 日判タ 878 号 277
　頁　417
仙台高判平成 6 年 9 月 19 日高民集 47 巻 3 号
　173 頁　188, 357
東京高判平成 12 年 1 月 27 日判タ 1027 号
　296 頁　355
東京高判平成 12 年 2 月 9 日判時 1749 号 157
　頁　415
仙台高（秋田支）判平成 12 年 10 月 4 日金判
　1106 号 47 頁　432
東京高判平成 14 年 1 月 30 日判時 1797 号 27
　頁　167, 295
東京高判平成 16 年 3 月 30 日金法 1714 号
　110 頁　418
広島高判平成 16 年 7 月 9 日判時 1865 号 62
　頁　22, 356

東京地判昭和 28 年 6 月 12 日下民集 4 巻 6 号
　847 頁　364, 365

東京地判昭和 34 年 6 月 11 日下民集 10 巻 6 号 1204 頁　311
神戸地決昭和 34 年 9 月 2 日下民集 10 巻 9 号 1849 頁　222
神戸地判昭和 34 年 10 月 6 日下民集 10 巻 10 号 2099 頁　400
大阪地判昭和 35 年 4 月 12 日下民集 11 巻 4 号 817 頁　269
東京地判昭和 35 年 8 月 9 日下民集 11 巻 8 号 1647 頁　299
大阪地判昭和 36 年 6 月 30 日下民集 12 巻 6 号 1552 頁　358
横浜地判昭和 38 年 4 月 26 日家月 15 巻 10 号 149 頁　286
東京地判昭和 38 年 9 月 6 日家月 16 巻 1 号 124 頁　310
東京地決昭和 40 年 4 月 26 日労民集 16 巻 2 号 308 頁　311
東京地判昭和 43 年 12 月 20 日労民集 19 巻 6 号 1610 頁　229
東京地判昭和 44 年 5 月 14 日下民集 20 巻 5 = 6 号 342 頁　311
徳島地判昭和 44 年 12 月 16 日判タ 254 号 209 頁　310
大阪地判昭和 45 年 2 月 27 日判時 625 号 75 頁　425
東京地判昭和 45 年 3 月 27 日下民集 21 巻 3 = 4 号 500 頁　332
神戸地判昭和 45 年 4 月 14 日判タ 288 号 283 頁　229, 321
広島地呉支判昭和 45 年 4 月 27 日下民集 21 巻 3-4 号 607 頁　222
秋田地決昭和 46 年 1 月 23 日下民集 22 巻 1-2 号 52 頁　222, 433
東京地判昭和 46 年 3 月 12 日判タ 266 号 245 頁　399
東京地判昭和 48 年 4 月 26 日判時 721 号 66 頁　303
東京地判昭和 49 年 6 月 17 日判時 748 号 77 頁　356
東京地判昭和 51 年 1 月 29 日下民集 27 巻 1-4 号 23 頁　222, 433
東京地判昭和 52 年 4 月 22 日下民集 28 巻 1-4 号 399 頁　334

東京地判昭和 52 年 4 月 22 日判時 863 号 100 頁　416
東京地判昭和 52 年 5 月 30 日判時 880 号 79 頁　322, 323
神戸地判昭和 54 年 11 月 5 日判時 948 号 91 頁　310
東京地判昭和 55 年 2 月 22 日判タ 412 号 145 頁　310
東京地判昭和 55 年 3 月 31 日下民集 31 巻 1 ～ 4 号 27 頁　426
東京地判昭和 55 年 6 月 13 日判時 984 号 102 頁　414
大阪地決昭和 55 年 6 月 16 日判タ 417 号 129 頁　30, 185, 405
東京地判昭和 56 年 3 月 30 日行裁例集 32 巻 3 号 469 頁　184
東京地判昭和 56 年 3 月 30 日判時 996 号 23 頁　184
浦和地判昭和 59 年 12 月 3 日家月 37 巻 12 号 53 頁　284
東京地判昭和 60 年 7 月 30 日判時 1170 号 95 頁　354
大阪地判昭和 62 年 2 月 27 日判時 1263 号 32 頁　437
東京地判昭和 63 年 3 月 16 日金商 814 号 31 頁　167
東京地判昭和 63 年 4 月 25 日家月 40 巻 9 号 77 頁　396
新潟地判昭和 63 年 5 月 20 日判時 1292 号 136 頁　310
東京地裁平成元年 5 月 30 日中間判決判時 1348 号 91 頁　423
東京地判平成 2 年 11 月 28 日判タ 759 号 250 頁　172, 278, 283
東京地判平成 2 年 12 月 7 日判タ 1424 号 84 頁　153, 172
東京地判平成 3 年 2 月 18 日判時 1376 号 79 頁　366, 425
東京地判平成 3 年 3 月 29 日家月 45 巻 3 号 67 頁　278
東京地決平成 3 年 8 月 19 日判タ 764 号 286 頁　222
東京地判平成 3 年 9 月 24 日判タ 769 号 280 頁　354

判例索引　　461

横浜地判平成3年10月31日判時1418号
　113頁　34,153
東京地判平成3年12月16日判タ794号246
　頁　310
東京地判平成3年12月20日判タ792号207
　頁　396
東京地判平成4年1月28日判タ811号213
　頁　431
東京地決平成4年12月5日判タ811号299
　頁　222
京都地判平成4年12月9日判タ831号122
　頁　169
東京地決平成4年12月15日判タ811号229
　頁　432
東京地判平成5年1月29日判時1444号41
　頁　278
東京地判平成5年3月25日判タ816号233
　頁　417
松山地判平成6年11月8日判時1549号109
　頁　390
東京地判平成9年7月16日判タ949号255
　頁　357
千葉地判平成9年7月24日判時1639号86
　頁　352
東京地判平成10年3月30日判時1658号
　117頁　167
東京地判平成10年5月27日判時1668号89
　頁　299
東京地判平成10年11月30日判時1740号
　54頁　420
東京地判平成11年9月22日判タ1028号92
　頁　22
東京地判平成13年5月28日判タ1093号
　174頁　323
東京地判平成13年5月30日判タ1138号
　167頁　22
東京地判平成13年7月12日判タ1067号
　119頁　22
東京地判平成15年4月24日判時1823号61
　頁　22
東京地決平成15年7月31日判時1850号84
　頁　420
東京地判平成15年9月26日金法1706号40
　頁　418

東京地判平成15年10月16日判タ1151号
　109頁　355
京都家審昭和33年4月21日家月10巻5号
　64頁　117
東京家審昭和36年2月10日家月13巻6号
　168頁　192
東京家審昭和39年2月14日家月16巻7号
　77頁　117
大阪家審昭和39年9月12日家月17巻2号
　65頁　435
名古屋家審昭和40年4月21日家月17巻9
　号99頁　192
東京家審昭和40年12月20日家月18巻8号
　83頁　209
東京家審昭和41年4月4日家月18巻11号
　93頁　211,213,214
東京家審昭和41年9月26日家月19巻5号
　112頁　411
新潟家（長岡支）審昭和42年1月12日家月
　19巻8号113頁　410
長崎家佐世保支審昭和42年2月2日家月19
　巻9号92頁　192
東京家審昭和43年2月5日家月20巻9号
　116頁　117
東京家審昭和44年6月20日家月22巻3号
　110頁　40
東京家審昭和44年8月19日家月22巻4号
　76頁　242
東京家審昭和48年4月20日家月25巻10号
　113頁　177

静岡家（熱海出張所）審昭和49年5月29日
　家月27巻5号155頁　112,114
那覇家審昭和50年1月17日家月28巻2号
　115頁　435
東京家審昭和50年3月13日家月28巻4号
　121頁　21,152
京都家審昭和50年6月4日家月28巻4号
　127頁　192
東京家審昭和51年9月6日判タ351号313
　頁　286
東京家審昭和52年7月19日家月30巻7号
　82頁　438
大阪家審昭和52年8月12日家月30巻11号

67 頁　411
京都家審昭和 55 年 2 月 28 日家月 33 巻 5 号
　90 頁　117
岐阜家審昭和 60 年 4 月 11 日家月 37 巻 10 号
　101 頁　118
東京家審平成元年 10 月 24 日家月 42 巻 7 号
　47 頁　307
横浜家審平成 3 年 5 月 14 日家月 43 巻 10 号

　48 頁　307
盛岡家審平成 3 年 12 月 16 日家月 44 巻 9 号
　89 頁　307
東京家審平成 4 年 6 月 22 日家月 45 巻 11 号
　47 頁　306
東京家審平成 13 年 9 月 17 日家月 54 巻 3 号
　91 頁　436

著者紹介

石黒　一憲（いしぐろ　かずのり）

1950年　福島県に生まれる
1974年　東京大学法学部第Ⅰ類卒業
現　在　東京大学法学部教授

主要著書

『現代国際私法』〔上〕（東京大学出版会，1986年）
『国際民事訴訟法』（新世社，1996年）
『IT戦略の法と技術』（信山社，2003年）

新法学ライブラリ＝16
国際私法　第2版

1994年1月10日 ⓒ		初　版　発　行
2007年2月25日 ⓒ		第　2　版　発　行

著　者	石黒一憲	発行者	木下敏孝
		印刷者	山岡景仁
		製本者	石毛良治

【発行】　　株式会社　新世社
〒151-0051　東京都渋谷区千駄ヶ谷1丁目3番25号
☎(03)5474-8818(代)　　サイエンスビル

【発売】　　株式会社　サイエンス社
〒151-0051　東京都渋谷区千駄ヶ谷1丁目3番25号
営　業 ☎(03)5474-8500(代)　　振替 00170-7-2387
FAX ☎(03)5474-8900

印刷　三美印刷　　　　　　製本　ブックアート
《検印省略》

本書の内容を無断で複写複製することは，著作者および出版者の権利を侵害することがありますので，その場合にはあらかじめ小社あて許諾をお求めください。

サイエンス社・新世社のホームページのご案内
http：//www.saiensu.co.jp
ご意見・ご要望は
shin@saiensu.co.jp まで．

ISBN 978-4-88384-107-3

PRINTED IN JAPAN

ライブラリ電子社会システム 3

電子社会と法システム

中里　実
石黒一憲　編著

A5判・376頁・**本体2700円**

電子社会の到来，電子商取引の発達は法整備に留まらず法律学の枠組みに根本的な変化を迫り，市場，市民などの関係を根本的に変質させることをも意味している．本書は時代の変動に対応する法システムを論考し，その理論的枠組みを具体的に提示していく．

【主要目次】
あるべき電子社会像の構築／電子社会構築への「ガバナンス」／電子社会と公的規制／電子社会と商取引／電子マネーの法的性格／電子社会と金融／電子社会と知的財産／電子社会と競争政策／電子社会の国際的側面

発行　新世社　　　　　　　発売　サイエンス社
表示価格はすべて税抜きです．

新法学ライブラリ

32 国際民事訴訟法

石黒一憲 著

A5判・360頁・本体2900円

国際化の進展に伴い，ボーダーレス社会の様相を呈している現在，国際企業間紛争などの通商摩擦や国際的な家族生活上に生ずる民事紛争などの問題は枚挙に暇がない。本書は，「理論と実践の架橋」たらんとする意識を底流に据えて，統一的な理論体系の下に狭義の国際民事訴訟法と国家管轄権の一般理論を，特に最近の判例を重視しつつ平易に解説する

主要目次　「牴触法」の体系と「国際民事訴訟法」　国家管轄権の一般理論　国際私法と国際民事訴訟法との交錯　国際裁判管轄　外国判決の承認・執行　国際的訴訟競合　国際倒産他

33 法と経済学

岸田雅雄 著

A5判・208頁・本体2200円

いわゆる近代経済学の論理と手法を用いて規範的な法律学へのアプローチを試みるユニークなテキスト。市場原理や競争・生産・分配などの理論がどのように法律学と関わっているか，効率性と正義性による基準はどこまで十分なのかなど核心を抉りつつ，経済行為の実定法との関わりにおける有効性を考える。

主要目次　方法論　法の論理と経済の論理　法と経済学とは何か　市場に関する法　会社法の論理と「法と経済学」　証券取引法の論理他

発行　新世社　　　　　　　　　発売　サイエンス社

表示価格はすべて税抜きです。

インターネット社会と法
第2版
堀部政男　編著

A5判・312頁・本体2700円

インターネット社会における法についての論点を整理してまとめ，好評を得た書の最新版．初版刊行後における電子政府の状況や，個人情報保護，電子商取引，コンテンツ規制，著作権，サイバー犯罪，海外における情報セキュリティ関係法の動向などのトピックスを収載しアップデイト．「情報法」等の講座のテキストに最適．

新法学ライブラリ 34
ジャーナリズムと法
奥平康弘　著

A5判・376頁・本体2800円

取材活動や記事表現の自由は，どこまで自由か，法的保護と制約はどのようなものか．法廷闘争に持ち込まれもした多くの「事件」について取材・報道する側の法的関わりと問題点を考察する貴重な解決書．マスメディア「商品」がもつ「特別に社会的な性格」の描出と分析により，そうした問題と民主主義・憲法との関わりとが浮き彫りにされ，それが市民にとっての重要な問題になっていることを解き明かす．

発行　新世社　　　　発売　サイエンス社

表示価格はすべて税抜きです．